2019年浦东新区区级课题

基于积极心理学原理的初中生“三自”教育的实践与研究

主　编　卫东浩　曹　明
副主编　姜　蓓

同济大学出版社
TONGJI UNIVERSITY PRESS
·上海·

内 容 提 要

本书是上海市凌桥中学2019年浦东新区区级课题"基于积极心理学原理的初中生'三自'教育的实践与研究"的综合成果选，包括课题总报告、子课题报告、专题总结和主题式案例、研究课课例4个篇章，以及学科渗透教育主题式案例指导模板，探讨了对初中生实施基于积极心理学原理的"三自"教育的途径、策略、方法和评价体系，并对相关经验作了进一步总结。为区域教育科研指导工作者和基础教育学校教师提供了有益的参考。

图书在版编目(CIP)数据

基于积极心理学原理的初中生"三自"教育的实践与研究 / 卫东浩，曹明主编；姜蓓副主编. —上海：同济大学出版社，2024.6

ISBN 978-7-5765-1153-6

Ⅰ. ①基… Ⅱ. ①卫… ②曹… ③姜… Ⅲ. ①初中生—心理健康—健康教育 Ⅳ. ①G444

中国国家版本馆CIP数据核字(2024)第099857号

基于积极心理学原理的初中生"三自"教育的实践与研究

主　编 卫东浩　曹　明　　**副主编** 姜　蓓

责任编辑 姚烨铭　金　言　　**责任校对** 徐春莲　　**封面设计** 张　微

出版发行　同济大学出版社　　www.tongjipress.com.cn
（地址：上海市四平路1239号　邮编：200092　电话：021-65985622）
经　　销　全国各地新华书店
排　　版　南京文脉图文设计制作有限公司
印　　刷　江苏句容排印厂
开　　本　787mm×1092mm　1/16
印　　张　18
字　　数　416 000
版　　次　2024年6月第1版
印　　次　2024年6月第1次印刷
书　　号　ISBN 978-7-5765-1153-6

定　　价　96.00元

本书编委会

主　编　卫东浩　曹　明

副主编　姜　蓓

编　委　王　霞　史　露　包晁狄　朱景超　张珍妮
张　菁　陆海斌　陆璟峰　唐艳婷　诸达丽
蔡张怡

前　言

“基于积极心理学原理的初中生‘三自’教育的实践与研究”，是浦东新区于2019年立项的区级课题，由上海市凌桥中学党支部书记兼校长卫东浩担任课题组组长。课题旨在了解国内外已有的基于积极心理学原理的“三自”（自律、自学、自信）教育相关研究现状，把握学校目前“三自”教育和学生“三自”素养现状。通过积极心理学中积极的情绪体验、人格特征和学习环境“三原理”，确立初中生“三自”素养的培养内容、实施途径、实施策略、实施方法、评价体系。由此，增强初中学生的“三自”意识，提高“三自”能力，培养“三自”良好行为习惯，促进学生全面发展；提升教师实施“三自”教育的课题研究素养和其他专业素养；促进学校强校工程和特色建设。

开展本课题研究，一是为了落实教育部发布的《中国学生发展核心素养》精神；二是为了落实教师与学生学习积极心理学相关原理；三是为了提升初中生“三自”素养；四是为了推进学校强校工程建设，促进学校内涵发展。

上海市凌桥中学过去曾组织过市级、区级项目的研究，积累了一定的教科研经验。学校非常重视本课题的研究，提供了专项科研经费，保证项目所需的研究资料、研究时间、研究开支和软硬件设备投入，为课题顺利开展提供了保障。课题组组长卫东浩校长是浦东新区教育科研先进个人，曾经主持或参与多项国家级、市级、区级课题研究，出版多部书籍，撰写并发表多篇市级、区级科研论文。课题组主要成员均为中青年教师，具有大学本科学历，中、高级职称比例占66.67%，是学校教育、教学工作的骨干力量，拥有新颖的教育理念和丰富的教学工作经验，大部分成员参与过市级、区级项目研究，在各级各类杂志上发表过多篇文章，有较强的教育科研能力。因此，学校依托强校工程建设项目，在上海市师资培训中心（现为上海教师教育学院）、上海市浦东教育发展研究院、浦东新区初中教育指导中心所配备的强校工程专家和上海市浦东教育发展研究院原资深教科研员曹明老师的指导下，开展了此课题的研究。课题覆盖学校整体工作，将积极心理学理论融入学科教育教学和主题教育活动，完成了课题内涵、文献研究、现状调查、培养内容、实施途径、实施策略、实施方法、评价体系八项内容研究，形成了一定的、可复制的研究成果和经验。

课题自2019年1月启动；2019年9月，课题被正式立项为区级课题。在学校聘请的上海市浦东教育发展研究院原资深教科研员曹明老师的全程蹲点指导下，围绕课题选题、研究方案、开题报告设计、八项内容研究展开深入探讨。截至2021年6月，共计开设了24节课题研究课，涵盖语文、数学、英语、物理、信息科技、地理、科学、音乐、体育和美术10门学科，以及专题教育型的主题教育研究课。同时，开发了“三自”教育纸质学习资源，共形成了3册。每学期，课题组都会邀请曹明等专家，开展与课题研究内容相关的、有针对性的现场集体培训，并展开定期、随机个别辅导，提供相关资源与多样化内容培训。每学年，组织开展课题研究暑期征文活动，以及子课题报告、专题总结和主题式案例撰写的专项培训等。

通过多年努力，课题组完成了八项内容研究，揭示了“基于积极心理学原理的初中生‘三自’教育的实践与研究”课题内涵，了解了国内外相关研究和本校学生“三自”素养现状，厘定了“三自”素养培养内容，探讨了“三自”素养的实施途径、实施策略、实施方法、评价体系，构建了课题操作框架，总结了实施经验，丰富了初中阶段学校实施“三自”教育的理论。

经过课题研究，增强了学生自律、自学与自信意识，提高了“三自”的相应能力，初步培养了良好的“三自”相关行为习惯，促进了整体素养的提高；提升了教师实施“三自”教育、促进初中生“三自”素养发展的课题研究素养和其他专业素养；提升了学校整体教学质量，有效地促进了学校强校工程建设和特色建设。值得一提的是，一批研究成果在市级、区级相关刊物中发表，形成了“基于积极心理学原理的初中生‘三自’教育的实践与研究区级课题成果丛书”6册，包括自律篇（纸质学习资源）、自学篇（纸质学习资源）、自信篇（纸质学习资源）、教学设计选、课例选、论文选。

在2022年2月结题后，课题组于2022年3月—2024年4月进行了深化研究。本书是“基于积极心理学原理的初中生‘三自’教育的实践与研究”的综合成果选，包括课题总报告1篇，子课题报告4篇，专题总结和主题式案例6篇，研究课课例5篇，指导模板1篇。书中具有针对性和实践性的研究举措是符合校情和学情的，研究内容的落实是有助于学生成长的，研究方法、进程安排、推进方式等是适切的，研究实效是明显的，研究成果是规范、丰富和具有创意与辐射性的。

本书的出版得以顺利完成，得力于上海市浦东教育发展研究院原资深教科研员曹明老师的全程悉心指导，也得力于学校领导、广大师生的积极参与和智慧付出。

本书在编写中难免存在不足之处，敬请读者指正。

目　录

第4篇 研究课课例

附　录

第1篇

课题总报告

“基于积极心理学原理的初中生‘三自’教育的实践与研究”结题报告

上海市凌桥中学 卫东浩
上海市浦东教育发展研究院 曹 明
上海市凌桥中学 姜 蓓 陆海斌 王 霞 陆璟峰 李小青
张 菁 史 露 唐艳婷 宋 丹

一、问题提出

(一) 概念界定

1. 基础概念

“积极心理学”，正式诞生于2000年，其“倡导人类应该用一种积极的心态来对心理现象和心理问题作出新的解读，以此激发每个人自身所固有的某些实际的或潜在的积极力量和品质，从而使每个人都能顺利地走向属于自己的幸福彼岸”。将积极心理学中对人积极的情感体验、积极的人格特质的培养应用到教育教学中，可以起到开发学生潜力、帮助学生成长的作用。本课题主要运用积极心理学中积极的情绪体验、积极的人格特征(乐观)、积极的学习环境原理(以下简称“积极心理学‘三原理’”)。

“三自”，是指自律、自学、自信。“自律”，是指自己对社会要求的认识，能够规范、约束自己的行为，自己要求自己，变被动为主动。“自学”，是指主动独立、自觉自愿获取知识，就是自己爱学习，自己会学习，自己善学习。“自信”，是指发自内心对自身力量的肯定与相信，深信自己一定能做成某件事，实现所追求的目标。

“基于积极心理学原理的初中生‘三自’教育”，是指以积极心理学“三原理”为指导，结合相关举措，通过对初中生“三自”意识、能力和良好行为习惯“三维度”加以培育，以促进学生“三自”素养的发展，使学生健康快乐成长。

2. 课题界定

“基于积极心理学原理的初中生‘三自’教育的实践与研究”，是指通过揭示课题内涵，了解国内外已有的基于积极心理学原理的“三自”教育研究现状，把握学校初中生“三自”素养现状，厘定初中生运用积极心理学“三原理”进行“三自”素养培养内容，探索实施途径、实施策略、实施方法、评价体系，以促进学生增强自律、自学与自信意识，提高学生自律、自学与自信能力，培养良好的自律、自学与自信行为习惯，进而提升学生整体素养；提升教师基于积极心理学原理实施“三自”教育的能力，提升教师促进学生全面发展“三自”素养的课题研究素养和其他专业素养；促进学校强校工程建设、整体特色建设，提升学校教育质量。

（二）研究依据

1. 落实《中国学生发展核心素养》

2016年9月13日，中华人民共和国教育部（以下简称“教育部”）在北京师范大学举行了“中国学生发展核心素养研究成果发布会”，提出了中国学生需要培养的核心素养的要求。“中国学生发展核心素养”，是指学生在接受教育的过程中，逐步形成的适应个人终身发展和社会发展需要的必备品格与关键能力，包括文化基础、自主发展、社会参与三大方面，综合表现为人文底蕴、科学精神、学会学习、健康生活、责任担当和实践创新六大素养，具体细分为国家认同等十八个基本要点。对初中生而言，自主发展方面的学会学习素养、健康生活素养，是目前迫切需要提高的核心素养。

因此，本课题的研究旨在落实教育部发展学生核心素养精神的要求。

2. 落实积极心理学相关原理

在本课题中，“积极心理学”原理是指尝试运用积极的情绪体验、积极的人格特征（乐观）、积极的学习环境“三原理”。实践表明，将积极心理学中对人积极的情感体验、积极的人格特质的培养应用在教育教学中，有助于开发学生潜力、帮助学生成长，对提高教育教学的有效性具有重要的实践意义。

3. 推进学校强校工程建设、促进内涵发展

近年来，学校完成了“偏远农村初中学生‘自信、自律、自强’教育实践研究”的市级项目，学生的自我约束能力有所提升，学习积极性有所增强，整体素养得到了一定的发展。然而，学校生源中外来务工人员随迁子女的比例较高且流动性大，学校办学特色不明显，教育质量在同类学校中处于中等偏下水平，社会声誉不理想。2018年11月15日，上海市凌桥中学被列入浦东新区“初中强校工程建设实验校”名单。学校抓住这一机遇，在深入总结老“三自”教育、广泛了解师生需求的基础上，积极准备，力求主动，希望经过3～5年的努力，实现以下目标：教育教学状态明显改善，学校办学特色明显增强，整体办学质量显著提高，家长对学校的满意度明显提升，建成凌桥社区“家门口的好初中”。

因此，本课题的研究旨在激发学校的内生动力，营造更加健康的义务教育生态，切实推进强校工程建设，提高办学质量，促进学校内涵发展。

4. 提升师生“三自”素养

随着城市化进程的加快，学校外来务工人员随迁子女占了900多名生源的近70%，本地生源部分流失。在积极向上的学风与班风的形成、行为规范的矫正与养成等方面，学生的“三自”素养存在明显不足。在学校教师中，中年教师职业倦怠现象比较显著；占比达56.06%的青年教师站稳讲台需要时间；占比为40.91%的中高级教师低于全区平均水平；浦东新区骨干教师6人，占比为9.09%。这些问题，都成为影响学校内涵发展的巨大瓶颈。因此，学校试图通过本课题的研究，有效提高学生的“三自”素养和整体素质，提高教师课题研究素养和教育教学的其他专业素养。

基于以上现状，学校提出了“基于积极心理学原理的初中生‘三自’教育的实践与研究”课题。

（三）国内外研究现状

1. 文献概况

（1）通过中国知网，检索关键词“积极心理学”，得到文献5 121篇、博硕士论文666篇（其中，2018年有54篇）。检索关键词“积极心理学”“初中”，得到文献110篇、博硕士论文45篇。检索关键词“积极心理学综述”，得到文献25篇。检索关键词“积极心理学”“班级文化”，得到博硕士论文11篇。检索关键词“积极心理学”“教育”，得到博硕士论文1 358篇。

（2）通过万方数据，检索关键词“积极心理学”，得到文献40 834篇，学位论文12 604篇。检索关键词“积极心理学”“初中”，得到文献2 432篇，学位论文1 018篇。

（3）通过维普资讯，检索关键词“积极心理学”，得到文献4 863篇。

（4）通过国家哲学社会科学学术期刊数据库，检索关键词“积极心理学”，得到文献1 511篇。

（5）以课题完整的名称在上述网站进行检索，结果为0篇。

以上五种文献检索范围的时间为：2012年4月1日—2019年3月31日。

2. 国外关于积极心理学原理和“三自”教育的研究现状

1）积极心理学

积极心理学是国际心理学界近10年来兴起的学术研究思潮，它在20世纪末起源于西方。积极心理学一词最早于1954年出现在亚伯拉罕·哈罗德·马斯洛的著作《动机与人格》中，该书最后一章的标题为“走向积极心理学”。真正把这种思想付诸实践的是美国当代著名心理学家马丁·塞利格曼。2000年，马丁·塞利格曼和米哈里·契克森米哈赖联名发表在《美国心理学家》杂志上的文章《积极心理学导论》，标志着积极心理学的诞生，文章提出了积极心理学三个主要研究范畴：积极的情绪体验、积极的性格特征和积极的环境。

2）“三自”教育

在国外，研究者对“自律”“自学”“自信”这三个方面进行了大量研究，自20世纪50年代开始，自主学习成为教育心理学研究的一个重要课题。维果斯基学派、操作主义、现象学派、社会认知学派、意志理论、信息加工心理学等，都从不同角度对自主学习进行了探讨。20世纪90年代后，国外对自主学习问题的研究更加广泛、深入，在自主学习的实质、机制，自主学习与学习成绩的关系以及自主学习能力的获得等基本问题上都取得了重大进展。然而，在初中阶段基于积极心理学原理开展“自律、自学、自信”教育的直接研究方面的资料不多。

3. 国内关于积极心理学原理和“三自”教育的研究现状

1）积极心理学

兴起于20世纪90年代末的积极心理学，在21世纪初受到国内部分研究者的关注。在学习借鉴的过程中，逐渐向本土化方向发展。国内开始介绍积极心理学的文章是南京师范大学的苗元江和余嘉元于2003年3月发表在《南京师大学报》（社会科学版）的《积极心理学：理念与行动》。在这篇文章中，作者介绍了当代心理学的积极转向、积极心理学理论的基本框架和积极心理学的发展态势，并对积极心理学作出了极高的评价。2003年以后，国内关于积极心理学的研究成果陆续丰富，已经逐步开始尝试从理论介绍转向本土化应用，尤其在教育界，积极心理学在学校教育方面的论文也不断出现。闫黎杰在《积极心理学对教育实践的启示》一文中提到了积极心理学对教育实践的深刻启示：“教育实践要积极构建一个适宜的环境，要努力挖掘每个人身上积极的个人品质，要培养学生拥有感受快乐的能力。积极心理学为教育实践乃至整个社会，提供了一种全新的思维方式和认识视野，为我们打开了教育为人类命运和社会发展服务的大门。”在中国知网数据库中，检索关键词“积极心理学”“中国学者发表”“教育”，得到相关文章 5 515 篇。可以说，积极心理学在中国已经渗透到教育教学领域，并产生了较大影响。

2）“三自”教育方面

在学校教育中，积极心理学研究对学生积极情绪、积极人格品质的培养，以及良好的组织环境的营造。在心理健康教育中，积极心理学以更加开放和积极的视角发掘培养学生内在的潜能、力量与美德，培养主动性、积极性和创造性，促进学生向健全人格发展，促进学生在品德、体力、智力、心理和社会适应性等方面全面发展。乾润梅在《积极心理学及其在教育实践中的运用》一文中，探讨了积极心理学在儿童潜能开发与教育、青少年家庭教育运用中的指导意义。胡婧在《积极心理学及其在新课程教学中的积极作用》一文中，指出了积极心理学在新课程教学中的几点积极作用：培养学生积极情感体验，激发学生学习兴趣，培养学生创新思维和创新能力，建立良好的师生关系，对学生进行积极的教学评价。

在中国知网数据库中，检索关键词“自律”“自学”“自信”“中国学者发表”“教育”，得到相关文章 622 篇。

通过分析，我们发现：学者们从不同角度对积极心理学及其在教育领域的作用进行了分析和阐释，主要关注积极心理学在家庭教育、大学阶段的心理教育方面的研究，对基础教育的德育和学科教学中的实践应用研究相对较少，特别是在义务教育阶段学校的实证研究方面尤其缺乏[上海市今日学校，曾在上海市浦东教育发展研究院（以下简称“浦东教发院”）原资深教科研员曹明老师的指导下，从 2015 年开始，在幼儿园至初中的 12 年一贯学段中开展过“基于积极心理学原理的有效教育实证研究”，该浦东新区的区级重点课题的研究指向，侧重于有效教育教学方面]。此外，有关在初中阶段开展积极心理学原理的“三自”教育直接研究资料更为稀少。

因此，我们确定了课题研究的内容，在这所农村公办初级中学借助积极心理学的三项主要原理，进行课题内涵、文献研究、现状调查、培养内容、实施途径、实施策略、实施方法、评价体系八项内容研究。以实践行动研究为主，兼具理论研究、现状调查、学生素养发展定位与评价研究，具有一定的新意。

二、研究概况

（一）研究目标

1. 理论目标

通过研究，揭示课题的内涵，了解国内外相关研究文献现状和本校学生“三自”素养现状，厘清实施基于积极心理学原理的初中生“三自”素养培养内容，探索“三自”教育的实施途径、实施策略、实施方法和评价体系，构建基于积极心理学原理的初中生“三自”教育实施的操作框架，总结实施经验，丰富初中阶段学校实施“三自”教育的理论。

2. 实践目标

通过研究，增强学生自律、自学与自信的意识，提高学生自律、自学与自信的能力，培养学生良好的自律、自学与自信行为习惯，进而提升学生的整体素养；提升教师实施“三自”教育的课题研究素养和其他专业素养；促进学校强校工程建设和特色建设，提升学校整体教育质量。

（二）研究组织

为提高课题研究的实效，学校建立了七个方面的课题研究组织机制。

1. 构建网络

学校内部建立了“学校课题研究核心小组—各子课题组—分课题组”的纵向分层网络组织体系，如图 1 所示。

学校课题研究核心小组⟶各子课题组⟶分课题组{学科教研组、班主任}

图 1　纵向分层网络组织体系

成立学校区级课题研究领导小组，由学校党支部书记兼校长卫东浩担任组长，负责课题研究的领导工作，进行课题研究的整体构思，审核课题研究方案和实施计划，同时加强课题组成员的积极心理素养建设。校教科室负责组织与指导课题研究工作，包括课题研究方案的设计、研究计划的制订、课题研究的具体操作实施和协调工作。学科教研组、班主任和各子课题组，按照学校课题研究核心小组的要求，组织课题组成员和实践教师实施课题研究。同时，聘请浦东教发院原资深教科研员曹明老师，负责整个课题研究的全程指导工作。

在校内三个层级的区级课题研究组织网络中，通过机制与教科研专家指导有机结合，分别承担相应的课题研究组织、协调与指导工作，确保了每个人职责清晰，从而保证了整个课题研究的有序、规范、科学和有效实施。

2. 专家引领

学校邀请了上海市师资培训中心、浦东教发院、浦东新区初中教育指导中心配备的初中强校工程建设指导专家和浦东教发院原资深教科研员曹明老师来校进行相关指导。在三年多的课题研究中，上海市师资培训中心党委周增为书记（主任）、上海市教育功臣刘京海校长、浦东教发院李百艳院长、上海师范大学现代校长研修中心张艳辉副教授、浦东教发院学校发展中心王丽琴副主任（现为浦东教发院教育科研指导部主任）和分管科研员张娜老师等专家，多次莅临学校，就学校的发展、“双勤”书院和“双勤”论坛揭牌、总课题研究方案的解读、科研的基本方法、子课题的选择与设计、课题研究课教育教学设计与课例撰写、“三自”学习资源编写、专题总结和主题式案例撰写等，作集体或个别辅导，刘京海校长还以“自律、自学、自信”为学校题词。

专家的指导确保了课题研究的顺利推进，以及课题研究实施的规范性、科学性、创新性。

3. 设计先行

为避免课题在研究中走弯路，提高课题研究实效，学校领导和蹲点指导专家都十分重视对各级课题的设计。自 2019 年 1 月以来，对总课题进行了认真设计并不断充实与完善；在此基础上，设计与修改了一级子课题和教师小课题的内容与操作。

4. 全员参与

课题组核心人员积极参与研究，学校行政干部、教研组长和区级、校级骨干教师引领，全体任课教师全员参与。例如，22 节区级课题涵盖了十门学科，包括语文、数学、英语、物理、科学、信息科技、地理、体育、美术、音乐；暑期征文活动让全校所有老师参与。以此营造了学校良好的科研氛围，提高了研究实效。

5. 注重实践

一是广义的实践。因为这是学校首次规范、科学地开展区级课题研究，对大多数教师而言，需要熟悉教育科研的基本知识与方法，特别是结合自身在教育教学中遇到的问题，围绕课题选择、设计、实施和总结展开实践。二是狭义的实践，围绕对初中生基于积极心理学原理的“三自”素养，从意识、能力和行为“三维度”进行培养，通过学科渗透教育、校本课程建设、德育主题教育、社团活动、校园环境营造、家庭教育六条途径，结合实施策略、方法和评价举措推进教育教学活动实践。核心部分包括组织开展了 22 节学科渗透教育研究课和 2 节主题教育研究课的设计、实施以及课例撰写。围绕学科渗透教育研究课和主题教育研究课活动，进行系列设计、观课、评课和改进的实践；同时，进行实践文本规范表达操作的实践与指导，包括校内、教研组内互动，资深教科研员曹明老师的定期互动集体与个别指导实践，课题组实践研究成员开展自主实践与完善等。

通过不同层面的实践研究，使六条途径，尤其是学科渗透教育、德育主题教育得以逐步深入推进，确保了阶段性实践成果持续涌现，市级、区级和初中指导中心以及高桥中学教育集团相关成果交流的顺利进行；也为相关小课题、一级子课题和总课题成果的总结奠定了较为扎实的过程性实践研究资料和成果积累基础，提升了不同层面成果总结的质量。

6. 加强交流

一是加强校内的交流。各课题组围绕课题选择与设计，日常课题研究课的教学设计、听课、评课、课例撰写等，加强了不同阶段和形式的研究成果与经验交流，推动专题研讨。二是加强与区内兄弟学校研究课题的交流。例如，在区级课题的开题交流论证会上，学校邀请了育民中学等兄弟学校的领导和同仁参加。在开题研讨中，市强校工程实验校、育民中学教师发展中心祝青主任代表兄弟学校发言，她提到，卫校长在课题研究中积极投入的态度给她留下了深刻印象。从同行的角度看，祝老师指出作为研究者需要不断学习，提升理论水平；同时，在课题研究过程中要注重团队协作。她希望两校加强研究过程中的合作，共同致力完成区级课题研究。

通过加强交流，共同协作，既促进了开题报告的完善，推进了课题研究课、其他子课题、小课题的实践研究以及成果总结，还分享了兄弟学校的经验。这有助于扬长避短，共同提高课题研究的整体质量。

7. 总结跟进

在专家的悉心指导下，学校教师根据课题研究的发展，不断深化对课题精神的认识，学习、实践、思考、改进自身承担的课题、研究课主题，并及时进行有针对性的总结反思，提出改进的思路和方法。此外，注重调整课题研究的内容和进程，进行实践探索和多样化成果总结。这确保了课题研究在规范、科学的动态总结中顺利实施，保证了课题研究按时、高质量完成。

（三）研究方法

1. 文献研究法

准备阶段，课题组成员利用图书馆书籍、期刊和网络等资源，收集和整理国内外与本研究主题相关的论文、专著等文献。通过研读、分析、梳理、总结这些文献，为课题研究方案的设计、课题内涵的阐释、调查问卷内容设计以及评价要素的设计提供了理论基础。在课题实施和总结阶段，持续运用这一方法，为课题实施和多样化成果总结提供了理论与实践的支持。

2. 调查法

(1) 在课题研究的准备阶段，采用问卷调查法于 2019 年 4 月 23 日对本校预备年级学生“三自”素养现状进行了调查，形成了《基于积极心理学原理的初中生“三自”素养现状调查报告(前测)》。这一举措，提高了课题研究方案设计的针对性，为总结阶段的实践结果数据对比提供了前测依据。

(2) 在课题实践研究基本结束时，于 2021 年 11 月 11 日，以前测问卷调查为主进行局部增补；通过抽样，完成了前测中的现初三年级两个班学生“三自”素养发展情况的调查研究。这一举措为总结实践效果提供了基于问卷调查的前测、后测实证数据对比的依据，形成了《基于积极心理学原理的初中生“三自”素养现状调查报告(后测)》。

3. 行动研究法

在课题实施阶段，根据课题定义和对本校学生“三自”素养现状的调查结果，参照课题实践目标，结合基于积极心理学原理的初中生“三自”素养培养内容，对实施途径、实施策略、实施方法和评价标准和评价方法，按照“计划—实施—观察—调整”的行动研究基本步骤，组织两轮行动研究。第一轮行动研究(2019 年 11 月—2021 年 1 月)，观察并记录研究情况，并根据研究目标和对象变化情况，对实施计划进行局部调整。例如，在学科渗透教育研究课方面，普遍增加了实施形式和方法；在校本课程建设方面，明确“七要素”板块的编制体例等，为第二轮行动研究计划奠定基础。基于此，依据行动研究的四个基本步骤，组织第二轮行动研究(2021 年 2—6 月)，致力于达到既定的研究目标。

4. 经验总结法

根据积极心理学“三原理”，在对学生进行“三自”教育的实践中，有计划地就学科渗透教育、主题教育课，以及相关实施途径、实施策略、实施方法和评价标准和评价方法等方面，积累研究资料，加以梳理、分析与归纳总结。经过调整和提炼，形成研究课设计 18 篇、研究课课例 15 篇、专题总结和主题式案例 6 篇、子课题研究报告 4 篇和总课题结题研究报告 1 篇，最终形成了“基于积极心理学原理的初中生‘三自’教育的实践与研究区级课题成果丛书”6 册，包括自律篇(纸质学习资源)、自学篇(纸质学习资源)、自信篇(纸质学习资源)、教学设计选、课例选、论文选。

（四）研究过程

在资深教科研员曹明老师的指导下，课题组在进行课题研究的三年中，依托七项机制保障，于课题实施、准备和总结阶段，开展了260余项集中研究，并数百次与专家进行个别互动的研究。以下是总课题为主的课题研究四个阶段260余项集中研究的工作记录概况，详见表1。

表1　基于积极心理学原理的初中生“三自”教育的实践与研究分年度实施情况

时间	内容	实施细节
准备阶段（2019年1—8月）		
2019年1月4日	召开教科研工作会议（行政扩大会）	邀请浦东教发院原资深教科研员曹明老师到校，共同商讨学校拟报区级课题选题
2月28日	成立课题核心组	邀请曹明老师到校进行课题定题讨论，完成定题和研究框架设想
2月28日—3月36日	收集相关情报资料，进行梳理分类	曹明老师指导文献综述研究和设计课题研究方案
3月27日	进行课题解读，明确分工	组织课题组培训，初步设定拟研究的一级子课题，明确课题核心组成员的分工
4月1日	修改总课题设计方案、成立子课题组	曹明老师指导总课题申请书修改和子课题框架设计
4月12日	子课题开题报告设计三级提纲的修改	曹明老师进行一对一指导
4月18日	申报区级教育科学研究课题申请书	学校完成申报申请书，继续组织校内修改完善研究方案设计
4月23—30日	组织本校预备年级学生“三自”素养现状问卷调查	组织问卷调查，汇总调查数据
5月1日—6月12日	收集积极心理学用于班级管理方面的文献	总课题组组织收集、整理工作，曹明老师指导分类等
6月13日	子课题方案的设计	曹明老师一对一指导、学科渗透教育、校本课程建设、德育主题教育、社团活动、校园环境营造、家庭教育等实施途径的子课题开题报告设计
6月14日—8月31日	子课题方案与实施计划修改	曹明老师指导子课题研究方案的修改
实施阶段（2019年9月—2021年6月）		
2019年9月17日	课题组核心成员会议	课题被立项为2019年浦东新区一般课题，学校组织学期研究工作部署，曹明老师指导筹备开题会议相关工作、总课题和子课题开题报告的撰写等

（续表）

时间	内容	实施细节
9月18日—10月13日	开题报告的撰写与修改完善（总课题、子课题）	相关成员根据指导框架，撰写开题报告
10月14日	开题报告修改（总课题、子课题）	曹明老师到校进行一对一指导
10月31日	总课题方案发给全体教师	教师自行学习、了解课题研究要求
11月9—17日	开题具体内容审定	曹明老师指导拟交流的总课题和5个子、小课题开题报告（以下简称“1总5分”），修改完善发言稿件与PPT等
11月19日	开题报告会准备	“1总5分”发言人员交流，修改与完善发言稿件与PPT等
11月20—21日	开题筹备会议	学校课题组进行开题会务准备
11月22日	开题交流论证会	卫东浩校长（总课题）、宋丹老师（情报综述）、张菁老师（学科渗透教育）、王霞老师（社团活动教育）分别汇报，陆海斌老师、姜蓓老师作课题专题总结先行成果汇报，浦东教发院学校发展中心张娜博士、原资深教科研员曹明老师作点评
11月25—28日	专家论证会后，修改完善开题报告	根据专家论证意见，曹明老师指导“1总5分”部分内容修改完善
12月7—10日	完成总课题待传报的开题报告	按浦东教发院学校发展中心的区级课题开题报告模板，完成课题开题报告
12月20日	“区级课题解读与课题研究课的设计”集体辅导报告	邀请曹明老师来校为全体教师作集体辅导报告，全体教师进一步了解了学校区级课题要求，并对如何撰写课题研究课设计有初步概念
12月23日	“关于师生关系的讨论”专家报告	邀请徐汇区教育学院苗蓬老师对全校教师进行一次心理学讲座
12月26日	完成开题报告上传	开题报告上传到浦东教发院网课题平台
12月30日	学科渗透教育研究课设计与课例撰写的独立学习	将曹明老师研制的区级课题研究课设计和课后“一体式”课例模板以及样例，分享给教师，教师进行学科渗透教育研究课设计与课例撰写的学习
2020年1月15日	召开学期课题工作总结会。	本学期工作的回顾与总结、下阶段研究工作部署
1月16日	购买《心流》一书	全校教师人手一本，寒假开展自主学习
2月24日	与史露老师电话交流总课题前测调查报告撰写事宜	构建前测调查报告撰写框架，提供前测报告参考实例
3月4日—6月	开展主题为“我们的战‘疫’——上海市凌桥中学师生抗‘疫’期间‘三自’作品征集”评选活动	“三自”作品征集、微信公众号宣传、评选及结果公示

（续表）

时间	内容	实施细节
3月24日—5月25日	网上分6批购买积极心理学书籍60余本	在图书馆三楼教师阅览室设立积极心理学专柜，供老师们参考借阅
3—6月	学校组织心理健康教育	心理健康专家讲座、心理辅导
4—5月	2020年课题相关资料检索	汇总35篇
4月15日	撰写学生“三自”现状前测调查报告初稿	史露老师、王霞老师完成“三自”现状前测调查报告初稿
5月5日	课题情报综述修改完善	曹明老师指导宋丹老师完成课题情报综述初稿
6月9日—6月16日	签订中国知网购买合同	设立账号，供教师学习研究
6月12日	专家讲座（学科渗透教育研究课设计与课例撰写集体辅导）	曹明老师面向全校老师作讲座“例说课题之主题式案例和课题研究课教学设计与‘一体式’课例的撰写”
6月15日	预备、初一、初二年级春年级组织主题班会专题教育课	学校组织预备年级自律、初一年级自学、初二年级自信教育主题班会
6月17日	学科渗透教育课题研究课教学设计指导	曹明老师与唐艳婷老师、赵殷伊老师一对一指导
6月18日	完成课题情报综述征文申报	课题情报综述定稿，参加上海市情报综述征文评选活动
6月18—27日	赵殷伊老师、唐艳婷老师课题学科研究课教学设计撰写与修改	曹明老师指导两位老师的教学设计初稿审定
6月28日	第一轮课题研究课行动研究（1）之一	赵殷伊老师预备音乐学科研究课上课、观课和评课（曹明老师指导）
	第一轮课题研究课行动研究（1）之二	赵殷伊老师预备音乐学科研究课上课、观课和评课（曹明老师指导）
7月3日	组织教师暑假撰写教学论文（案例）	教师自主学习，撰写与“三自”教育相关的论文或主题式案例
7月6日	在校园网分享曹老师提供的主题式案例	教师自主学习、借鉴，修改自己的主题式案例
7月20日	总课题中期报告筹备	曹明老师指导确定中期报告框架与拟写内容
7月21日—8月30日	总课题中期报告撰写与修改	曹明老师线上指导相关核心组成员撰写中期报告
	组织课例撰写	赵殷伊老师、唐艳婷老师修改研究课教学设计，完成课例撰写初稿
8月31日	新学期教科研（课题）工作会议	邀请曹明老师来校指导，商讨、细化新学期课题研究计划，指导修改总课题中期报告，拟定5个小课题的选题

（续表）

时间	内容	实施细节
9 月	总课题中期报告与相关子课题开题报告的修改	曹明老师指导修改中期报告和子课题开题报告
	辛盈华老师实施基本步骤，史露老师分层教学，张菁老师支架教学，陆璟峰老师个案研究，提出学习资料需求	曹明老师分别寻找和线上发送参考实例
	落实第一轮课题研究课(2)	13 位老师拟开设课题学科研究课，3 位老师拟开设主题教育研究课
9 月 17 日	区级课题研究中的选题与设计专题集体培训	部分青年教师参加，曹明老师指导
9 月 18 日	教研组交流	立足“三自”，以学定教要质量
9 月 19—30 日	部分小课题定题	曹明老师指导实践类小课题 4～5 个，陆海斌、史露、辛盈华、唐艳婷、张菁 5 位老师已申报
10 月 10 日	第一轮课题研究课行动研究(2)之一	蔡张怡老师预备年级广播操复习学科渗透教育研究课上课、观课和评课(曹明老师指导)
10 月 15 日	第一轮课题研究课行动研究(2)之二	瞿雪盈老师初三年级物理实验课学科渗透教育研究课上课、观课和评课(曹明老师指导)
10 月 22 日	第一轮课题研究课行动研究(2)之三	顾俊裕老师初二年级语文学科渗透教育课上课、观课和评课(曹明老师指导)
	第一轮课题研究课行动研究(2)之四	崔玮青老师预备年级“自信——做情绪的主人”主题教育课上课、观课和评课(曹明老师指导)
11 月 5—8 日	完成课题中期报告	学校组织自主撰写与修改课题中期报告(曹明老师指导定稿)
11 月 9 日	参加 2019 区级课题中期检查	参加浦东教发院学校发展中心组织的课题中期报告检查交流，听取专家反馈意见
11 月 12 日	第一轮课题研究课行动研究(2)之五	朱景超老师预备年级语文学科研究课上课、观课和评课(曹明老师指导)
11 月 19 日	第一轮课题研究课行动研究(2)之六	黄佩青老师预备年级英语学科渗透教育研究课上课、观课、评课(曹明老师指导)
11 月 26 日	第一轮课题研究课行动研究(2)之七	徐振浩老师初二年级物理学科渗透教育研究课上课、观课和评课(曹明老师指导)
12 月 10 日	第一轮课题研究课行动研究(2)之八	李辰轶老师初二年级英语学科渗透教育研究课上课、观课和评课(曹明老师指导)
12 月 17	第一轮课题研究课行动研究(2)之九	潘莹老师初二年级语文学科渗透教育研究课观课上课、观课和评课(曹明老师指导)
12 月 24 日	第一轮课题研究课行动研究(2)之十	崔玮青老师预备年级语文学科研究课上课、观课和评课(曹明老师指导)

（续表）

时间	内容	实施细节
12月30日	第一轮课题研究课行动研究(2)之十一	李天容老师预备年级地理学科研究课上课、观课和评课(曹明老师指导)
2021年1月7日	第一轮课题研究课行动研究(2)之十二	郑秀眉老师初一年级地理学科研究课上课、观课和评课(曹明老师指导)
1月21日	2020学年第一学期课题总结会	总结本学期的课题研究情况,研究布置下学期课题研究任务
2月5日	2021年寒假课题研讨会	邀请王丽琴主任、张娜老师、曹明老师等莅临指导
3月2日	课题研究实践推进会	落实本学期课题研究课开课事宜
3月9日	部分已开课教师课例修改	曹明老师一对一指导
3月18日	第二轮课题研究课行动研究之一	陆夏瑛老师初一年级数学学科渗透教育研究课上课、观课和评课(曹明老师指导)
3月25日	第二轮课题研究课行动研究之二	张至诚老师预备年级数学学科渗透教育研究课上课、观课和评课(曹明老师指导)
4月1日	第二轮课题研究课行动研究之三	杨洁华老师预备年级语文学科渗透教育研究课上课、观课和评课(曹明老师指导)
4月8日	第二轮课题研究课行动研究之四	曹丹老师课题预备年级科学学科渗透教育研究课上课、观课和评课(曹明老师指导)
4月15日	第二轮课题研究课行动研究之五	顾婷老师预备年级美术学科渗透教育研究课上课、观课和评课(曹明老师指导)
4月21日	第二轮课题研究课课例撰写集体培训	曹明老师指导
4月29日	第二轮课题研究课行动研究之六	温如春老师初一年级美术学科渗透教育研究课上课、观课和评课(曹明老师指导)
	第二轮课题研究课行动研究之七	朱文君老师预备年级主题班会研究课上课、观课和评课(曹明老师指导)
5月6日	部分课题研究课教学设计和课例修改	曹明老师指导
5月11日	第二轮课题研究课行动研究之八	丁思雨老师初二年级数学学科渗透教育研究课上课、观课和评课(曹明老师指导)
5月13日	第二轮课题研究课行动研究之九	孙易雯老师预备年级英语学科渗透教育研究课上课、观课和评课(曹明老师指导)
5月13—14日	课题成果丛书之“综合成果选”拟出书选题申报	卫东浩校长负责申报(曹明老师指导)
5月20日	部分研究课课例修改	部分老师所撰写的课例现场互动修改(曹明老师指导)

（续表）

时间	内容	实施细节
5 月 27 日	课题之专题教育班会研究课课例撰写辅导	曹明老师一对一辅导
6 月 4—16 日	部分研究课课例修改（含网络互动和电子文稿修改反馈）	曹明老师一对一个别指导
6 月 17 日	第二轮课题研究课行动研究之十	陆倩雯老师初二年级语文学科渗透教育研究课上课、观课和评课（曹明老师指导）
6 月 29 日	课题结题总报告撰写框架讨论，学期课题研究总结会与布置暑期子课题成果总结工作	曹明老师现场指导
总结阶段（2021 年 7 月—2022 年 2 月）		
2021 年 7 月 4 日	学期课题研究总结会和一级子课题课题结题报告撰写小组研讨会	组织学期课题研究总结会；组建课题结题报告小组群，曹明老师辅导子课题结题报告的撰写
7 月	收集整理课题研究资料、进行初步分析	材料整理、分析研究工作
7—8 月	构思研究总报告框架，完成总课题报告初稿	区级课题核心组成员分工撰写总报告
8 月 31 日	总课题之后测调查问卷修改反馈	曹明老师电子文稿反馈
9 月 1—5 日	修改课题总报告、部分课例，撰写部分子课题报告	曹明老师来校指导
10 月	课题组进行课题成果丛书 6 册的集中修改、汇编、课例选前言撰写，准备初中强校工程实验校增值评估课题研究项目材料	曹明老师指导构建、撰写、修改课题成果丛书 6 册，包括自律篇（纸质学习资源）、自学篇（纸质学习资源）、自信篇（纸质学习资源）、教学设计选、课例选、论文选
11 月 11 日	学生“双自”素养后测问卷调查	史露老师组织初三（2）、（3）班学生完成后测问卷调查
11 月 18 日	总报告实施途径修改、后测调查报告撰写、部分主题式案例总结框架	曹明老师指导修改、撰写
11 月 25 日	社团活动子课题报告修改，总报告现场局部修改，发送后测调查报告和课题成果之案例选封面、前言与目录样例	曹明老师指导修改和提供
12 月 2 日	送书 20 本（曹明老师指导的相关浦东新区学校课题研究成果出版物），修改总课题报告等	曹明老师提供和指导修改
12 月 5 日	收到课题成果总结文本格式和蔡路中学“学生主动学习的研究成果推广研究报告”	曹明老师整理撰写模板、选辑指导的成果，供学校区级课题成果分类总结参考

（续表）

时间	内容	实施细节
12 月 7 日	区级课题“课例选”前言新修改	曹明老师线上互动、反馈
12 月 9—12 日	拟定新的“综合成果选”出书合同、结题会准备事项、6 册丛书之封面与正文格式，蔡张怡老师的“三自”红领巾公园活动主题式案例修改，后测调查报告修改	曹明老师指导修改
2022 年 1 月 4 日	区级课题总报告修改，“论文选”等丛书前言修改	曹明老师指导修改
2 月 12—15 日	6 册丛书前言修改，区级课题总报告修改，区级课题结题准备事宜商讨	曹明老师线上修改，15 日现场修改与商讨
2 月 16—27 日	完成丛书 1—5 册汇编、交付印刷，完成课题总报告、一级子课题报告、专题总结和主题式案例修改，完成“论文选”汇编，完成参与现场交流的结题成果文本、交流稿和 PPT	课题组核心成员参与，曹明老师指导修改
2 月 28 日	组织区级课题成果结题展示交流研讨会，听取浦东教发院等相关专家论证意见	学校区级课题课题组核心成员参与展示交流，浦东教发院等相关专家进行论证
深化研究阶段（2022 年 3 月—2024 年 3 月）		
2022 年 3—7 月	逐步修改完善“课例选”和“论文选”中入选区级课题“综合成果选”的成果	课题核心成员和入选成果作者参与，曹明老师指导修改
7—12 月	根据出版社编辑意见，完成修改、校阅	课题核心成员和入选成果作者参与，出版社编辑和曹明老师合作指导修改
2023 年 1 月—2024 年 6 月	与出版社编辑协商出版精简后的区级课题“综合成果选”，入选成果作者与专家讨论修改，曹明老师将修改后的“综合成果选”定稿交至出版社，完成出版稿的校阅	

三、研究实施

（一）课题内涵

本课题涉及三个基础概念：积极心理学、“三自”、基于积极心理学原理的初中生“三自”教育，具体内涵参见前述概念界定。在学生“三自”教育中，涉及学生自律、自学和自信意识、能力和良好行为习惯的培养内容。总课题组将这些内容分解为各自的三级要素：自律素养培养包括“三维度”的 33 项要素，自学素养培养包括“三维度”和“三过程”80 项要素，自信素养培养包括“三维度”和“三过程”35项要素，共计148项。

（二）文献研究

1. 课题文献资料汇编

课题分类文献资料每年初更新一次。截至2021年10月，已进行3次更新。在2021年10月上旬，共整理了12册参考文献分类检索资料，涵盖了心理健康教育、家庭教育、研究现状、班级管理、学生核心素养培养、价值教育、学校教育、教师专业发展、德性教育、学科教学、课堂教学和综合实践活动十二类，总字数约60万字。梳理和分享这些研究文献和资料，有助于提升课题设计、实施和总结的针对性、科学性和实效性(图2)。

图2　课题分类文献资料

2. 情报综述研究

在浦东教发院原资深教科研员曹明老师的指导下，宋丹老师在前期研究基础上，参照曹明老师与上海市蔡路中学杨哲明老师、何月清老师合作的《“农村学校实施‘双自’教育　促进学生自主发展的实践研究”情报综述》结构框架，结合学校区级课题的实际情况，完成了《“基于积极心理学原理的初中生‘三自’教育的实践与研究”情报综述》。

（三）现状调查

1. 前测调查

1）调查目的

为了更科学、全面地了解本校学生基于积极心理学原理的“三自”素养现状，以提高课题研究设计和“三自”教育实施的针对性和实效性。

2）调查内容

根据总课题组研制的基于积极心理学原理的初中生“三自”素养培养内容，设计了前测调查问卷，内容包括学生自律、自学和自信意识、能力、行为三大方面，共计148项。

3）调查方法

（1）调查手段：问卷调查法。

（2）调查对象：本校预备年级的4个班级，共216名学生。

（3）调查组织：调查准备，调查时间（2019年4月23日），调查地点（学校电脑房），问卷数量（发放总数216份、回收总数216份、有效总数216份），数据统计。

4）调查结果分析

具体参见《基于积极心理学原理的初中生“三自”素养现状调查报告（前测）》。

5）对策建议

具体参见《基于积极心理学原理的初中生“三自”素养现状调查报告（前测）》。

2. 后测调查

根据前测调查问卷，抽取了148项三级要素的其中50项，设计并实施后测调查问卷。2021年11月，对进行过前测调查的仍在学校的初三年级两个班级的学生进行问卷形式的后测调查，并进行统计与分析数据。2021年12月，完成后测调查报告。通过比对前、后测结果，评估初中生"三自"素养的发展情况及课题研究的实效性，从而提高了实效总结的科学性。

(四) 培养内容

1. 制订依据

制订基于积极心理学原理的初中生"三自"素养培养内容，主要依据如下。

(1) 中共中央 国务院《深化新时代教育评价改革总体方案》和教育部《中国学生发展核心素养》。

(2) 上海市教育委员会(以下简称"上海市教委")和教育业务部门方面。包括各学科课程标准、教材，以及《中小学生守则(2015年修订)》《上海市中学生日常行为规范实施手册》《上海市学生成长记录册》《上海市中小学生学业质量绿色指标(试行)》等，涉及初中生自律、自学、自信素养发展方面的要求。

(3) 国内外专家、学者专著中有关"三自"素养方面的论述。国外学者，如齐莫曼、霍利克；国内学者，如庞维国、余文森、刘丹等。

(4) 市级、区级初中强校工程建设中学生发展的目标要求。

(5) 区域科研员长期积累和本土研究成果。主要指担任本课题全程指导的浦东教发院原资深教科研员曹明老师在指导的数百项市级、区级课题研究中所积累的经验，包括对学生自主学习方面素养培养内容的分解。

(6) 国内一线教师的实践成果。主要涉及在基础教育学校中学科教师和班主任等一线教师关于培养学生"三自"素养方面的研究资料。

(7) 学校生源特征。考虑学校生源的两个特征：地处浦东新区高桥镇凌桥社区，属于义务教育阶段农村偏远学校(上海市教委批准认定)。

2. 培养内容

对于初中生基于积极心理学原理的"三自"素养的培养内容，总课题组从意识、能力和行为三个方面进行了分解。其中，自律素养培养内容包括"三维度"的33项要素，自学素养培养内容包括"三维度"和"三过程"80项要素，自信素养培养内容包括"三维度"和"三过程"35项要素，合计148项。

1) 基于积极心理学原理的初中生自律素养培养内容

表2为基于积极心理学原理的初中生自律素养培养内容。

表2 基于积极心理学原理的初中生自律素养培养内容

Ⅰ级要素	Ⅱ级要素	Ⅲ级要素
自律意识	在家自律意识	起居自律意识
		用餐自律意识
		学习自律意识

（续表）

Ⅰ级要素	Ⅱ级要素	Ⅲ级要素
自律意识	在校自律意识	日常行为习惯自律意识
		学习自律意识
		同学交往自律意识
		校内集体活动自律意识
	在社会实践中的自律意识	完成任务自律意识
		守时自律意识
		安全自律意识
		交往自律意识
自律能力	在家自律能力	起居自律能力
		用餐自律能力
		学习自律能力
	在校自律能力	日常行为守规自律能力
		学习自律能力
		同学交往自律能力
		校内集体活动自律能力
	在社会实践中的自律能力	完成任务自律能力
		守时自律能力
		安全自律能力
		交往自律能力
自律良好行为习惯	在家自律良好行为习惯	起居自律行为习惯
		用餐自律行为习惯
		学习自律行为习惯
	在校自律良好行为习惯	日常行规自律行为习惯
		学习自律行为习惯
		同学交往自律行为习惯
		校内集体活动自律行为习惯
	在社会实践中的自律良好行为习惯	完成任务自律行为习惯
		守时自律行为习惯
		安全自律行为习惯
		交往自律行为习惯

2）基于积极心理学原理的初中生自学素养培养内容

表 3 至表 5 为基于积极心理学原理的初中生课前、课中和课后“三程”自学的意识、能

力和良好行为习惯自学素养的培养内容。

表 3 基于积极心理学原理的初中生课前自学素养培养内容

Ⅰ级要素	Ⅱ级要素	Ⅲ级要素
自学意识	预习意识	动机意识
		任务意识
		质疑意识
		解疑意识
	学习准备意识	价值意识
		常规准备意识
		特殊准备意识
自学能力	阅读能力	认识阅读价值能力
		认读文本能力
		筛选文本信息能力
		理解文本信息能力
		质疑与整合运用文本信息能力
	检索与查询能力	记、思相关信息能力
		利用资源(工具书、图书馆资源、网络资源等)进行学习能力
		交流咨询能力
		评鉴与整合运用信息能力
	批注能力	批注“五点”(重点、难点、关键点、关注点、易错点)的能力
		运用批注方法(文字、图片、符号、色彩等)的能力
		进行个性化批注能力
自学良好行为习惯	预习良好行为习惯	坚持进行自主预习行为习惯
		注重质疑行为习惯
		尝试解疑行为习惯
	自学良好行为习惯	坚持进行自学行为习惯
		坚持运用所学本领进行兴趣探索行为习惯

表 4 基于积极心理学原理的初中生课中自学素养培养内容

Ⅰ级要素	Ⅱ级要素	Ⅲ级要素
自学意识	参与意识	参与答疑意识
		参与讨论意识
		参与练习意识

（续表）

Ⅰ级要素	Ⅱ级要素	Ⅲ级要素
自学意识	质疑意识	钻研意识
		敏锐意识
		联系对比意识（由此及彼）
	笔记意识	主动记录意识
		及时记录意识
		反思批注意识
自学能力	集中注意能力	集中性
		持久性
		思索性
	主动质疑能力	主动提问能力
		快速提问能力
		高质量提问能力
	有效理解能力	快速理解能力
		全面理解能力
		深刻理解能力
	多元内化能力	直接应用能力
		迁移应用能力
		个性化应用能力
	小结提升能力	梳理资料能力
		筛选信息能力
		概括提炼能力
自学良好行为习惯	自主参与习惯	主动参与阅读—质疑—答疑行为习惯
		主动参与练习行为习惯
		主动参与小结行为习惯
	积极思考良好行为习惯	主动提问行为习惯
		主动参与讨论习惯
		主动反思行为习惯
	主动笔记良好行为习惯	及时、准确、简洁记录行为习惯
		良好的个性化记录行为习惯
	注重自学质量良好行为习惯	听、疑、议、析、记、练、概、悟的行为习惯

表 5　基于积极心理学原理的初中生课后自学素养培养内容

Ⅰ级要素	Ⅱ级要素	Ⅲ级要素
自学意识	主动复习意识	动机意识
		先复习后作业意识
	独立作业意识	动机意识
		主动完成意识
	积极自学意识	动机意识
		主动预习意识
		拓展学习意识
		自主监控意识
自学能力	完成作业能力	完成的速度
		完成的准确率
		在规定的时间内完成
	拓展学习能力	学科类的拓展学习
		兴趣爱好类拓展学习
	总结反思能力	课前学习总结反思能力
		课堂学习总结反思能力
		拓展学习总结反思能力
自学良好行为习惯	坚持自学良好行为习惯	定时自学(时间)
		定点自学(空间)
		定量自学(任务)
		及时自主监控(评价)
	注重自学质量良好行为习惯	注重完成率
		及时批注习惯
		注重内化提升

3）基于积极心理学原理的初中生自信素养培养内容

表 6 为基于积极心理学原理的初中生自信素养培养内容。

表 6　基于积极心理学原理的初中生自信素养培养内容

Ⅰ级要素	Ⅱ级要素	Ⅲ级要素
自信意识	生活自信意识	个人生活自理意识
		整理好学习用品意识
		参与做好家务意识
		有效沟通意识

（续表）

Ⅰ级要素	Ⅱ级要素	Ⅲ级要素
自信意识	学习自信意识	增强学习动机意识
		提高学习兴趣意识
		积极学习状态意识
	交往自信意识	认识交往的价值和具有学习的意识
		有效交往践行意识
自信能力	生活自信能力	个人生活自理能力
		参与做好家务能力
		有效沟通能力
		整理好学习用品能力
	学习自信能力	有效使用工具书能力
		合理使用网络能力
		良好的阅读分析能力
		独立解决问题能力
		大胆质疑、勇于表达能力
	交往自信能力	交往外形塑造能力
		有效提问能力
		善于倾听能力
		与不同对象交往能力
自信良好行为习惯	生活自信良好行为习惯	个人生活自理习惯
		参与做好家务习惯
		有效沟通行为习惯
		整理好学习用品习惯
	学习自信良好行为习惯	做好预习工作习惯
		上课记好笔记习惯
		课堂专注听讲习惯
		及时高质完成作业习惯
		坚持进行课外自学习惯
	交往自信良好行为习惯	交往外形塑造行为习惯
		有效提问行为习惯
		善于倾听行为习惯
		与不同对象交往行为习惯

基于积极心理学原理的初中生“三自”意识、能力和良好行为习惯“三素养”培养内容的明确，引导了学生对“三自”“三素养”的自我诊断和改进；引导了六条实施途径学生“三自”“三素养”培养内容的选择和确定；引导了专题教育纸质资源素材选编、学科渗透教育和专题教育班会课学生相关“三自”素养的选择和确定；引导了家长对孩子相关“三自”素养的诊断和培养；为总课题前测、后测调查问卷内容的确定提供了依据；为后续总课题、相关实施途径子课题和研究课的过程性评价标准奠定了基础；提高了课题研究的速度和质量。

（五）实施途径

“实施途径”，是指组织相关教育教学活动时的实施路径。本课题主要通过实践探索，着重研究学科渗透教育、校本课程建设、德育主题教育、社团活动、校园环境营造以及家庭教育六条实施路径，培养学生“三自”之“三素养”。

1. 学科渗透教育的实践研究

以积极心理学的“三原理”为指导，通过学科教学中的课前预习、课堂学习和课后学习（以下简称“三程”）方面举措，对初中生的自律、自学、自信“三自”素养，从意识、能力、良好行为习惯“三素养”方面进行培养，从而促进学生改进不足，培育相应素养，健康快乐地成长。

1）课前预习中培养

基于积极心理学的相关原理，在即将学习的课程中，通过教师规定的任务和学生自选任务，结合相关举措，促进学生自主进行探索性的学习，以培养学生良好的自主预习意识、阅读和质疑能力，以及良好的预习习惯，并提升学生自律和自信方面的“三素养”。

一是自主完成规定性预习任务。

（1）自主阅读。例如，在语文学科中，学生课前独立阅读每一课的生字词，查找字音和词义并进行标注，反复大声阅读课文以加深印象，从而养成课前了解和初步理解课文主要内容的良好预习习惯；在数学学科中，学生课前独立阅读定理和例题，主动思考定理在题目中的应用，从而提高预习意识；在物理学科中，学生在课前阅读相关定义和实验目的，结合实验器材自行设计实验过程，从而提升物理学科的实验设计能力。

（2）圈画不理解的内容。例如，在语文学科中，学生在阅读过程中，注意圈画不认识或不理解的字、词和成语，可以借助字典、网络等进行查询；在数学学科中，学生独立标记不理解或不会运用的定理和解题过程，带着疑问听课；在体育学科中，比如在学习广播操的过程中，学生独立通过观看视频进行预习，标记不确定或做不到位的动作，逐步养成良好的预习习惯。

（3）自主完成教材思考题和课后配套练习中的简单部分。例如，在文科类学科的预习过程中，学生对课后练习进行独立思考，阅读文本、查阅资料，解决简单问题，进一步加深对文本的理解；在理科类学科中，学生对课后例题进行解答，应用文本中的定理和定义，解决简单的例题，提高了在预习过程中解决问题的能力。

（4）自主质疑、解疑。对于低年级的学生而言，由于他们对文本的理解能力有限且运用能力不足，因此需要对看似矛盾或结构复杂的字、词、句进行质疑，并提出自己感兴趣的问题，以提高质疑和借助相关工具进行释疑的能力。对于高年级的学生而言，由于他们的理解能力有所提升，教师注意引导学生独立进行更深层次的思考。例如，在物理学科中，学生通过独立学习与小组合作学习相结合（以下简称“独合结合”）进行验证阿基米德原理的实验。在这个实验中，学生需要学会如何测量浮力以及物体排开液体所受的重力，同时需要准备相关实验器材。这就培养了学生在预习过程中注重思考、独立提问并尝试小组合作解决问题的良好行为习惯。

（5）做好学习用具准备。大部分学科需要学生独立准备教材、配套练习、笔记本和各种学习用品，如各色水笔、刻度尺、铅笔、橡皮及修正带等。除一般学习用具外，对于数学学科，学生需要独立准备作图工具，如三角尺、圆规等；对于音乐学科，学生需要独立准备相关乐器，如手风琴等；对于美术学科，学生需要独立准备美术用具，如铅画纸、画板、彩笔、颜料和颜料盘等；对于体育学科，学生需要在课前独立换好运动服装，准备运动器材，如绳子、球类等。在课前，学生根据每堂课的特点准备好相应的学习用具后，注意将书本类学习用具放在课桌左上角，文具类学习用具放在右上角，从而促进了学生合理摆放不同学科学习用具良好习惯的养成。

（6）自主监控完成规定性课前学习任务的时间、质量。学生每天定时、定量完成课前预习任务，自行完成“每日打卡”，促进学生养成了良好的定时与定量完成预习任务、注意提升预习质量的行为习惯。

二是自主完成自选拓展性（趣味性）预习任务。

（1）自主阅读教材选定感兴趣的拓展学习主题（点）。例如，在物理学科中，学生介绍自己熟悉的物理学家，通过在图书馆借阅图书、在线查找资料进行材料搜集和整理，在课堂上与他人分享。这种做法提升了学生独立搜集、整理和梳理课外学习材料的能力。

（2）自定目标、预设完成要求。学生通过预设目标，来检验自己的预习成果。例如，在语文、数学、英语等学科中，教师要求学生自行设定每日打卡学习任务，确保每天完成相应的基础练习；并在每周结束时进行自我总结，记录达成的情况。这种做法促进了学生逐步养成良好的学习目标设定和自主监控习惯。

（3）自主收集材料，进行自学，尝试整理结果。例如，在道德与法治、地理、科学等学科中，学生根据老师提出的学习（展示）主题，通过到图书馆查找相关资料，利用互联网搜索信息，以个人或小组形式进行知识搜集、整理和提炼，并制作 PPT 用于课堂展示。这样做提升了学生自主收集、整理、概括资料以及做好交流准备和实际交流的能力。

（4）对照自设目标和要求，自主监控拓展性（趣味性）学习过程与结果。学生注意自主记录、整理、归纳和保存自选性预习任务的完成情况。这就提高了学生对自设拓展性学习目标和要求的意识；有效锻炼了自主监控能力；培养了记录自选性预习任务完成情况的实施过程和结果等良好的学习监控行为习惯。

（5）学生自主参与课前或课堂交流分享、反思自选性预习任务完成情况。课前，学生以个人或小组为单位完成预习单、资料搜集、PPT 制作等独立学习任务；课堂上，积极参与全班展示，与他人分享和交流，这提升了学生们的参与意识和课堂展示能力。

2）课堂学习中培养

基于积极心理学的相关原理，在相关学科课程学习的固定场域（课上）中，实施主要环节（新课导入、教学展开、新课小结）的相关举措，以提高学科课堂教学效果，促进学生自律、自学和自信意识的能力以及良好习惯的养成。

一是新课导入中培养。

（1）创设适合学生自主质疑探索的情境。以物理学科中大气压强的学习为例，教师可展示一个装满水的矿泉水瓶，并要求学生找出其中的特殊之处。学生可能会发现瓶子并没有什么异常。然后，教师慢慢拧开瓶盖，学生会惊讶地看到水从矿泉水瓶侧壁的小孔喷射而出，而在瓶盖紧闭时却看不到这种现象。通过这样的情境设计，学生会产生好奇心，提出问题并相互交流讨论，有效地激发了他们主动探索的兴趣。

（2）组织学生尝试导入阶段的旧知复习。教师布置整理知识点的课后任务，学生以个人或小组为单位进行知识梳理和分类，在下一堂课的课堂上通过实物投影、PPT、情境剧、学生充当小老师提问等方式复习旧知。这种做法不仅促进了学生巩固旧知，还提升了他们的归纳梳理能力。

（3）借助预习提问，引导学生自主解疑。教师布置预习任务，学生按照老师要求进行预习，在课堂上老师提出由易到难的问题，有针对性地给学困生回答机会，提高这部分学生的学习自信。当学生对问题答案产生分歧时，可以阐述自己的观点来支持自己的回答，相互释疑，再通过老师的引导加深对所质疑问题的理解，增强了学生的学习自信。

（4）组织“今天我当家”系列活动。学生主持新闻播报（思想品德）、历史上的今天（历史）、今日好料（语文）、近期趣事（数学、物理、化学、生物、地理、信息科技、心理学、劳动技术等）、近期一练（体育与健康）、我们的欣赏（音乐、美术）、我做小老师（所有学科）等。这些活动有效锻炼了学生的学科预习、交流分享能力，增进了学习兴趣和自信。

二是在教学展开中培养。

（1）教师借助多媒体、学习单和系列问题等引导，促进学生独立或小组合作探索。

（2）学生主动质疑，自主探索解疑。

（3）学生积极参与探索交流，说明解疑结果。

（4）学生积极参与黑板演示，勇于交流探索。

（5）学生参与梳理，自主概括展开阶段所学。

（6）学生加强自控和互控，集中学习注意力。

（7）教师加强观察、巡视，及时激励学习基础不一的学生相关“三自”行为，提高阶段学习实效和提升相关“三自”之“三素养”。

三是在课尾小结中培养。

（1）小结主体：以学生为主。

（2）小结内容：有机融入学生的学习体会、经验和个性化方法。

（3）小结形式：教师引导下的学生独自小结，或与同桌、4～6人小组合作小结。

（4）小结结果表达：以学生个体为主、小组合作为辅多形式（用关键词、表格、关系图、思维导图及文字加符号等）加以表达。

（5）小结结果：师生注意多元利用。

（6）学生自主小结后：注意提出新的疑问。

这样，增进了学生对课尾集中小结的意识，使他们积极参与小结；理解了小结内容所关注的重点、小结的形式和小结结果的多元表达、小结结果的再利用，提高了他们进行小结的能力；促进了课尾集中小结良好行为习惯的养成。

3) 课后学习中培养

基于积极心理学的相关原理，在课后学生自主及时反思、复习、作业和自学中，注意落实相关举措，在提高学生课后学习活动实效的同时，锻炼学生的自主及时反思、复习、作业和自学能力，培养良好的学习行为习惯，培养学生的自律和自信素养。

一是自主反思学习过程。

(1) 主动反思预习过程的有效性。

(2) 主动反思课堂学习内容、方法、实效、体会、个人经验和需要完善之处。

(3) 主动反思课后复习、练习和自学的完成情况。

(4) 同步注意做好反思记录。

(5) 一定时间(如 1 周或 1 个月)后，比较反思改进情况，简要分析优势与不足，提出后续优化反思设想。

这一过程，有效地培养了学生的学习反思意识，锻炼了自主反思能力，并促进了学生在“三程”学习中聚焦反思重点，养成良好的反思行为习惯。

二是自主复习和作业。

(1) 学生主动复习课堂所学。

(2) 学生自主梳理、完善和归纳所学内容及笔记。

(3) 学生自主及时完成规定作业和选择性作业。

(4) 学生独立解决作业中的困难。

(5) 学生监控并记录作业完成时间、准确性、规范性、创意性和独特体验。

(6) 学生注意听取师生对作业的反馈并完善作业，记录反思。

这些举措，培养了学生良好的学习习惯，如独立复习、及时高质量地完成作业；提升了自主复习、梳理归纳能力，以及接受作业反馈、监控和改进能力；增强了自主复习和作业的自信。

三是自主学习。

(1) 学生对单课相关教学内容自主进行提高拓展性自学。

(2) 学生主动进行单元知识体系的自主梳理、归纳性自学。

(3) 学生自由选择相关学科感兴趣主题(点)进行兴趣性自学。

(4) 学生对热点问题进行追踪性自学。

(5) 学生对自身一定时期聚焦内容主题之兴趣特长的持久性自学。

这些分层学习方法的实施，促进了学生自主学习，提升了选择自主学习内容的能力，培养整理和归纳单元知识的能力；鼓励学生关注社会热点、专注个人兴趣的自学，培养了特定兴趣和技能。

4) 学科渗透教育实践研究课概况

(1) 研究课数量、研究主题和课型概况。课题组组织开展的“基于积极心理学原理的初中生‘三自’教育的实践与研究”之学科渗透教育实践研究课 22 节，详见表 7。

表 7　学科渗透教育实践研究课

编号	姓名	研究课名称	学科	课型	开课时间
1	唐艳婷	基于积极心理学原理科学实施“一原则六式”提升学生“三自”素养——以初一年级“分析与综合专题复习练习”教学实践与分析为例	科学	复习课	2020 年 6 月 28 日
2	赵殷伊	基于积极情绪体验和环境原理音乐实施“三式一法” 提升学生“二自”素养——以预备年级《青春舞曲》教学实践与分析为例	音乐	基础课	2020 年 6 月 28 日
3	蔡张怡	基于积极环境原理体育实施“两式三法” 提升学生体锻“三自”素养——以预备年级广播操《舞动青春》复习课教学实践与分析为例	体育	复习课	2020 年 10 月 10 日
4	瞿雪盈	基于积极心理学原理物理实施“四式三法”提升学生“三自”素养——以初三年级物理实验课“验证阿基米德原理”教学实践与分析为例	物理	基础课	2020 年 10 月 15 日
5	顾俊裕	基于积极心理学原理语文实施“四式三法”提升学生人物传记学习“一自”素养——以初二年级《美丽的颜色》教学实践与分析为例	语文	基础课	2020 年 10 月 22 日
6	朱景超	基于积极心理学原理语文实施“一原则五式二法” 提升学生“三自”素养——以预备年级《小站》教学实践与分析为例	语文	基础课	2020 年 11 月 12 日
7	黄佩青	基于积极心理学原理英语实施“六式一法”提升学生“三自”素养——以预备年级听说课“Rules round us”教学实践与分析为例	英语	基础课	2020 年 11 月 19 日
8	徐振浩	基于积极心理学原理物理实施“六式三法”提升学生“三自”素养——以初二年级“机械运动”教学实践与分析为例	物理	基础课	2020 年 11 月 26 日
9	李辰轶	基于积极心理学原理英语实施“五式五法”提升学生“三自”素养——以初二年级阅读课“Nobody Wins”教学实践与分析为例	英语	基础课	2020 年 12 月 10 日
10	潘莹	基于积极心理学原理语文实施“一策三式四法” 提升学生“三自”素养——以初一年级《猫》教学实践与分析为例	语文	基础课	2020 年 12 月 17 日
11	崔玮青	基于积极心理学原理实施“四式四法” 提升学生“三自”素养——以预备年级《穷人》教学实践与分析为例	语文	基础课	2020 年 12 月 24 日
12	李天容	基于积极心理学原理地理实施“五式五法”提升学生“三自”素养——以预备年级“金字塔之国——埃及”教学实践与分析为例	地理	基础课	2020 年 12 月 31 日
13	郑秀眉	基于积极心理学原理地理实施“五式六法”提升学生“三自”素养——以初一年级“浙江省”教学实践与分析为例	地理	基础课	2021 年 1 月 7 日

（续表）

编号	姓名	研究课名称	学科	课型	开课时间
14	陆夏瑛	基于积极心理学原理数学实施“四式五法”提升学生“三自”素养——以初一年级“13.3 同位角、内错角、同旁内角”教学实践与分析为例	数学	基础课	2021 年 3 月 18 日
15	张至诚	基于积极心理学原理数学实施“三式五法”提升学生“三自”素养——以预备年级“6.4 一元一次方程的应用”教学实践与分析为例	数学	基础课	2021 年 3 月 25 日
16	杨洁华	基于积极心理学原理语文实施“五式法”　提升学生“三自”素养——以预备年级《学弈》教学实践与分析为例	语文	基础课	2021 年 4 月 1 日
17	曹丹	基于积极心理学原理科学实施“五式四法”提升学生“三自”素养——以预备年级“蒸发与蒸腾”教学实践与分析为例	科学	基础课	2021 年 4 月 8 日
18	顾婷	基于积极心理学原理美术实施“五式七法”提升学生“二自”素养——以预备年级“四季的色彩——色调”教学实践与分析为例	美术	基础课	2021 年 4 月 15 日
19	温如春	基于积极心理学原理美术实施“五式七法”提升学生“二自”素养——以初一年级“学画树木（写意松树）”教学实践与分析为例	美术	基础课	2021 年 4 月 29 日
20	丁思雨	基于积极心理学原理数学实施“四式三法”提升学生“三自”素养——以初二年级“三角形的中位线”教学实践与分析为例	数学	基础课	2021 年 5 月 11 日
21	孙易雯	基于积极心理学原理英语实施“五式三法”提升学生“三自”素养——以预备年级“Staying Healthy”教学实践与分析为例	英语	基础课	2021 年 5 月 13 日
22	陆倩雯	基于积极心理学原理语文实施“五式二法”提升学生文言文学习“三自”素养——以初二年级《北冥有鱼》教学实践与分析为例	语文	基础课	2021 年 6 月 17 日

（2）学科渗透教育研究课的主要研究内容。包括：①积极心理学“三原理”，积极的情绪体验、积极的人格特征（乐观）、积极的学习环境原理。②实施原则，渐进性原则、因材施教原则、趣味性原则。③实施策略，针对性策略、任务驱动策略、增进体验策略、多元引导策略、激励式（预设激励、随机激励）策略。④实施形式，独立学习式、小组合作学习式、体验式学习、借助“三程·三单式”、借助信息技术式、多元引导式、随机激励式等 26 种。⑤实施方法，预习法、反馈法、讲授法、归纳法、实验法、监控法、跨学科案例分析法等 42 种。⑥评价举措，加强“三程”反馈及时随机激励、尝试探索预设激励、借助学习单进行评价、借助评价标准进行评价等。

具体可参见本书子课题报告和相关课例。

2. 校本课程建设的实践研究

已完成“三自”专题教育课程的实践研究，形成3册基于积极心理学原理的初中生“三自”校本课程资质资源。具体可参见丛书自律篇、自学篇、自信篇的纸质学习资源。

3. 德育主题教育的实践研究

“基于积极心理学原理的初中生‘三自’主题教育”，是指在了解国内外相关研究现状和本校学生自律、自学、自信意识、能力和良好行为习惯现状的基础上，确定学生“三自”素养发展的总目标和分年级目标。通过实施原则、实施途径以及评价探索，逐步增强学生“三自”意识，提高“三自”能力，促进良好的“三自”行为习惯养成，从而促进学生健康发展。

1) 实施目标

(1) 总目标：增强学生“三自”意识，提高学生“三自”能力，养成良好“三自”行为习惯，促进学生全面健康发展。

(2) 分年级目标：根据表8，结合总课题学生“三自”素养培养内容的148项三级要素，根据实施途径的特点，进行适度聚焦和补充。随后，根据四个年级自律、自学和自信“三素养”，进行细化设计，确保有一定的年级区分度。

表8 德育主题教育实践研究分年级目标

年级及目标	自律“三素养”	自学“三素养”	自信“三素养”
预备年级：文明守纪	基本养成遵守校规校纪和社会公德、维护公共秩序的意识、能力和良好行为习惯，培养良好的家庭生活、用餐和学习习惯	初步养成遵守《凌桥中学学生学习规范》的意识	具备成为一名合格中学生所需的自信意识、能力和良好行为习惯
初一年级：绿色生活	养成低碳环保的意识，培养相关能力和行为习惯	基本养成课外自学的意识，培养相关能力和良好行为习惯	具备成为一名环保小卫士所需的自信意识、能力和良好行为习惯
初二年级：学会感恩	培养在校感恩教师、学校，在家感恩父母长辈，在社会热爱党和祖国，感恩社会的良好意识、能力和行为习惯	基本养成课中自学的意识，培养相关能力和良好行为习惯	具备成为一名感恩小标兵所需的自信意识、能力和良好行为习惯
初三年级：奋斗人生	培养将学校教育目标、家庭期望要求和社会价值追求内化为个人理想和自觉行为的意识、能力和行为习惯	基本养成课后自学的意识，培养相关能力和良好行为习惯	具备成为一名合格接班人的所需的自信意识、能力和良好行为习惯

2) 实施原则

(1) 主体性原则。开展基于积极心理学原理的学生“三自”教育活动时，尊重学生的主体地位，激发和引导学生的主体意识，让学生主动参与教育活动，并将外部教育要求内化为自身行为需求。以班级主题教育活动为例，在实施促进学生“三自”教育的班级主题教育过程中，应遵循五个步骤：学生参与活动主题的选择与确立；参与或主持班级主题活动的方案设计；自主做好班级主题教育活动的准备；自主组织班级主题活动的实施；自主进行活动总结。在此过程中，教师注意根据预期目标和活动进展中的具体情况进行必要的引导，确保主题教育活动的有效性。这种做法，较好地激发了学生在班级主题教育活动中的主动性，培养他们的主题教育活动策划与组织能力，提高了自我教育能力，增强了在主题教育过程中的自律性和成功信心。

（2）针对性原则。基于积极心理学原理，在实施德育活动时，要针对学校生源的实际和特点，在不同的年级有侧重地实施"三自"教育，提高主题教育的针对性和实效性。根据不同年级学生反映的问题，学校课题组厘定了"三自"素养培养内容。在开展"三自"教育德育主题活动时，要求实践教师和学生首先对照目标进行诊断，然后确定每次活动的教育内容，并制订具体落实的措施；在组织相关德育主题活动时，注意加强执行。由于有了明确的对照目标、要求和改进过程的保障，提高了各年级"三自"教育的针对性，为提升"三自"教育的实效奠定了基础。例如，针对预备年级学生，考虑到学校生源主要是外来务工人员的随迁子女，他们来自五湖四海，其生活习俗、行规礼仪和文明习惯各异。因此，新学期开学后的第一个月，班主任的重点工作是加强学生的行为规范教育，将每日佩戴红领巾、不说粗话脏话、不乱丢垃圾、不随地吐痰及每天回家洗澡等自律性要求作为教育的重心。此外，召集家委会，邀请共建社区居委会成员召开座谈会，共同出谋划策，关注孩子自主提升这些自律性素养。两个月后，学生的自律性素养有了一定提高，尤其是卫生和文明用语的习惯开始养成，校园内乱扔垃圾、随地吐痰、高声喧哗及说粗话脏话的现象明显减少。

（3）实践性原则。基于积极心理学原理，在实施"三自"教育时，组织学生参与亲身体验与实践的过程，以增进亲身感受，促进学生提升相关"三自"素养。例如，2019年9月，学校全体师生汇聚在操场，齐声高唱《歌唱祖国》。大家手挥小红旗，以快闪形式隆重庆祝中华人民共和国成立70周年。这使学生们都感到无比自豪，爱国之情油然而生。又如，在班级主题教育活动中，实践教师普遍组织了与教育内容紧密联系的小品表演、方法介绍、演唱等实践活动。大多数活动还设计了21天改掉一两个坏习惯的行动实践和监控，锻炼了参与者的实践能力和相应主题的自我教育能力。此外，学校还组织了多种不同于传统课堂教学的学生"三自"教育实践活动，将活动地点从传统的班级课堂搬到了校园、社区或社会，将学生引入服务校园、社区和社会的实际生活。这些多样化的服务性实践，既增进了学生的切身感受，又磨炼了学生做好服务工作时的自律精神和能力，从而提高了"三自"教育的实效。

（4）分层性原则。基于积极心理学原理，在承认学生差异的前提下，对同一年级的学生实施有区别的主题教育活动，提升全体学生的相关"三自"之"三素养"。第一是"三自"主题教育年级目标分层。第二是"三自"具体主题教育活动的教育内容侧重点的分层。例如，对于节粮方面的主题教育活动，有的侧重于例举现象，有的侧重于分析影响，有的侧重于简析原因，有的侧重于提出解决对策，有的侧重于评价，有的侧重于反思，有的侧重于活动后的改进行动。第三是班级主题教育活动学生承担的任务分层。比如，让擅长某方面素养的学生承担相应的教育任务；同时也鼓励学生挑战自我，承担适合的教育任务。通过分层性原则的实施，让每个学生都能体验到成功的喜悦，锻炼了原本擅长的相关教育能力，激发起完成挑战性教育任务的潜能和主动参与活动的兴趣，提升了主动发展"三自"素养的自信心。

3）实施途径

(1) 校内德育主题活动中实施“三自”教育。基于积极心理学原理，在校内德育活动中，通过组织实施仪式类德育活动、主题教育课和主题类实践活动，以此增强学生参与活动的主动性，并借此培养学生的“三自”意识，锻炼相关“三自”能力，培养“三自”相关良好行为习惯。

一是仪式类德育活动。例如，在升旗仪式、换巾仪式、入团仪式中，渗透“三自”理念，注重发挥学生的主观能动性。不仅要求学生以小主人的身份全程参与活动，更要求小干部组织全体队员设计活动方案、拟定实施流程和做好活动总结。通过仪式类主题活动，队员们不仅明确了仪式、典礼的一般流程，也激发了他们主动参与班级、学校活动的意识，提高了学生人际沟通和组织协调的技能。

二是主题教育课。基于积极心理学原理，围绕特定主题，结合“三自”教育的相关要求和需要解决的问题，在主题班会、特定节日或重大事件的活动中，对学生进行“三自”教育的校内主题实践活动。以主题班（队）会为例，指的是围绕一定主题，班主任根据学校班（队）会和“三自”教育的相关要求，结合本班学生的实际情况，引导学生进行自我教育，增强班级凝聚力，促进学生提升“三自”素养。主题班（队）会的实施一般包括四个步骤：确定主题、设计分工、实施开展、总结反思。在执行每个步骤时，需注意渗透和培养“三自”教育素养和要求。下面以“自律——做情绪的主人”为主题班（队）会作为例子，说明操作。

实例1：“自律——做情绪的主人”主题班（队）会学生的“三自”教育操作步骤

第一步：确定主题。为了使选定的主题更符合本班实际情况，班级成立了筹备小组。根据班级部分学生在自修课中缺乏自律、经常打扰他人、作业交不齐、广播操执行不到位和课间吵闹等现象，进行讨论，最终确定将“自律——做情绪的主人”作为下次班（队）会的主题。通过自发组织筛选与整理，不仅创造了机会让学生主动了解班级存在的问题，同时也锻炼了他们主动为班级解决问题的能力。

第二步：设计分工。此环节中重点强调发挥小干部的主观能动性，以带动整个小组成员积极参与活动。在组长带领下，分工安排，让每个同学都参与主题班会（队会）筹备中。组长将老师分配的任务细化后分派给组员，并负责协调工作。例如，文字功底好的学生负责起草主持稿和节目编写；主持人自觉背诵稿件；信息技术较好的学生独立搜索名人自律故事；情景剧组成员自发创作；对表演有兴趣的学生参与排练；美术基础较好的学生负责制作PPT、设计板书等。辅导员则在幕后提供支持和指导，帮助他们梳理思路，把握要点。通过细化责任、因材施教的分工方式，最大程度地激发全班学生参与活动准备的积极性，使“三自”的要求融入其中，学生在过程中增进了自我认同感，享受了活动带来的乐趣。

第三步：实施开展。班（队）会课开展的过程，是将前期成果展示的过程，也是学生“三自”素养的呈现过程。在教育活动环节（一）中，学生通过合作表演自编情景剧《鸡毛飞上天》和《失控》，采用“快闪”形式，让参与创作和表演的同学都体验到了成功的喜悦。在教育活动环节（二）中，多名学生独立向全班分享名人的自律故事，全班同学倾听他们的讲述，并在老师和同学的发言中反思自身情绪管理是否有待改进。通过分享名人的情绪管理故事，队员们积极参与班级交流，倾听他人意见，反思自己的观点。在教育活动环节(三)中，学生们独立完成了情绪管理小测试，发现了自身情绪管理问题，引发了强烈的认知冲突，激发了他们寻找解决办法的迫切愿望。这为后续分享情绪管理方法奠定了基础，使他们逐渐增进对自律内涵的理解，同时提升了对积极愉悦情绪的体验。此外，后勤保障工作也在专人的负责下有条不紊地展开。例如，PPT的播放和道具的摆放等工作由不同的人负责，大家分工有序、忙而不乱，通过集体的智慧完成了一次有序、有效的班(队)会实施。

第四步：总结反思。班会结束后，筹备组的学生和班主任及时总结，将好的节目、好的做法、好的过程进行全班反馈。同时，从主动参与班(队)会热情、主动参与班(队)会的节目两方面对学生进行表彰，并评选出优秀人员。此外，针对班(队)会实施过程中出现的问题，教师引导大家及时反思，并着重提醒学生在未来活动中要有更出色的表现。

通过主题班(队)会中渗透"三自"教育活动的开展，增进了全体学生对班级的责任心。一些平时学习表现一般的学生，在小品表演中因为准备充分、表现出色，赢得了大家的掌声，找到了自信。在此期间，他们不仅积极参与排练、准备和演出，还能团结同学，合作完成演出，并自觉维护活动秩序。这样的过程，不仅培养了学生的自尊和尊重他人的态度，也锻炼了他们自主探索、协调合作的能力，培养了他们迎接挑战、解决问题的勇气。

三是专项活动中的渗透教育。基于积极心理学相关原理，学校结合特定节日、重大纪念日、特殊事件等而展开的学生实践体验活动，从中渗透相关"三自"教育的要求，促进学生"三自"素养的发展。例如，2021年3月5日，学校在"学雷锋"纪念日开展"爱心义卖学雷锋　勤劳俭朴树新风"主题实践活动；结合"四史"学习，开展了"学党史　强信念　跟党走"主题实践活动。4月26日至5月4日，学校组织了主题为"青春向党迎百年　红色文化薪火传"纪念"五四运动"102周年系列活动：包括"一场升旗仪式""一首红色诗歌""一段庄严宣誓"和"一次红色寻访"。学校要求学生根据个人兴趣选择参与活动，学生在参加相关活动时，需要做好自主准备、自主实施、自主记录、自主总结、自主评价和自主反思(以下简称"六自")，最终达到促进相关"三自"素养发展的目的。通过以上活动，学生们独立或合作地确定活动主题、策划活动、准备实施活动、记录情况、有针对性地总结反思并改进活动组织的能力得到了提升，自主监控能力也得到有效锻炼；同时，"六自"活动意识也得到加强。

(2) 家庭德育实践活动中实施"三自"教育。基于积极心理学原理，结合学生在参加家长会、家校互动等环节中，通过主动和家长、老师互相讨论，互相启导，从而培养学生"三自"素养。

一是亲子互学。学校通过家长会、学校微信公众号、校刊《凌之桥》及橱窗宣传栏等多种途径，积极主动向家长、学生宣传学校的区级课题内容，使家长和学生及时了解学校总课题和实施途径的相关精神与要求。

二是日常实施。学校按照总课题中基于积极心理学原理的"三自"素养培养内容的148项指标，指导家长帮助、督促孩子有意识地养成相关素养。

三是家长注意创设氛围，激励孩子坚持发展“三自”素养。

四是加强家校互动，使家长日常注意了解学校“三自”教育新要求，交流孩子在家“三自”行为的坚持情况，等等。2021届初三毕业典礼因学校暑假整修工程而简化了流程，但依然邀请部分家长参加，并由学生担任主持人。除了教师寄语、学生感言、各班级表演外，家长也发表了热情洋溢的讲话。家长真挚的话语感动了在场的所有师生。虽然，邀请家长参加毕业典礼在许多学校是常规，但对于我们这所偏远农村学校来说，这是第一次。这种新颖的活动形式给学生提供了以小主人的身份参与学校和家庭的德育活动的机会，拓宽了他们与学校、老师、家长交流的渠道，提高了他们参与家庭德育主题活动的意识，有效地加强了“家校互动”的效果；同时，提升了学生的人际沟通技能和适应各种新环境的能力，相关“三自”素养得到了显性或隐性的培养。

(3) 社会实践活动中实施“三自”教育。一是学生参与设计个体性和集体性社会性实践活动。二是学生积极参与活动前的准备工作。三是学生完成自主实施工作，注意做好过程记录与材料积累。四是学生及时做好社会实践的评价(尤其是自我、互相激励)、反思和总结。五是学生注意加强社会实践过程、收获与经验的分享。这个过程，内化了学生的“三自”社会实践素养。

(4) 社区德育实践活动中实施“三自”教育。基于积极心理学相关原理，结合学生日常生活与社区资源，让学生自主参与或探究社区问题，培养他们的社会责任感和义务感，提高遵守纪律、制度和法律的自觉性，进而提升相关“三自”素养。一是注意丰富活动形式。二是扎实活动内容。三是注重实践落实。四是加强活动评价总结。例如，2021年7月18—21日，学校部分学生(团员及入团积极分子)参加了滨江森林公园自然教育基地推出的第二期森林野战夏令营。在森林公园的营地里，他们与来自各地的小伙伴一起学习和体验，完成了多项自主体验项目，如将软塌塌的被子叠成“豆腐块”，独立起床洗漱，自己洗衣服、做内务，练习站军姿、踢正步、行军礼、唱军歌、调作息，学习军人的行为礼仪和体验基本战斗规则。参与活动的学生在训练中挥汗如雨，军营生活磨炼了他们的意志，锻炼了他们坚韧的品格。

实例2：二(1)中队吴同学参加滨江森林公园自然教育基地第二期森林野战夏令营的体会

在夏令营期间，我学习到了许多解放军叔叔的生活习惯和规矩。比如，晚上定点熄灯，早上定点起床，做大部分事情时都需要向教官汇报，吃饭时不可以说话等。这些习惯大多是我以前所不具备的。第一天站军姿时，我在太阳底下没一会便满头大汗，让我深刻体会到了解放军叔叔平时训练的不易。教官还训导我们无论遇到谁都要问好。我们不仅在营地内向指导员和教官问好，而且在外出训练的路上也向在公园游玩的游客问好。这次夏令营活动对我来说收获满满，对我平日养成自律习惯有很大的促进作用。

学校的社区德育实践活动场所，主要包括社区各村居委、敬老院、社区共建单位等。

"三自"教育实施以来，遇到了新冠肺炎疫情。在这一背景下，我们的社区德育实践活动侧重于在疫情常态化背景下发挥学生的自主性，学生有选择地参与活动。这有效地锻炼和提高了学生与人沟通和交往的能力，也增进了他们对社会特情和新环境的适应能力。

4）评价探索

(1) 评价标准。基于积极心理学原理的初中生"三自"德育主题教育评价标准。参见(八)评价体系相应处。

(2) 评价形式。德育主题教育中实施"三自"促进学生"三自"素养发展的评价具体形式，主要有口头评价式、书面评价式和量表评价式。

一是口头评价式。以口头随机即时性评价的方式，促进学生积极参与相关德育社会实践活动。评价内容包括活动前的设计、活动中的现场情况和活动后交流评价反思改进等，着力关注学生参与情况和质量情况两个方面。评价时机贯穿整个德育活动过程的始终，需要注意把握三条原则：①表扬激励性评价应在公开场合多人面前及时进行；②改进性评价需要立即落实的，应当面(个人为主)及时完成；③不需要立即实施的改进性评价，应根据学生的特点进行区分，可以选择当面提出(不受人数限制)，或者延缓处理(针对脸面薄或自尊心较强的学生)。

二是书面评价式。主要体现在《学生成长记录手册》对学生参与"三自"各类德育实践活动的评价和学生综合评语评价。此外，根据开展的专题"三自"德育实践活动反馈表，在活动结束后，组织学生开展同伴互评、小组评价、家长评价和老师总结性评价，并撰写书面评语。

三是量表评价式。我们为学生"三自"素养发展和学校开展的各类德育活动制订了相关的评价量表，最终将得分转化为相应等第来呈现评价结果。评价量表包括评价内容(含特色加分)、四个层级的评价要求、计分和评价说明"四要素"。以100分制为例，得分在100～90分为优，89～79分为良好，78～70分为中，69～60分为合格，60分以下为需要努力。通过量表评价式的实施，学校能够有据地评估不同阶段主题德育活动的实施效果，并为各个层面的总结提供数据支撑。

4. 社团活动的实践研究

在本校学生社团活动建设和管理过程中，以积极心理学相关原理为指导，实施"制度建设""校内社团活动建设""校外社团活动建设"，培养学生的"三自"相关意识、能力和良好行为习惯。

1）制度建设中实施

基于积极心理学相关原理，学生自主参与制订社团制度、完善已有社团制度、执行社团制度，从而培养良好的自律意识与能力，提升自学、自信"三要素"。

(1) 自主制订相关制度或方案。学员一是自主策划，建立社团招募制度。二是建立社团章程。三是参与社团活动制度建设(即参与活动的设计、准备、实施、总结和评价制度的建设)。四是参与社团活动的整体考核制度建设。以学校红领巾社团活动为例，团队成员分别制订了上海市凌桥中学红领巾社团的招新方案和实施方案。

实例3:《上海市凌桥中学红领巾社团招新方案》

一、指导思想

积极创造条件,开设形式多样、生动活泼、健康向上的艺术类、体育类、心理类和科技类红领巾社团活动,进一步培养队员的兴趣,挖掘队员的潜能,提高队员的学习竞争能力,培养一批合格加特长的优秀少先队员,进一步提高教育教学效率和学校办学品位,全面推进“三自”素质教育,构建浓厚文化氛围的和谐校园。

二、目的意义

红领巾社团是学校课堂教学的延伸性活动,是进一步深化教育教学改革,全面实施、推进素质教育的一个重要体现。红领巾社团活动的正常开展,既可丰富队员的课余生活,也可为队员提供一个自主发展的时间与空间。通过引导队员自己去组织、去实践、去探究,培养大家的“三自”(自律、自学、自信)素养和创新精神。

有利于培养队员的审美能力和动手动脑能力,丰富课余生活,调节队员的学习、生活与心态,使课内所学到的知识得到巩固和加深,使队员获得许多在课堂中学不到的知识、技能,有利于激发队员学习兴趣、发展个性特长,促进队员身心健康发展。

三、招新原则

1. 自主选择和鼓励引导相结合的原则

队员是课外活动的主体,原则上可以根据自己的正向兴趣、爱好和需要,自愿地选择活动社团项目。但由于学校场地设施和辅导员的有限,大队辅导员和中队辅导员要根据队员的意愿和实际,做好引导分流工作。

2. 精品社团与普通社团相结合的原则

学校推出1～2个精品社团,作为学校的重点社团,学校保证此类社团的优先发展,选择有特长的辅导员进行任教。这些社团的辅导员,可以优先挑选有才能的队员。

四、招新对象

预备至初二年级少先队员。

五、红领巾社团活动实施内容

以队员为主体,以全面推进“三自”素质教育、培养德、智、体、美、劳等全面发展的高素质人才的目标,努力把思想道德教育的内容融入学校社团活动的各个方面,有力地促进队员的全面发展和健康成长。确定以下特色项目和社团活动项目。

序号	社团名称	活动内容
1	沪剧社	指导队员学唱沪剧、传承沪剧文化
2	合唱社	组织队员用美妙的歌声歌唱祖国,歌唱美好生活
3	足球社	组织校足球队的训练,增强队员体质
4	太极拳社	传承高桥非物质文化遗产,促进科学健身、修身养性、强身健体
5	课本剧社	培养队员的语言能力、表演能力,提高队员之间的合作能力
6	英语戏剧社	指导队员自主进行英语口语练习和提升英语戏剧表演素养

（续表）

序号	社团名称	活动内容
7	科技社	增强队员的科技意识，提高队员科技创作的能力
8	心理社	积极宣传心理健康教育知识，以自助、互助、他助等形式，帮助队员正确面对、自主化解成长的烦恼
9	琵琶社	帮助队员了解和掌握弹奏琵琶的基本知识、基本技能

上海市凌桥中学大队部

2020年9月1日

实例4：《上海市凌桥中学红领巾社团实施方案》

一、指导思想

为更好地挖掘队员的内在潜力，发展队员的特长和张扬队员的个性，促进队员自主学习、提高综合素质，进一步活跃与繁荣校园文化，营造队员自主管理、自我发展的良好氛围，特制订本实施方案。

二、总体目标

红领巾社团活动，旨在丰富队员自我学习的内容，开展主题实践活动，提供展示自我的空间和平台，建设健康、活泼、高雅、向上的校园文化。

红领巾社团旨在锻炼队员、自我组织社团活动能力，培养队员的团队精神和协作意识。

红领巾社团活动，旨在有机落实"三自"教育的区级课题研究内容的相关要求，以研促学，提高社团活动的实效性。

三、组织领导

大队辅导员负责红领巾社团的规划与审批、领导和管理，协调各社团的活动，定期每周与各社团负责人联络。

各个社团需有较为固定的辅导老师。社团辅导老师需要熟悉该社团的活动内容，灵活指导红领巾社团活动的有效、科学开展。在红领巾社团活动中，可事先征得学校同意，聘请校外专家、学者、辅导员等担任社团的名誉职务。

四、社团活动实施内容

红领巾社团活动必须以全面推进素质教育、培养德智体美劳等全面发展的高素质人才为目标，努力把思想道德教育的内容融入社团建设的各个方面，有力地促进队员的全面发展和健康成长。红领巾社团按照性质分为四大类：艺术类、体育类、心理类和科技类。依据学校目前实际情况，先成立9个社团，以后根据队员和学校发展需求，再逐年进行调整。

序号	社团名称	辅导老师
1	沪剧社	凌潇波
2	合唱社	卡得丽娅·库尔班

（续表）

序号	社团名称	辅导老师
3	足球社	沈惠良
4	太极拳社	罗石磊
5	课本剧社	朱景超
6	英语戏剧社	外教、黄婷
7	科技社	徐振浩
8	心理社	麻叶青
9	琵琶社	赵殷伊

五、社团建设阶段步骤

1. 启动的前期工作

(1) 成立社团组织机构；

(2) 起草社团章程；

(3) 制订社团招新方案。

2. 全面启动

(1) 进行全校范围内的社团章程和招新方案宣传；

(2) 确定各社团辅导老师；

(3) 有选择地招收一定数量的社团成员；

(4) 通过红领巾社团章程和宣布本学期活动安排；

(5) 各社团在辅导老师的指导下，按计划有步骤地开展社团活动。

3. 监督评价

(1) 大队辅导员不定期督查各社团工作；

(2) 辅导老师根据队员在社团活动中的表现情况，对优秀社员在期末予以表彰奖励。

六、社团活动实施要求

红领巾社团必须自觉服从学校的领导和管理，社团活动必须围绕促进队员“三自”和综合素养发展全面成才的目标和学校的中心工作开展，必须有利于促进队员德、智、体、美、劳全面发展。

红领巾社团应立足校内开展活动，特殊情况确需到校外开展活动时，应事先征得主管单位和学校的同意。

每学期社团签到、活动记录、活动照片要及时报学校大队部存档。

红领巾社团活动时间：每周五 15:00—16:30。如有变化，提前报告学校大队部。

做好家长的工作，争取家长的支持和配合。

做好多渠道宣传工作，扩大本社团活动的知名度。

七、保障措施

1. 制度保障

(1) 学校制订《上海市凌桥中学红领巾社团章程》，规范社团的行为，促进社团建设。

（2）社团工作要做到有计划实施学期初布置任务，期末总结评优，做到领导得力，措施扎实，保证社团建设稳步发展。学校大队部，要以社团章程为依据，加强对各社团的指导，促使各社团走上规范化、制度化和有序化的发展之路。

2. 辅导老师职责

（1）组织队员开展丰富多彩的社团活动；

（2）了解与掌握队员的思想动态及“三自”素质培养情况，加强与社团管理部门的联系，指导队员解决在社团工作中遇到的困难和问题，维护红领巾社团利益；

（3）注意加强与队员的联系沟通，协助做好社团成员的评优工作。

上海市凌桥中学大队部

2020 年 9 月 1 日

这些方案的制订与实施，有效地培养了社团成员的方案策划与组织实施能力。随后的执行阶段激发了队员们“独合结合”参与活动的兴趣，有效地锻炼了学生自主开展活动的能力，提高了队员的学习竞争力，并培养了一批素质全面的优秀少先队员。同时，这也发展了队员的个性特长，丰富了校园生活，为队员营造了主动发展“三自”素养的良好氛围。

（2）完善已有制度中实施。一是自主学习原有规章制度。二是提出实施过程中存在的问题。三是完善规章制度。

（3）执行制度中实施。一是注意自觉执行制度。二是加强制度执行的过程性监控。三是组织队员自我评价和互相评价。

通过完善已有制度和执行制度中的实施，有效培养了队员参与红领巾社团相关制度的修订与执行能力；增进了队员对于改进制度、遵守规则、宣扬规则以及提升自主遵循制度参与活动的意识；促进了学生守规良好行为习惯的养成，提高了活动质量，增强了他们的自信心。

2）校内社团活动中实施

以积极心理学相关原理为指导，学校依托良好的校内社团活动阵地，组织形式丰富的校内社团活动，有机提升学生相关“三自”素养。

（1）校内阵地社团活动课中实施。一是在社团活动目标、实施计划中渗透“三自”教育。二是在日常社团活动中渗透“三自”教育。三是在活动反思总结中渗透“三自”教育。

（2）校内社团传统活动中实施。在学校合唱社、足球社、朗诵社、课本剧社及戏剧社等校内传统社团活动中渗透“三自”素养的教育。

这些举措，培养了队员参与各社团活动的能力，拓展了他们的活动兴趣和特长，锻炼了相关“三自”之“三素养”。

3）校外社团活动中实施

学校通过良好的校外社区资源，组织形式丰富的校外特色社团活动，以积极心理学原理为指导，提升学生“三自”之“三素养”。

（1）积极参与校外专项比赛。一是在艺术节专项比赛（朗诵、戏曲比赛等）中，渗透“三自”教育。二是在体育专项比赛（足球联盟 U15 比赛）中，渗透“三自”教育。三是在社团活动进社区中，渗透“三自”教育。

(2) 积极参与社区活动。一是在社团表演进敬老院活动中，渗透“三自”教育。二是在社团表演进社区（三高汇演）中，渗透“三自”教育。

这两类活动的实施，不仅拓展了学校校外社团活动的形式，而且激发了队员参与活动的兴趣。同时，有效地锻炼了学生“独合结合”参与朗诵、戏曲和体育专项比赛和开展服务敬老院表演活动的能力，增进了学生做好相关参赛和服务的自信。

5. 校园环境营造教育的实践研究

基于积极心理学相关原理，通过探索校园环境营造教育的六条实施途径（以下简称“六途”）和四种实施形式（以下简称“四式”）的相关系列举措，在提高这类环境营造教育活动实效的同时，促进学生主动发展“三自”之“三素养”。

1) 校园环境营造教育实施途径——“六途”

基于积极心理学相关原理，通过学校制度建设、借用学校固定宣传橱窗、借助学校临时宣传阵地、使用电子工具、借助升旗仪式和借助学校相关场馆六种途径进行校园环境营造教育活动，以促进学生主动发展自律、自学和自信的意识、能力和良好行为习惯。

(1) 参与学校制度建设。一是自主参与行为规范养成教育制度制定和执行。二是自主参与制订相关学习制度和执行。三是自主参与校园卫生制度制定和执行。四是自主参与安全教育制度制定和执行。五是自主参与健体教育制度制定和执行。例如，在制订班级公约时，以前由班主任老师直接制订，要求全班学生遵照执行即可。实施“三自”教育以来，由各班召开班会课，组织讨论，找出班中行为规范存在的不足或者做得不够的方面。然后，针对不足或问题，小组讨论确定改进方向和具体措施。接着，班干部进行汇总整理形成文本，全班表决，通过后形成班级公约。最后，由班级电脑操作水平比较高的学生进行必要的修饰，打印成文并张贴在教室里，全班学生遵照执行。因为公约是由学生自己讨论制订的，大家明白了该如何行动，尤其是看到自己提出的建议被班级同学和班主任认可并采纳，积极性提高明显。同时，还会及时指出并纠正没有遵守公约的班级其他同学。这样，既增强了学生参与班级公约制订修正的积极性，又提高了全班学生执行班级公约的自觉性和互控性，明显提高了“三自”教育的效果。

(2) 借用学校固定宣传橱窗。一是学生自主参与每周一评的学校行为规范评比栏实践。二是学生自主参与每周更新一次的校园卫生评比栏宣传。三是学生参与学校固定宣传橱窗中的本校学生“三自”榜样栏宣传和维护实践。例如，每周一上午，在学校行政楼底楼大厅，揭晓各班的卫生、广播操和日常行规评比结果，同时在升旗仪式上进行全校表扬，荣获年级三项评比最高分的班级将被授予流动红旗。各班学生对这三项检查工作非常认真严格。通过自觉遵守和相互监督的过程，班级凝聚力得到增强，树立了积极向上的班级氛围，有效提高了学生的“三自”素养。

(3) 借助学校临时宣传阵地。一是按照活动实时悬挂相关“三自”主题教育活动标语，如“阅读点亮生活　阅读促进成长”“小手牵大手　一起来防疫”“更加美丽的校园　更加美好的校园生活”“端牢中国饭碗　共筑全球粮安”等。二是学生参与举办“三自”主题教育活动展板宣传。例如，在 2020 年第 20 次少代会新一届大队委员换届选举中，16 位候选人通过自己设计的展板向全校师生进行自我介绍。三是学生积极参与校刊《凌之桥》

和学校微信公众平台的宣传与实践。又如，2021年10月11日，学校组织部分少先队员前往滨江森林公园参加“红领巾公园行走体验课程活动”，参与的同学从课程准备、体验、结束，尤其在看到校刊《凌之桥》、学校微信公众平台的推文中有自己的身影时，既兴奋又激动。在之后的上课、作业和广播操排队等方面表现更加积极认真，得到了家长的正向反馈。可见，学校临时宣传阵地中渗透实施“三自”教育，对提升学生的“三自”教育实效和促进家校合作起到了积极作用。

(4) 使用电子工具。一是借助校门口电子大屏幕，进行本校学生“三自”榜样事迹、经验宣传等(包括学生自主参与宣传)。二是借助学校闭路电视，进行“三自”教育主题活动、先进个人与事迹表彰的实况转播。三是借助学校红领巾广播台新闻节目，开展信息采集、编辑、播出、评价和改进的系列实践。

实例5:2021年六一儿童节“传承红色基因　献礼百年华诞”迎六一　庆建党百年文艺汇演

整个庆祝活动的汇演，通过学校闭路电视向全校师生实况转播，并且在校门口的电子大屏同步播放。全体少先队员齐聚一堂，共同庆祝中国共产党100周年华诞，向伟大的党表达诚挚祝福。在追随前辈足迹的同时，学生们也寻找自己的优秀之处。涌现出优秀大队委员、优秀大队干事、优秀共青团员、优秀护旗手、优秀升旗仪式主持人、“国旗下的讲话”优秀演讲者、优秀升旗手等一大批表现优异、勇当先锋的少先队员。学校领导分别为他们颁发奖项。实况转播活动吸引了许多经过的行人和接孩子的家长驻足观看，他们兴致勃勃，获奖的孩子和家长面露开心的神情。通过六一表彰仪式，队员们省吾身，悟其道，观其行，励己志。

可见，利用电子工具进行“三自”教育，不仅帮助了学生获得成功感，同时也增强了家长的参与感，从而促进了家校合作，共同培养学生(孩子)的“三自”素养。

(5) 借助升旗仪式。一是学生自主主持。二是讲话稿内容由学生自主采集、撰写并演讲。三是升旗手由各班学生自主推选学习、行为规范的优秀学生担任。例如，以前学校的升旗仪式，历来由政教主任主持。“三自”教育实施以来，在开场部分增加了学校仪仗队的出旗仪式；升旗手由其所在值周班的全班同学推选，由品学兼优或某一方面表现突出、进步最大的学生担任；选出的榜样介绍自己的进步之处；政教处成员提前一周通过校门口的电子大屏滚动播出升旗手的事迹，并在仪式上由主持人介绍给全校师生；学生发言稿一般根据近期的教育宣传内容，由学生自行撰写，老师指导和修改；学生发言结束后，全校师生举起右拳，跟着主持人集体诵读“社会主义核心价值观”；政教主任宣布上周荣获行为规范、卫生、广播操评比流动红旗的班级名单。这种在升旗仪式中实施“三自”教育的做法，在强化爱国主义教育的同时，锻炼了学生采集信息、撰写讲稿、主持仪式和公开演讲等能力，增强了他们的自信心，提升了班级的荣誉感和凝聚力。

(6) 借助学校相关场馆。一是学生自主采集本校学生“三自”素养发展榜样信息、照片等，进行环境布置。二是学生参与场馆日常活动的自主管理。三是学生自主参与本校场馆中重大活动的志愿者活动。四是理论专著、论文、讲座和学习校内环境建设支持。

实例 6：借助学校相关场馆创设“三自”教育系列活动

2020 年 3—5 月，学校陆续购买了积极心理学相关的 10 多种专著，共数百册，并在学校图书馆三楼设立了积极心理学专柜。2020 年 6 月，学校引入中国知网，方便老师们随时查阅、学习、研究相关文献。2019 年 3 月—2020 年 11 月，课题组组长和课题情报组合作，收集了 500 多篇关于积极心理学发展历史、不同领域实践应用等内容的论文，并进行了初步整理和分类。随后在校园网上与课题组成员和全校教师分享。2020 年 12 月 31 日，学校邀请上海市教育功臣刘京海先生来校就学校管理、强校工程、信息化建设和教学资源开发等方面进行具体指导，并为学校的“双勤”书院揭牌。2021 年 10 月 27 日，上海市师资培训中心党委书记、主任周增为莅临学校走访调研，实地查看校园环境，听取卫东浩校长对办学情况的汇报。同时，为学校的“双勤”论坛揭牌，并结合课堂观察回答了两个问题：一是如何看待如今老师的“累”。二是如何看待教师的发展。同时，针对师生关系、专业状态、价值体验、教学评价及阅读积累等话题，与 20 位青年教师们展开了热烈的对话和交流；组织“每周一……”的电子环境营造教育“五形式”的实施（每周一语分享、每周一事提醒、每周一赞、每周一禁、每周一练）。

借助学校相关场馆创设“三自”教育活动，使教育活动变得更加有针对性、实时性和科学性。这引导和帮助教师提高了“三自”场馆教育的能力，从而提升对学生实施“三自”教育的效果。

2）校园环境营造教育实施途径——“四式”

基于积极心理学相关原理，通过探索知识介绍式、专题讲座式、榜样宣传式和环境布置式四种形式中的基本步骤、介绍途径、介绍形式、内容运用和听取反馈与建议五个要素，以发展学生“三自”素养。

（1）知识介绍式。基于积极心理学相关原理，在对学生进行“三自”环境营造教育时，注意在不同实施阶段重点推介与“三自”素养相关的知识，促进学生“三自”素养的养成。基本步骤：确定主题、设计方案、收集资料、开展介绍、注意运用、听取反馈。介绍途径：利用电子屏、微信公众号、墙壁、走廊、红领巾广播台等实施。介绍形式：墙面固定介绍式、校园橱窗专栏介绍式、电子屏幕滚动显示式、广播口头介绍式、书面告知式等。内容运用：作为教师主题班会素材，布置班级环境资源，家长学习和对孩子进行“三自”教育的依据。听取反馈与建议：学校通过口头听取、书面建议、电子信息等多种方式，了解学校领导、班主任、学科教师、班干部、学生和家长对“三自”知识介绍式环境营造教育活动的效果、意见和建议。

实例 7：落实教育部和上海市教委关于“五项管理”的五个工作方案与宣介活动

为贯彻教育部“五项管理”相关文件精神，落实上海市教委以及浦东新区关于推进“五项管理”工作的通知等文件要求，学校及时行动，通过召开行政会议，对相关文件及时进行梳理，针对学情、校情，校长室负责制订了上海市凌桥中学基于积极心理学原理的“三自”教育之“五项管理”的五个工作方案文本，分别是《上海市凌桥中学加强义务教育学校作业管理工作方案》《上海市凌桥中学加强学生睡眠管理工作方案》《上海市凌桥中学加强校园手机管理工作方案》《上海市凌桥中学加强课外读物进校园管理工作方案》《上海市凌桥中学加强学生体质健康管理工作方案》。此外，还设计了包含36项规定的《上海市凌桥中学基于积极心理学原理的“三自”教育之“五项管理”内容》。随后，学校分别召开行政会议、教工大会、教研组长专题教研活动，努力理解精神，提高认识，认真研讨，听取各方意见和建议，进行相应修改和完善并全面部署。此外，学校通过微信公众号发布《上海市凌桥中学关于落实“五项管理”致家长的一封信》，向家长介绍学校的各项措施，并提出相关倡议，希望家校协作，共同携手，助力孩子健康快乐成长。

上述五个要素的落实，提高了“三自”相关知识介绍的规范性、及时性、科学性和可接受性，从而保证了知识教育的实效性。

(2) 专题讲座式。学校借助一定的环境载体，通过探索五个要素对学生进行相关“三自”素养方面的集中介绍，以此促进学生“三自”素养形成。基本步骤：确定主题、设计方案、收集资料、开展介绍、注意运用、听取反馈。介绍途径：借助校园广播，如每周五中午的红领巾广播宣传；借助固定橱窗，如教学大楼各层大厅橱窗宣传“三自”概念、各班“三自”之星、每周三项评比展出、“三自”相关活动展示等；借助电子信息屏，如学校微信公众号、电子屏等宣传；借助班级宣传阵地，如班级板报、班级学习园地、班级读书角、名言警句等宣传；借助书面材料，如丛书“自律篇”“自学篇”“自信篇”纸质学习资料。介绍形式：以口头宣讲为主、视频播放为辅。内容运用：可供学科教师课前、课中、课后使用，也可用于班主任主题班会。听取反馈与建议：通过口头听取、问卷调查、书面建议、电子类信息等多种方式，了解学校领导、班主任、学科教师、班干部、学生和家长等对“三自”环境营造教育活动的实效、意见和建议。针对性的主题、详细的讲座内容以及通俗易懂的讲座方式提高了专题性讲座的效果，加深了“三自”教育在学生中的影响。

(3) 榜样宣传式。第一，校园环境营造教育实施途径中的使用电子工具、借助升旗仪式、借助学校相关场馆。第二，参见(七)实施方法中的榜样法，此处不赘述。

(4) 环境布置式。学校在校园的不同场域环境布置上渗透“三自”教育的要求时，通过探索五种要素，在力求创造更加美好的校园环境的同时，促进学生相关“三自”素养形成。基本步骤：确定主题、设计方案、收集资料、开展布置、注意运用、听取反馈。介绍途径：主要有教师布置、学生布置、师生共同布置。介绍形式：橱窗布置、展板布置、电子显示屏布置、标语名言布置和横幅布置等。内容运用：作为教师主题班会素材，布置班级环境资源，家长学习和对孩子进行“三自”教育的依据。听取反馈与建议：学校通过口头听取、书面建议、电子信息等多种方式，了解学校领导、班主任、学科教师、班干部、学生和家长对“三自”环境布置式环境营造教育活动的效果、意见和建议。例如，2021年暑假，学校整修工程正式启动，围绕“三自”环境教育主题，以符合初中学生年龄特点、贴近学生生活为标准，注重美化、装饰和教育相结合的功能。第一期整修工程完成后，教学楼每层走廊墙壁上都悬挂了图文并茂关于“三自”的名言；楼梯两侧、各班教室和草坪上都张贴或摆放了有关“三自”教育内涵的温馨提示、安全小知识和独具匠心的诠释，甚至在教学大楼前宽阔的地坪上，用鲜艳的盆花摆出了校标造型，站在阳台上俯视，令人眼前一亮。第二期工程竣工后，校园内“三自”教育环境氛围愈发浓厚。师生共同参与的、生动形象的环境布置，形成了亮丽的校园风景线，为“三自”教育营造了良好的环境氛围，激发了学生的积极情感。美丽的校园提升了学生对美好校园生活的体验感，增进了学生培养“三自”素养的自觉性。

6. 家庭教育的实践研究

基于积极心理学相关原理，结合家庭中孩子“三自”素养现状，探索“三自”家庭教育中五种要素的基本做法，以提高家庭教育的实效性，增强家长的家庭教育素养，提升学生的自律、自学和自信“三素养”。

1）针对情况

一是学生的“三自”素养普遍存在一定的不足。二是家长在家庭教育中对孩子的“三自”现状缺少精细的了解，对学校“三自”教育精神和具体要求缺少了解，对如何加强家校配合并做好孩子的“三自”教育缺乏了解。三是在家庭教育中，家长缺乏对孩子实施“三自”教育的指导策略、方式与方法的了解，缺乏对孩子日常进行“三自”教育的坚持。

2）实施目的

基于积极心理学相关原理，针对不同学段的孩子在“三自”素养方面存在的问题以及家长在这方面教育中亟待解决的挑战，探索采取特定的实施步骤、形式和评价举措进行自我改进，并有针对性地教育孩子，促使他们改善相应不足，提升相关“三自”素养。

3）实施步骤

基于积极心理学原理的初中生“三自”家庭教育的实施基本步骤，一般包括以下环节。①了解现状，分析原因。教师通过了解学生家庭教育现状，并与家长一起分析形成原因，为下一步制订自我教育和对孩子实施“三自”对策做好准备。②学校指导，家长学习。教师根据对学生家庭现状的了解提出建议，与家长协商解决问题的对策，促进家长对实施对策有更清晰的认识，促进对策的落实。③家庭参与宣传，双向落实。通过家长对孩子的引导和孩子自主改进两方面的合作，共同落实改进措施，提高教育实践的效果。④评价结果，内化改进。经过一段时间的实施后，家长与孩子共同评估孩子在家庭教育前后的变化情况，找出进步之处，增强家长引导与孩子改进的信心。⑤加强激励。在孩子取得初步成功后，老师和家长及时表扬并鼓励，促使孩子在原有基础上有更大进步，同时让家长获得成功感，更愿意积极督促孩子继续改进。⑥总结反思。对实施效果进行总结，反思存在的问题，以帮助教师、家长和孩子更好地加以改进。

“三自”家庭教育的实施步骤明确，引导了家长们关注孩子“三自”素养的现状，分析背后的原因；听取学校指导并自主学习“三自”家庭教育的策略、方式与方法；参与相关“三自”教育的宣传活动，配合学校、班级和老师，在家对孩子实施“三自”教育；注意评估家庭“三自”教育的结果，加强激励，促进孩子内化相关“三自”素养；帮助了家长及时总结反思，提高自身基于积极心理学的原理，有机观察、了解孩子“三自”素养的现状和分析背后的原因，开展有针对性的教育；促进了学生相关“三自”意识、能力和良好行为习惯的养成；改善了家长与孩子之间的关系，并对学生的心理健康产生了积极的促进作用。

4）实施形式

（1）集体指导式。分为面授式和其他形式。面授式，指相关专家、学校行政领导、班主任和任课教师等基于积极心理学原理，结合“三自”素养培养内容，通过落实集体面授指导的主题相关联的举措与要求，与家长面对面进行家庭“三自”教育的指导。面授式的基本程序包括确立主题、进行设计、开展准备、实施面授指导、家长学习和内化改进。面授内容为学校总课题组研制的初中生“三自”素养培养内容；面授的措施包括实施途径、实施策略、实施方法及评价体系；其他形式包括组织观看视频、举办家长论坛及借助网络等手段。这样，家长能及时了解学校基于积极心理学原理的家庭“三自”教育要求，明确每次指导的针对情况、目的、程序、形式和如何借助评价对学生进行激励引导，促进了家长自主学习、有效实施家庭教育，提升了孩子“三自”之“三素养”。

（2）提供资源式。学校、班主任和其他教师不定时向家长推荐有关家庭“三自”教育的书籍、文章、视频等资源，探索实施基本程序、内容和形式，促进家长自主学习，加强经验交流，帮助改进家庭“三自”教育策略与方法，提高教育实效。①实施基本程序：确立主题、进行设计、收集资源、（向家长）提供资源、家长自学、（家长）实施（家庭教育）。②内容：提供“三自”素养培养内容；提供自律、自学、自信学习材料故事资源；提供家庭“三自”教育策略、方式与方法；提供“三自”素养现状诊断方法；提供“三自”素养21天改进行动表等。③形式：分发纸质资源；借助年级、班级家长会现场告知；由孩子转达家长；借助校园电子屏滚动告示；借助班级网络群分享等。多样化提供资源，使家长了解了学校基于积极心理学原理的“三自”家庭教育内容，学生“三自”素养培养内容和故事资源。通过诊断方法了解了孩子“三自”素养现状，借助相关教育策略、方式与方法，提高了开展家庭教育的针对性与实效性。此外，配合学校进行亲子互动，确定“三自”素养21天改进行动的内容并制订行动计划，开展相应的行动实践、记录和参与评价等，提升了孩子“三自”之“三素养”和家长自身家庭教育素养。

（3）电子互动式。通过班级家长QQ群、微信群、“晓黑板”、班级博客等方式，与家长及时地进行沟通与交流。内容包括学校“三自”教育课题研究内容、近期研究热点、需要家长配合教育的主要工作，以及“三自”教育的途径、策略、形式和评价的相关举措。这促进了家校互动配合，增进了家长对学校区级课题基本内容、要求、近期热点的了解，提高了相应电子式指导与教育活动的实效性，同时也提升了家庭“三自”教育的实效。

（4）个别指导式。通过电话、家访、网络，以及家长来校等方式进行个别交流。学校班主任和学科教师加强与家长的联系，针对学生在“三自”素养和教育活动方面近期出现的重要情况和特殊事件等，及时与家长沟通。这引导了家长加强或改进家庭“三自”教育的实施，提高了教育的实效性。

（5）评选式。评选校级和镇级家庭教育（包括“三自”教育要求）的优秀家长，主要流程为：明确要求、宣传发动，自愿申报、提交自荐材料，组织班级推荐、组织年级和家委会推荐，组织学校优秀家长评选，学校推荐，镇上评选出家庭教育优秀家长并组织表彰和宣传活动。这一评选过程，激发了家长和学生的参与热情，促使他们注意与校级和镇级优秀家长进行对比，自我反思找出不足之处，加强自我管理，并注意扬长避短。同时，发挥了两级优秀家长的榜样力量，促进了家长们争做优秀家长，注意提升孩子“三自”之

“三素养”。

5）评价举措

（1）评价标准。一是参与研制基于积极心理学原理的初中生“三自”家庭教育活动评价标准。二是鼓励家长和孩子一起协定家庭“三自”教育相关任务完成情况评价标准。

（2）评价方法。根据总课题的评价方法，结合本途径，适当进行调整、充实后，细化评价方法设计和运用实践。采用量表法、调查法、观察法、自我总结法、分享法。评选标准和方法的运用，引导了师生和家长的素养以及家庭教育发展的方向，促进了对学生在不同教育阶段的“三自”素养进行诊断，提高了教育措施的针对性、科学性和实效性；同时，为家庭教育子课题组和学校区级总课题总结家庭教育实施成效提供了教育评价的依据，丰富了学校总课题的评价标准和方法。

（六）实施策略

所谓“策略”，是指在一定的理论指导下，根据具体情况而确定的实施艺术。基于积极心理学原理的“三自”教育教学的总体实施策略，主要有动机激发策略、主体参与策略、反思性策略和体验成功策略，明确了各自的含义，探索了各自三到五项要素的操作要点，有的还附有操作实例，总结了实效。

1. 动机激发策略

基于积极心理学相关原理，总课题组成员和参与实践研究的教师针对学生对“三自”意义价值了解不透彻、能力参差不齐以及良好行为方面存在的不足，通过采取各具针对性的系列举措，特别是改进教育内容的学习材料和加强表扬激励，使学生明确“三自”的意义和目的，促进学生在生活和学习中主动发展相关“三自”意识、能力和良好行为，提升教育教学效果。

1）针对学生“三自”意义价值了解不透彻

一是学校、班级加强多元化宣传。二是发动家庭参与宣传。三是组织学生进行多元化合作学习、自主学习。四是发动班委会、团队组织、社团等学生组织开展自我教育。五是组织学生开展多元实践体验。六是班级、年级组织学生开展“三自”知识竞赛。七是组织学生、家长分享自学和教育经验。八是树立学生“三自”素养主动、全面、良好发展的榜样。

这些措施，帮助学生由外到内明确了“三自”素养的意义和价值，并提高了他们学习和应用的自觉性。

2）针对学生“三自”能力参差不齐

一是总课题组成员和参与实践研究的教师分途、分类加强了解，把握相关学生在集体、个体“三自”能力方面的情况，尤其是问题所在。二是组织学生进行自我诊断，明确自身阶段性“三自”能力的现状和发展目标。三是家校配合，创设积极的多元化大小环境（含新颖、生动、有趣的学习材料），吸引学生主动学习相关“三自”知识和技巧，加强日常锻炼。四是组织学生参与竞赛，鼓励主动克服短板，发展相关“三自”能力。四是鼓励学生开展自主总结，及时分享自主训练、提高“三自”相关能力的小诀窍和经验。五是班级、年级、学校和家庭多途进行表彰、奖励，鼓励学生主动发展“三自”能力。六是实践教师实施分层激励，使“三自”能力基础不同的学生，都能受到激励。

这些措施，较好地弥补了学生自律、自学、自律能力参差不齐的不足，有效地增进了学生主动发展相关“三自”能力的动力和自信。

3）针对学生自律、自学、自信良好行为方面的不足

一是实践教师引导学生加强自主诊断，了解不足的原因。二是针对原因，组织学生设计改进计划。三是家校及时配合，促进学生自主落实实施计划。四是发动学生和家长开展定期评估，调整后续实施计划。五是加强多元化激励，鼓励学生坚持主动发展相关“三自”良好行为习惯。

这些措施，使学生逐步改进了自律、自学、自信行为习惯方面的不足，从而提升了学生的 “三自”整体素养。

2. 主体参与策略

基于积极心理学相关原理，通过初中生“三自”教育五条途径，包括学生有机自主参与教育教学活动设计、活动实施、评价标准制订、评价标准与评价方法运用、多层次课题研究成效评价，唤起学生参与意识，促进学生主动发展“三自”之“三素养”。

1）教育教学设计参与

（1）教案设计中参与。一是学生参与主题教育活动方案的设计，包括确定活动主题、协定教育目标、分配教育活动任务、参与评价设计等。二是参与探究活动的设计，包括：确定探究主题、策划探究方案、参与探究任务分工、探究活动过程设计、提出评价建议等。这一过程，激发了学生在教育教学方案设计中的积极性，贡献了各自的智慧；初步熟悉了后续需要完成的工作，为提高后续参与活动的主动性、速度和质量奠定了基础。

（2）教学准备中参与。一是学生帮助准备教学仪器。二是在自己的课桌右上角，摆放好拟用的课本等学习用品。三是由班级多媒体专管学生打开上课所需的电子设备。四是自主做好学习知识准备。五是做好积极学习心理准备。这一过程，体现了学生在课堂教学准备过程中的自觉性，也为师生及时投入课堂教学、组织高效学习创造了条件。

（3）课堂教学中参与。一是两分钟预备铃响起后，学生快速坐好并保持安静。二是在课堂教学进行中的前5分钟，有的学科教师组织学生反馈课前学习情况，鼓励学生提出疑问和相互答疑；有的教师请学生主持开展时政播报；有的教师组织学生介绍历史上的今天等。三是正式上课中的参与，包括学生在新课展开中的参与、集中小结中的参与、布置作业中的参与、个别辅导中的参与。这一过程，让学生从课间休息迅速投入课堂上课状态，有效调动了学生参与课堂学习的积极性；学生能够集中注意力聚焦学习主要内容，进行独立和合作（以下简称“有独有合”）的学习，提高了课中学习的效率。

（4）课后辅导中参与。一是学生自主复习。二是学生自主辅导作业。三是学生自主学习，包括学生自己辅导、同伴辅导、请家长帮忙指导及借助相关资源工具辅导。这一过程，引导了学生自行整理和巩固上课内容，鼓励困难学生相互帮助，利用不同的学习方法提高学习效果。

（5）测试评价中实施。一是学生尝试自主命题。二是参与组织测试。三是尝试提供

反馈评估。四是参与测评工作的总结反思。这一过程，锻炼了学生的自主命题、参与组织测试，以及自主监控、反馈、总结反思命题和测试情况的能力；调动了学生参与课堂测试评价的积极性，提高了课中测试评价的实效，培养了学生自主进行测试评价、反馈和调整的良好学习行为习惯。

实例 8：黄佩青老师预备年级英语听说课“Rules round us”

① 课前：学生按课前预习单要求，从社会相关现场和网络搜集公共场所的禁止和提示引导标志，完成课前独立预习任务。

② 课中：教师借助课堂学习单、信息技术、有机讲授、多元训练及随机激励等，引导学生独立预习，认读生词、词组和句法，聆听、思考、了解 rules 和 signs 之间的关系，了解禁止标志的表达方式，尝试练习、运用。

③ 课后：学生自主选择一则班规，独立完成“图文互文式”作业和配套练习册的练习。

上述过程，分别提升了学生“三程”的相关“三自”素养。学生独立完成课前预习任务，锻炼了独立搜集信息的能力，激发了他们对相关标志探索和交流的兴趣。学生独立完成课中与课后学习任务，锻炼了课中快速观察浏览和配对图文的能力，初步掌握了禁止标志的意思、运用两个禁止句型加以表达；锻炼了课后及时复习、多形式巩固新知的能力；逐步积累了在学习中的成功感受，增进了学习的兴趣。

2）教育教学活动参与

（1）教育教学活动前参与。一是参与课前检查，以学生自查、互查及教师抽查等多种形式，检查预习任务和复习作业完成情况。例如，瞿雪盈老师在初三物理实验课“验证阿基米德原理”的课前学习环节，学生已经根据上节课学过的知识，完成教师布置的预习作业：思考“如何测量物体排开液体所受的重力”。二是参与预习反馈。例如，瞿雪盈老师在该课始，组织学生回忆课前思考回答：“当物体全部或部分浸在液体中时，会受到液体对它向上的浮力，浮力大小等于排开液体所受的重力。表达式：$F_{浮}=G_{排}$。”学生参与课前学习情况反馈时，反馈内容包括：任务完成率、及时性和实效性；反馈主体包括：全体学生、部分学生、学生个体；反馈方式包括：言语点评、分值评定、书面评语。

这一过程，锻炼了学生参与课前学习反馈的能力，促进了学生课前自主预习、及时复习等良好学习行为习惯的养成。

（2）教育教学活动中参与。学生通过自主参与、答问交流，分享浮力和重力的测量方法（溢水杯法详细过程）；同时，小组合作参与实验。

实例 9：瞿雪盈老师初三年级物理实验课“验证阿基米德原理”

瞿雪盈老师在初三年级物理实验课“验证阿基米德原理”第一次教学中，借助多媒体呈现阿基米德原理的内容，开始实验准备，包括：巩固测定浮力的方法、介绍重力测量方法、观看教师示范实验。

师：我们如何测量浮力呢？要用什么测量工具？

生思考回答：用弹簧测力计，先测物体的重力，再将物体放入液体中读出此时弹簧测力计的示数，两次示数之差即物体所受浮力。

师示范实验：如何测量物体所受到的浮力。

生回答：先用弹簧测力计测出物体的重力，再将物体放入水中读出此时弹簧测力计的示数，两次示数的差即物体所受浮力。

师：除了要测浮力，我们还需要测出物体排开液体所受的重力，在前几天，老师布置了一个作业，思考如何测物体排开液体所受的重力。

（3）教育教学活动后参与。一是自主练习中参与。例如，培养规范填写实验报告的习惯。首先，明确要求，独立填写，自主完成，规范书写；其次，同伴监督，相互提醒；再次，示范引领，通过展台展示规范、优秀实验报告的填写范例，正面激励并引导改进；最后，小组合作练习，注意明确分工原则，分工时，坚持与“弱项”相对应的原则，如规范书写不够好，尽可能承担书写的任务等。二是互助交流中参与。请小组中同伴指导自己在“弱项”任务上的表现，取长补短，提高教育效果。例如，预备年级《青春舞曲》教学实践课后，赵殷伊老师布置学生先独立后小组合作（以下简称“先独后合”）完成作业，3 名学生分别上网查询相关资料、编排《摘葡萄》动作、负责协调。通过这一过程，3 名学生完成了各自承担的小组任务，锻炼了自主收集和运用网上特定信息以及课堂新学技能的能力；提高了小组合作创编维吾尔族舞蹈动作的小组协调能力，同时培养了分享和评价能力；增强了学生的自学和自信意识，促进了课后自主学习良好行为习惯的养成。

3）评价标准制订参与

一是参与评价内容的制订研讨。二是参与评价要求的制订研讨。参与评价特色的制订研讨。

4）评价标准与评价方法运用参与

一是参与已有的评价标准和评价方法的实际运用。二是参与具有个性特色的评价标准与评价方法的设计与运用。

5）多层次课题研究成效评价参与

一是参与教育教学具体活动的评价。二是参与评价标准与评价方法运用和完善的研讨、建议。三是参与总课题前测与后测的学生“三自”素养现状调查。四是参与一级子课题和相关小课题研究的成效评价。

学生参与上述过程，不仅激发了在评价中的主体地位，也帮助自己了解和梳理了相关评价标准的内容和操作要求，促进了“三自”素养的发展，还提高了他们独立或小组合作进行客观、公正评价的能力。

3. 反思性策略

基于积极心理学相关原理，通过探索“三程”教育教学活动中的反思内容、反思时机、反思表述、反思改进，促进学生加强“三自”素养的自我诊断，准确定位发展目标，以及加强自主实施和监控、调整、总结与再反思，以提升学生主动发展“三自”之“三素养”。

1）反思内容

（1）参与教案设计后反思。学生主要参与课前、课中、课后相关教育教学活动之内容选择、举措实施，以及课尾总结和布置作业设计后的反思。例如，以主题班会教育课为例，学生参与课前小品编写、排练设计，相互讨论，提出修改意见；参与讨论相关教育策略、实施形式、实施方法和过程性评价设计，并分析是否合理，注意进行必要的设计调整。这样，锻炼了学生在主题教育班会课不同阶段“有独有合”的反思能力，完善了教案的设计和教育过程的实施。同时，增进了学生的反思意识、反思完善的成就感和自信，提高了教育活动的实效。

(2) 参与教学准备后反思。学生根据“三自”学习任务，通过教师课前提供的视频、文档、问题等学习资料进行自主学习。教师通过课前练习、小组交流讨论等方式，了解学生课前预习完成的反馈情况；根据反馈，教师在对教学内容的选择、容量和难易度方面进行必要的调整；改变某些教学策略、方式与方法，解决学生的实际问题。这样，学生感受到自己的相关情况、相关意见得到了教师的重视和肯定，进一步体验到做好自主预习的优势，从而增强了做好自主预习和加强自主预习管理的兴趣和能力，并注意对预习情况进行自主反馈调节。

(3) 参与课堂教学后反思。反思课前准备：教师要求学生对照“三自”要求，反思在课前是否做好了上课的充分准备，包括学习用具准备和心理准备。反思课堂导入：考虑预复习任务完成情况、及时性和实效性。反思展课中表现：行为规范、集中注意力、积极思考、主动参与和敢于质疑等。反思巩固练习：自主练习、小组合作练习、互助交流规范、注意倾听和团结协作等。反思课堂小结：梳理知识、小结学法、交流感悟、提出新疑问等。反思布置作业：预习复习作业任务的明确程度等。通过这样的反思过程，学生可以了解自己在课堂上的表现，明确自身优缺点，有针对性地及时改进，提高课堂效果，增强学习素养，从而也增强学业发展自信。

(4) 参与作业反馈后反思。教师引导学生关注作业反馈，自主思考作业完成的及时性、规范性、专注性、准确性和创意性，记录反思结果，将反思内容和结果进行提炼，扬长避短。这一过程，提高了学生课后独立作业素养和多元自主反思的素养。

2) 反思时机

(1) 预习反馈后反思。一是反思任务完成及时性。二是反思完成率。三是反思完成质量。

(2) 课堂学习中反思。一是学生反思听课效率。二是反思质疑解疑情况。三是反思参与讨论、交流情况。四是反思学习效率和自律卡记录情况等。

(3) 课后复习作业时反思。一是学生反思听课情况。二是反思笔记情况。三是反思疑问之处。四是反思可以弥补之处。五是反思作业完成的速度和质量。

这一过程，促使学生建立及时进行“三程”学习反思的意识，培养了在不同情境下主动选择反思内容并进行有针对性反思的能力，提高了反思后学习的实效，并加强了学习自律意识。

3) 反思表述

(1) 借助关键词表述。课前学习中运用，如及时性、数量、质量、创意、修改。

(2) 课中运用。一是结合课中对主要环节进行反思表述，如反馈导入、新学(输入)、运用(输出)、总结等，学生通过参与反馈、阅读、质疑、练习、讨论、分享、归纳等进行反思表述。二是借助反思内容间的关系式表述。三是借助表格式表述。四是借助思维导图表述。五是借助图文结合式表述。六是随机口头式表述。

这些反思的具体策略，有效提升了学生的自主反思意识，明确了表达反思结果的多元方式，锻炼了学生运用跟进式反思以及其他形式进行多元反思表述的能力，增进了学生的反思自律意识。

4）反思改进

教师在引导学生进行反思时注意以下改进方面：一是改进反思内容，增加反思的全面性、辩证性、具体性。二是改进反思时机，增多反思时机、增加即时反思和注意加强随机激励，促进学生及时改进。三是改进反思表述，从口头表述、多媒体呈现事先设定和局部板书之口头与显性文字表述，转变为以多媒体随机呈现和增添，同时采用其他多样化形式（如关键词、纲要关系式、表格、思维导图等）展示反思结果。四是改进反思总结，从口头为主、教师主导和匆匆忙忙地总结，转变为以口头与显性反思、学生“独合结合”并预留充足时间总结。这些改进措施，更好地发挥了反思的引导作用，培养了学生及时、多角度反思和多元记录与呈现反思结果的能力，增进了学生参与课堂反思的自觉性和成就感。

4. 体验成功策略

基于积极心理学相关原理，通过探索成功体验的内容、时机、具体类型和激励引导，促进学生逐步深化对体验内容的理解与把握，增进体验学习的成功感受与正向激励价值，在更好地完成相关体验任务的同时，促进学生（有时包括家长）主动发展“三自”之“三素养”。下面以学科学习和主题教育中的成功体验的实践为例，说明体验成功策略的操作与相应实效。

1）成功体验的内容

（1）学科学习中成功体验的内容。①预习中的成功体验。一是学生体验“有独有合”完成预习任务时的成功感。二是体验预习时有效质疑（提出问题）时的成功感。三是尝试“有独有合”体验解疑时的成功感。四是体验预习进步时的成功感。②课堂学习中的成功体验。一是学生参与体验导入时的成功感。二是体验逐步理解学习内容时的成功感。三是体验尝试“有独有合”解疑时的成功感。四是体验操作学习的成功感。五是体验能够应用所学时的成功感。六是体验学习进步时的成功感。七是体验学会有效笔记、进行归纳、课尾集中小结时的成功感。③课后学习中的成功体验。一是学生体验主动独立复习、完成作业时的成功感。二是深化理解课堂所学内容时的成功感。三是尝试自主学习时的成功感。四是尝试亲子、同学互动交流学习所得、学习经验时的成功感。学科“三程”学习中多元内容成功感的体验，增进了学生参与“三程”学习的兴趣。同时，提高了学生完成“有独有合”学习任务的速度和质量，并激励学生注意提出问题、尝试解决问题。由此，逐步深化对“三程”所学内容的理解与应用，提高了解决问题的能力，增进了多元化体验学习时的自律和自信意识。

（2）主题教育中成功体验的内容。一是学生体验参与主题教育情境准备中的成功感。二是体验课堂参与演绎主题教育相关小品、模拟表演和正反对比等情境中的成功感。三是体验参与班级分享交流经验与感受中的成功感。四是自主体验课后相关“三自”素养改进并带来实质变化时的成功感。五是在或独立或小组合作（以下简称“或独或合”）体验“三自”素养逐步提升时得到教师、同学、家长肯定时的成功感。这样，增强了学生自主参与“三程”主题教育活动的兴趣，有效地落实了学生在教育中的主体地位；提高了完成相关主题教育活动任务的速度和质量，并激励学生坚持改进相关“三自”素养；增进了学生反思改进意识、坚持改进意识以及成功的自信。

2）成功体验的时机

一是学生参与“三程”学习和主题教育活动时。二是需要学生增进对学习内容和主题教育内容的感性认识时。三是需要学生加强对学习内容和主题教育内容的对比、分析时。四是需要学生借助操作性的活动加深对学科所学内容和主题教育相关内容的印象和独特价值感受时。五是对所学和主题教育内容由表象发展到本质认识时。六是独立或小组合作解决应用性问题时。七是主题教育活动中面对“两难”现象需要代入理解时等。把握成功体验的时机，有效落实了学生作为学习和教育活动中的主体地位，使学生更好把握所学内容，提高了学生完成“有独有合”相关应用性问题的速度和质量，增进了学生对“两难”现象的辩证认识以及如何正确化解的心理和行为准备，激励了学生注意加强多元体验和体验成功的自信。

3）成功体验的具体类型

总课题组成员梳理了实践教师主要探索的学生参与成功体验的“十七式”具体类型：一是“三程”参与式体验。二是观摩欣赏式体验。三是多元模仿式体验。四是创作创编式体验。五是辩论式体验。六是对比、归纳式体验。七是写作式体验。八是朗诵竞赛式体验。九是课本剧表演式体验。十是情境—问题解决式体验。十一是实验、操作、制作式体验。十二是探究成果展评式体验。十三是借助“三程·三单”“独合结合”复习式体验。十四是合作归纳、小结式体验。十五是课外自学式体验。十六是体悟内化式体验。十七是整合式的体验。

实例 10：“联动出‘圾’、共同守护滨江海岸线”活动成功体验类型

首先，参加捡拾垃圾的操作体验，属于情境—问题解决式体验类型。在“世界清洁地球日”到来之际，2020 年 9 月 19 日，学校组织少先队员们组成志愿者队伍，与长江口凌桥一侧滨江海岸的校外各部门汇集的千名清滩志愿者共同参与了“联动出‘圾’、共同守护滨江海岸线”活动。队员们戴着手套，拿起夹子和铁锹，一起清理沿岸垃圾。由于防浪堤结构复杂，一些垃圾被卡在预制件间的缝隙里，很难清理。队员们直接用手将垃圾一点点抠出来。经过同学们的努力，大量腐烂树木、废弃塑料袋、白色泡沫和丢弃织物袋等垃圾陆续被清理干净。

其次，随机进行垃圾分类，属于对比、归纳式体验。队员们一边捡拾垃圾，一边对其进行分类。当他们看到岸边堆积的垃圾，再回望身后干净的海滩时，队员们深有感触：每个人随意丢弃垃圾的行为所产生的惊人垃圾量让他们感到震惊。通过自己的行动，却能保护滨江海岸线的整洁。

再次，进行自主评价（评价活动中的表现）与反思（撰写并分享参加活动的感言），属于体悟内化式体验。在上述“联动出‘圾’、共同守护滨江海岸线”活动中，队员深受感悟。在撰写并分享参加活动的感言时，李同学提到，一开始以为捡到的废弃鞋只有一只，没想到，在不断地清理过程中，一只接着一只，成堆的废弃鞋子从垃圾堆里被翻了出来。因此，她

在捡拾垃圾的同时，警醒自己今后绝不能随意丢弃垃圾，并要认真进行垃圾分类，为减少垃圾的产生从源头做起。队员们普遍写道，在清洁海滩的实践中，他们付出了辛劳和流汗，经历了锻炼，磨练了意志，培养了良好的劳动品质。与此同时，他们也自然而然地关注起周围的垃圾问题，逐渐意识到通过劳动可以改变我们生活的环境，为美丽的凌桥建设作出积极贡献——这些收获，并非老师强加灌输，而是学生在亲身体验中所获得的真切体会。

4）成功体验中的激励引导

在学生"三程"学习和主题教育活动中开展多元化体验时，教师（有时包括同学和家长）注意加强多元激励引导。一是及时进行随机激励引导。二是利用口头语言、肢体语言、表情、文字（含板书）、符号、鼓掌等多种方式进行激励引导。三是借助学习单中自评、互评等设计，让学生进行自我激励和互相激励引导。四是借助预设的评价标准，对学生相关体验任务的完成情况进行精准评价（学生自评、互评和师评等），既肯定优势、挖掘特色，又客观公正地评价不足之处，促进后续改进。这些举措，能够及时激励学生在学习和主题教育活动中取得正向成功体验行为，提高任务完成的兴趣和质量，注意发展相关特色，积累个性化经验，增强自信心。同时，引导学生朝着正确发展方向前进，增强自主反思意识，促进后续自主改进行为，培养自律意识。这样，激发了学生参与性体验学习和主题教育活动的兴趣，促进了个性化体验经验的积累，深入了解相关体验现象，提高了完成"三程"相关体验式任务的速度和质量，有效锻炼了自学和自我教育的能力，并增进了通过体验学习争取成功的意识。

（七）实施方法

基于积极心理学相关原理，对学生实施"三自"教育促进相应素养提升的具体方法。本课题在不同实施途径中，共探索了40多种具体的实施方法。在此选择其中具有代表性的问题引导法、讲（听）授法、榜样法、归纳法、练习法5种方法，概述各自的含义、基本做法与实效。

1. 问题引导法

基于积极心理学相关原理，在教育教学过程中，学生在教师关键问题链的引导下，紧紧围绕一个或几个任务，在强烈的问题动机的驱动下，通过对学习资源的积极主动应用，进行自主探索和互动协作的学习，在分析与逐步解决问题的过程中，有机提升学生的"三自"素养。问题引导的实施步骤，包括：①教师出示问题情境材料；②学生"有独有合"阅读；③研判材料；④提出疑问、明确和表述问题；⑤师生确定任务；⑥学生开展自主探究学习；⑦学生"或独或合"分享问题解决结果；⑧学生"有独有合"尝试评价效果；⑨学生独立、小组合作梳理归纳；⑩师生加强反思与交流，学生内化质疑和解疑素养。

下面以曹丹老师预备年级"蒸发与蒸腾"研究课教学实践中的问题引导法为例，说明其基本操作与实效。

案例10：曹丹老师预备年级"蒸发与蒸腾"教学实践

（1）课中。第一，曹丹老师借助多媒体和学习单，在"创设生活情境引出新课"环节，引导学生思考:“为什么用水写的字会消失,发生了什么”及时给予随机激励,提高学生对问题进行探究式学习的兴趣和独立学习的积极性。第二,通过使用表格帮助学生梳理蒸发与沸腾的异同,提升学生分析处理材料和整合归纳的自学能力。第三,在“猜测与验证水蒸发快慢的因素”环节,学生通过小组合作选择最快干的方案并解释原因,培养学生团结合作的意识,并提供了积极交流的机会。第四,通过提出若干问题,如“空气流通可以加快水的蒸发吗”,学生观看实验视频并思考。第五,学生独立观察视频、阅读教材、梳理答案、参与交流,得出正确结论。这提升了学生独立探索和小组合作学习能力,增强了问题探索过程和结果的成功感和自信心。

(2) 课尾。在“课堂小结,学以致用”环节,教师借助学习单和学生一起解决生活中的小问题“如何使湿抹布干得更快”,通过师生合作解决问题,进一步增进了学生注意加强师生和生生团结合作的学习意识,培养了积极的情绪体验。这个环节,锻炼了学生围绕问题进行探究学习,分析与解决问题的能力,同时让学生更深刻地掌握了所学知识。

通过这样的问题(任务)引导,学生在真实情境中学习,提高了参与“或独或合”探究问题、主动寻找答案的兴趣,增进了主动探索的意识。通过教师提供线索,学生自主解读素材,并能够主动进行迁移运用。当学生自主探索遇到问题时,主动参与探索、分析问题和表达问题的意识普遍增强。随着问题逐个解决,增进了学生学习的满足感与成就感,从而进一步激发了他们自主参与拓展学习、探究式学习的欲望,逐步养成了良好的“三自”行为习惯。

2. 讲(听)授法

基于积极心理学相关原理,教师对实施“三自”教育的内容、要求、意义价值等进行讲解,使学生完整、深刻地加以理解,逐步促进学生主动发展“三自”素养。

下面以朱景超老师预备年级语文《小站》研究课教学实践中的讲(听)授法为例,说明其基本操作与实效。

实例 11:朱景超老师预备年级语文《小站》教学实践

(1) 在课堂学习和下次课始,教师组织学生作业的反馈时,结合循序渐进原则和反馈方法,对课文教学内容进行适当说明与补充。

(2) 在课堂组织“独合结合”精读课文品词析句时,教师注意引导学生更快地找准“小站之小、小站其实不小”的描写手法,把握表达中心,并注意回应学生提问。

(3) 在下次课始反馈课后作业时,教师注意口头引导学生参与交流反馈,并注意随机激励引导。

这些实施过程锻炼了学生快速梳理文本内容、概括不同写作手法(按序叙述、直接描写、侧面描写等),以及把握课文主题的能力,有效提升学生“三程”之“三自”素养。

3. 榜样法

基于积极心理学的相关原理,在教育教学活动中,教师有意识地选择多元榜样,特别是在“三自”素养方面值得学习的学校内部个人或集体榜样，进行宣传、分析、表彰，并组织学生学习与仿效，以提高学生对“三自”的相关意识和能力，促进“三自”相应良好行为习惯的养成。

(1) 榜样来源：国内外名人展现“三自”素养的优秀榜样；在社会中逆境成长的榜样；校内学生学习出色、学习成绩进步的榜样，校内学生良好学习行为习惯进步的榜样，等等。

(2) 榜样运用：①课题组成员将古今中外“三自”名人制作成画框，挂在学校的走廊和墙壁，收集其“三自”故事在学校屏幕上滚动播放；②提供纸质资源，用于培养学生的“三自”素养，并逐步应用于校园和班级环境的营造；③每学期评选出的“三好学生”和各班的“学习之星”“进步之星”“劳动之星”等在校刊《凌之桥》上宣传；④每周获得“行为规范示范班”“广播操流动红旗”“卫生流动红旗”的班级，在周一升旗仪式上受到表彰并获得流动红旗等。

通过这些措施，具备良好“三自”素养的学生会在得到学校和教师的认可后，巩固并提升他们自身的“三自”意识、能力和良好行为习惯。对于“三自”方面尚有不足的学生，榜样的树立将帮助他们设立目标、找到伙伴，更有效地促使他们增强“三自”意识，努力提高“三自”能力，并逐步养成良好的“三自”行为习惯。

4. 归纳法

在学科渗透教育研究课和主题教育活动课中，实践教师引导学生“或独或合”对“三程”中所学内容、方法和个性化经验进行归纳，以锻炼学生自主梳理学习资源、概括要点，提高他们学习并内化所学内容的素养。具体实施时机包括：①课前预习中的归纳，教师引导学生对需要梳理和概括的任务和内容进行归纳。②课前反馈预习情况中的归纳，鼓励学生对主动预习的参与度、完成速度和质量以及独创性进行总结。③课中展开中的归纳，指导学生对分项内容、显性原理、概念、学习策略等进行总结。④课堂练习中的归纳，引导学生总结解题思路和方法的适用性和迁移性。⑤课尾集中小结中的归纳，强调培养学生常态化进行总结，聚焦小结什么（内容）、怎样小结（方式方法）、怎样表达（小结结果的思维外显）、怎样交流（有效运用小结结果、多形式与同学进行分享）、小结结果如何利用，引导学生重视对小结结果多样化的运用。

通过坚持使用“归纳法”，学生学会了如何进行有效地总结，锻炼了独立或协作整理、分析、分类和概括学习资源的能力，促进了学生理解知识之间的联系，增强了归纳的重要性意识和学用意识，提高了他们自发尝试和完善总结的主动性。

5. 练习法

基于积极心理学相关原理，在对学生进行“三自”素养培养时，实践教师指导学生通过多样化的“或独或合”练习，理解新知、巩固新知、运用新知解决问题，体悟相关练习技能、技巧，有机提升“三自”素养。

下面以蔡张怡老师预备年级广播操《舞动青春》复习课教学实践中的练习法为例，说明其基本操作与实效。

案例11：蔡张怡老师预备年级广播操《舞动青春》教学实践

(1) 集体练习法。在广播操复习和体能练习活动中，教师结合信息技术式、随机激励式,组织学生依次完成随着音乐练习广播操《舞动青春》、进行纠错、游戏"比比谁的反应快"和相关体能练习。这使学生更熟练地把握了各节操的动作方法和节奏要求,改进了自身动作,强化了上、下肢动作的协调一致及节奏的变化,提升了"三自"素养。

(2) 分组练习法。在广播操复习最后一个教学环节中,教师注意营造积极向上的分组学练氛围,将学生分为 4 组,重点练习教师在纠错环节中纠正的错误动作,巩固和提升了学生广播操的动作、方法及节奏的熟练性与协调性,提升了学生"三自"素养。

练习法在运用时需注意四点:①明确学生通过练习应达到的目标或任务;②引导学生比较练习的具体内容;③及时进行反馈、检查;④及时纠错。

实施"练习法",有效地促进了学生"或独或合"参与"三程"学习时相关练习,帮助学生加深理解并巩固了新知识,引导学生体会了相关练习的策略、方式和方法,逐步增强了学生"或独或合"参与练习的意识,提高了"三自"练习能力,促进了良好的"三自"练习行为习惯的养成。

(八) 评价体系

评价者通过详细、仔细研究,在一定的评价理念指导下,依据相关评价内容、标准、方法和技术手段对所需评价的材料进行过程性或结果性的价值判断,同时包括对教育实施的引导。在教育领域,市级、区级课题的"评价体系",通常由上位的评价依据(如理论、政策、原则、思想等),中位的评价标准,下位的具体评价操作(如评价方式、方法、技术、手段、平台等)组成,这三者构成了一个相对丰富的评鉴系统。

"基于积极心理学原理的初中生'三自'教育的实践与研究"中的评价体系,由上位的评价依据(5 个层面)、中位的评价标准(2 类 7 项)和下位的评价方法(6 种)组成。

1. 评价依据

构建课题评价体系的相关基础、依托和根据。本课题的评价依据,主要有 5 个层面:①国家层面,中共中央 国务院《深化新时代教育评价改革总体方案》,国家中长期教育改革和发展规划纲要工作小组办公室《国家中长期教育改革和发展规划纲要(2010—2020 年)》,教育部《关于全面深化课程改革落实立德树人根本任务的意见》《中国学生发展核心素养》《关于推进中小学教育质量综合评价改革的意见》等。②新课改精神层面,教育部课改方案和学科课程标准对教育目标与评价方面的要求。③中共上海市委、上海市人民政府、上海市教委层面,《上海市教育综合改革方案(2014—2020 年)》《上海市深化新时代教育评价改革实施方案》《上海市中小学生学业质量绿色指标(试行)》等。④本土研究成果,浦东教发院曹明老师指导和直接参与研究执笔的相关市级、区级课题之评价体系研究的相关成果。⑤凌桥中学学校层面,办学理念、学生发展目标、本课题的精神与实践目标等。

以上 5 个层面的评价依据,为学校区级课题组成员研制中位的评价标准,设计和运用下位的评价方法,提供了相关指导基础和设计运用的根据。

2. 评价标准

这是指在教育类课题评价体系中,属于中位的评价标准,基于评价依据和落实学校区级课题的相关精神,制订①评价要素(包括特色加分)、②评价要求(不少于四个层级)、

③计分要求、④评价说明，旨在引导参与研究的教师、家长等进行相关“三自”教育的组织实施，促使学生主动培养相应的“三自”素养，并借助评价标准自主监控相关“三自”素养的发展。同时，为课题组组织诊断性、阶段性、结果性的评价提供基础，提高课题研究的规范性、科学性和实效性。学校总课题组开发了2类7项评价标准。

1）基于积极心理学原理的初中生“三自”素养发展评价标准

包含基于积极心理学原理的初中生自律素养发展评价标准（表9）、基于积极心理学原理的初中生课前自学素养发展评价标准（表10）、基于积极心理学原理的初中生课中自学素养发展评价标准（表11）、基于积极心理学原理的初中生课后自学素养发展评价标准（表12）、基于积极心理学原理的初中生自信素养人发展评价标准（表13），共计5项。

表9 基于积极心理学原理的初中生自律素养发展评价标准

<table>
<tr><th>Ⅰ级要素(分)</th><th>Ⅱ级要素(分)</th><th>Ⅲ级要素</th><th>评价要求(分)</th><th colspan="2">分值小计(分)</th></tr>
<tr><td rowspan="11">自律意识
(110)</td><td rowspan="3">在家自律意识
(30)</td><td>起居自律意识</td><td rowspan="11">浓厚(10～9)；
较浓厚(8)；
一般(7～6)；
较淡薄或无(5～0)</td><td></td><td rowspan="3"></td></tr>
<tr><td>用餐自律意识</td><td></td></tr>
<tr><td>学习自律意识</td><td></td></tr>
<tr><td rowspan="4">在校自律意识
(40)</td><td>日常行为习惯自律意识</td><td></td><td rowspan="4"></td></tr>
<tr><td>学习自律意识</td><td></td></tr>
<tr><td>同学交往自律意识</td><td></td></tr>
<tr><td>校内集体活动自律意识</td><td></td></tr>
<tr><td rowspan="4">在社会实践中的自律意识
(40)</td><td>完成任务自律意识</td><td></td><td rowspan="4"></td></tr>
<tr><td>守时习惯自律意识</td><td></td></tr>
<tr><td>安全自律意识</td><td></td></tr>
<tr><td>交往自律意识</td><td></td></tr>
<tr><td rowspan="11">自律能力
(110)</td><td rowspan="3">在家自律能力
(30)</td><td>起居自律能力</td><td rowspan="11">强(10～9)；
较强(8)；
一般(7～6)；
较弱或无(5～0)</td><td></td><td rowspan="3"></td></tr>
<tr><td>用餐自律能力</td><td></td></tr>
<tr><td>学习自律能力</td><td></td></tr>
<tr><td rowspan="4">在校自律能力
(40)</td><td>日常行为习惯自律能力</td><td></td><td rowspan="4"></td></tr>
<tr><td>学习自律能力</td><td></td></tr>
<tr><td>同学交往自律能力</td><td></td></tr>
<tr><td>校内集体活动自律能力</td><td></td></tr>
<tr><td rowspan="4">社会实践自律能力(40)</td><td>完成任务自律能力</td><td></td><td rowspan="4"></td></tr>
<tr><td>守时自律能力</td><td></td></tr>
<tr><td>安全自律能力</td><td></td></tr>
<tr><td>交往自律能力</td><td></td></tr>
</table>

（续表）

Ⅰ级要素(分)	Ⅱ级要素(分)	Ⅲ级要素	评价要求(分)	分值小计(分)	
自律行为习惯(110)	在家自律行为习惯(30)	起居行为习惯	能坚持(10～9)； 基本能坚持(8)； 一般(7～6)； 较少或不能坚持(5～0)		
		用餐自律行为习惯			
		学习自律行为习惯			
	在校自律行为习惯(40)	日常行规自律行为习惯			
		学习自律行为习惯			
		同学交往自律行为习惯			
		校内集体活动自律行为习惯			
	社会实践自律行为习惯(40)	完成任务自律行为习惯			
		守时自律行为习惯			
		安全自律行为习惯			
		交往自律行为习惯			
特色加分(30)	加分理由：		特色明显(30～27)； 特色较明显(26～22)； 特色一般(21～18)； 特色少或无(27～0)		
综合评定	计等总分：________	等第：________	评议人身份(填代号)：________	总分：________	
评价说明	(1) 评价主体：①被评学生自身；②同学；③学生的班主任；④相关学科教师代表；⑤其他(自填：________)。 (2) 满分：330分。 (3) 评价主体的比值和特色加分的处理：各评价主体的比值相同；特色加分计入总分，但每位评价者计入的总分数，不得超过满分。 (4) 分数与等第间的转换：由各评价主体总分数，除以总人数得出的分数，按以下设定进行等第间的转换，累积得分330～297分，为优；296～247分，为良；246～198分，为合格；197分及以下，为需要努力				

表10　基于积极心理学原理的初中生课前自学素养发展评价标准

Ⅰ级要素(分)	Ⅱ级要素(分)	Ⅲ级要素	评价要求(分)	分值小计(分)	
自学意识(70)	预习意识(40)	动机意识	浓厚(10～9)； 较浓厚(8)； 一般(7～6)； 较淡薄或无(5～0)		
		任务意识			
		质疑意识			
		解疑意识			
	学习准备意识(30)	价值意识			
		常规准备意识			
		特殊准备意识			

（续表）

Ⅰ级要素(分)	Ⅱ级要素(分)	Ⅲ级要素	评价要求(分)	分值小计(分)
自学能力（120）	阅读能力（50）	认识阅读价值能力	强（10～9）； 较强（8）； 一般（7～6）； 较弱或无（5～0）	
		认读文本能力		
		筛选文本信息能力		
		理解文本信息能力		
		质疑文本信息能力		
	检索与查询能力（40）	记、思相关信息能力		
		利用多样化资源（工具书、图书馆资源、网络等）能力		
		交流咨询能力		
		评鉴能力		
	批注能力（30）	批注“五点”（重点、难点、关键点、兴趣点、易错点）的能力		
		运用批注方法（文字、图片、符号、色彩等批注）的能力		
		进行个性化批注能力		
自学行为习惯（50）	预习行为习惯（30）	坚持进行自主预习良好行为习惯	能坚持（10～9）； 基本能坚持（8）； 一般（7～6）； 较少或不能坚持（5～0）	
		注重质疑良好行为习惯		
		尝试解疑良好行为习惯		
	自学行为习惯（20）	坚持进行拓展性自学行为习惯		
		坚持进行兴趣性自学行为习惯		
特色加分（20）	加分理由：		特色明显（20～18）； 特色较明显（17～16）； 特色一般（15～12）； 特色少或无（11～0）	
综合评定	计等总分：________	等第：________	评议人身份（填代号）：________	总分：________

（续表）

Ⅰ级要素(分)	Ⅱ级要素(分)	Ⅲ级要素	评价要求(分)	分值小计(分)
评价说明	(1) 评价主体：①被评学生自身；②同学；③学生的班主任；④相关学科教师代表；⑤其他(自填)：________。 (2) 各评价主体的比值：各评价主体的比值相同，满分均为240分；最后总分，由各评价主体所评分数的有效总分相加，除以总人数后得出的分数值，作为计算等第的依据。 (3) 特色加分的处理：计分计入总分，但计入后的总分，不得超过满分。 (4) 分数和等第间的转换：累积得分240～216分，为优；215～161分，为良；160～144分，为合格；143分及以下，为需要努力			

表11　基于积极心理学原理的初中生课中自学素养发展评价标准

Ⅰ级要素(分)	Ⅱ级要素(分)	Ⅲ级要素	评价要求(分)	分值小计
自学意识(90)	参与意识(30)	参与答疑意识	浓厚(10～9)； 较浓厚(8)； 一般(7～6)； 较淡薄或无(5～0)	
		参与讨论意识		
		参与练习意识		
	质疑意识(30)	钻研意识		
		敏锐意识		
		联系意识(由此及彼)		
	笔记意识(30)	主动记录意识		
		及时记录意识		
		反思批注意识		
自学能力(150)	集中注意能力(30)	集中性	强(10～9)； 较强(8)； 一般(7～6)； 较弱或无(5～0)	
		持久性		
		思索性		
	主动质疑能力(30)	主动提问能力		
		快速提问能力		
		高质量提问能力		
	有效理解能力(30)	快速理解能力		
		全面理解能力		
		深刻理解能力		
	多元内化能力(30)	直接应用能力		
		迁移应用能力		
		个性化应用能力		
	小结提升能力(30)	梳理资料能力		
		筛选信息能力		
		概括提炼能力		

（续表）

Ⅰ级要素（分）	Ⅱ级要素（分）	Ⅲ级要素	评价要求（分）	分值小计
自学行为习惯（120）	自主参与习惯（30）	主动参与质疑—答疑行为习惯	能坚持（10～9）； 基本能坚持（8）； 一般（7～6）； 较少或不能坚持（5～0）	
		主动参与练习行为习惯		
		主动参与小结行为习惯		
	积极思考习惯（30）	主动提问行为习惯		
		主动参与讨论习惯		
		主动反思行为习惯		
	主动笔记习惯（20）	及时、准确、简洁记录行为习惯		
		良好的个性化记录行为习惯		
	注重质量习惯（40）	听、疑、议、析、记、练、概、悟的行为习惯		
特色加分（40）	加分理由：		特色明显（40～36）； 特色较明显（35～30）； 特色一般（29～24）； 特色少或无（23～0）	
综合评定	计等总分：________	等第：	评议人身份（填代号）：________	总分：________
评价说明	（1）评价主体：①被评学生自身；②同学；③学生的班主任；④相关学科教师代表；⑤其他（自填）：________。 （2）各评价主体的比值：各评价主体的比值相同，满分均为 360 分；最后总分，由各评价主体所评分数的有效总分相加，除以总人数后得出的分数值，作为计算等第的依据。 （3）特色加分的处理：计分计入总分，但计入后的总分，不得超过满分。 （4）分数和等第间的转换：累积得分 360～324 分，为优；323～242 分，为良；241～216 分，为合格；215 分及以下，为需要努力			

表 12　基于积极心理学原理的初中生课后自学素养发展评价标准

Ⅰ级要素（分）	Ⅱ级要素（分）	Ⅲ级要素	评价要求（分）	分值小计
自学意识（80）	主动复习意识（20）	动机意识	浓厚（10～9）； 较浓厚（8）； 一般（7～6）； 较淡薄或无（5～0）	
		先复习后作业意识		
	独立作业意识（20）	动机意识		
		主动完成意识		

（续表）

Ⅰ级要素(分)	Ⅱ级要素(分)	Ⅲ级要素	评价要求(分)	分值小计	
自学意识 (80)	积极自学意识 (40)	动机意识	浓厚(10～9)； 较浓厚(8)； 一般(7～6)； 较淡薄或无(5～0)		
		主动预习意识			
		拓展学习意识			
		自主监控意识			
自学能力 (80)	完成作业能力 (30)	完成的速度	强(10～9)； 较强(8)； 一般(7～6)； 较弱或无(5～0)		
		完成的准确率			
		在规定的时间内完成			
	拓展学习能力 (20)	学科类的拓展学习			
		兴趣爱好类拓展学习			
	总结反思能力 (30)	课前学习			
		课堂学习			
		拓展学习			
自学行为 习惯 (70)	坚持自学习惯 (40)	定时自学(时间)	能坚持(10～9)； 基本能坚持(8)； 一般(7～6)； 较少或不能坚持 (5～0)		
		定点自学(空间)			
		定量自学(任务)			
		及时自主监控			
	注重质量习惯 (30)	注重完成率			
		及时批注习惯			
		注重内化提升			
特色加分 (30)	加分理由：		特色明显(30～27)； 特色较明显(26～22)； 特色一般(21～18)； 特色少或无(17～0)		
综合评定	计等总分： ________	等第：	评议人身份（填代号）：________	总分：________	
评价说明	(1) 评价主体：①被评学生自身；②同学；③学生的班主任；④相关学科教师代表；⑤其他(自填)：________。 (2) 各评价主体的比值：各评价主体的比值相同，满分均为 230 分；最后总分，由各评价主体所评分数的有效总分相加，除以总人数后得出的分数值，作为计算等第的依据。 (3) 特色加分的处理：计分计入总分，但计入后的总分，不得超过满分。 (4) 分数和等第间的转换：累积得分 230～207 分，为优；206～172 分，为良；171～138 分，为合格；137 分及以下，为需要努力				

表 13　基于积极心理学原理的初中生自信素养发展评价标准

Ⅰ级要素(分)	Ⅱ级要素(分)	Ⅲ级要素	评价要求(分)	分值小计	
自信意识 (90)	生活自信意识 (40)	个人生活自理意识	浓厚(10～9); 较浓厚(8); 一般(7～6); 较淡薄或无(5～0)		
		学习用品整理意识			
		参与家务意识			
		沟通意识			
	学习自信意识 (30)	增强学习动机意识			
		提高学习兴趣意识			
		积极学习状态意识			
	交往自信意识 (20)	认识交往的价值和具有学习的意识			
		有效交往践行意识			
自信能力 (130)	生活自信能力 (40)	个人生活自理能力	强(10～9); 较强(8); 一般(7～6); 较弱或无(5～0)		
		参与做好家务能力			
		有效沟通能力			
		整理好学习用品能力			
	学习自信能力 (50)	有效使用工具书能力			
		合理使用网络能力			
		良好的阅读分析能力			
		独立解决问题能力			
		大胆质疑、勇于表达能力			
	交往自信能力 (40)	交往外形塑造能力			
		有效提问能力			
		善于倾听能力			
		与不同对象交往能力			
自信行为习惯 (130)	生活自信行为习惯(40)	个人生活自理习惯	能坚持(10～9); 基本能坚持(8); 一般(7～6); 较少或不能坚持(5～0)		
		参与做好家务习惯			
		沟通行为习惯			
		整理好学习用品习惯			
	学习自信行为习惯(50)	做好预习工作习惯			
		上课记好笔记习惯			
		课堂专注听讲习惯			
		及时高质作业完成习惯			
		坚持进行课外自学习惯			

（续表）

Ⅰ级要素(分)	Ⅱ级要素(分)	Ⅲ级要素	评价要求(分)	分值小计	
自信行为习惯（130）	交往自信行为习惯（40）	交往外形塑造行为习惯	能坚持(10～9)； 基本能坚持(8)； 一般(7～6)； 较少或不能坚持(5～0)		
		有效提问行为习惯			
		善于倾听行为习惯			
		与不同对象交往行为习惯			
特色加分（40）	加分理由：		特色明显(40～36)； 特色较明显(35～30)； 特色一般(29～24)； 特色少或无(23～0)		
综合评定	计等总分：	等第：	评议人身份（填代号）：________	总分：________	
评价说明	(1) 评价主体：①被评学生自身；②同学；③学生的班主任；④相关学科教师代表；⑤其他（自填）：________。 (2) 各评价主体的比值：各评价主体的比值相同，满分均为350分；最后总分，由各评价主体所评分数的有效总分相加，除以总人数后得出的分数值，作为计算等第的依据。 (3) 特色加分的处理：计分计入总分，但计入后的总分，不得超过满分。 (4) 分数和等第间的转换：累积得分350～315分，为优；314～262分，为良；261～210分，为合格；209分及以下，为需要努力				

2）基于积极心理学原理的初中生“三自”教育研究课评价标准

包含基于积极心理学原理的初中生“三自”学科渗透教育研究课评价标准（表14）、基于积极心理学原理的初中生“三自”主题教育课（活动）评价标准（表15），共计2项。

表14　基于积极心理学原理的初中生“三自”学科渗透教育研究课评价标准

执教者姓名		学校		授课班级、地点		
学科		时间		节次		
教材与课题（含研究主题）						
评价指标（Ⅰ级）(分)	评价指标（Ⅱ级）(分)		10～9	8	7～6	5～0
教学设计（30）	“三情”（学情、课标与教材）分析（可根据需要加其他分析）紧密联系研究主题和所上课的内容；有匹配的发扬优势与不足的适宜措施（如：教学原则、途径、步骤、策略、模式/方式/形式、方法与评价等）					
	教学内容针对性强，符合基于积极心理学原理（可选）的学生“三自”（自律、自学、自信，可选）之相关“三素养”（意识、能力和行为习惯，可选）发展的需要					

（续表）

<table>
<tr><th>评价指标
（Ⅰ级）（分）</th><th colspan="2">评价指标（Ⅱ级）（分）</th><th>10～9</th><th>8</th><th>7～6</th><th>5～0</th></tr>
<tr><td>教学设计
（30）</td><td colspan="2">教学目标覆盖了“两个本体”（学科和研究主题）的相关预期；定位准确、适切；表述清楚、具体和简练</td><td></td><td></td><td></td><td></td></tr>
<tr><td rowspan="3">教学过程
（30）</td><td colspan="2">教学环节清晰，层次有坡度；相关教学设计措施有落实和有针对性，对基于积极心理学原理的所定学生相关“三自”之“三素养”的发展有显性的教育培养与引导性措施</td><td></td><td></td><td></td><td></td></tr>
<tr><td colspan="2">教学策略、方式、方法、手段与技术运用多样、灵活，注意利用生成资源、发挥教育机制，有机落实“两个本体”的相关预期目标</td><td></td><td></td><td></td><td></td></tr>
<tr><td colspan="2">激发受教育者兴趣，学生积极、主动、投入，勇于发表自己的看法</td><td></td><td></td><td></td><td></td></tr>
<tr><td rowspan="4">教学效果
（40）</td><td colspan="2">学科和研究主题之渗透教育的内容、学生独立和合作学习任务及措施要求落实全面到位，身心愉悦</td><td></td><td></td><td></td><td></td></tr>
<tr><td colspan="2">基于积极心理学原理的学生相关“三自”之意识得到发展</td><td></td><td></td><td></td><td></td></tr>
<tr><td colspan="2">基于积极心理学原理的学生发展相关“三自”之本领（技能）有所增长</td><td></td><td></td><td></td><td></td></tr>
<tr><td colspan="2">学生参与教育活动的过程积极、愿意或有实际地履行相关“三自”之良好的行为习惯，有这方面进一步学习或践行的愿望</td><td></td><td></td><td></td><td></td></tr>
<tr><td>特色加分
（20）</td><td>加分理由：</td><td>特色明显（20～18）；
特色较明显（17～15）；
特色一般（14～12）；
特色少或无（11～0）</td><td colspan="4"></td></tr>
<tr><td>总分</td><td></td><td>等第</td><td></td><td colspan="2">评议人/身份</td><td colspan="2"></td></tr>
<tr><td>评价说明</td><td colspan="6">（1）本表中的“积极心理学原理”，是指积极心理学积极的情绪体验、积极的人格特征（乐观）、积极的学习环境原理，实践教师也可自选其他积极心理学的相关原理。“三自”，是指自律、自学、自信；“三素养”，是指“三自”的各自意识、能力和行为习惯。
（2）评价主体，即表中的“评议人/身份”：为所有与课者（①执教者、②参与观摩课的教师、③家长、④学生、⑤相关专家、⑥其他成员）。表中只需要填写序数。
（3）比值：各评价主体的比值相同，满分均为 100 分。
（4）总分计算：由计分的各板块组成；特色部分计入总分（但计入后的总分不得超过满分）；最后的总分，由各评价主体不超过满分的总分数，除以总人数得出的分值数为准。
（5）分数和等第间的转换：得分 100～90 分，为优；89～75 分，为良；74～60 分，为合格；59 分及以下，为需要努力</td></tr>
</table>

表 15　基于积极心理学原理的初中生“三自”主题教育课（活动）评价标准

<table>
<tr><td rowspan="2">活动名称
（主题）
（10 分）</td><td>评价要求</td><td colspan="4">全面符合有原理、有举措与有指向和表述清晰、准确、具体又简洁（10～9 分）；
较符合（8 分）；
一般（7～6 分）；
存在缺陷或完全不符合（5～0 分）</td></tr>
<tr><td>评分（分）</td><td colspan="4"></td></tr>
<tr><td>活动时间</td><td colspan="5">活动是一次性完成的：　　年　月　日　午第　节至第　节；
活动是长周期的，写起止时间：　　年　月　日至　　年　月　日</td></tr>
<tr><td>活动负责人或指导老师</td><td></td><td colspan="2">参加对象（班级/人数）</td><td colspan="2"></td></tr>
<tr><td>活动地点</td><td colspan="5"></td></tr>
<tr><td colspan="2">其他评价指标（分）</td><td>10～9</td><td>8</td><td>7～6</td><td>5～0</td></tr>
<tr><td rowspan="3">教育设计
（30）</td><td>“三情”（学情，课标，替代性的相关“纲要”“意见”等政府文件、教材、自编学材）分析（可根据需要加其他分析），需要紧密联系研究主题和所上主题教育课（活动）的内容；有匹配的发扬优势与不足的拟作与指向（目标）的概述</td><td></td><td></td><td></td><td></td></tr>
<tr><td>积极心理学相关原理（可选）的来源和意思清楚、结合拟上主题教育课（活动）所涉过程的拟做和指向清晰、表达凝练；学生相关“三自”（自律、自学、自信，可选）之“三素养”（意识、能力和行为习惯，可选）的培养内容针对性强、定位清晰、具体</td><td></td><td></td><td></td><td></td></tr>
<tr><td>有匹配地发扬优势与不足的适宜措施（教学原则、途径、步骤、策略、模式/方式/形式、方法与评价等）的在所涉教育过程中的各自拟做和指向（目标）</td><td></td><td></td><td></td><td></td></tr>
<tr><td rowspan="2">教育目标
（20）</td><td>表述形式为“三维”分类式表述的教育目标：根据显性的“三维”分类，注意覆盖“两个本体”[主题教育课（活动）的内容和研究主题]，分别能够规范、清晰、具体而又简洁地表述认知类、过程与策略与方式方法技能类和情感态度价值观类目标（由评价者根据设计案，选择其中一种形式进行评价）</td><td></td><td></td><td></td><td></td></tr>
<tr><td>表述形式为经历与指向整合式表述的教育目标：有清晰的学生视角的教育过程（经历）安排；对应的覆盖“两个本体”之清晰、具体而又简洁地表述的认知类、策略与方式方法技能类和情感态度价值观类目标</td><td></td><td></td><td></td><td></td></tr>
<tr><td rowspan="2">教育过程
（40）</td><td>教育环节清晰，层次有坡度；有显性地对基于积极心理学原理的所定学生相关“三自”之“三素养”培养教育的引导</td><td></td><td></td><td></td><td></td></tr>
<tr><td>教育原则策略方式方法丰富多样，有助于促进学生基于积极心理学原理的相关“三自”之“三素养”的</td><td></td><td></td><td></td><td></td></tr>
</table>

（续表）

<table>
<tr><td colspan="5">其他评价指标（分）</td><td>10～9</td><td>8</td><td>7～6</td><td>5～0</td></tr>
<tr><td rowspan="3">教育过程
（40）</td><td colspan="4">发展；教育手段、媒体技术运用合理，符合主题教育课（活动）开展和更好地发展学生基于积极心理学原理的相关“三自”之“三素养”培养教育的实际需要</td><td></td><td></td><td></td><td></td></tr>
<tr><td colspan="4">活动准备充分，能保证各个环节有条不紊地开展；活动组织管理灵活，能根据学生现场的变化及时进行调整；活动中，注意营造宽松、融洽的教育氛围，学生在活动中的主体地位明显；注重评价的及时性与多元化，学生参与活动积极、愉悦</td><td></td><td></td><td></td><td></td></tr>
<tr><td colspan="4">活动总结全面、有下一步的要求与建议，学生基于积极心理学原理的相关“三自”之“三素养”发展的要求、活动组织的改进方向及措施明确、具体</td><td></td><td></td><td></td><td></td></tr>
<tr><td rowspan="3">教育效果
（30）</td><td colspan="4">主题教育课（活动）的内容、任务落实全面</td><td></td><td></td><td></td><td></td></tr>
<tr><td colspan="4">学生基于积极心理学原理的相关“三自”之认知得到发展；学生基于积极心理学原理的“三自”之可持续发展本领（技能）增长</td><td></td><td></td><td></td><td></td></tr>
<tr><td colspan="4">学生参与活动过程积极，有实际的基于积极心理学原理的相关“三自”之“三素养”的感悟行为，有进一步学习或践行的愿望</td><td></td><td></td><td></td><td></td></tr>
<tr><td>特色加分
（10）</td><td colspan="2">加分理由：</td><td colspan="2">特色明显（10～9）；
特色较明显（8）；
特色一般（7～6）；
特色较少或无（5～0）</td><td colspan="2">特色得分数：</td><td colspan="2">合计得分数：</td></tr>
<tr><td>综合评定</td><td>总分</td><td></td><td>等第</td><td></td><td colspan="2">评议人/身份</td><td colspan="2"></td></tr>
<tr><td>评价说明</td><td colspan="8">（1）本表中的“积极心理学原理”，即积极心理学的积极的情绪体验、积极的人格特征（乐观）、积极的学习环境原理，实践教师也可自选其他积极心理学的相关原理。“三自”，是指自律、自学、自信；“三素养”，是指“三自”的各自意识、能力和行为习惯。
（2）评价主体，即表中的“评议人/身份”：为所有与课者（①执教者、②参与观摩课的教师、③家长、④学生、⑤相关专家、⑥其他成员）。表中只需要填写序数。
（3）比值：各评价主体的比值相同，满分均为130分。
（4）总分计算：由计分的各板块组成；特色部分，计入总分（但计入后的总分不得超过满分）；最后的总分，由各评价主体不超过满分的总分数，除以总人数得出的分值数为准。
（5）分数和等第间的转换：得分130～117分，为优；116～97分，为良；96～78分，为合格；77分及以下，为需要努力。</td></tr>
</table>

注：本评价标准的框架体系，直接参照了浦东教发院原资深教科研员曹明老师全程指导的上海市蔡路中学吴骏德校长领衔的浦东新区区级课题“农村学校实施‘双自’教育　促进学生自主发展的实践研究”的成果选《实施“双自”教育　促进自主发展》一书中《学校实施“双自”教育　促进学生自主发展的评价体系研究》表6。本评价标准，也适合基于积极心理学原理的初中生“三自”教育社团活动教育。

3. 评价方法

本课题评价体系中的下位具体评价方法，根据上位的评价依据和中位的评价标准，对被研究者、受教育者和研究者以及相关实践途径的教育实效进行评估，以更好地发挥评价的诊断、引导和促进发展作用，并得出更科学客观的结果性评价结论。本课题主要探索了量表法、问卷法、观察法、分享法、评比法和综合评价法6种总体评价方法。

1）量表法

运用总课题组研制的7项总体评价标准、实施途径的一级子课题、参与实践研究教师的相关小课题所研制的评价标准，引导师生进行“三自”教育，并对“三自”教育相关层级对象进行原状诊断、过程性评价和结果性评价，以提高课题研究设计的针对性、实施的科学性，以及成效总结的实证性和客观性。

（1）引导教师实施“三自”教育，包括三个方面：①作为教育内容的依据之一，以评价指标为基础，结合总课题组所分解的学生“三自”素养发展的培养内容，确定对学生进行教育培养的内容；②作为教师结合自己承担的相关层级课题，开发具体学科或主题教育活动评价标准的依据；③引导教师全面直接运用评价标准进行评价；或者根据相关教育活动的实际情况，选择性地采用相关标准或标准中的特定方面进行局部运用、迁移改造。

（2）引导学生实施“三自”素养自我评价和改进。学生对照评价标准作自评，发现优势与不足，自主进行改进。

（3）引导家长学用标准开展评价和教育。家长通过学习了解评价标准，自主或根据学校的要求，配合对孩子进行教育。对照评价标准评价学生的相关“三自”素养，促进孩子进行自主改进。

量表法的实施，在引导教育、诊断、改进和促进发展方面起到了重要作用。这种方法有助于教师和家长及时调整“三自”教育教学策略与方式，改进教育教学行为和评价措施，从而提高教育教学的效果。此外，量表法还为评判课题研究的整体成效提供了实证依据。

2）问卷法

运用问卷调查、量表调查、访谈与观察等方法，对总课题组指导下的本校学生“三自”素养现状（前测、后测）、实施途径的一级子课题、参与实践研究教师相关小课题所需的学生“三自”素养情况，以及教育学科实践研究课（活动）的实施情况等，进行相应调查。这促进了研究者和实践教师更全面地了解学生相关“三自”素养的初始状态和实施情况，为提高教育的针对性、科学性和实效性提供了依据。

3）观察法

根据课题研究的需要，观察者通过利用眼睛、耳朵等感官以及相机等设备观察受教育对象在基于积极心理学原理的实施途径中的语言、行为和实效情况，旨在评估相关教育教学活动的有效性和需要改进的方面，从而调整教学措施，并提升过程性评价的可操作性、有效性和过程教育的引导性。

例如，学科教师、班主任或被推荐的学生代表在课堂内外观察学生的言行举止，关注学生在“三自”意识、能力和习惯方面的表现；记录学生在校内学习和行为规范方面的细节，使学生、家长和教师更全面地了解学生在校“三自”素养的真实情况，并据此进行相应的教育，提高了学校教师之间和家校之间对学生（孩子）教育的针对性，促使学生自主改进。

观察法的运用，帮助研究者和实践教师收集了“三自”教育学科渗透研究课、主题教育研究课和其他实施途径中的相关第一手信息。这为梳理和概括相关实施途径中的“三自”教育活动的实效提供了较为客观的依据。同时，也帮助了教育者和受教育者注意改进教与学的行为，更好地提升教育实效。

4）分享法

通过交流、展示和演示相关学生、班级和家长等在“三自”素养改进和教育举措及经验，激励和引导学生自觉养成“三自”素养；激励和引导相关班级的师生和家长更好地组织“三自”教育，分享教育经验，并对这样的分享实效进行评价。

(1) 分享的内容。学生、班级、家长等在学生“三自”素养诊断和改进、教育创意举措和经验；学生在社团活动中制作的具有新意的实用物品；学生自主开展的舞蹈、相声、朗诵节目等。

(2) 分享时机。如开学初分享学生与家长的“三自”素养发展和教育目标与实施计划；利用期中、期末考试后的家长会和家长开放日分享家长的“三自”教育目标和实施计划的落实举措，学生阶段性的“三自”素养发展情况以及家长的教育经验；学校定期举行的科技节、六一儿童节、元旦迎新等活动，及时展示学生自主或合作制作的作品和其他探究成果，演示制作过程和相关经验。

(3) 分享形式。包括借助每周升旗仪式演讲、橱窗展示、学校广播台、电子屏幕滚动播放、班级宣传板、家长会介绍及多层次专场宣传等。

分享法的实施，较好地分享了不同班级及其师长实施“三自”教育的举措与成效，学生改进“三自”素养方面的问题，发扬创意的举措和经验，激励和引导了学生自觉养成相关“三自”素养。同时，激励和引导了相关班级的师生和家长更好地组织“三自”教育，分享教育经验。这为学校区级总课题成果的总结提供了基于“分享法”所展示的成果、经验和实效的实证类依据。

5）评比法

学校通过组织不同项目的甄别性评比来激励学生参与活动，促进学生自觉提升相关“三自”素养，并衡量实施效果。

(1) 组织班级学生行为规范的常规检查与评价。对班级卫生、学生行为、学生仪表等各项常规工作进行自主和相互检查、反馈，最终评选出年级/学校文明示范班。

(2) 学校组织开展不同年级的多类学生相关知识、作品和探究类成果竞赛以及主题教育活动评比。例如，每周组织学生开展各班行为规范的自评、互评和学校评比，全校各年级广播操评比，各班卫生评比等活动，每周一举行升旗仪式进行表彰并颁发流动红旗。

在这些评比活动中，学生不仅仅是活动的参与者，还是组织者和评比者，这激发了他们参与活动的积极性，增强了“三自”的意识，锻炼了“三自”能力，促进了“三自”良好行为习惯的养成，其他与评比、参赛活动相关联的素养也得到了一定的提升。

6）综合评价法

学生经过三年多的教育后，课题组成员对学生“三自”素养现状，尤其是变化进行评价。通过收集不同周次、学期、学年和实施途径下的相关数据，按一定比例加以分配并利用，最终确定相应阶段的学生“三自”整体素养。同时，关注课题研究的成效，注意采集整个研究过程中的数据，对各种实施途径、各参与研究者(如教师、家长、学生和专家等)以及上级督导评估意见、区级初中工程实验校建设专项督导评估意见等，进行综合考量，得出课题研究整体效应的评估结果。

(1) 评价主体多元。在总课题研制的7项评价标准中，都设定了4个以上的评价主体。传统评价往往是由教师评价学生，而采用多元主体参评法，角色可以互换，学生也可以评价老师，家长也可以评价老师(比如学科教育研究课、德育主题教育活动等)，教师也可以评价自己的课程和所组织的主题教育活动。

(2) 学生根据学校统一的标准，结合教师引导，参与自评、互评和家长参评。①教师解读评价标准，明确看清评价内容、评价要求与评价说明等。②引导学生尝试进行自评和互评，从中发现操作中的实际问题，引导学生独立解决。③教师强调学生自评、互评需要客观公正。例如，在教学或活动过程中，以学生独立的学习小组为单位，依据评价标准，让四五个学生对一个被评学生的参与情况和“三自”素养进行评分，并指出其优点以及需要改进的建议。被评的学生可根据同学和老师的评语，确定自己的改进设想。④坚持常态化自评和互评。比如，在学校学习、行为规范和人际交往方面，每日评、每周评、每月评，促进了学生逐步增强“三自”意识，改善“三自”行为，树立起“我也能做到”的信心，从而自觉发展“三自”素养。

评价体系的探索，取得了明显的实效。第一，初步构建了实施“三自”教育促进学生全面发展的评价体系。阐明了5个层面的评价依据，研制了基于积极心理学原理的初中生“三自”素养发展、“三自”教育研究课的2类7项评价标准，探索了量表法、问卷法、观察法、分享法、评比法和综合评价法6种总体评价方法，由此初步建立了较为完整的总课题评价体系，基本达成了本课题的研究目标。第二，引导了教师的发展。激励与引导了教师提高实施“三自”教育促进学生发展“三自”素养的学科教学评价素养，并帮助教师改进了教育教学诊断、过程性和结果性评价。第三，引导了学生的发展。引导了学生自身“三自”素养的发展，以及如何进行自主评价和互相评价。第四，突破了区级课题研究的难点，提高了研究的科学性，丰富了学校课题研究的成果和增添了创意。

四、成效与成果

(一) 主要成效

1. 学生方面

1) 基于前测、后测数据对比：学生“三自”之“三素养”明显提升

为了科学而详尽地了解学生“三自”素养现状，提高课题研究的实效性与科学性，学校在2021年11月11日组织了参加过前测的初三(2)班和初三(3)班共75名学生，通过问卷星平台发放了75份问卷进行后测问卷调查。具体情况如下：初三(2)班回收有效问卷31份，初三(3)班回收有效问卷44份，回收率达100%。此次调查内容涵盖了学生“三自”

意识、能力和行为三个方面共 50 个指标。在后测调查报告中，将学生“三自”之“三素养”与前测调查结果进行了对比。

（1）学生自律素养现状。学生自律意识、能力、行为习惯分析包括在家、在校、在社会实践中的自律意识、能力和行为习惯调查。调查数据结果见表 16（对应调查问卷中的 1—12 题）。

表 16　基于积极心理学原理的初中生自律素养现状调查

题目	好			较好		一般		较差		差		平均分(满分 5 分)	
	前测	后测	增加值	前测	后测	前测	后测	前测	后测	前测	后测	前测	后测
1	42.13%	64.00%	21.87%	36.11%	33.33%	18.98%	2.67%	1.85%	0.00%	0.93%	0.00%	4.17	4.61
2	34.26%	58.67%	24.41%	44.91%	40.00%	18.06%	1.33%	1.85%	0.00%	0.92%	0.00%	4.10	4.57
3	25.46%	56.00%	30.54%	39.81%	36.00%	30.56%	8.00%	2.78%	0.00%	1.39%	0.00%	3.85	4.48
4	36.11%	62.67%	26.56%	39.81%	34.67%	22.69%	2.66%	0.46%	0.00%	0.93%	0.00%	4.10	4.60
5	45.37%	54.67%	9.30%	35.65%	38.67%	16.20%	5.33%	1.85%	1.33%	0.93%	0.00%	4.23	4.47
6	48.15%	66.67%	18.52%	33.33%	28.00%	15.28%	5.33%	1.39%	0.00%	1.85%	0.00%	4.25	4.61
7	37.50%	61.33%	23.83%	38.89%	30.67%	16.20%	8.00%	5.56%	0.00%	1.85%	0.00%	4.05	4.53
8	46.76%	64.00%	17.24%	35.19%	34.67%	14.81%	1.33%	2.78%	0.00%	0.46%	0.00%	4.25	4.63
9	50.46%	70.67%	20.21%	34.26%	28.00%	13.43%	1.33%	0.93%	0.00%	0.92%	0.00%	4.32	4.69
10	31.02%	56.00%	24.98%	37.04%	37.33%	30.09%	6.67%	1.39%	0.00%	0.46%	0.00%	3.97	4.49
11	38.89%	65.33%	26.44%	41.67%	29.34%	18.06%	5.33%	1.38%	0.00%	0.00%	0.00%	4.18	4.60
12	59.26%	69.33%	10.07%	29.63%	29.33%	8.80%	1.34%	2.31%	0.00%	0.00%	0.00%	4.46	4.68
小计	41.28%	62.44%	21.16%	37.19%	33.33%	18.60%	4.11%	2.04%	0.11%	0.89%	0.00%	4.16	4.58
代号所指调查题目：1 在家起居自律意识；2 在校日常行为习惯自律意识；3 在校学习自律意识；4 在社会实践守时习惯自律意识；5 在家沟通自律能力；6 在校同学交往自律能力；7 校内集体活动自律能力；8 在社会实践完成任务自律能力；9 在家用餐自律行为习惯；10 在校学习自律行为习惯；11 在校日常行为自律行为习惯；12 在社会实践安全自律行为习惯													

调查结果数据表明，上海市凌桥中学学生的自律意识、能力、行为习惯之“三素养”有了大幅提升。认为自己自律素养好的学生比例，由前测的 41.28% 提升到后测的 62.44%，增长了 21.16%。

（2）学生自学素养现状。学生自学意识、能力、行为习惯现状分析包括了课前、课中及课后的自学意识、能力和行为习惯调查。调查数据结果见表 17—表 19（对应调查问卷中的 13—40 题）。

表 17　基于积极心理学原理的初中生课前自学素养现状调查

题目	好			较好		一般		较差		差		平均分(满分 5 分)	
	前测	后测	增加值	前测	后测	前测	后测	前测	后测	前测	后测	前测	后测
13	26.85%	57.33%	30.48%	37.96%	40.00%	28.70%	2.67%	4.18%	0.00%	2.31%	0.00%	3.83	4.55
14	28.24%	58.67%	30.43%	38.89%	40.00%	27.31%	1.33%	4.63%	0.00%	0.93%	0.00%	3.89	4.57
15	34.26%	61.33%	27.07%	38.89%	37.33%	23.15%	1.34%	3.24%	0.00%	0.46%	0.00%	4.03	4.60
16	36.11%	65.33%	29.22%	32.87%	30.67%	29.17%	4.00%	1.39%	0.00%	0.46%	0.00%	4.03	4.61
17	24.54%	61.33%	36.79%	34.26%	33.33%	37.04%	4.00%	1.85%	1.34%	2.31%	0.00%	3.77	4.55
18	26.39%	56.00%	29.61%	33.80%	38.67%	35.65%	5.33%	1.85%	0.00%	2.31%	0.00%	3.80	4.51

（续表）

题目	好			较好		一般		较差		差		平均分(满分5分)	
	前测	后测	增加值	前测	后测	前测	后测	前测	后测	前测	后测	前测	后测
19	28.24%	62.67%	34.43%	33.33%	30.67%	33.80%	6.66%	2.78%	0.00%	1.85%	0.00%	3.83	4.56
20	28.7%	70.67%	41.97%	37.04%	26.67%	28.70%	2.66%	4.17%	0.00%	1.39%	0.00%	3.88	4.68
小计	29.17%	61.67%	32.50%	35.88%	34.67%	30.44%	3.50%	3.01%	0.17%	1.50%	0.00%	3.88	4.58

代号所指调查题目：13 课前预习动机的自学意识；14 课前学习准备的常规准备自学意识；15 课前阅读认读文本自学能力；16 课前检索与查询利用资源自学能力(工具书、图书馆资源、网络资源)；17 课前批注“四点”(重点、难点、关键点、关注点、易错点)的自学能力；18 课前预习注重质疑自学行为习惯；19 课前坚持进行自学行为习惯；20 课前坚持运用所学本领进行自学行为习惯。

表 18　基于积极心理学原理的初中生课中自学素养现状调查

题目	好			较好		一般		较差		差		平均分(满分5分)	
	前测	后测	增加值	前测	后测	前测	后测	前测	后测	前测	后测	前测	后测
21	32.87%	54.67%	21.80%	24.54%	34.67%	33.33%	10.66%	7.41%	0.00%	1.85%	0.00%	3.79	4.44
22	28.70%	53.33%	24.63%	32.87%	40.00%	31.48%	6.67%	4.63%	0.00%	2.32%	0.00%	3.81	4.47
23	40.74%	58.67%	17.93%	38.89%	32.00%	17.13%	9.33%	1.85%	0.00%	1.39%	0.00%	4.16	4.49
24	26.85%	50.67%	23.82%	38.43%	44.00%	27.78%	5.33%	4.17%	0.00%	2.77%	0.00%	3.82	4.45
25	23.61%	56.00%	32.39%	30.56%	34.67%	36.11%	9.33%	5.56%	0.00%	4.16%	0.00%	3.64	4.47
26	22.22%	49.33%	27.11%	34.26%	41.33%	35.65%	8.00%	5.09%	1.34%	2.78%	0.00%	3.68	4.39
27	29.17%	54.67%	25.50%	33.33%	33.33%	31.48%	12.00%	4.63%	0.00%	1.39%	0.00%	3.84	4.43
28	25.93%	54.67%	28.74%	34.72%	36.00%	31.94%	9.33%	5.09%	0.00%	2.32%	0.00%	3.77	4.45
29	27.78%	53.33%	25.55%	34.26%	38.67%	31.48%	8.00%	4.63%	0.00%	1.85%	0.00%	3.81	4.45
30	29.17%	54.67%	25.50%	37.96%	38.67%	29.17%	6.66%	2.31%	0.00%	1.39%	0.00%	3.91	4.48
31	32.41%	64.00%	31.59%	38.89%	28.00%	24.07%	8.00%	3.24%	0.00%	1.39%	0.00%	3.98	4.56
32	22.69%	52.00%	29.31%	41.67%	41.33%	29.63%	6.67%	4.63%	0.00%	1.38%	0.00%	3.80	4.45
小计	28.51%	54.67%	26.16%	35.03%	36.89%	29.94%	8.33%	4.44%	0.11%	2.08%	0.00%	3.83	4.46

代号所指调查题目：21 课中参与答疑的自学意识；22 课中联系(由此及彼)质疑的自学意识；23 课中主动记录笔记的自学意识；24 课中持久集中注意的自学能力；25 课中主动提问的自学能力；26 课中有效理解的高质量提问自学能力；27 课中多元内化的直接应用自学能力；28 课中小结提升的概括提炼自学能力；29 课中主动参与质疑—答疑的自学行为习惯；30 课中积极思考主动反思的自学行为习惯；31 及时、准确、简洁记录笔记自学行为习惯；32 听、疑、议、析、记、练、概、悟习惯

表 19　基于积极心理学原理的初中生课后自学素养现状调查

题目	好			较好		一般		较差		差		平均分(满分5分)	
	前测	后测	增加值	前测	后测	前测	后测	前测	后测	前测	后测	前测	后测
33	25.93%	50.67%	24.74%	31.48%	46.67%	36.57%	2.66%	4.63%	0.00%	1.39%	0.00%	3.76	4.48
34	43.06%	61.33%	18.27%	25.00%	36.00%	27.78%	2.67%	2.78%	0.00%	1.38%	0.00%	4.06	4.59
35	26.39%	57.33%	30.94%	28.70%	36.00%	34.72%	6.67%	7.87%	0.00%	2.32%	0.00%	3.69	4.51
36	45.83%	54.67%	8.84%	46.76%	38.67%	5.56%	6.66%	1.39%	0.00%	0.46%	0.00%	4.36	4.48
37	41.67%	64.00%	22.33%	28.70%	32.00%	26.39%	4.00%	2.31%	0.00%	0.93%	0.00%	4.08	4.60
38	18.98%	50.67%	31.69%	33.33%	42.67%	41.67%	6.66%	3.70%	0.00%	2.32%	0.00%	3.63	4.44
39	26.85%	54.67%	27.82%	35.65%	38.67%	34.26%	5.33%	1.85%	1.33%	1.39%	0.00%	3.85	4.47
40	25.00%	58.67%	33.67%	39.81%	37.33%	32.41%	4.00%	1.39%	0.00%	1.39%	0.00%	3.86	4.55
小计	31.71%	56.50%	24.79%	33.68%	38.50%	29.92%	4.83%	3.24%	0.17%	1.45%	0.00%	3.91	4.52

（续表）

代号所指调查题目：33 课后主动复习的动机意识；34 课后主动完成作业的自学意识；35 课后积极自学的主动预习意识；36 课后在规定时间内完成作业能力；37 课后拓展学习的兴趣爱好类拓展学习自学能力；38 课后总结反思的课前学习自学能力；39 课后坚持自学的定量自学（任务）能力；40 课后注重质量的注重完成率的自学能力

表 17—表 19 所示的调查数据结果表明，学生自学意识、能力、行为习惯之“三素养”较前测有了明显进步。在课前自学素养中，认为自己自学意识、能力、行为习惯好的学生比例，从前测的 29.17%提升到后测的 61.67%，增长了 32.50%；在课中自学素养中，认为自己自学意识、能力、行为习惯好的学生比例，从前测的 28.51%提升到后测的 54.67%，增长了 26.16%；在课后自学素养中，认为自己自学意识、能力、行为习惯好的学生比例，从前测的 31.71%提升到后测的 56.50%，增长了 24.79%。

（3）学生自信素养现状。调查数据结果见表 20（对应调查问卷中的 41—50 题）。

表 20　基于积极心理学原理的初中生自信素养现状调查

题目	好			较好		一般		较差		差		平均分（满分 5 分）	
	前测	后测	增加值	前测	后测	前测	后测	前测	后测	前测	后测	前测	后测
41	44.91%	65.33%	20.42%	32.87%	25.33%	19.44%	9.34%	1.39%	0.00%	1.39%	0.00%	4.19	4.56
42	35.19%	54.67%	19.48%	33.33%	41.33%	26.85%	4.00%	2.78%	0.00%	1.85%	0.00%	3.97	4.51
43	29.63%	50.67%	21.04%	33.80%	40.00%	32.41%	9.33%	2.78%	0.00%	1.38%	0.00%	3.88	4.41
44	47.22%	60.00%	12.78%	29.63%	30.67%	20.37%	9.33%	2.31%	0.00%	0.47%	0.00%	4.21	4.51
45	49.54%	56.00%	6.46%	27.78%	34.67%	19.44%	9.33%	2.31%	0.00%	0.93%	0.00%	4.23	4.47
46	42.59%	61.33%	18.74%	29.63%	34.67%	25.93%	4.00%	1.39%	0.00%	0.46%	0.00%	4.13	4.57
47	29.63%	49.33%	19.70%	37.96%	44.00%	26.39%	5.33%	3.70%	1.34%	2.32%	0.00%	3.89	4.41
48	40.74%	58.67%	17.93%	32.41%	32.00%	23.61%	8.00%	3.24%	1.33%	0.00%	0.00%	4.11	4.48
49	32.41%	57.33%	24.92%	31.94%	34.67%	31.48%	6.67%	3.24%	1.33%	0.93%	0.00%	3.92	4.48
50	36.11%	66.67%	30.56%	33.33%	28.00%	26.85%	4.00%	1.39%	1.33%	2.32%	0.00%	4.00	4.60
小计	38.80%	58.00%	19.20%	32.27%	34.53%	25.28%	6.93%	2.45%	0.53%	1.21%	0.00%	4.05	4.50
代号所指调查题目：41 学习用品整理生活自信意识；42 学习兴趣自信意识；43 交往的价值和具有学习的交往自信意识；44 个人生活自理的生活自信能力；45 有效使用工具书的学习自信能力；46 善于倾听的交往自信能力；47 与不同对象交往能力；48 参与做好家务的生活自信行为习惯；49 做好预习工作的自信行为习惯；50 交往外形塑造的自信行为习惯													

表 20 所示的调查数据结果表明，学生自信意识、能力、行为习惯之“三素养”较前测有了较大提高。认为自信意识、能力、行为习惯好的学生比例，从前测的 38.80%提升到后测的 58.00%，增长了 19.20%。学生学习用品整理、学习兴趣、交往的价值和具有学习的交往自信意识好的比例，增长了 21.04%。善于倾听的交往能力好的比例，增长了 18.74%。学生与不同对象有效交往的能力好的比例，增长了 19.70%。学生与同学交往时具有外形塑造的自信行为习惯好的比例，增长了 30.56%。

2）基于教师六种实施途径实效表明：学生“三自”之“三素养”明显提升

（1）“三自”意识方面。学生通过自主讨论、制订、完善各项规章制度，并在参与教育教学活动过程中遵守规章制度，自我、互相监督，拥有自律意识。对于老师在活动中提出的问题及任务，有意识地通过质疑、讨论思考、按要求完成。

以预备（5）班学生的语文学习为例，通过调查，该班学生在自学意识方面得到了锻炼。

具体表现在：一是全部学生能认识到预习也是学习任务的一个组成部分。二是93.33%的学生在小组讨论时，有发言的欲望。三是全部学生根据课堂师生提出的问题，有独立思考的意识。四是全部学生在课堂学习时，有倾听师生发言的意识。五是全部学生认识到借助思维导图进行课文小结的重要性，进一步深化知识理解、内化相关学习策略与方式方法。六是全部学生能认识到只有通过及时、认真完成独立作业，如为课文配插图作业和借助思维导图进行预习、课堂学习与课后自学等，才能有效检测自身学习成果的价值意识和学用意识。在自信意识方面，93.33%的学生相信自己能够利用所学方法解决所给问题，敢于在课堂中发表自己的看法。

从上述实践时的统计数据和教师的日常课堂观察，学生对自律、自学、自信的价值意识、学习和运用意识正在被唤醒，学生在参与的过程中，注意结交新朋友、挖掘新本领、掌握新技能，学生在一次次活动中，体验快乐、收获成功，逐步积累起自信意识，初步树立了更好地在教育教学活动和社会生活实践中健康快乐成长的目标追求。

(2) “三自”能力方面。实践教师在相应成果的总结中，提到学生“三自”能力提高比较明显的有：发现问题、解决问题、总结反思能力；自觉参与、有序合作、自主管理能力；勇于在活动过程中与伙伴愉悦沟通，并在学有所获后进行自我展示的能力。

以预备(5)班学生的语文学习为例，通过调查，该班学生在自学能力方面普遍得到了有效锻炼。具体表现在：一是93.33%的学生能根据问题，在课文中快速有效地找出知识点。二是95.56%的学生能“独合结合”阅读教材，获取、分析、处理课文内容，找出选材与写作手法和主旨等有效信息。在自信能力方面，一是全部学生能“独合结合”完成课前、课堂和课后“三程”的学习任务。二是93.33%的学生会快速浏览课文，梳理课文内容，找到重点段落，圈重点及关键词句。三是84.44%的学生能“独合结合”梳理写作手法和课文主旨。四是93.33%的学生善于在课堂中发表自己的看法。

由此可见，学生的自主学习兴趣增强，自主学习能力明显提高。随着教育的深入，学生们不断调整学习和生活方式，改善与适应社会生活能力的也逐步增强，从而提升了自身相关“三自”能力。

(3) “三自”良好行为习惯方面。学生能够自觉地发现身边具有积极向上、乐观，并且有良好学习和生活行为习惯的人，选择学习榜样，并效仿他们的良好行为习惯。他们意识到用积极向上的行为习惯来激励自己，增强了自我教育意识，逐步养成了“三自”良好行为习惯。

以预备(5)班学生的语文学习为例。通过调查，该班学生在自律良好行为习惯方面得到了锻炼。一是全部学生在家能课前独立、及时、全面、认真地完成预习任务和课后作业。二是全部学生在家能注意加强预习和作业检查，提高了准确率。三是全部学生在校能自觉参加早读。四是93.33%的学生课上积极参与学课过程，注意独立思考，主动回答问题。五是88.89%的学生能督促自己集中注意力。在自学良好行为习惯方面，一是全部学生能及时、认真、全面完成全部课前预习任务。二是93.33%的学生能积极参与课堂讨论和问题的解答，主动参与对知识进行归纳、整理。三是全部学生能及时、认真、全面完成课后作业，注意检查准确性和自主纠错。特别是，在课后阅读课文作业或完成配画课文插图的过程中，学生们运用思维导图分析、梳理、归纳文本内容，成为日常语文学习的常态化举动。

3）学生整体素养方面明显提升

在“三自”教育过程中，一是大部分学生能逐步树立起正确的学习目标，学习兴趣不断增强。二是丰富了学习知识。三是提升了整体学习能力。四是增强了学习的自信，提高了学习整体质量。此外，学生的良好品德也有所发展。学生普遍能自觉遵守行为规范，在安全意识和防范能力方面有所加强，积极参与学校和社会的志愿者行动，与同学们建立了诚信友好的关系，并养成了良好的文明行为习惯。

经过三年多的研究实践，家长们反映，在日常生活中，尤其是在疫情期间，孩子们表现出更多的学习自觉性，能够自觉整理学习用品，主动承担一些家务活，提升了劳动技能。孩子们坚持进行体育锻炼，逐渐学会了如何调节学习压力，增强了抗挫折能力，促进了身心健康的发展。班主任们发现，几乎没有上学迟到的学生了；自修没有老师在场时，学生也能安静自觉地学习；同学们的穿着整洁，自然大方。

负责学校学生社团活动工作的老师，也纷纷赞扬学生的变化，学生普遍提高了自主参与兴趣活动的能力。2019—2021年，本校学生参加的兴趣社团活动荣获市级、区级奖项共47项，教师也获得了市级、区级教育教学奖共26项。在学校作为区级强校工程建设实验校的《上海市凌桥中学“强校工程”第二次增值评估督导意见》中，专家组认为：“作为浦东新区戏曲文化（沪剧）教育传承学校，注意结合高桥乡土文化元素开发课程并组织社团活动，在数量丰富性、领域覆盖度上均有发展，助力学生综合素养培育。”

4）整体学习质量方面明显提升

在进行“三自”教育和“六途”系列实践过程中，老师通过一系列举措致力于为学生创造一个健康积极的学习和教育环境。学生在听到或看到这些积极的语言或行为时，会在内心形成积极的心理暗示，从而产生积极的学习动力，促使他们积极地融入课堂教育教学活动中，增强学习兴趣。此外，教师们注重对“三自”的系列化实施途径、策略、形式、方法以及评价标准与评价方法等核心举措的联合运用，有效锻炼并提高了学生的“三程”自主学习能力，提升了他们的自律与自信力，保证了良好的课内外教育教学效果。这样，在开展课题研究后的三年多，学校的整体教育质量逐年提高。2020年7月，初三学生的中考合格率为97.78%；32名学生被录取市区实验性示范性高中，录取率为35.56%。2021年7月，初三学生的中考合格率为98.9%，32名学生被录取市区实验性示范性高中，录取率为35.2%。在学校强校工程二次增值评估现场督导专家给学校的反馈中，家长对学校的满意度良好。

2. 教师方面

1）教师对学生实施“三自”教育的素养提升

（1）教师对学生基于积极心理学原理的“三自”教育的设计与落实方面的素养有效提升。在研究课程设计中，教师普遍注意学情、课标和教材分析，有些还进行其他依据的分析。这明确了积极心理学原理在相关课程或活动中教育过程中的应用以及各自的目标和指向；能够确定“三自”素养视角下课程或活动的培养内容；制订并实施有针对性的实施途径、实施策略、实施形式、实施方法和过程性评价措施；明确研究思路和教育目标，详细规划了过程设计和课题研究方向。通过设计与落实的过程，有效地激发了全体学生的积极情绪体验，成功实现了教育目标，提升了学生的“三自”素养，并促进了学生的领悟和自主反思。这使教师在学科渗透教育和主题活动教育中使用相关举措的设计和实施“三自”素养的能力得到有效提升。

(2) 教师成果总结与反思素养有效提升。参与实践的老师们在课题研究初期，第一次看到浦东教育发展院原资深教科研员曹明老师提供的进才中学北校孙微老师《实施“五策” 提高数学单元复习和自我监控能力培养实效——以“图形的运动”复习课之区级课题研究课两次实践与分析为例》1 万余字的课例，不禁发出赞叹和议论：“这怎么做得到呢！”然而，在接下来的三年中，赵殷伊、黄佩青、蔡张怡、瞿雪盈等老师的课例，都超过了 1 万字，瞿雪盈老师的课例更是超过了 1.7 万字。可见，设计、上课、写课与反思、改进素养的不断提升，有效地激发了老师坚持到底与研究成功的自信。

(3) 教师的其他专业素养有效提升。全校教师齐心协力、真抓实干，致力于培养学生基于积极心理学原理的“三自”素养。在这一过程中，参与实践研究的教师对课题研究课和主题班会教育研究课的教案设计、上课方式、评课以及课后反思与课例撰写的认识和能力都有了显著提升。

下面以赵殷伊老师预备年级《青春舞曲》教学实践为例。

首先，在多元体验举措设计与落实方面，学生通过课堂与课后的学习，围绕课堂《青春舞曲》和课后《摘葡萄》的“独合结合”学习，进行了演唱、演奏、律动、迁移运用律动、分享、评价和撰写与交流青春感悟等多元化的实践体验式学习，有效激发了学生的积极情绪体验，达成了音乐教学目标。同时，这种学习方式还提升了学生的“二自”素养，增进了他们对青春的感悟和自主反思。这表明教师在音乐教育中运用多元体验举措的设计和实施素养得到了有效提升。

其次，在信息技术运用能力方面。教师先后围绕课堂《青春舞曲》和课后《摘葡萄》学习内容，广泛运用多媒体资源，涉及旅游、识谱、歌词、铃鼓器乐等内容，使音乐教学更加生动活泼，扩展了学生的知识面，提升了学生的“二自”素养。这表明教师运用信息技术能力得到了新的提升，对信息技术在音乐教育中的价值有了新的认识。

最后，在塑造艺术氛围能力方面，赵殷伊老师基于积极心理学的原理，通过随机激励，营造轻松、活泼、充满艺术和时代气息的氛围，鼓励学生敢于表演、创作和交流青春感悟，以及在舞蹈创编中展现自己。这种做法，培养了学生的成功感和自信心，促使他们热爱音乐并享受其中的乐趣。这也显示出教师基于积极心理学原理塑造音乐艺术氛围的能力有了一定提升。

2) 教师对相关教育活动有效组织的素养提升

(1) 教师的教育理念有所提升。许多教师已经摒弃了传统的说教式教育，逐渐采用启发式和体验式教学。

(2) 教师的组织管理能力普遍得到增强。例如，他们在班级公约和班规的制订、培养班干部、管理班级日常事务、营造良好的班级环境方面有了显著提升。此外，与学生和家长之间的有效沟通能力也得到了不同程度的提高。

(3) 教师间合作互助的研究氛围初步形成。教师们在选择教育教学研究主题、设计、实践、改课、写课、总结及展示分享等过程中，能够及时加强教研组、年级组和同伴之间的多元沟通，交流想法、解决问题，共享资源和经验，促进了优势互补。

3）教师教育科研素养提升

（1）教师经历了规范的课题研究过程。在资深教科研专家的指导下，他们逐步经历了完整的、不同层次的课题研究过程。在教育教学中遇到问题时，开始注意学习并运用相关的教育科学研究方法进行探索，解决问题。教师撰写课题研究、教育教学设计、课例、主题式案例以及专题研究总结的能力都得到了一定程度的提高。通过课题研究实践的过程，教师逐步提高了对课题研究意义的认识，并意识到参与教育科研课题研究对提高教师专业素养有着重要的促进提质作用。

（2）教师的科研能力得到了提高。参与课题研究的教师在实践中思考，通过开设学科研究课、主题班会研究课以及撰写课后课例，总结其他多类型的成果，提升了科研能力和成果总结的质量。这种科研能力的提高又促进了常态化教育学科教学设计、教育教学策略、方式方法与评价的改进，有效地促进了教师的专业发展。具体表现在：①教师发表及荣获各类科研成果奖项数量增多。2019—2022 年，学校教师市级、区级论文发表 21 篇，区级及以上论文获奖 4 项。②教师职称评定晋升比例大幅度提高。2020—2023 年，学校 3 位老师获评为中学高级教师，17 位老师获评为中学一级教师。

3. 学校方面

1）转变了学校教育教学理念

在课题推进过程中，恰逢中考改革新政实施。学校改变了过去重教书、轻育人的现象，转向注重“以学生发展为本”的教育理念。同时，学校逐步改变了评价体系，不再只关注学生的学习成绩而忽视品行和心理健康，而是积极倡导备课需结合基于积极心理学紧扣“三自”素养的培养内容。学校要求加强培养学生的综合素养，并呼吁各部门通力合作，共同推进“三自”教育，促进学生全面健康发展。

2）促进了学校强校工程建设

2018 年 11 月 15 日，浦东新区召开初中强校工程实验校推进会，学校被确定为浦东新区初中“强校工程”建设的实验校。在三年强校建设规划的引领下，学校秉承“勤学苦练、勤劳俭朴”的校训，按照“抓住机遇、积极准备、力求主动、促进发展”的强校工作思路，不断努力向着办成凌桥社区老百姓家门口的好初中的目标迈进。2021 年 10 月 20 日，学校迎来了浦东新区“强校工程”专家组的现场督导评估。专家们对学校三年来开展的工作给予了充分的肯定，认为学校立足“三自”、在聚焦教育教学状态改善、办学特色增强、整体办学质量提高及家长对学校满意度提升四个方面，增值效果日益显著，学校“强校”规划预期目标已较好达成。

3）加强了家校合作

（1）参与学校各项制度的修改与完善。随着教育教学改革的不断推进，尤其是新中考政策的实施，学校需要制订相应的制度措施。同时，原有制度也需要作适当的调整、修改和完善。为此，学校多次召开家委会，及时吸收和融入家长代表提出的建议，以使新的制度更具针对性和科学性。

（2）参与学校管理。家长志愿者、全体行政人员、教师志愿者、社区民警、社区志愿者、物业和后勤等人员齐心协力，确保每天学生上学和放学时的安全有序。

（3）参与日常教育教学过程。例如，在课题实施中，学校通过家长会、家委会等形式向家长解读“三自”教育课题，重点介绍了基于积极心理学原理的“三自”素养培养内容，涵盖意识、能力和行为三个维度的148项三级要素。这使家长明确了学校开展课题研究的意义，并能够主动配合学校、班主任和学科教师教育学生。此外，当教育部出台“五项管理”政策后，学校及时通过微信公众号向家长传达了有关“五项管理”的具体措施，并发出了倡议。家长们在了解校本化的“五项管理”和相关倡议后，纷纷表示理解、支持并积极配合学校落实相应工作。

（4）参与学校重大工程建设。例如，在学校初中强校工程实验校建设过程中，从2018年的“初态评估”到2021年10月的第三次督导增值评估，每次督导评估现场都能看到家长们认真倾听、积极提出建议的身影。2021年11月18日上午，校级家委会成员和家长代表高兴地参与学校“整新工程”篮球场铺装材料现场取样会议等活动。通过定期进行家长学校、家访等日常沟通，并配合学校做好家庭和社区参与相关活动，家长们意识到需要营造良好的家庭教育氛围，改进教育方式方法，形成家校合作，增加家校间的默契度。同时，提升了家长的教育能力和实效。

4. 对外影响方面

（1）2019—2021年：区级“初中强校工程建设实验校”三次增值评估，都受到专家好评。

（2）2019—2022年：教师市级、区级论文发表21篇，区、市级论文获奖4项。

（3）2020年，学校申报并成功创建为浦东新区家庭教育示范校，可见家校合作成效显著。

（4）2021年5月：学校荣获2019—2020年度浦东新区文明校园称号。

（二）主要成果

（1）教学设计类：成果24篇。

（2）课题研究课课例类：学科渗透和主题教育研究课课例15篇

（3）专题总结、主题式案例类：专题总结成果3篇、主题式案例1篇。

（4）研究报告类：总课题结题报告1篇、子课题结题报告5篇。

（5）成果汇编、出版类：①2022年2月，完成区级课题丛书1套6册的汇编；②2024年，出版“课例选”和“论文选”整合版“综合成果选”。

（6）电子类：①课题设计与开题交流论证会、专题研讨、专家指导、集中培训等照片一批；②研究课光盘5张；③开题交流论证会等浦东教发院微信公众号课题信息报道4篇。

五、研究价值

第一，完成了8项内容的研究，包括以下方面。

（1）课题内涵。

（2）文献研究，包括课题文献资料汇编、情报综述研究。

（3）现状调查，包括基于积极心理学原理的初中生“三自”素养前测报告、后测报告。

（4）培养内容，包括基于积极心理学原理的初中生“三自”素养5张表格148项三级要素。

（5）实施途径，包括学科渗透教育的实践研究、校本课程建设的实践研究、德育主题教育的实践研究、社团活动的实践研究、校园环境营造教育的实践研究、家庭教育的时间研究六种途径，简称“六途”。

（6）实施策略，包括动机激发策略、主体参与策略、反思性策略、体验成功策略四种策略，简称“四策”。

（7）实施方法，包括问题引导法、讲（听）授法、榜样法、归纳法、练习法五种方法，简称“五法”。

（8）评价体系，包括5个层面的评价依据、2类7项评价、6种评价方法。

由此构建了本课题的操作框架，总结了实施经验。该研究丰富了积极心理学原理在上海市浦东新区一所偏远农村公办初级中学的应用，整合了以8项内容实践为主、兼具理论和现状调查的规范，具有系统性与创新性。这对同类研究主题及在同类学校的综合应用研究具有一定的可复制性和价值。

第二，对8项研究内容的表述具有规范性、科学性和一定的创新性之“三性”特征。

（1）内涵研究。研究覆盖了“积极心理学”“三自”和“基于积极心理学原理的初中生‘三自’教育”这三个基础概念，并明确定义了课题的完整内涵。体现了对概念界定的规范和完整性。同时，兼顾了基础概念为课题概念服务的原则，凸显了二者之间的相互匹配。

（2）文献研究。文本成果具有较为合理的研究框架，涉及的文献覆盖面较广，对国内外文献进行了比较分析，具有一定的代表性。这为准确把握总课题研究内容的重点和确立新意提供了基于国内外文献研究的实证依据。

（3）现状调查。研究包括了对学生“三自”中“三素养”的现状调查前测；后测则专注于培养内容要素分解后的若干关键素养。这提高了前期设计和实施教育的针对性，以及后期研究效果的对比和概括的科学性。

（4）培养内容。本课题研究基于积极心理学原理的初中生“三自”素养培养内容的分解研究有以下两个突破点。①依据阐述方面：一是有显性标题和充分的依据。二是内容有一定的特色。涵盖国内外理论家的观点、政府和教育部门的政策文件、本校学生的现状调查、生源特征的揭示、学校教师的实践经验，以及浦东教发院原资深教科研员曹明老师在浦东新区的本土研究成果和长期研究积累。②学生素养培养内容分解方面：“三自”素养定位的确立凸显出“四难”，一是覆盖“三程”的选择。二是“三维度”的把握区分。三是“三自”整合“三程”和“三维度”。四是三级要素的细化。对初中生的基于积极心理学原理的“三自”素养的培养内容，课题组都从意识、能力和行为“三维度”进行了三级要素分解。其中，将自学素养培养分为课前、课中和课后“三程”的各自三级要素分解。由此，共分解自律素养培养“三维度”的三级要素33项，自学素养的“三维度”和“三过程”三级要素80项，自信素养培养“三维度”和“三过程”的三级要素35项，合计148项。这些分解有助于设计调查问卷、指导教育实践和学生发展、制订评价标准以及进行评价实施，体现出科学、客观、公正的价值，为课题增添新意。

（5）实施途径、实施策略和实施方法。本课题对实施途径（学科渗透教育的实践研究、校本课程建设的实践研究、德育主题教育的实践研究、社团活动的实践研究、校园环境营造教育的实践研究、家庭教育的实践研究)、实施策略(动机激发策略、主体参与策略、反思性策略、体验成功策略四种策略)、实施方法[在不同实施途径中有40多种具体的实施方法,具有代表性的五种方法为问题引导法、讲(听)授法、榜样法、归纳法、练习法]三个方面的内容进行了阐述。这些实践举措具有明确的操作性含义,概述了若干基本做法,并提供了一定的实例支撑材料。同时,总结了过程性和结果性实效,具有较强的实践启示价值。

(6) 评价体系。通过探索,完成了5个层面的评价依据、2类7项课题总体评价标准和6种总体评价方法的区级课题评价体系研究。这三部分,构成了上、中、下“三位”一体的评价系统,各“位”内部具有合理结构。这种设计,既突破了本课题研究的难点,又抓住了评价研究的规律。对市级、区级教育类课题评价体系的研究,在理论框架构建、整体把握价值,系列评价标准研制、评价方法操作显性化表达等方面具有一定的可复制实践价值。

第三,较好地发挥了课题研究的“三促进”价值,促进了学生、教师和学校发展。

通过研究,学生增强了自律、自学与自信意识,提高了相关能力,并初步养成了良好的行为习惯,从而促进了整体素养的提升。同时,这项研究提升了教师实施“三自”教育课题研究素养和其他专业素养。此外,促进了学校初中强校工程建设,提升了教育质量,推动了学校“三自”教育特色的发展。值得一提的是,在学校成功结题后又申报并获得在研的区级重点课题“基于积极心理学原理的‘三自’积极课程建设研究”,准备打造学校的“三自”积极课程体系。由此可见,本课题的研究对促进学生、教师和学校发展具有显著的价值。

六、基本经验

凌桥中学作为浦东新区东北角的一所农村偏远地区初级中学,经过三年多的区级课题研究实践,初步探索出了具有科学性和可操作性的理性研究内容以及实践研究内容,这些经验可供同类学校借鉴。课题内涵、文献研究、现状调查、培养内容、评价体系的研究互为支撑,为课题研究奠定了坚实的理论基础。通过提升现状调查的科学性、实践操作的方向性、研究内容的针对性、评价体系的系统性、研究效果的准确性以及研究成果的理论贡献性,课题研究取得了显著成果。此外,通过实施途径、实施策略、实施方法以及评价标准与方法的实践探索,本课题的实践表现出较高的可操作性,在一定程度上填补了农村学校在基于积极心理学原理的整体实践研究方面的不足。

参考文献

[1] 塞利格曼. 认识自己,接纳自己[M]. 任俊,译. 沈阳:万卷出版公司,2010.
[2] 塞利格曼. 活出最乐观的自己[M]. 洪兰,译. 沈阳:万卷出版公司,2010.
[3] 彼得森. 积极心理学:构建快乐幸福的人生[M]. 徐红,译. 北京:群言出版社,2010.

[4] 马斯洛.动机与人格[M].许金声,等,译.北京:中国人民大学出版社,2012.
[5] 苗元江,余嘉元.积极心理学:理念与行动[J].南京师大学报(社会科学版),2003(3):81-87.
[6] 任俊.积极心理学思想的理论研究[D].南京:南京师范大学,2006.
[7] 任俊.写给教育者的积极心理学[M].北京:中国轻工业出版社,2010.
[8] 闫黎杰.积极心理学对教育实践的启示[J].教育探索,2008(7):124-125.
[9] 陈幼唐.积极心理学刍议[D].武汉:武汉大学,2012.
[10] 钟暗华.积极心理学的意义及发展趋势[J].徐州师范大学学报(哲学社会科学版),2010,36(5):134-137.
[11] 李金珍,王文忠,施建农.积极心理学:一种新的研究方向[J].心理科学进展,2003,11(3):321-327.
[12] 王倩,李辉.对积极心理学在中国发展的几点思考[J].湖北广播电视大学学报,2010(2):50-51.
[13] 彭凯平.吾心可鉴:澎湃的福流[M].北京:清华大学出版社,2016.
[14] 中共中央 国务院.深化新时代教育评价改革总体方案[R/OL].(2020-09-13).http://www.moe.gov.cn/jyb_xxgk/moe_1777/moe_1778/202010/t20201013_494381.html?eqid=c14fb6220005e127000000066434b53f.
[15] 中华人民共和国教育部.教育部关于推进中小学教育质量综合评价改革的意见[R/OL].(2013-06-08).http://www.moe.gov.cn/srcsite/A06/s3321/201306/t20130608_153185.html.
[16] 上海市教育委员会.上海市中小学生学业质量绿色指标(试行)[R/OL].(2011-11-15).http://edu.sh.gov.cn/xxgk2_zdgz_jcjy_01/20201015/v2-0015-gw_402152011007.html.
[17] 范晓玲.教学评价论[M].长沙:湖南教育出版社,1999.
[18] 贝兰卡,查普曼,斯沃茨.多元智能与多元评价:运用评价促进学生发展[M]夏惠贤,等,译.北京:中国轻工业出版社,2004.
[19] 王琰春.西方教育评价观的演进及对我国的启示[J].教育与现代化,2003(1):74-78.
[20] 潘国青.教育科研新视角[M].上海:上海科学技术文献出版社,2002.
[21] 曹明,杨哲明,何月清."基于发展农村初中学生'双自'素养的校本课程建设研究"情报综述[C]//王丽琴.走向实证的基础教育科研之路:浦东新区中小幼教师优秀科研成果选.上海:华东师范大学出版社,2019:2-14.
[22] 余文森,王永,张文质.让学生发挥自学潜能让课堂焕发生命活力:福建中小学"指导—自主学习"教改实验研究总结[J].教育研究,1999(3):58-63.
[23] 施良方.学习论[M].北京:人民教育出版社,2001.
[24] 董齐,周勇.论学生学习的自我监控[J].北京师范大学学报(社会科学版),1994(1):8-14.
[25] 何晓文.教育:发现与发展学生的潜能[M].北京:教育科学出版社,2003.
[26] 庞维国.自主学习:学与教的原理和策略[M].上海:华东师范大学出版社,2003.
[27] 欧阳芬,孟微微,周山豹.学习兵法:做自主学习的主宰[M].长春:吉林大学出版社,2008.
[28] 余文森.论有效教学的三条"铁律"[J].中国教育学刊,2008(11):40-46.
[29] 许月良,张思明.自主学习在课堂中的20个细节[M].天津:天津教育出版社,2008.
[30] 黄静茹.中国积极心理学研究发展现状[J].西南石油大学学报(社会科学版),2013,15(3):78-73.
[31] 吴骏德,曹明.实施"双自"教育　促进自主发展[M].上海:同济大学出版社,2017.
[32] 金丽萍,曹明.初中生良好行为习惯养成教育[M].上海:同济大学出版社,2017.
[33] 金卫东,曹明."独二代"家庭教育指导手册[M].上海:同济大学出版社,2015.
[34] 金卫东,曹明."独二代"家庭教育指导新方略(论文选)[M].上海:上海教育出版社,2017.

[35] 金卫东，曹明.“独二代”家庭教育指导新方略(案例选)[M]. 上海：上海教育出版社，2017.
[36] 包卫达，曹明. 基于积极心理学原理的有效教育实证研究(课例选)[M]. 上海：同济大学出版社，2021.
[37] 柴建荣，曹明，祝青，等. 中学生主动发展的实践研究(课例选)[M]. 上海：上海教育出版社，2023.

第2篇

子课题报告

“基于积极心理学原理的初中生‘三自’教育的实践与研究”情报综述

上海市凌桥中学　宋　丹

一、课题界定

本课题是凌桥中学 2019 年被批准立项的浦东新区区级课题“基于积极心理学原理的初中生‘三自’教育的实践与研究”文献研究类子课题。

“基于积极心理学原理的初中生‘三自’教育的实践与研究”情报综述，是指在了解国内外已有的“基于积极心理学原理的初中生‘三自’教育的实践与研究”方面相关文献的研究概况（情报收集渠道和方法、情报总量和分类状况）现状基础上，通过研读、分类梳理国外与本课题相关的文献研究现状，包括：积极心理学思想的起源、积极心理学思想的发展、积极心理学的研究领域、积极心理学的实践应用；国内研究的相关现状，包括：积极心理学的萌芽、积极心理学的发展、积极心理学在教育领域的应用、积极心理学的本土化研究及应用、“三自”教育的相关文献研究现状，归纳、总结国内外文献研究的优势与不足，为确定总课题研究的内容、重点和创新之处，提供参考。同时，建立本子课题的操作框架和研究经验，为此类情报综述研究提供一定的理论支撑。

二、文献概况

（一）情报收集渠道和方法

1. 文献收集

1）文献收集渠道

通过中国知网、中国期刊网、中国基础教育期刊数据库，以及美国心理学会主席马丁·塞利格曼、中国国际积极心理学大会执行主席彭凯平、国内积极心理学理念引入者刘翔平等相关著作，搜集所需情报资料。

2）文献收集技术

（1）计算机文献检索：在互联网上查找文献，利用大型门户网站的搜索引擎查找，主要是主题概念（文献名称或主题词）的检索。

（2）参考文献查找：根据有关积极心理学与“三自”教育的文章、刊物、专著中所开列的参考文献目录，或在文章、专著中所引用的文献名目，追踪查找有关原始文献资料。

2. 文献摘析

一是文献阅读与摘录。课题组成员在筛选出的与积极心理学和“三自”教育区级课题研究相关的文献中，摘取并记录与课题有关的信息。二是文献分析。对文献中的某些特定内容进行分析和研究，了解文献作者和相关人士的思想、感情、态度和行为，尤其是所反映的研究内容及其本质、规律，为后续文献的分类与内容研判提供基本材料。

（二）情报总量和分类状况

1. 文献总量

在中国知网的期刊、教育期刊、特色期刊、博士论文全文、硕士优秀论文、国内会议、国际会议、报纸、成果、学术辑刊 10 种数据库，以 2003 年 1 月 1 日—2019 年 12 月 31 日为时间限定，以“积极心理学”为关键词搜索，共得相关文献 5 001 篇。以“三自”教育为关键词搜索，共得到相关文献 206 篇。

此外，借助当当网、淘宝网等渠道，查得或购买得积极心理学方面的专著几十部。通过自主阅读、梳理、判断，得到了 9 部与学校区级课题相关的国内外积极心理学专著型文献。

2. 分类状况

9 部与学校区级课题相关的国内外积极心理学专著型文献分类如表 1 所示。

表 1　国内外 9 部积极心理学专著的研究内容概况（2006—2018 年）

专著名称	历史研究	理论研究	现状研究	实践研究
任俊《积极心理学》(2006 年)	√	√	√	/
任俊《写给教育者的积极心理学》(2010 年)	√	√	√	√
芭芭拉·弗雷德里克森《积极情绪的力量》(2010 年中译本)	√	√	√	√
C. R. 斯奈德、沙恩·洛佩斯《积极心理学：探索人类优势的科学与实践》(2013 年中译本)	√	√	√	√
阿伦·卡尔《积极心理学：有关幸福和人类优势的科学》(2013 年)	√	√	√	/
彭凯平《吾心可鉴：澎湃的福流》(2016 年)	/	√	√	√
陶新华《教育中的积极心理学》(2017 年)	/	√	√	√
马丁·塞利格曼等《教出乐观的孩子：让孩子受用一生的幸福经典》(2017 年中译本)	/	√	√	√
刘翔平《积极心理学》(2018 年)	√	√	√	√

三、国外研究现状

（一）积极心理学研究背景

1. 积极心理学思想的起源

积极心理学是 20 世纪末西方心理学界兴起的一股新的研究思潮。这股思潮的创始人是美国著名心理学家马丁·塞利格曼、谢尔顿和劳拉·金。在 1998 年的美国心理学家协会（APA）年度大会上，塞利格曼明确提出把建立积极心理学作为自己任职 APA 主席的一大任务，积极心理学开始正式受到世人的关注。2000 年，马丁·塞利格曼和米哈里·契克森米哈赖联名在《美国心理学家》杂志发表《积极心理学导论》一文，标志着积极心理学的诞生，"倡导人类应该用一种积极的心态来对心理现象和心理问题作出新的解读，以此激发每个人自身所固有的某些实际的或潜在的积极力量和品质，从而使每个人都能顺利地走向属于自己的幸福彼岸"。他们提出了积极心理学的三个主要研究范畴：积极情绪的体验、积极的性格特征和积极的环境。

2. 积极心理学思想的发展

积极心理学，最早可追溯到 20 世纪 30 年代推孟关于天才和婚姻幸福感的研究和卡尔·荣格的关于生活意义的研究。但是，第二次世界大战中断了积极心理学的研究，战争及战后心理学的主要任务，变成了治愈战争创伤和治疗精神疾患，研究心理或行为紊乱以找到治疗和缓解的方法，心理学对人的积极情绪的研究似乎被遗忘。1954 年，"积极心理学"一词，最早出现在亚伯拉罕·马斯洛的著作《动机与人格》中，该书最后一章的标题为"走向积极心理学"。但此后的几十年，这个词并没有引起心理学界的太多注意。

真正把这种思想付诸实践的是马丁·塞利格曼。2000 年，《积极心理学导论》一文揭开了心理学从消极心理学模式向积极心理学模式转变的序幕，标志着积极心理学的诞生。

从国外的相关文献来看，1998—2005 年的数量较少。国外从 2005 年、国内从 2008 年后，相关文献数量陡增。这说明越来越多的学者投入积极心理学的传播和研究工作中。随着大众对心理健康认知度的提高，人们对积极心理学的关注也越来越多。

（二）积极心理学的研究领域

国外对于这一领域的研究成果，较之国内更加广泛。

著作类，例如，斯奈德等人的《积极心理学手册》、彼得森的《积极心理学》、塞利格曼的《真实的幸福》《活出最乐观的自己》等。

墨尔本大学的鲁本·鲁斯克在《积极心理学杂志》上发表了一篇文章。他利用编程和数据分析技术从 18 401 篇积极心理学的文献中，提取了 3 466 个关键词，并把这些关键词用共词分析法聚类并可视化，得到了积极心理学的五大研究领域：关注和觉察、理解和应对、情绪、目标和习惯、美德和关系。

四、国内研究现状

（一）积极心理学在国内的萌芽及发展

1. 积极心理学的萌芽

北京大学是中国科学心理学的发源地，其心理学本科教育始于1900年。1917年，在蔡元培校长倡导下，北京大学创建了中国第一个心理学实验室，即心理学系的前身。据文献资料，国内学者关于积极心理学的研究被认为是积极心理健康教育思想的萌芽。在1991年，《儿童学习障碍的诱因与诊治》在《心理发展与教育》杂志发表，标志着积极心理健康教育思想以关心下一代学习为突破口开始发展，同时也揭示了积极心理学与教育之间至关重要的联系。

通过中国知网进行检索发现，发现中国学者早在2003年3月就在学术期刊中介绍了积极心理学的文献。南京师范大学的苗元江和余嘉元在《南京师大学报》（社会科学版）上发表了题为《积极心理学：理念与行动》的文章。在这篇文章中，作者介绍了当代心理学向积极转变的趋势、积极心理学理论的基本框架以及积极心理学的发展方向，并高度评价了积极心理学的作用：“积极心理学，其理念、行动，势将会对现代心理学产生积极的影响，从而使现代心理科学更加面向社会、面向未来、面向应用，并卓有成效地开辟人类通向光明、造就幸福的阳光大道。”

2. 积极心理学的发展

作为新兴的心理学思潮，积极心理学虽然起步晚，但有着巨大的发展潜力和广阔的应用前景。目前，国内关于积极心理学的研究成果，也比较丰富。在中国知网10种数据库中，以“积极心理学”为关键词搜索，共得相关文献5 001篇（其中：2003—2007年，为84篇；2008—2013年，为1 437篇；2014—2018年，为2 819篇；2019年，为661篇）。可见，积极心理学已在中国相关学术界产生了很大的影响。作为国内积极心理学的倡导者和推动者，彭凯平教授在2008年5月，从美国加州大学伯克利分校回到清华大学任首任心理学系主任；2009年，他组织召开了中国第一届国际积极心理学大会，并任执行主席至今。他认为，积极心理学要在中国的大地上生根发芽和蓬勃发展需要“四化”：生活化、科技化、中国化和普及化。2016年，清华大学出版社出版了其积极心理学专著《吾心可鉴：澎湃的福流》。

（二）积极心理学的本土化研究及应用

彭凯平教授认为，积极心理学一定要中国化，要将积极心理学和文化心理学结合，积极心理学的理念、观点、思想要与中国传统智慧对应，老百姓才能够理解，才可以说清楚。比如，积极天性被他翻译成良知，积极心理学的修行方法被他称之为知行合一，彭凯平教授觉得这样更容易让中国人接受西方的概念，让它变成中国自己的有血有肉、有情有感的概念。他提出具体的三个方面，第一个方面是把西方的一些理念用中国人的理解表达出来；第二个方面是把中国人的理念用现代科学心理学的方法展现出来；第三个方面就是能够植根于中国文化，提出我们自己新的积极性的理念，这是一个最高的境界。

（三）积极心理学在教育领域的应用

积极心理学的应用范围十分广泛，其在教育领域当中也有应用，而且取得了比较可观的效果。关于积极心理学与教育相结合进行研究的内容也相对较多，就已搜集整理的相关文献来看，谭颖仪在《积极心理学视野下的高中生问题行为转化个案研究》一文中，运用以积极心理学为导向的心理健康教育方法对典型个案进行研究，经过问题分析、对症下药和个案跟踪后干预发现，灵活运用积极心理学将会使高中生问题行为转为简单化、高效化，能够诱发学生积极情绪，充分发挥学生个人优势，培养学生积极心理素质。她认为积极心理学相关内容是当前十分重要的热点领域，研究涉及了很多方面，其应用价值也广泛。除此之外，研究发现以积极心理学内容当中的“积极情绪”作为研究对象，分析这一内容对于学生主动学习所起到的作用，能帮助学生可以养成更加乐观且积极的学习态度。

对于现代社会出现的新问题“网络欺凌”现象，陈莉在《积极心理学视阈下的青少年网络欺凌问题研究》一文中，分析了积极心理学在青少年成长教育中面临网络欺凌问题时的应用可能。其先阐述了青少年网络欺凌的主要形式和特征；然后，从积极心理学的视角以及国家立法、家庭与学校引导等方面入手，让学生的心理品质得到培养，也让学生的幸福指数可以得到提升，希望可以标本兼治，让网络欺凌的情况得到遏制。

2015 年，上海市浦东新区的今日学校（农村公办 12 年一贯制学校），在上海市浦东教育发展研究院原资深教科研员曹明老师的指导下，开展了新区重点课题“基于积极心理学原理的有效教育实证研究”，完成了课题内涵、课题情报综述、三个学段（幼儿、小学和初中）幼儿和义务教育学段学生学习和德性素养的现状调查、三个学段幼儿与学生有效教育教学发展目标、基于“积极心理学原理的有效教育教学”的实施途径、策略、模式、方法和评价体系的研究，形成了课题丛书《基于积极心理学原理的有效教育实证研究（课例选）》和《基于积极心理学原理的有效教育实证研究（论文选）》。课题成果获浦东新区第九届教育科研成果评选一等奖，课题总报告收入浦东新区第九届教育科研成果获奖成果选。

（四）“三自”教育的相关研究

1. “三自”教育的背景研究

“三自”教育的指导思想，从最初的邓小平理论到现在的社会主义核心价值体系，重点是需要让学生们实现自我管理、教育和服务。结合学校的实际情况，推动德育工作的创新，让学校的德育工作开展变得更加具有针对性和实效性；让学生们学会生存、求知和做事，带动好的学风和校风的形成。“三自”教育的产生，也是顺应我国新时期教育发展的新需求，加之教育的改革，提出了要培养出具备核心素养的人才，要求学生们具备更多方面的素质，尤其是学会“自主发展”。

2. “三自”教育的内涵研究

根据课题组所收集的资料显示，国内关于“三自”教育的研究成果不是很多。其中，高一鸣在《薄弱高中“三自”教育育人体系构建与实施》中，研究了如何构建与实施薄弱高中“三自”教育体系。其认为，高中阶段是学生学习和成长的重要阶段，应当更加重视学生们的全面发展，应当借助于先进的信息化手段来让学生培养其自主学习的能力和意识，让学生们可以得到更有个性的发展，并且以济南市高新区实验中学为例开展研究分析。

黄亮等以河源职业技术学校作为研究对象，阐述了学生管理当中“三自”教育的主要理念以及实践活动，阐述了高职院校中“三自”教育为本教育理念的创建，以及如何适应学生的特点。

资料显示，在初中的“三自”教育的相关研究，几乎空白。因此，高中的“三自”教育的研究成果，对本校的研究具有一定的参考价值。

3. “自律、自学、自信”内容的研究

当前，我国关于自律、自学以及自信等理念和相关实践活动的相关研究成果，主要有以下三点。

第一，自律相关内容研究。谢飞在《走向自律的教育世界》中，分析了基础教育课程改革当中自律的作用和价值。自律在当前的教育活动当中所起到的作用越来越重要，课程改革是自上而下的推进过程，很多人标榜各种合理性，赞成课改并不见得会透悟课改。在课程改革当中，自律也被多次提及，其重要性不言而喻。也有学者对中学生道德自律教育的相关内容开展研究，首先，明确道德自律教育的特点；其次，阐述理论方面的依据；最后，明确开展道德自律教育是社会发展提出的重要需求，也是社会主义精神文明现状得到改善的需要，能帮助培养中学生优良的道德品质。在提出的自律教育对策中，阐述需要遵循的原则，注意培养学生的自律意识、情感以及意志和行为，自我评价能力等。

第二，自学相关内容研究。关于学生自学的研究内容整体比较丰富，基本上是具体到某个学科的自学研究。比如，有学者研究初中数学教学中学生自主学习的方式与方法，认为应该在了解当前初中数学学习现状的基础上，培养学生的自主学习能力，选择合适的自主学习培养方法，希望通过研究使学生的自主学习能力得到提升。李子健在《学生自主学习：教学条件与策略》一文中，分析了学生自主学习的教学条件和策略，认为自主学习需要学生对自身动机、认知以及情感与环境等各方面因素，进行调适和监控，教师在学生自主学习中也扮演着重要角色，研究中还制订了相应的运用策略。自主学习对于学习者的学习活动，可以起到内在的推动作用，和被动接受学习的方式是相对的，表现在学习态度、动机以及策略等。应当从学生的学习环境、教学情境，教师与学生自身来进行改进。

第三，自信相关内容研究。罗鸿在《中学生自信问卷的编制及影响因素研究》一文中，采用问卷调查的方式，分析了影响中学生自信的相关因素。结果发现，学生在自信程度上存在着年级差异，独生子女在自信维度以及外表自信等方面与非独生子女存在显著差别。此外，影响到学生自信的因素，还有学生内心的孤独感、学校师生关系和父母教养方式等。

4. 区域“双自”教育的研究成果

2009 年，浦东新区的蔡路中学（农村公办初级中学），在浦东教发院原资深科教研员曹明老师的指导下，开展了“农村学校实施‘双自’教育促进学生自主发展的实践研究”，完成了课题内涵、课题情报综述、初中生“双自”素养现状调查、初中生“双自”素养发展目标和素养培养内容，并对学生实施“双自”教育的基本过程、途径、策略、方法和评价体系进行了研究。通过构建农村学校实施“双自”教育的操作框架，丰富了初中阶段学校实施“双自”教育的理论，为促进学生自主发展、提升农村学校办学内涵的研究，提供了可以借鉴的经验。出版了课题综合成果选《实施“双自”教育　促进自主发展》，课题成果获浦东新区第八届教育科研成果评选二等奖。

2016 年 3 月—2019 年 10 月，蔡路中学还在曹明老师的指导下，完成了区级课题“基于发展农村初中学生‘双自’素养的校本课程建设研究”；2019 年 3 月—2024 年 3 月，完成了“基于‘双自’教育的对分课堂实践研究”。

这些本区域的研究成果，对学校的区级课题之研究内容的确定、学生“三自”素养培养内容的厘定、学生“三自”素养现状调查的设计与组织、相关实施途径的举措设计与实践和总结、课题评价体系的构建，均有一定的直接参考价值。

五、结论与建议

（一）优势

通过对关于积极心理学，“三自”教育等相关内容的研究和分析发现，积极心理学在我国的研究，已经开展了一段时间，而且也取得了比较好的成果。其在教育领域当中的应用，也已经开展且取得了成效。这些成果，为本校初中生“三自”教育实践活动的开展奠定了坚实的理论基础。引入积极心理学理念，与当前所提倡的“以学生为中心”的教育观念相吻合，也可以促进对学生相关核心素养的培养，让教育活动在新的背景下具有更加扎实的理论基础，为教育实践活动的有效开展作指导依据。

（二）不足

在对积极心理学、“三自”教育的基本概念，观念发展历程和研究现状等进行分析之后发现，总体而言，处于起步阶段的积极心理学及其在“三自”教育方面的发展，在国内还有许多亟待探索之处。积极心理学课程的最初开设，是在大学教育中，所以较多关注的是积极心理学对家庭教育、大学阶段的心理教育，较少在基础教育的教育中开展应用研究。

尤其是，以课题完整的名称检索中国知网 10 种数据库，完全符合学校区级课题名称的文章为 0 篇。

（三）定位

我们的基本结论是：尽管现有国内外相关研究成果对本课题的研究具有重要启示，但少数研究在实践层面缺乏系统而有效的研究和成熟成果。这表明凌桥中学开展“基于积极心理学原理的初中生‘三自’教育的实践与研究”这一课题的研究是非常必要且有价值的。

以积极心理学为视角指导学校开展与“三自”教育相关的研究，可以更好地帮助学校培养社会需要的人才，提升学校口碑和教学质量。这对学生、教师和学校发展都是互利的。在“三自”教育中，理念落实得到了理论指导作支撑，增强了其说服力，拓展了适用范围，提升了应用价值。

积极心理学背景下的“三自”教育适合本校学生。以积极心理学为研究视角，指导学校开展“三自”教育的相关研究，可以更好地帮助学校培养社会所需要的人才，使学校的口碑与教学质量等得到提升，对于学生、教师和学校发展而言，是共利的事情。“三自”教育当中的理念落实也有了理论进行指导，可作为支撑，增强其说服力，扩展今后的适用范围，提升其应用价值。

参考文献

[1] 塞利格曼，等. 教出乐观的孩子：让孩子受用一生的幸福经典[M]. 洪莉，译. 北京：北京联合出版公司，2017.

[2] 彼得森. 积极心理学：构建快乐幸福的人生[M]. 徐红，译. 北京：群言出版社，2010.

[3] 塞利格曼. 真实的幸福[M]. 沈阳：万卷出版公司，2010.

[4] 弗雷德里克森. 积极情绪的力量[M]. 王珺，译. 北京：中国人民大学出版社，2010.

[5] 塞利格曼. 持续的幸福[M]. 赵昱鲲，译. 杭州：浙江人民出版社，2012.

[6] 苗元江，余嘉元. 积极心理学：理念与行动[J]. 南京师大学报(社会科学版)，2003(3)：81 - 87.

[7] 李金珍，王文忠，施建农. 积极心理学：一种新的研究方向[J]. 心理科学进展，2003，11(3)：321 - 327.

[8] 任俊，叶浩生. 西方积极心理学运动是一场心理学革命吗？[J]. 心理科学进展，2005，13(6)：856 - 863.

[9] 刘翔平. 给自己注入积极基因[M]. 北京：中国经济出版社，2005.

[10] 周嵚，石国兴. 积极心理学介绍[J]. 中国心理卫生杂志，2006，20(2)：129 - 132.

[11] 任俊. 积极心理学[M]. 上海：上海教育出版社，2006.

[12] 龚光军. 积极心理学研究综述[J]. 民办高等教育研究，2008(3)：72 - 78.

[13] 张蓉，崔久彩，朱婉儿. 积极心理学理论及应用研究进展[J]. 国际精神病学杂志，2009(3)：168 - 170.

[14] 任俊. 写给教育者的积极心理学[M]. 北京：中国轻工业出版社，2010.

[15] 斯奈德，洛佩斯. 积极心理学：探索人类优势的科学与实践[M]. 北京：人民邮电出版社，2013.

[16] 黄静茹. 中国积极心理学研究发展现状[J]. 西南石油大学学报(社会科学版)，2013，15(3)：78 - 73.

[17] 卡尔. 积极心理学：有关幸福和人类优势的科学[M]. 丁丹，等，译. 北京：中国轻工业出版社，2013.

[18] 王燕. 积极心理学的十年研究综述[J]. 河南教育学院学报(自然科学版)，2014，23(3)：27 - 31.

[19] 吴骏德，曹明，孟浩璘，等. 农村学校实施“双自”教育　促进学生自主发展的实践研究[C]//吴骏德，曹明. 实施“双自”教育　促进自主发展[M]. 上海：同济大学出版社，2017：1 - 67.

[20] 彭凯平. 吾心可鉴：澎湃的福流[M]. 北京：清华大学出版社，2016.

[21] 陶新华. 教育中的积极心理学[M]. 上海：华东师范大学出版社，2017.

[22] 刘翔平. 积极心理学[M]. 北京：中国人民大学出版社，2018.

[23] 曹明，潘君燕，李鑫. “基于积极心理学原理的有效教育教学的实证研究”情报综述[J]. 上海教育科研情报，2015(4、5)：43 - 49.

[22] 曹明，杨哲明，何月清. “基于发展农村初中学生‘双自’素养的校本课程建设研究”情报综述[C]//王丽琴. 走向实证的基础教育科研之路：浦东新区中小幼教师优秀科研成果选. 上海：华东师范大学出版社，2019：2 - 14.

[24] 包卫达，曹明. 基于积极心理学原理的有效教育实证研究(课例选)[M]. 上海：同济大学出版社，2021.

[25] 余文森，王永，张文质. 让学生发挥自学潜能让课堂焕发生命活力：福建中小学“指导—自主学习”

教改实验研究总结[J].教育研究,1999(3):58－63.
[26] 庞维国.自主学习:学与教的原理和策略[M].上海:华东师范大学出版社,2003.
[27] 郑金洲.自主学习[M].福州:福建教育出版社,2005.
[28] 柴建荣,曹明.自主学习　主动发展:微课支持下的校本探索[M].上海:上海科学普及出版社,2021.

基于积极心理学原理的初中生“三自”素养现状调查报告（前测）

上海市凌桥中学　史　露　王　霞

一、调查目的

为了深入、科学、完整地了解本校学生基于积极心理学原理的学生“三自”素养的优势与不足，提出相应的建议；为提高学校区级课题总开题报告研究依据之学生“三自”素养现状依据阐释和基于积极心理学原理的“三自”教育实践之设计、实施与评价的针对性，提高各级实践性子课题方案设计和各实施途径养成教育研究课或活动组织时设计与实施的科学性；为提高基于积极心理学原理的初中学生“三自”素养养成教育的实效对比的科学性奠定基础，特组织本次问卷调查。

二、调查方法

（一）调查对象

本次调查的对象，涉及凌桥中学预备年级全体学生共 216 名。其中，男生 114 名，占比 52.78%；女生 102 名，占比 47.22%。

表 1　预备年级全体受调查学生性别情况

选项	小计	比例
男	114	52.78%
女	102	47.22%
本题有效填写人次	216	100%

（二）调查内容

问卷“凌桥中学基于积极心理学原理的初中生‘三自’素养现状调查问卷（前测）”，以下简称“前测‘调查问卷’”。

问卷的内容，分为两个部分。第一部分：学生基本信息、性别。第二部分：调查正文。包括学生自律、自学、自信的意识、能力和行为习惯三大方面，共 148 题。

(1) 自律意识、能力、行为习惯,包括在家、在校、在社会实践中的自律意识、能力和行为习惯,共 33 题。

(2) 自学意识、能力、行为习惯,包括课前、课中、课后的自学意识、能力和行为习惯,共 80 题。

(3) 自信意识、能力、行为习惯,包括生活、学习、交往的自信意识、能力和行为习惯,共 35 题。

(三) 调查手段

问卷调查法。

(四) 调查步骤

调查步骤包括以下 6 个。①设计问卷表;②组织修改,完善问卷设计;③实施正式调查,获取调查资料;④整理调查资料,进行统计处理;⑤梳理分析资料,撰写调查报告;⑥听取论证意见,修改完善报告。

(五) 调查时间

2019 年 5 月 20 日,利用午休时间,由班主任组织,分班级在学校电脑房当场完成问卷填写。

三、结果与分析

(一) 学生基本信息

在受访的学生中,预备年级 216 名,其中男生 114 名,占比 52.78%;女生 102 名,占比 47.22%。

(二) 学生"三自现状"调查结果与分析

1. 学生在家、在校、在社会实践中自律意识、能力、行为习惯现状分析

学生自律意识、能力、行为习惯,包括在家、在校、在社会实践中的自律意识、能力和行为习惯调查(对应调查问卷结果中的第 2—34 题,共 33 题)。

1) 学生在家、在校、在社会实践中自律意识

(1) 学生在家的自律意识存在一定程度的差异,学生在家的起居、用餐自律意识较强,学习自律意识较前二者比例有所降低。多数预备年级的学生认为自己在家的起居、用餐自律意识强或较强(比例为 78.24%);认为自己用餐自律意识强或较强的比例为 76.93%;认为自己起居自律意识较差的比例为 0.93%;没有学生认为自己用餐的自律意识较差。

分析其中缘由,一是因为预备年级学生已经在小学五年间形成了较好的起居和用餐习惯。二是因为上海市凌桥中学的学生大多数为外来务工人员随迁子女(约占生源的

70%)。他们从小在家就得到了较好的锻炼。

根据学生在家自学自律意识的调查数据可知:学生的自律意识参差不齐,总体较低。因此,教师应加强对学生自律意识的培养,学校也应注意相关自律意识的培养,并落实到日常学校生活和家校互动中。

(2) 学生在校的自律意识普遍较强。学生认为自己的日常行为、同学交往、校内集体活动自律意识强或较强的比例分别为79.17%、81.48%、73.15%,均超过70%;尤其是同学交往的自律意识强或较强的比例为81.48%。说明同学们能充分认识到学校是大家来学习的场合,在校内,绝大多数同学能够按照学校、教师的要求自律地参加校园活动和学习生活。

(3) 学生在社会实践中的自律意识普遍较强,其中安全自律意识最强,时间自律意识有待提高。学生对于在社会实践中完成任务、安全及交往的自律意识三方面意识强或较强的比例分别为80.10%、93.52%、78.70%;认为自己的社会实践活动时的安全自律意识强或较强的比例最高,达到93.52%。可见,在老师和家长平时的教育下,绝大部分学生已经形成了安全第一的意识。但学生对自己的守时自律意识不够满意;时间观念有待进一步培养。

综合调查数据来看,学生在家、在校、在社会实践中的自律意识强或较强,超过70%的指标包括:在家的起居、用餐,在校日常行为、同学交往、校内集体活动、在社会实践中完成任务、安全及交往的自律意识。这些方面,需要老师和家长在之后的学习生活中,通过教育让学生们继续保持。学生在家、在校的学习及守时的自律意识相对较低,需要通过学校教育和家庭的合力,长期加以培养。

2) 学生在家、在校、在社会实践中自律能力

(1) 学生在家的自律能力普遍较强。学生普遍认为自己在家的自律能力强或较强(认为自己起居、用餐、沟通能力强或较强的比例分别为83.33%、82.87%、81.02%;认为自己能力较弱的学生比例,均低于3%)。这说明预备年级的学生已经基本形成了在家照顾自己的能力。

(2) 学生在校的自律能力有差异。学生认为自己在校的日常行为习惯、同学交往、校内集体活动自律能力强或较强的比例分别为83.79%、81.48%、76.39%。学生在校学习自律能力较其他能力弱的占比为68.06%;认为自己在校学习自律能力一般的占比为27.31%。这说明学生对自己在校的自学能力不满意,普遍有依赖心理,除非是老师布置的预习或复习作业,细化到要抄写或默写几遍,第二天交本子检查,其他时候较多学生常常会把口头作业忽略。因此,学校和教师需要注意在学生的日常学校生活中,加强对他们自学能力的培养,并融合到日常行为规范中加以培养。

(3) 学生在社会实践的自律能力均较强。学生社会实践的日常行为习惯、学习同学交往及校内集体活动中自律能力均较强。选择强与较强的学生比例超过或接近80%,分别为81.95%、79.17%、88.43%、82.87%。

综合调查数据来看,学生在家、在校、在社会实践中的自律能力均较强(处在良好水平),继续保持即可。在校的学习自律能力,相较其他指标低,需要通过家校合作,加强对学生的日常规范化培养。

3）学生在家、在校、在社会实践中的自律行为习惯现状分析

（1）学生在家的自律行为习惯普遍较好。学生在家起居、用餐、学习行为习惯选择好与较好的比例分别为85.19%，84.72%，68.06%；学生认为在家学习自律行为习惯强或较强的比例，较前二者低。因此，要培养学生较好的学习自律行为习惯，需要家长和学校配合，从日常学习习惯逐步培养并巩固。

（2）学生在校的自律行为习惯较好。学生在校的自律行为习惯普遍较好。在校日常行为、学习、与同学交往、参加集体活动的自律行为习惯好与较好的比例，均高于70%。预备年级的学生，基本能够自律地参加学校生活、学习、同学交往和集体活动，基本养成了良好的在校自律行为习惯。

（3）学生在社会实践中的自律行为习惯。学生认为自己在社会实践中的完成任务、守时、安全、同伴交往的自律行为习惯好和较好的比例分别为82.41%、78.70%、88.89%、83.33%，超过或接近80%。其中，安全自律行为习惯好与较好的比例最高。这与学生参加社会实践时的安全自律意识、自律能力最强一致。学生在参加社会实践时，能意识到安全第一，有能力做到保护自己的安全，并且也养成好的安全自律习惯。

综合调查数据来看，学生在家、在校、在社会实践中的大部分自律行为习惯较好。在家学习自律行为习惯好或较好比例较低，为68.06%，比起在校的同等指标低4%。这和我校随迁子女比例约占70%的现状相符，家长忙于工作，普遍很少有时间关心孩子的学习。这说明学生在家仍需要家长的督促，学校也可通过教育，逐步培养学生的学习自律行为习惯。

2. 学生课前、课中、课后自学意识、能力、行为习惯现状分析

学生自学意识、能力、行为习惯现状分析，包括课前、课中及课后的自学意识、能力和行为习惯调查（对应调查问卷结果中的第35—114题，共80题）。

1）学生课前自学意识、能力、行为习惯现状分析

第一，学生课前自学意识。

（1）学生课前自学的预习意识，均需要提高。学生课前自学意识中的预习意识各项指标中，动机和任务意识稍高（选择强或较强的学生比例分别为64.81%、63.43%）；认为自己质疑和解疑意识强与较强的比例，均不到60%，有待提高。学生在预习过程中，根据老师布置的预习要求和课后练习及答案，自己主动提出问题的同学比例较低。老师在布置预习作业时，应给予相关针对性的指导，并注意加强检查。

（2）学生课前自学的准备意识均较强。学生课前的准备之常规和特殊准备意识强与较强比例为67.13%。说明有2/3略强的学生认识到了课前加强自学准备的重要性，但还有近1/3的学生处在一般或较弱的状态。此外，对自学什么、如何自学，也需要教师加强指导。

综合调查数据来看，学生的课前自学意识总体较强，大部分学生愿意进行课前预习，且对课前预习的重要性有良好的认知；但课前预习时的质疑意识不够强。学生仍需要在如何自学及自学什么方面，得到科学的指导。

第二，学生课前自学能力现状分析。

（1）学生课前自学阅读能力较强。学生课前自学阅读能力均强或较强。其中指标最

高的是认读文本的能力，强或较强的比例为73.15%；认识阅读价值、筛选文本、理解文本及记录、思考相关信息的能力，总体较强。学生课前自学阅读时，质疑文本的能力强与较强的比例为62.04%。这说明六成余的学生，有较好的质疑能力。因此，在之后的指导预习的过程中，建议教师及家长从培养全体学生的质疑意识入手，逐步提高质疑能力，进一步养成习惯。

(2) 学生课前自学时，检索与查询能力普遍较强。学生自学时，检索与查询能力普遍较强，其中利用资源能力最高，强或较强的比例为68.88%，说明学生中大部分人有利用工具书、图书馆和网络资源检索和查询的能力。超过60%的学生能够在课前自学时，就学习内容与同伴交流并咨询；超过半数的学生对检索和查询的内容具有一定的评鉴对错能力。当然，总体还需要教师加强指导。

(3) 学生课前自学时，批注能力有较大差异，总体仍需加强培养。学生的批注能力最强的是运用文字、图片、符号、色彩等批注方法的能力，比例达到66.67%；超过62%的学生，会进行个性化批注；超过一半的学生课前自学时具有批注重点、难点、关键点、关注点的能力；还有许多学生需要教师就如何区分“四点”以及如何进行批注进行指导。

综合调查数据来看，学生课前自学阅读能力总体较强，课前自学质疑文本信息能力，仍需培养。学生自学时，检索与查询能力普遍较强，超过半数对检索和查询的内容具有较好的评鉴对错能力，但这方面的能力总体还需要加强培养。学生课前自学批注能力有较大的差异，总体仍需要培养，尤其是对如何区分“四点”以及如何进行批注的能力，需加强指导。

第三，学生自学行为习惯现状分析。

(1) 学生自学的预习行为习惯有较大差异。近70%的学生有坚持进行自主预习的习惯。预习过程中，过半数的学生有注重质疑的行为习惯，这与学生课前预习时质疑意识和能力一致。教师和家长指导学生预习的过程中，应注重培养学生的质疑意识，逐步提高能力，进一步养成习惯。

(2) 学生自学过程中，坚持进行自学的行为习惯仍需加强。学生自学过程中，有坚持进行自学行为习惯的学生比例超过60%；约一半的学生有运用所有本领进行自学的习惯，仍需要加强培养。

综合调查数据来看，大部分学生已经有了预习和学习准备的意识，也具备了课前阅读、检索与查询及批注能力，大部分学生也养成了预习和自学的行为习惯。需要重点培养学生的课前预习的质疑意识，并提高相关能力，形成质疑的行为习惯，辅之以区分及培养“四点”(重点、难点、关键点、关注点)的能力。

2) 学生课中自学意识、能力、行为习惯现状分析

第一，学生课中自学意识现状分析。

(1) 学生课中自学参与意识有较大差异。学生课中自学时参与练习的比例最高，超过70%；参与答疑及讨论的积极性比参与练习的意识低，因为相对练习而言，答疑和讨论难度较高，更需要学生的积极思考和互动。因此，学生参与度要想进一步提高，需要老师在课堂上加强指导，并细分任务，以带动更多学生参与其中。

(2) 学生课中自学的质疑意识较强，但仍需提高。超过60%的学生在课中自学时，有

对于疑难点的钻研意识和敏锐意识；不到60%的学生学习知识点时，有由此及彼的联系意识。但仍需要培养学生课前的自主质疑意识，课中要带着问题思考钻研，增强对于重、难点的敏锐意识；解决问题时，要不断培养学生由此及彼，举一反三的联系意识。

(3) 学生课中自学主动记笔记与及时记笔记的意识较强，接近80%的学生能够做到主动、及时记笔记；有反思批注意识的同学较前二者少。后者是更高一步的要求，需要老师在课堂上对学生加强培训。

综合调查数据来看，学生课中自学的参与意识有较大差异，其中练习意识最强；答疑和讨论意识需要提高；质疑意识总体较强，但仍需提高；学生的笔记意识较强，其中反思批注笔记意识仍需提高。

第二，学生课中自学能力现状分析。

(1) 学生课中集中注意能力总体较强。接近三分之二的学生认为自己在课堂上有强或较强的注意力集中性和持久性。认为自己在课堂上思索性高的比例为26.85%，较高的比例占40.28%，这和学生课中反思、质疑能力需要提高一致，课堂上老师应注意多引发学生的思考，并落实到笔头。

(2) 学生课堂自学时主动质疑能力需要提升。学生认为自己课堂自学时主动质疑能力强或较强的比例不到60%，主动提问能力相比快速提问能力强或较强的人数低。学生在自学过程中应提高学习的主动性，老师经常感到，提问时大部分学生能够回答问题，但是学生很少主动提问。提问也是种能力，提问能力的培养需要渗透在日常的教学中。

(3) 学生课中自学的有效理解能力有差异。学生认为自己课中的快速、全面理解能力强或较强的人数比例分别为66.20%、63.88%；高质量的提问能力相比后面三项要低一些。说明教师在授课的过程中，应从提高学生的理解能力入手，提出高质量的问题。

(4) 学生课中自学的多元内化能力需要提升。大部分学生能够将课堂所学直接应用或迁移应用，个性化应用能力较前二者高出一些，但他们的总体多元内化能力仍需要提升。知识的学习是个系统工程，教师加以引导，学生是有能力将所学联系实际进行内化的。

(5) 学生课中自学小结提升能力有差异。学生课中自学的梳理资料能力较强，筛选信息能力其次，概括提炼能力相较前二者低。这三种能力，对学生的要求依次提高，因此，教师需要在课堂上对学生进行相关引导，逐步培养学生的相关能力。

综合调查数据来看，学生课中自学能力总体较强，但差异较大。总体而言，仍需通过加强训练，促进学生课中自学能力的逐步提高和内化。具体如下：①学生在自学过程中应提高学习的主动性，提问能力的培养需要渗透在日常教学中。②与课堂自学质疑和提问能力一致，学生课中高质量提问能力，较其他能力的比例低。教师在授课过程中，应从提高学生的理解能力入手，引导学生逐步提出高质量问题。③大部分学生能够将课堂所学直接应用或迁移应用，个性化应用能力较前二者高出一些，但他们的总体多元内化能力仍需要提升。知识的学习是个系统工程，教师加以引导，学生是有能力将所学联系实际进行内化的。④学生课中自学的梳理资料能力较强，筛选信息能力其次，概括提炼能力较前二者低。这三种能力对学生的要求依次提高，需要教师通过课堂上的渗透培养和学生独立完成课后作业时积累，逐步加以体悟与提高相关能力。

第三，学生课中自学行为习惯现状分析。

（1）学生课中自学主动参与行为习惯总体较强。近三分之二的学生课中自学主动参与的行为习惯强或较强，主动参与小结行为习惯最强，其次为主动参与练习，再次为主动参与质疑—答疑行为。这三种行为习惯对学生的要求依次提高。在平时的课堂学习中，教师应注重对全体学生质疑意识的培养，加强对学生解决问题能力的训练，使学生逐步养成提出问题、分析与解决问题的良好行为习惯。

（2）学生课中自学积极思考行为习惯仍需提高。学生课中积极思考主动反思的习惯较好，仍需培养主动提问和参与讨论的习惯。因此，教师要加强对学生积极思考行为习惯的培养，可以从培养质疑意识入手，提高学生的主动提问能力。持续不断地培养学生积极思考的习惯，学生在思考过程中遇到问题时，鼓励他们向同学或老师提问，同时积极参与讨论，形成良性循环。

（3）课中自学主动笔记行为习惯继续保持。学生课中主动笔记行为习惯培养得较好（超过70%的学生有好及较好的及时准确简洁地记笔记和个性化笔记的习惯）。这与小学时，老师和家长注重培养学生的笔记习惯有关，需继续保持。

（4）课中自学注重质量的行为习惯。64.39%的学生课堂上有好或较好的自学行为习惯。学生对课堂上认真听讲、提出问题、参与议论分析、记笔记、做练习并感悟的课中良好自学习惯，需要教师继续加强培养。

综合调查数据来看，学生课中自学的参与意识有较大差异，其中练习意识最强；答疑和讨论意识需要提高；质疑意识仍需提高；学生的笔记意识较强，其中反思批注笔记意识仍需提高。学生课中自学能力总体较强，但差异较大，学生有相关的能力，但仍需通过训练加以提高和内化。学生课中的学习习惯中，主动笔记习惯较好；自主参与习惯其次；积极思考的习惯需要提高。

3）学生课后自学意识、能力、行为习惯现状分析

第一，学生课后自学意识现状分析。

（1）学生课后主动复习意识需要进一步培养。不到60%的学生有课后复习和先复习后作业的意识。如果老师不去针对性地布置复习作业，并且第二天检查，很多学生会觉得完成了作业就是复习了。出现问题时，一些学生可能会去查阅教材或笔记，自主系统性地进行课后复习的意识不强。因此，需要教师注意培养学生课后及时复习的意识，并在复习后独立完成作业。

（2）学生课后独立作业意识较强。学生课后独立完成作业的意识总体较强，但学生独立完成作业主动性需要提高。

（3）学生课后积极自学的意识需要提高。学生课后积极自学的意识总体需要提高（认为自己课后积极自学的意识强或较强的学生比例不到60%；尤其是主动预习下一节课的意识最低，好与较好比例为55.09%）。要想增强学生课后的积极自学意识，需要教师对学生进行课后自学的系统指导，例如，提供课外阅读书单，布置可检测的下节课预习任务，提供网络链接等拓展学习资源，并提供量表，供学生自主监控学习结果。

第二，学生课后自学能力现状分析。

（1）学生课后完成作业能力总体较好，注意继续保持。课后的学生完成作业总体较

好，大部分学生能够在课后又快又好地完成作业，绝大多数学生能够在规定时间内完成作业。

（2）学生课后自学的拓展学习能力有很大差异。学生课后自学的拓展能力有很大差异，这与他们学习不同内容的积极性有很大关系。学生对兴趣爱好类拓展学习，比起学科拓展类学习更为积极。教师需要将学生的兴趣爱好和学科结合，使学生对课后拓展学习更加有兴趣。

（3）学生自学总结反思能力仍需提高。经常进行总结反思的学生刚超过一半，经常进行课前和课后反思的学生更少。总体而言，学生对总结反思的意识不强，学生在课堂学习时进行总结反思的比例稍高一点，这与课中主动反思行为习惯人数比例基本持平。

第三，学生课后自学行为习惯现状分析。

（1）学生课后坚持自学习惯总体仍需加强。学生课后坚持自学的习惯之定时定点明确任务和及时监控，较前两个习惯低，仍需继续培养。

（2）学生课后自学注重质量行为习惯总体仍需要加强。超过 64%的学生课后自学能完成批注并注重内化。总体来说，还要继续培养学生课后学习注重质量的习惯，尤其是要渗透注重完成率，以及通过复习内化巩固提高的意识。

3. 学生个人生活、学习、交往自信意识、能力、行为习惯素养现状分析

1）学生个人生活、学习、交往自信意识

（1）学生个人生活自信意识。学生的生活自信意识比例总体较高，均超过 70%。其中学习用品的整理意识最强。

（2）学生学习自信意识仍需提高，尤其是学习状态自信意识。学生有学习的兴趣，也有较强的动机；但学习状态自信意识还需要提高。学生有更好的学习状态，对自己的学习就会更有自信。因此，教师和家长可以加强引导和督促，培养学生的学习状态自信意识。

（3）学生交往自信意识仍需提高。学生交往自信意识，尤其是对于交往的价值及学习的意识，仍然需要提高。学生在初中阶段，往往喜欢也习惯于和固定的同伴交往，因为兴趣相投，交往起来很顺畅。需要提高学生善于与他人合作的自信意识，并在沟通、协作、协商、共情、倾听等基础上建立友谊。

2）学生自信能力素养现状分析

（1）学生个人生活自信能力总体较强。与意识对应，学习用品整理的生活自信能力最强，需要继续保持。

（2）学生学习自信能力差异较大。使用工具书和使用网络能力总体较强，独立解决问题、阅读分析能力其次，需继续提高大胆质疑和勇敢表达的能力。这与尼尔森和史蒂芬·格伦在《正面管教》一书中提到的，要想成为一个有能力的人，必须具备的七项重要的感知力和技能中的判断力相关，学生运用智慧，根据适宜的价值观来评估局面，并作出判断。大胆质疑后，再运用很强的人际沟通能力，大胆表达观点。这对学生是个很大的挑战，需要不断培养自信意识，提高相关能力，促进相关行为习惯的养成。

（3）学生交往自信能力仍需提高。学生交往自信能力仍需要提高。这几项能力中，学生善于倾听能力较强，有效提问、与不同对象交往及外形塑造能力，相对较弱。这说明学生在人际交往中，更愿意倾听熟悉的人说话。倾听过程中，学生的有效提问能力、塑造

外形、与同伴沟通、共同协作完成任务等能力，仍需要培养。

3）学生自信行为习惯素养现状调查

（1）学生生活自信行为习惯总体较好。从学生生活自信行为习惯总体较好，其中生活自理和学习用品整理的行为习惯养成得最好，其次为家务和沟通习惯，继续保持。

（2）学生学习自信行为习惯差异较大。学生学习自信行为习惯差异较大，作业完成、上课记笔记、课堂听讲行为习惯总体较好，做好预习和课外学习的习惯还需培养。

（3）学生交往自信行为习惯差异较大。学生的交往自信行为习惯差异较大，学生善于倾听习惯较好，外形塑造行为习惯其次，与不同对象交往习惯及有效提问的行为习惯需要提高。这与自信能力相吻合，学生在人际交往中，更愿意倾听熟悉的人说话，倾听过程中，仍需要培养有效提问的习惯和与不同对象交往的习惯。

四、结论和建议

（一）结论

（1）初中生自律“三素养”有差异。上述数据表明，初中学生的自律意识、能力和良好行为习惯普遍较好，体现在起居、用餐、日常行为、同学交往、校内集体活动、完成任务、守时、安全八个方面。在家，学生能自律地管理自己的生活；在校，学生能自律地参加学校的日常和集体活动，并和同学交往；在社会实践中，学生能注意安全，准时完成任务，和同伴交往中也注意自律。学生的学习自律意识、能力、行为习惯仍有待提高，尤其是在家学习自律意识。小学时，学生虽然已经初步养成了学习的意识和习惯，但不少学生还是需要老师或家长的监督，学生还是希望自己能够自律地进行学习，培养自控能力；在校的学习自律素养稍好于在家时，学生在校有老师的指导，学生在家的学习还需靠家长的监督，学习自律意识和能力仍需要提高。

（2）初中生自学“三素养”亟待提高，尤其是自学能力和良好行为习惯需要长期培养。相比自律与自信素养，学生自学素养是这次问卷调查结果显示亟待提高的部分。学生的预习、质疑、批注等相关的意识、能力、行为习惯有待提高。课中自学表现在质疑、全面深刻理解、多元内化及质疑、提问讨论的能力需要提高。课后学习预习和复习的动机意识、能力和行为习惯需要提高和培养。说明学生还是停留在老师要求要做的层面，较少去进行深度思考，预习和复习缺乏动机，课堂参与较多以回答问题方式呈现，讨论及提问较少，相关能力和行为习惯仍需长期培养。

（3）初中生的自信“三素养”总体较好，对质疑、表达和交往的自信和勇气需要加强培养。学生的自信意识、能力和良好行为习惯总体较好，尤其是生活自信方面的表现更佳；但在大胆质疑自信、表达自信、交往自信素养方面，仍需提高。

（二）建议

针对以上情况，我们应该注重培养学生的学习自律素养，提升自学素养，培养学生的学习和交往自信素养。

(1) 多途入手,注重提升学生的学习自律意识。通过学校教育和家庭教育指导,提升学生的自尊水平,帮助他们建立独立完整的自尊体系,从而提升自律素养。

(2) 通过学校教育和引导校内外自主训练,提升学生的自学“三素养”。一是学科教学中,教师需要加强对学生自主学习目标、计划、任务、实施、监控、调整、总结、反思、改进的程序性能力实施过程的引导。二是学科教师需要加强对学生完成课或相关活动中所需学习策略、特殊技能与方式方法的实际训练。三是校内外其他途径,也需要协同行动,引导学生参与校内外的自主训练,逐步熟悉完成相关自主学习任务的基本程序和具体学习策略、特殊技能与方式方法,做到熟能生巧,养成习惯。四是教师与家长配合,让学生多经历完成相关具体的自主学习任务的过程,获得良好的学习结果,注意总结完成任务的成功经验,开展一定范围内的分享,逐步增进学生开展自主学习的规划、落实学习过程、获得学习结果、交流分享学习经验的“心流体验”,增进自主学习的兴趣,促进养成坚持自主学习与总结分享的良好习惯。

(3) 加强家校和社会的配合,提高学生的自信素养。加强学校、家庭和社会的配合,提高学生的“三自”本领,并给予学生更多的赏识和欣赏,提高他们的自信水平,从而增进学生的自信素养。

参考文献

[1] 王孝玲.教育统计学(修订版)[M].上海:华东师范大学出版社,1993.
[2] 范晓玲.教学评价论[M].长沙:湖南教育出版社,1999.
[3] 金卫东,曹明.“独二代”家庭教育指导手册[M].上海:同济大学出版社,2015.
[4] 吴亚萍.统计分析指导[M].北京:教育科学出版社,2003.
[5] 岳崇岭,陈雪莲.新城区初中学生良好行为习惯现状调查报告(前测)[C]//金丽萍,曹明.初中生良好行为习惯养成教育.上海:同济大学出版社,2017:85-96.

基于积极心理学原理的初中生“三自”学科渗透教育的实践研究

上海市凌桥中学　张　菁

一、问题提出

(一) 概念界定

“三自”(自律、自学、自信)、“积极心理学”和本子课题拟用的“三原理”[积极的情绪体验、积极的人格特征(乐观)、积极的学习环境]的定义，参见《“基于积极心理学原理的初中生‘三自’教育的实践与研究”结题报告》。

所谓“基于积极心理学原理的初中生‘三自’学科渗透教育的实践研究”，就是以积极心理学“三原理”为指导，通过了解本校学生“三自”素养现状，厘定基于积极心理学原理的初中生“三自”素养在学科渗透教育中的培养内容，探索学科教学中，以非灌输的、自然的、潜移默化的方式，融入探索基于积极心理学原理的初中生“三自”素养培养教育的实施途径、实施策略、评价标准和方法之实际操作为主的过程，构建基于积极心理学原理的初中生“三自”学科渗透教育实施的操作框架，总结实施的经验，丰富初中阶段学校学科实施基于积极心理学原理的“三自”教育的理论。

(二) 研究依据

1. 实践积极心理学原理的需要

参见《“基于积极心理学原理的初中生‘三自’教育的实践与研究”结题报告》。

2. 推进学校“强校工程”建设的需要

参见《“基于积极心理学原理的初中生‘三自’教育的实践与研究”结题报告》。

3. 促进学生主动发展“三自”素养的需要

随着城市化进程的不断加快，学校外来务工人员随迁子女占900多名生源的近70%，本地生源部分流失，在积极向上的学风与班风的形成、行为规范的矫正与养成等方面，学生的“三自”素养存在明显不足：自律、自学、自信意识淡薄；自律、自学、自信能力较弱，包括保质保量进行学习、阅读、检索、查询、主动质疑、有效理解、多元内化、小结提升、自主完成作业、拓展学习、总结反思、独立解决问题等；自律、自学、自信行为习惯表现较差，包括预习、复习、认真听课、质疑、独立思考、主动参与、积极思考、主动笔记、注重质量、课堂听讲、作业完成、课外学习等。

因此，开展本子课题的实践研究，从学科教学切入，探索有机提高初中学生的“三自”素养，进而提升学生的学科学习整体素质，很有必要。

二、研究概况

（一）研究目标

1. 实践目标

通过研究，促进初中生增强自律、自学与自信的意识，提高初中生自律、自学与自信的能力，促进良好的自律、自学与自信的行为习惯养成，进而促进初中生提升学科整体学习素养；提升教师实施学科渗透“三自”教育提升学生相应“三素养”的课题研究素养和其他专业素养；促进学校区级总课题的研究、强校工程建设、整体教育质量和特色发展。

2. 理论目标

通过研究，了解学生“三自”素养现状，厘定基于积极心理学原理的初中生“三自”素养培养内容，探索初中生实施基于积极心理学原理的“三自”教育的实施途径、实施策略和评价标准和方法，构建基于积极心理学原理的初中生“三自”学科渗透教育实践研究之操作框架，总结实施的经验，丰富初中阶段学校学科渗透基于积极心理学原理的“三自”教育的理论。

（二）研究方法

1. 文献法

在准备阶段，利用书籍、期刊、网络等资源，收集学科渗透教育的相关情报资料，通过研读和提炼，为本子课题的设计提供理论基础；在课题实施与总结阶段，继续运用此法，为实际操作的实施及研究成果的总结等提供依据。

2. 行动研究法

在课题的实施阶段，参照学校区级总课题、本子课题的精神与实践目标、学生“三自”素养现状调查的结果、学生“三自”素养培养内容，通过对实施途径、实施策略、评价标准和方法的研究，按照“计划—实施—观察—调整”的行动研究基本步骤，组织两轮行动研究（2019 年 5 月—2020 年 6 月，2020 年 9 月—2021 年 6 月），努力达成研究目标。

3. 经验总结法

在课题研究总结阶段，运用此法，对本子课题的研究资料进行梳理；对研究成果进行提炼、概括。

（三）研究过程

从 2019 年 5 月设计子课题开题报告开始，到 2022 年 2 月完成结题，再到 2024 年 3 月完成结题后的局部拓展研究和精细化修改的定稿，共记录到四个阶段的 130 多项研究事项（表 1）。

表1　基于积极心理学原理的初中生“三自”学科渗透教育实践研究四阶段的实施过程

阶段	时间		研究工作与内容
准备阶段	2019年5月		组建研究队伍，明确分工
	2019年6月		收集相关资料，初步制订研究方案
			听取专家意见，修改完善课题研究方案
	2019年7—11月		进一步修改完善课题研究方案
实施阶段	第一轮行动研究（2019年5月—2020年6月）	2019年11月9日	参加学校组织的区级总课题的开题指导、培训和听取学校聘请的全程指导学校区级课题研究的上海市浦东教发院原资深教科研员曹明老师对子课题的个别指导；开展自主修改；与曹明老师线上互动，修改子课题开题报告
		2019年11月22日	参加浦东教发院组织的区级课题交流论证会，子课题组长作开题报告
		2019年11月	参加学校组织的集体培训，听取曹明老师所作的区级课题研究课之教学设计、课后课例撰写的集体培训；初定第一轮学科渗透教育研究课的实践教师
			王萍老师承担的数学渗透教育课题研究课自主开展教学设计；与曹明老师进行现场与线上互动，修改完善研究课设计
		2019年12月	学校组织王萍老师数学渗透教育课题研究课的公开课执教、观课、说课与评课；课后，开展自主反思
			参加学校组织的“三自”学科渗透教育的实践研究之青年教师教学设计评比
		2020年6月4日	组织学科渗透教育的实践与研究子课题研究课设计讨论
		2020年6月	参与组织学科渗透教育课题研究课2节（赵殷伊老师、唐艳婷老师）：参与组织公开课执教、观课、说明与评课；课后，执教老师与曹明老师个别互动，听取有针对性的反馈
			赵殷伊老师、唐艳婷老师开展自主反思研究课；按照曹明老师研究课课例撰写的模板要求，撰写课例；后续，与曹老师加强线上与线下的个别互动，逐步完善课例
	第二轮行动研究（2020年9月—2021年6月）	2020年10月	蔡张怡、瞿雪盈、顾俊裕、崔玮青老师自主设计学科渗透教育研究课；与曹明老师进行线下与线上个别互动，逐步完善研究课设计；参与学校组织的4位老师的公开课执教、观课、说课与评课
			4位执教老师开展自主反思、学习、与曹明老师进行线下与线上个别互动，撰写课例
		2020年11月	朱景超老师、徐振浩老师自主设计学科渗透教育研究课；与曹明老师进行个别互动，逐步完善研究课设计；参与学校组织的2位老师的公开课执教、观课、说课与评课
			朱景超老师、徐振浩老师自主反思研究课，参照曹明老师的模板、相关实例和开展多次互动，自主学习、琢磨，逐步完成课例撰写、修改和定稿

（续表）

阶段	时间		研究工作与内容
实施阶段	第二轮行动研究（2020 年 9 月—2021 年 6 月）	2020 年 12 月	李辰轶老师、潘莹老师、李天容老师自主设计学科渗透教育研究课；与曹明老师进行线下与线上加强个别互动，逐步完善研究课设计；参与学校组织的 3 位老师的公开课执教、观课、说课与评课；李辰轶老师、潘莹老师、李天容老师开展自主反思研究课，尝试撰写课例
		2021 年 1 月 21 日	子课题组成员参加学校组织的学期课题研究总结会，相关学科渗透教育实践教师参与经验交流
		2021 年 2 月 5 日	参加学校组织的区级课题研讨会
		2021 年 2 月 25	参加学校组织的区级课题推进会
		2021 年 3 月 4 日	崔玮青、郑秀眉、黄佩青、朱景超、蔡张怡、瞿雪盈 6 位老师听取曹明老师对课例修改的集体与个别指导
		2021 年 3 月 18 日	相关实践教师的课例听取曹明老师的个别指导； 张至诚老师与曹明老师交流学科渗透教育课题研究课的初步设想和开展互动讨论
		2021 年 3 月	张至诚老师自主设计学科渗透教育研究课，继续与曹明老师线下与线上开展互动，优化教学设计；参与组织张至诚老师公开课的组织、观课、说课与评课；张至诚老师与曹明老师讨论课例的撰写
			张至诚老师自主反思研究课，撰写课例；与曹明老师加强线下与线上互动，完善课例
		2021 年 4 月	杨洁华、曹丹、顾婷、温如春、朱文君 5 位老师自主设计学科渗透教育研究课教案；与曹明老师进行线下与线上互动，初步完善研究课设计
			参与学校组织的上述 5 位老师的课题研究课执教、观课、说课与评课；5 位老师与曹明老师加强线下与线上的个别互动，开展自主反思、学习，尝试撰写课例
		2021 年 5 月	孙易雯老师与曹明老师在校讨论，交流以上学科渗透教育研究的初步设想；完成定题和研究课设计的思路框架；孙易雯老师尝试自主设计，曹明老师线上个别反馈、修改完善研究课设计
			参与学校组织的孙易雯老师研究课公开执教、观课、说课与评课
		2021 年 6 月	参加学校组织的学科渗透教育研究课之课例撰写的集体辅导；曹明老师还与相关实践教师进行个别面议，讨论课例的修改

（续表）

阶段	时间	研究工作与内容
总结阶段	2021 年 6 月—2022 年 2 月	构思研究报告框架，撰写课题研究报告；听取专家曹明老师的意见，逐步修改完善，完成结题报告
结题后深化研究阶段	2022 年 3 月—2024 年 6 月	根据模板，自主修改格式等；听取专家曹明老师的意见，自主进行修改；曹明老师作精细化修改和局部增补；作者根据曹老师的修改进行审校；按照出版要求，完成子课题报告的定稿

三、研究实施

（一）培养内容

1. 制订依据

参考《“基于积极心理学原理的初中生‘三自’教育的实践与研究”结题报告》中六个方面的依据，以及各学科的课程标准方面的要求。

2. 学科教学中“三自”素养培养内容

学科教学中培养初中生“三自”素养的内容，从意识、能力和行为“三维度”进行三级或四级要素分解。其中，自学素养培养，还分为课前、课中和课后“三程”的四级要素分解的。由此，共分解到了自律素养培养“三维度”的三级要素 13 项，自学素养的“三维度”和“三过程”四级要素 80 项，自信素养培养“三维度”和“三过程”的三级要素 27 项，合计 120 项。具体见表 2—表 4。

表 2　基于积极心理学原理的初中生学科渗透自律素养培养内容

Ⅰ级要素	Ⅱ级要素	Ⅲ级要素
自律意识	在家学习自律意识	认识到在家学习过程中化被动为主动的重要性
		认识到在家学习过程中养成良好学习行为习惯的重要性
	在校学习自律意识	认识到在校学习过程中化被动为主动的重要性
		认识到在校学习过程中养成良好学习习惯的重要性
自律能力	在家学习自律能力	在家学习过程中保证学习的时间
		在家学习过程中保证学习的质量
	在校学习自律能力	在校学习过程中保证学习的时间
		在校学习过程中保证学习的质量
自律良好行为习惯	在家学习自律良好行为习惯	在家学习过程中养成预习的学习习惯
		在家学习过程中养成复习的学习习惯
	在校学习自律良好行为习惯	在校学习过程中养成认真听课的学习习惯
		在校学习过程中养成质疑的学习习惯
		在校学习过程中养成独立思考的学习习惯

表 3　基于积极心理学原理的初中生学科渗透自学素养培养内容

Ⅰ级要素	Ⅱ级要素	Ⅲ级要素	Ⅳ级要素
自学意识	课前自学意识	预习意识	能认识到预习的价值意识
			建立带着疑问进课堂的意识
			树立在课前通过自学解决部分疑惑的意识
		学习准备意识	认识到工具书的价值意识
			认识到准备好学习工具对学习的价值意识
	课堂自学意识	参与意识	参与小组讨论发言的意识
			参与课堂演示或实物演示了仔细观察的意识
			课堂提问中参与思考的意识
			课堂实验中参与实验操作的意识
		质疑意识	在课堂学习时梳理联系旧知进行质疑的意识
			在课堂学习时倾听师生质疑和释疑的意识
			遇到学习难点时钻研的意识
			实验数据异常时主动探索的意识
		笔记意识	及时做好笔记的意识
			自主增补笔记内容的意识
			课后检查笔记、校对笔记并作批注的意识
	课后自学意识	主动复习意识	能认识课后先复习、再作业的价值意识
			能认识课后及时梳理、归纳知识点对加深理解知识的价值意识
			树立通过复习、作业与归纳解决疑惑的意识
		独立作业意识	能认识及时、独立作业与检测自身学习成效的关系意识
			遇到作业困难时，有翻阅笔记回忆课堂学习过程的意识
		积极自学意识	自主选做同类练习巩固所学的意识
			有自主尝试选择相关内容进行探究学习的意识
自学能力	课前自学能力	阅读能力	能准确、流畅地通读文本
			能理解文本内容
			能筛选文本重要信息
		检索与查询能力	能利用工具书解决字、词读音与意思问题
			能从有声媒体和书面材料中获取信息
			能根据要求速记或独立找到相关学习内容
		批注能力	能独立批注疑惑点
			对独立批注课学习的重点、难点、关键点、兴趣点、易错点进行

（续表）

Ⅰ级要素	Ⅱ级要素	Ⅲ级要素	Ⅳ级要素
自学能力	课堂自学能力	集中注意能力	能聚焦于课堂教学环节的学习进程
			课堂学习中不受非正常学习事件的干扰
		主动质疑能力	能针对老师或学生的发言提出不同见解
			能针对老师或学生的解法提出不同见解
			能发现学习内容中存在的矛盾之处
			能合理进行猜想和尝试探究其结果
			能发现实验数据与结论间的矛盾之处和尝试找到原因
		有效理解能力	能独立快速阅读文本整体理解文本内容
			能精读文本深刻理解其内容、所涉方法与实质
			能根据条件画出（或作出）图形
			能借助直观媒介学习单词与句子
			能正确理解语言交流活动和生活会话的内容，并作出恰当的反应
			能从有声媒体和书面材料中获取、分析、处理和运用信息
			能理解实验过程中相关操作的目的
			能对搜集到的实验现象和数据进行简单的归类和比较
		多元内化能力	能直接或迁移运用所学知识与技能解决相关问题
			能合理运用法则、公式进行运算求解
			能根据问题条件，寻求合理的求解途径与方法
			会用所做的实验归纳实验结论
		小结提升能力	会从学习内容中提炼重点、难点
			能用所学知识与技能解决实际问题
	课后自学能力	完成作业能力	提高作业的准确率
			缩短完成作业的时间
		拓展学习能力	会根据学习的内容选择同类练习及时、多元巩固新学
			能根据自身兴趣选择内容进行拓展学习
		总结反思能力	能针对课堂表现反思优点与不足并作记录
			能针对反思加以改进
自学良好行为习惯	课前自学行为习惯	及时预习良好行为习惯	能注意通读预习内容，利用工具书解决生字难词
			能注意圈画概念、公式、定理等学习要点
		自学良好学习行为习惯	能注意在预习过程中自主提出一些问题
			能注意在预习过程中自主尝试解决一些问题

（续表）

Ⅰ级要素	Ⅱ级要素	Ⅲ级要素	Ⅳ级要素
自学良好行为习惯	课堂自学行为习惯	自主参与习惯	能注意积极参与课中讨论
			能注意勤于思考，敢于质疑
			能注意积极参与问题的解答
			能注意在语言实践活动中的分工合作
			能注意探究活动中，主动完成承担的工作，倾听同伴的意见，改进合作探究活动
		积极思考习惯	能注意在小组讨论过程中，积极提出自己的想法
			能注意在实验过程中，针对错误数据积极寻找问题所在
		主动笔记习惯	能注意主动精选学课的笔记
			能注意优化笔记，突出学习重点、难点
		注重质量习惯	能注意回答问题时的声音响亮
			能注意黑板演示时，字迹清晰
			能注意独立思考，能举一反三
			能注意实验时，步骤清晰、方法科学、操作规范、结论可靠
	课后自学行为习惯	坚持自学良好习惯	能坚持定时进行自学
			能坚持定量进行学习
			能坚持定点进行学习
		注重质量良好习惯	能坚持对知识进行自主归纳、整理
			能坚持对知识进行举一反三，迁移运用，进行深入学习

表4 基于积极心理学原理的初中生学科渗透自信素养培养内容

Ⅰ级要素	Ⅱ级要素	Ⅲ级要素
自信意识	学习动机意识	相信自己能够借助工具书了解学习内容的意思
		相信自己能够利用知识与技能解决问题
	学习状态意识	能正确认识自己的学习水平
		能正确看待自己的学习水平
	运用学习策略的意识	能在语言实践活动中互帮互学
		能尝试使用词典学习词汇
自信能力	正常使用工具书能力	能用工具书帮助解决学习上的困难
		能用工具书解答疑问，帮助解题
	良好的阅读分析能力	能通读文本，提炼重点、难点
		能重点阅读文本，圈画出重点、难点、关键点、兴趣点、易错点

（续表）

Ⅰ级要素	Ⅱ级要素	Ⅲ级要素
自信能力	独立解决问题能力	遇到困难时，能借助工具书或笔记等尝试加以解决
		敢于用不同的方法解题
	大胆质疑、勇于表达能力	敢于质疑
		敢于提出不同的解题方法
		敢于在小组讨论时发表自己的看法
		敢于在实验设计时提出自己的见解
自信行为习惯	做好预习良好行为习惯	能坚持课前进行自主预习
		能坚持自行准备好工具书及其他学习物化准备
	上课坚持做好笔记习惯	能坚持主动记笔记
		能坚持优化笔记
		能坚持及时梳理、归纳笔记所记内容
	课堂听讲习惯	能坚持主动思考问题
		敢于举一反三、迁移运用
	作业完成习惯	能坚持及时、独立完成作业
		能坚持注意提高完成作业的准确率和速度
	课外学习习惯	能坚持根据自己的学习兴趣进行拓展学习
		能坚持利用多种渠道、学习策略与方式方法进行拓展学习

学科教学中实施“三自”的内容120项要素的厘定，一是丰富了学校区级课题之学生“三自”素养培养内容的体系。二是引导了学生对基于积极心理学原理的“三自”素养的自我诊断、合作诊断，明确了发展的方向。三是引导了实践教师在相关学科渗透教育研究课中，对“本课化”的学生“三自”素养培养内容的定位。四是为后续研制学生相应素养发展评价标准，奠定了评价内容三级（部分到四级）要素指标的基础，提高了后续评价标准研制与运用的科学性与实效性。

（二）实施途径

以积极心理学“三原理”为指导，以学科教学的课前、课中和课后“三程”学习中的相关举措为抓手，在提高学科课堂教与学实效的同时，提升初中生的“三自”相关意识、能力、良好行为习惯的实施路径。

1. 课前预习中培养

基于积极心理学“三原理”，对即将要学习的课程按教师规定任务和学生自选任务，结合相关举措促进学生自主进行事先了解、探索性学习，从中培养学生相关良好的自主预习意识、阅读与质疑能力和良好的预习行为习惯，并提升自律和自信“三素养”。

1）自主完成规定性预习任务

（1）自主阅读。在本子课题中，是指学生通过独立或小组合作完成教师规定性的阅读类预习性任务，在锻炼从阅读中收集相关信息能力，增进预习意识的同时，为课中提高学习速度、质量奠定基础的阅读学习活动。例如，语文学科，课前学生独立阅读每一课，对遇到的生字、词，查阅字音和词意进行标注，并大声地阅读（熟读）课文多遍，养成课前了解并初步理解课文主要内容的良好预习行为习惯；数学学科，学生通过课前"或独或合"阅读定理、例题，主动思考定理在题目中的应用，提升预习的意识；物理学科，学生通过课前"或独或合"阅读定义、实验目的，结合实验器材自行设计实验过程，提升物理学科的实验能力。

（2）圈画不理解的内容。例如，语文学科，学生在独立阅读过程中，注意圈画不认识的字、词，圈画不理解的词语，借助字典、网络等进行查询；数学学科，学生圈画不理解、不会运用的定理、解题过程，带着疑问听课；体育学科，如广播操学习的过程中，学生课前通过学习视频进行预习，记录不确定或做不到位的动作，逐步形成预习时关注不理解、不会做的练习动作的良好行为习惯。

（3）自主尝试完成教材思考题和课后配套练习中的简单部分。例如，文科类学科预习过程中，学生对课后练习进行"或独或合"的思考，阅读文本、查阅资料，解决简单的问题，自主加深对文本的理解；理科类学科预习过程中，学生对课后例题，尝试运用文本中的定理、定义，进行解答，提升预习过程中自主解决问题的能力。

（4）自主质疑、充实解疑。低年级的学生，对文本的理解能力有限，运用能力欠缺，对看似矛盾或结构复杂的字、词、句，注意自主提出质疑；对自己感兴趣的事物，自主提出质疑，提升学生自主主动质疑及借助相关工具进行释疑的能力。高年级的学生，理解能力有所提升，能进行更深层次的思考。例如，物理学科，学生验证阿基米德原理的实验时，把握其本质是浸在液体中的物体受到的浮力大小等于物体排开液体所受的重力。学生提出了思考的问题：实验中，如何测量浮力？如何测量物体排开液体所受的重力？分别需要哪些实验器材等。这就促进了学生在预习过程中养成善于思考的良好行为习惯。

（5）做好学习用具准备。大部分学科，学生需要自主准备好教材、配套练习、笔记本、学习用品（各色水笔、刻度尺、铅笔、橡皮、修正带）；以下学科，学生除了自主准备好一般的学习用具外，还需要准备其他用具。①数学学科：作图工具，如三角尺、圆规等；②音乐学科：乐器，如手风琴；③美术学科：美术用具，如铅画纸、画板、彩笔、颜料、颜料盘等；④体育学科：课前换好运动服装，准备运动器材，如绳子、球类等。教师还要求学生注意在课前，根据每堂课的特点准备好的相应学习用具。书本类学习用具，放于课桌左上角；文具类学习用具，放于课桌右上角，促进了学生相应课前学习用具物化准备之良好行为习惯的养成。

（6）自主监控完成规定性课前学习任务的时间、质量。教师要求学生每天定时、定量自主完成课前预习任务，自行完成"每日打卡"。这就较好地促进了学生坚持每天自主监控完成规定性课前学习任务的时间与质量良好的预习习惯的养成；提升了预习的质量。

2）自主完成自选拓展性（趣味性）预习任务

实践教师引导学生通过独立阅读自己所选的教材中感兴趣的拓展学习主题（点），预设目标、完成要求，收集材料、整理结果，记录、整理、归纳自选拓展性预习任务完成情况，参与课前、课堂交流分享、反思，在按时、保质完成这些任务的同时，从中培养学生相关完成自选拓展性预习任务的意识，提高相应能力和促进相应良好行为习惯养成。

一是学生阅读教材，独立选定感兴趣的拓展学习主题(点)。例如，物理学科，学生介绍自己熟知的物理学家，通过图书馆借阅图书、网上查阅资料，搜集、整理、归纳符合要求的信息。二是自定目标、预设完成要求。学生通过预设目标、坚持打卡检验自己的预习成果。例如，语文、数学、英语等课程学习中，学生对自己所选定的感兴趣的拓展学习主题(点)，明确了学习的目标与任务；完成了每日坚持完成一定量相应的基础练习、每周进行达成度评价的打卡。三是独立收集材料，进行自学，尝试整理结果。如道德与法治、地理、科学等学科，学生根据自选的预习(展示)主题和所定目标、预设的要求，通过图书馆、互联网搜索相应信息。四是学生“或独或合”自主整理、归纳所选预习任务完成情况。学生“或独或合”对所收集的符合所定主题的材料，进行筛选、梳理、归纳，得出相应的结论；备注、记录完成任务的情况；分类保存自选预习任务完成的成果；做好参与课中分享交流的准备。五是根据需要，自主参与课前或课中的交流分享与反思。

这个过程，锻炼了学生阅读教材的能力，让他们独立选择感兴趣的拓展学习主题(点)，尝试“或独或合”完成后续预习任务。同时，促进了相应过程中自律和自学行为习惯的形成，提高了课堂学习的效果，并增强了学生对于这样预习的自信与兴趣。

2. 课堂学习中培养

这是指基于积极心理学“三原理”，在学科课程学习指定的相对固定的场域之课中学习的过程中，落实主要环节(以新授课为例，即课的导入、教学展开、自主练习、课尾小结和布置作业)实施的相关举措，在提高学科课堂教与学实效的同时，有机提升学生相关自律、自学和自信意识、能力和良好习惯。

1) 新课导入中培养

一是创设适于学生自主质疑探索的情境。例如，物理学科，学习大气压强时，教师将一个装满水的矿泉水瓶展示给学生，让学生判断这瓶水有无特别之处。当学生找不到特别所在时，教师慢慢拧开瓶盖，会发现矿泉水瓶侧壁上原来有一个小孔，水从小孔中喷射出来，但是瓶盖拧紧的时候却看不出任何问题，也无水流出。这时，学生会感到特别神奇，提出疑问，相互交流、猜测可能的答案，很好地激发了学生自主探索疑问的兴趣。二是由学生尝试组织导入阶段的旧知复习和预习成果交流。例如，课前，学生根据教师或他们自选的预习性任务的结果，学生“或独或合”，在下一堂课的导入环节，借助实物投影、PPT、情景剧表演、辩论、竞答赛一赛等，学生充当主角，组织全班同学参与旧知识的复习和预习成果的交流。这样，学生能够自主巩固旧知识，交流预习成果，培养自学能力，促进自主复习、预习、主持和参与课堂初期交流的良好行为习惯的养成。三是教师和学生借助预习提问，引导学生和同学自主解疑。四是组织学生自主开展“今天我当家”系列活动。例如，道德与法治学科的“新闻播报”活动、历史学科的“我来讲讲历史上的今天”活动、综合文科与综合理科的“近期趣象”、体育学科的“近期一练”以及艺术(音乐、美术)学科的“我(们)的欣赏”活动等。

实施阶段四类举措，不仅提高了学科导入环节教学的有效性，还较好地激发了学生自主质疑、解疑、做好交流准备以及有效参与课堂初期交流的兴趣和能力。此举也推动了学生在课前自学、自律和在课堂开始阶段积极、高质量地参与交流的良好习惯的培养，为课程的有效展开奠定了基础。

2）教学展开中培养

一是教师系列问题引导，学生自主探索。教师利用“递进式”的提问，引导学生进行自主探索。二是学生主动质疑，自主探索解疑。学生对不理解、不认同的问题主动提出疑问，学生独立探索、相互进行讨论、交流、尝试练习、实验、梳理与归纳，师生互动解疑。三是学生积极参与探索成果交流，说明解疑结果。学生主动参与交流释疑过程，通过黑板演示、实验演示、小组对话、情景重现、实物投影演示、成果展示等方式方法，参与成果、经验的分享。四是学生再自主梳理、概括展开阶段所学。学生利用图表式、对比式、要点式及思维导图、信息技术式等形式，对“或独或合”自主探索与分享交流的结果，进行多样式的梳理概括，得出展开阶段的知识与技能的框架与要点。五是教师加强观察、巡视，及时激励学习基础情况不一学生的相关“三自”行为，促进提高展开阶段学习实效和提升相关“三自”之“三素养”。

通过教学展开中五点举措的实施，锻炼了学生的主动质疑和自主探疑与解疑的能力，运用多样化形式进行总结归纳、参与探疑成果交流的能力。学生通过说明解疑结果，梳理展开阶段知识和技能的框架与要点，培养了这样做的价值意识与学用意识。同时，提升了学生在探疑解疑时的自律意识，以及总结归纳和成功交流时的自信心。

3）练习中培养

一是学生借助模仿性练习培养。二是借助巩固性练习培养。三是借助迁移运用性练习培养。四是借助解简单的应用题练习培养。五是借助解综合的应用题练习培养。六是借助学生自编的练习题培养。

这一过程，一是较好地使学生借助多样化的练习，及时、自主巩固了所学。二是锻炼了学生“或独或合”完成相应练习能力。三是增进了学生在自主练习中对练习质量的监控意识，内化了多样化练习的价值意识。

4）课尾小结中培养

一是小结的主体，以学生为主。二是小结的内容，除了所学内容、方式方法，还有机融入了学生的学习体会、经验和个性化方法。三是小结的形式，以教师引导下的学生独自小结、同桌小结与 4～6 人小组合作小结为主，借助关键词式、表格式、关系图式、思维导图式（以下简称“四式”）等具体的载体实施。四是小结的表达，以学生独立为主、小组合作为辅的小结“四式”等加以实施。五是小结结果的利用，既有学生后续学习时的独立运用，也有学生合作学习小组运用、全班学生合作运用、教师借以有机运用和对学生的综合评价时的运用。六是学生自主小结后的新疑，在课尾集中小结后，学生“或独或合”提出新的疑问；教师或即时或延后组织对新疑的探索与结果交流。

课尾集中小结“六维度”举措的实施，使学生增进了自主小结的价值意识；深度了解了小结的内容与方式方法；有效地锻炼了“或独或合”进行相应的小结能力；提高了后续学习的效率，增进了自主小结的自信；提高了开展日常学科小结的主动性。

3. 课后学习中培养

基于积极心理学相关“三原理”，在课后学生自主及时反思、自主复习、作业和自学中，落实相关举措，在提高相应课后学习活动实效、锻炼学生自主及时反思、复习、作业和自学能力与培养相应良好学习习惯的同时，培养学生的自律和自信相关“三素养”的实施路径。

1）自主反思学习过程

一是主动反思预习过程的有效性。新课学习后，学生针对预习过程中圈画的重点内容、不理解的内容，进行梳理，反思预习过程中通过自己的努力已解决的问题以及未解决的问题，反思预习过程中可以优化的环节。二是主动反思课中学习过程。学生反思课堂学习过程，包括学习内容、学习方法、学习实效、学习体会以及需要完善之处等。三是主动反思课后复习、练习和自学的完成情况。学生结合课堂上的学习内容进行及时复习、完成相关练习，反馈后及时查缺补漏。学生反思哪些错误是由于粗心导致的，哪些错误是对知识一知半解导致的，哪些错误是超出自己能力范围导致的，并加以改进。四是主动开展一定的阶段性反思。一定时间（如 1 周、1 个月）后，由学生对比反思改进情况，简要分析优势与不足，提出后续优化反思设想。

学生参与课后自主反思学习过程“四维度”举措的实施，使学生增进了对课后自主反思课“三程”学习过程与一定的阶段性反思的价值意识；加深了解了课后自主反思学习过程的内容；有效地锻炼了“或独或合”进行课后自主反思学习过程的能力；增进了“或独或合”做好课后自主反思学习过程的自信；提高了日常主动做好课后自主反思学习过程的自觉性。

2）自主复习和作业

一是主动复习课堂所学。学习新课后，学生对所学内容和笔记等，进行自主梳理、完善和归纳总结。二是自主及时完成规定作业和相关选择性作业。①学生及时、独立完成老师布置的分层作业；②学生自主选择完成老师布置的拓展性练习；③学生自己完成所选的课外练习，自行校对或者让相关老师批阅。三是学生注意监控、记录作业完成时间、准确性、规范性、创意性和独特体验。学生注意规划每日作业，如完成作业的顺序、完成作业的预设时间、作业完成的质量等。作业批改或校对后，学生及时订正与开展对相关知识的查缺补漏。四是学生注意听取后续师生对作业的反馈，注意完善自己的作业，并记入反思。作业反馈后，及时进行订正，并梳理错题、整理错题，复习错题整理本，及时查缺补漏。

学生参与课后自主复习和作业“四维度”举措的实施，增进了对自主完成课后复习和作业的价值意识；加深了对课后自主复习和作业要求的理解；有效地锻炼了课后“或独或合”完成自主复习和作业的能力；增进了“或独或合”完成课后自主复习和作业的自信；提高了日常主动做好课后独立、及时、按质完成自主复习和作业的自律意识。

（三）实施策略

1. 动机激发策略

基于积极心理学“三原理”，针对学生“三自”能力参差不齐和良好行为方面的不足，实践教师在加强了解、诊断、析因等基础上，引导学生自主提出改进目标、多元举措、实施计划，多元激励主动加以改进，以有机发展“三自”相应能力和促进相应良好习惯养成。

1）针对学生自律、自学、自律能力参差不齐

一是教师分途、分类加强了解，把握任教班级学生集体、个体“三自”之能力方面的实际情况，根据学生能力的强弱进行分类。二是组织学生自我诊断，明确自己阶段性“三自”能力发展目标。三是组织单元学习竞赛，鼓励学生主动发展克服短板，发展相关“三自”能力。四是鼓励学生自主总结，及时分享自主训练、提高“三自”相关能力小诀窍和经验。五是注意开展分层多途表彰、奖励，鼓励学生主动发展“三自”能力。

通过“五维度”举措的实施，激励了“三自”能力基础不同的学生主动发展相关“三自”能力的动力和自信；提高了学科学习的相关“三自”能力；增强了学科学习的兴趣。

2）针对学生自律、自学、自信良好行为方面的不足

一是学科实践教师注意引导学生通过“自评”“互评”的形式，加强自主诊断，找到自身“三自”良好行为习惯存在的不足。二是学生“有独有合”找不足的原因。三是针对原因，学生自主设计有针对性的改进计划。例如，自律行为方面不足的，在家长、同学与老师的监督下制订课前预习打卡计划：每日坚持完成自主阅读、圈画不理解的内容、完成配套练习中的简单部分、准备学习用具等。四是加强家校配合，促进学生自主落实实施计划。实践教师注意通过手机通话、短信提示、微信的互动交流，及时沟通学生“三自”相关良好学习行为习惯的实施计划进程，分享教育资料，通过家长会、家委会进行宣传教育，引导家长充分意识到加强计划的落实、提升孩子“三自”素养的现实意义，从而重视日常在家引导孩子提升“三自”素养。五是加强多元化激励，鼓励学生坚持主动发展相关“三自”良好行为习惯。如艺术（音乐）课堂上，赵殷伊老师在《青春舞曲》的教学过程中，用充满热情的教学状态和多元化的随机激励，对学生以自主为主、小组合作为辅，课堂围绕《青春舞曲》的音乐、舞蹈艺术，进行自主欣赏、识谱、学唱与合作演奏、律动、自主撰写青春感悟等，课外围绕《摘葡萄》结合网络和课堂新学进行律动创编学习。这使学生个体和小组参与性和态度性好，完成速度快、质量高、内涵丰富、有个性特色。同时，通过显性与隐性的现场激励，有效地内化了被激励学生的相关行为，提升了相应的音乐和“三自”素养，促进了教学整体实效的提高。

“动机激发策略”的实施，帮助实践教师、学生和家长更好地了解学生在“三自”能力和良好行为习惯方面存在的不足以及背后的原因；促使学生自主设立改进目标、制订多元举措和实施计划，并提高了他们针对问题进行主动改进的能力；加强了家校合作，共同对学生进行多元激励与引导，让学生积累了落实计划的成功感；提高了学生主动发展“三自”相应能力和促进相应良好习惯养成的主动性和持久性，增进了改进与提高的自律与自信。

2. 主体参与策略

这是指基于积极心理学“三原理”，在学科教学中，实践教师通过引导学生在教案设计、教学准备、课堂教学、课后辅导中，加强独立或小组合作形式的多元参与，突出学生学习的主体性、能动性，更快、更好地完成相应参与的任务，并有机提升学生“三自”之“三素养”。

1）教案设计中参与

一是学生参与研究探索主题确定。二是参与学情提供。三是参与相关“本课化”的“三自”素养定位。四是参与所涉“程”落实举措设计或讨论。五是参与学习过程设计。

2）教学准备中参与

一是学生参与提供教学资源。二是帮助老师准备教学仪器。三是做好课前的知识准备。四是自主做好上课所用的课本、学习用具等的物化准备。五是打开多媒体等上课所需电子设备。

3）课堂教学中参与

一是两分钟预备铃期间：学生独立或相互提示做好学习的坐姿、教室安静与学课的心理准备。二是课堂导入阶段（一般为课始的5分钟）：①学生参与预习情况反馈；②参与课前探究成果展示；③参与时政播报；④参与介绍历史上的今天；⑤参与学课提问；⑥参与提出本课学习愿望。三是课堂展开（以新授课为例）期间：①学生参与主动学习、理解新知；②参与练习，及时自主巩固新知；③参与迁移运用，能够灵活运用新知。四是课尾集中小结期间：①学生参与小结所学内容；②小结学习方式方法与个性化的学习经验与体会；③借助多元形式、技巧表述小结结果；④后续注意合理利用小结结果。五是布置作业期间：①学生注意聆听、记录、标注教师的作业要求；②不懂之处，注意及时提问，主动弄清作业要求；③主动思考，如何完成课后作业。

4）课后辅导中的参与

一是学生自主复习、整理课堂所学，提出疑难问题，教师进行个别辅导。二是学生自主完成作业中，遇到问题时的辅导：①加强自问、自答式的自辅导；②加强同伴讨论、相互探讨式的辅导；③请家长帮忙指导；④借助相关资源、工具自主解决问题。

“主体参与策略”的实施，彰显了学生在教案设计、教学准备、课堂教学和课后辅导中的主体性和能动性，促进了学生更快、更好地完成相应任务，并提升了学生“三自”相关意识、能力和良好行为习惯。

3. 体验成功策略

基于积极心理学相关原理，在学科基础型课程、拓展型课程、社团活动和相关成果展评中，实践教师注意引导学生参加多类型的亲历操作、实践、创作和展评等类型的学习过程，在更快、更好地完成相关亲历型学习任务，增进学习成功感的同时，有机提升学生完成相应亲历型学习任务的“三自”之“三素养”。

1）基础型课程中的体验性学习

（1）音乐与舞蹈相结合的多元体验式学习。例如，艺术（音乐）学科，在赵殷伊老师基于积极心理学“二原理”整合实施“三式一法”的引导下，课堂上组织学生学习《青春舞曲》和课后独立学习《摘葡萄》舞曲，由学生进行“或独或合”多元化的实践体验式学习，学生在两支舞曲的自主欣赏、识谱与演唱，合作演奏、律动与撰写、交流感悟青春和课外迁移运用中，不仅普遍把握了新疆音乐的切分基本风格特征，掌握了翻腕、移颈、拍掌等伴音舞蹈的经典动作，还能够在课外迁移创编运用经典律动动作，并对青春有了新的认识与感悟，体会到了多元实践体验成功的喜悦，彰显了在促进学生积极体验提升音乐和“三自”之相应“三素养”方面的独特价值。

（2）物理验证实验中的“独合结合”体验式学习。例如，在物理拓展课上，学生运用量筒法和溢杯法两种方法，经历了验证“阿基米德原理”实验的过程。教师在课堂中引导学生进行交流讨论，完成实验方案设计。随后，教师采用学生独立自主为辅、小组合作为主的实验方法，培养了学生养成良好的实验习惯，包括课前复习、遵守实验步骤、注意做好实验准备、严格控制实验变量、严谨记录实验数据和现象、归纳实验结论和做好实验收尾等。小组合作开展实验探究，促进了学生更好地完成任务，使更多学生取得成功，体验物理实验探究的乐趣；促进了学生获取实验知识和技能，培养观察力、分析推理能力；增强了对做好实验和物理学习的自信心。

2）展示过程中的体验

（1）展示多样化艺体素养的实践体验。一是学校开设类型丰富的艺体类社团，为学生搭建展示艺体方面素养的平台。例如，合唱团、沪剧社、戏剧社、课本剧表演社、英语社、足球社、跆拳道社、琵琶社、3D打印兴趣小组、电子积木多元造型实践体验小组等。二是学生们在社团活动时间进行观摩、学习、实践体验。三是社团成员参加学校、镇、高桥中学教育集团、区级乃至市级相关艺体类赛事活动，并取得较好的成绩。

（2）多层面参与学科学习多方面的探究成果展示实践体验。学生一是参与同班同学间的展示。二是参与本年级同学间的展示。三是参与本校同学间的展示。四是参与高桥中学教育集团各学校间的展示。五是参与区级相关展示。六是参与市级相关展示。

“体验成功策略”的实施，使学生增多了在学科基础型课程、拓展型课程、社团活动和相关成果展评中的成功实践的经历；能够更快、更好地完成多样化实践体验学习任务，增进了实践体验的成功感和自信；提升了学生完成相应学习任务时的自律意识，保持了这样学习的兴趣。

（四）评价探索

1. 评价标准

评价标准是教育类课题评价研究中“中位”的研究内容。总课题中研制了2类7项评价标准，具体参见《“基于积极心理学原理的初中生‘三自’教育的实践与研究”结题报告》。本子课题，主要运用了总课题所研制的2类7项评价标准的其中6项，具体如下。

1）基于积极心理学原理的初中生“三自”素养发展评价标准

（1）基于积极心理学原理的初中生自律素养发展评价标准。

（2）基于积极心理学原理的初中生课前自学素养发展评价标准。

（3）基于积极心理学原理的初中生课中自学素养发展评价标准。

（4）基于积极心理学原理的初中生课后自学素养发展评价标准。

（5）基于积极心理学原理的初中生自信素养人发展评价标准。

2）基于积极心理学原理的初中生“三自”教育研究课评价标准

积极心理学原理的初中生“三自”学科渗透教育研究课评价标准。

2. 评价方法

评价方法是教育类课题评价研究中“下位”的研究内容，在学科渗透教育实施途径中，是借助5种主要评价方法，对教育实效去实施评价，以更好地发挥评价的诊断、引导作用，并对子课题的实施成效得出更加科学客观的结论。

本子课题，主要运用了5种评价方法，量表法、问卷法、观察法、评比法和综合评价法。概述了评价“五法”的各自含义、若干基本用法与实效。

四、主要成效

（一）学生方面

通过以下来源综合评估学生的学习情况：一是学科实践教师观察学生在日常课堂教学中的表现。二是借助学科渗透教育研究课的观课教师和科研指导专家的评价意见。三是批阅统计学生的课前自主预习和课后作业情况。四是了解家长的反馈。五是对不同阶段学生学习成果进行数据统计分析。六是结合学生的学科学习成绩和遵守课堂纪律情况的累积统计。七是学校组织的后测结果。从总体来看，学生在“三自”之“三素养”方面都取得了显著的进步。

1. 自律素养方面

1）意识方面

学生的自律意识普遍增强。根据学科实践教师和学生的交谈中可知，越来越多的学生意识到无论在家，还是在学校，都应该化被动学习为主动学习，逐渐意识到在学习中养成良好的学习行为习惯是极为重要的。

根据实践教师们的观察，课堂上，大部分学生能始终保持良好注意力，紧跟课堂教学的各个环节，并且，大部分学生对回答问题的积极性有了很大的提高。几乎所有的学生对教材上的相关重要知识点都进行了圈画，记笔记的自律意识有进一步加强。学科渗透教育实践教师在学生课后的自主作业批改中发现，大部分学生能及时、独立、保质和保量地完成作业，按要求完成作业的自律意识也得到了提高。

2）能力方面

从学校总课题组对学生“三自”素养组织的后测结果、学科渗透教育实践教师和班主任与家长的反映看，学生的自律能力都有很大的提高。首先，学生在校自律能力方面，无论是课堂守纪，还是课堂参与度，以及课后作业完成度方面的自律能力，都有较大的提高。其次，同学交往和参与校内集体活动时的自律能力，也都有了较为明显的提高。家长们普遍感叹孩子在家时的学习自律性的变化，最令他们高兴的是，孩子在家用于学习的时间及质量基本有了保证。

3）良好行为习惯方面

通过学科实践教师课堂上的观察，以及家长就孩子在家学习情况的沟通发现，大部分学生在家的学习过程中，逐步养成了课前预习和课后复习的良好学习习惯；在校的学习过程中，基本养成了认真听课、参与质疑及独立思考的良好学习习惯。

2. 自学素养方面

1）意识方面

一是课前自学意识方面。绝大多数学生增进了对课前预习的价值意识，需要主动完成预习任务的意识，注意提出问题的意识和尝试主动解疑的意识，认真做好常规准备和特殊准备的意识。

二是课中自学意识方面。绝大多数学生增进了参与课中答疑、讨论和参与练习的意识；增进了根据教师课堂提问或学习单的要求进行独立思考的意识；增进了对课中学习过程中问题的敏觉意识、尝试主动钻研的意识和注意加强由此及彼开展学习内容间的联系对比的意识；提高了积极参与小组讨论时，合作解决问题的意识和注意倾听师生发言的意识；明显地增进了课中学习时的笔记意识。

三是课后学习意识方面。多数学生提高了课后先复习、再作业的意识；能认识到只有独立作业，才能有效巩固新学知识、技能和检测自身学习成果，提高了及时、独立完成作业和反思改进作业的意识；提高了对开展自选内容学习的价值意识和积极尝试自学的意识。

2）能力方面

一是课前自学能力方面。多数学生能够根据教师和学习单的要求以及自学的需要，主动开展相关文本性资源进行自主阅读；能较好地利用工具书、图书馆资源、网络资源等，自主进行信息检索与查询、有效评鉴与整合运用信息；在阅读时，能自主运用一定的批注方式方法，批注阅读材料的重点、难点、关键点、易错（易混）点和兴趣点；学生个性化批注的能力得到提高。

二是课中自学能力方面。绝大多数学生，课中能够保持集中注意力；能有效地进行阅读、圈画、理解、思考、质疑和"或独或合"地尝试析疑与解疑；能有效地点评同学的学习情况，并根据老师和同学对自己的点评自主反思；能主动参与班级交流，倾听同学的发言，根据同学发言、教师引导、文本学习，反思自己的观点，获取、分析、处理有效信息，加以内化；能在小组合作中主动表达自己的观点，并根据同学的观点来修改自己的学习成果；能在教师和学习单引导、参与实践、倾听同学发言和自主反思中，逐步提高了课中与课尾集中小结的能力。

三是课后自学能力方面。多数学生能独立完成课后作业，能主动尝试开展学科和兴趣爱好类拓展学习，能开展学习总结反思。

3）良好行为习惯方面

一是课前自学良好行为习惯方面。多数学生提高了主动复习的价值意识、先复习后作业的意识和及时、独立完成作业、注意提高质量的意识；提高了对自学的价值意识、主动进行预习、开展拓展学习和加强对自学的自主监控意识。

二是课中自学良好行为习惯方面。多数学生养成了自觉参与课中学习的良好行为习惯；根据教师提示和学习单要求，边阅读课文、边作圈画、边将独立与小组合作思考的结果记录在学习单上的习惯；主动参与独立为主、小组合作为辅尝试自主归纳、整理的习惯和注重提高自学质量的习惯。

三是课后自学良好行为习惯方面。多数学生基本养成了课后坚持"三定"（定时、定点和定量）进行自主学习的良好行为习惯，还能够注意及时加强对自学情况的监控；基本养成了注重课后自学任务的完成率、及时进行批注和与自己已有的学习经历、经验加强建构、反思与内化的行为倾向。

3. 自信素养方面

1）意识方面

多数学生一是在家能够自主做好自主学习。二是课前能够自主整理好学习用品。三是相信自己能够利用课堂里所学方法解决实际问题。四是敢于在课堂中发表自己的看法。五是表现出积极参学的状态。

2）能力方面

大多数学生一是能有效使用工具书、合理使用网络“或独或合”完成课前和课后相关自主学习任务。二是会快速浏览文本，梳理文本内容，圈画重点内容及关键词句。三是能主动思考、大胆质疑、善于在课堂上发表自己的见解。由此，增强了学生课中、课后进行模仿、迁移运用已学、交流分享学习所得和进行客观评价的自信，同时也提升了他们在合作学习中倾听和与不同对象交流的能力。

3）良好行为习惯方面

一是课前，绝大多数学生基本养成了课前自主做好预习的习惯，能坚持自行准备好学校学习所需的工具书及其他学习工具。二是课中，绝大多数学生能主动记好笔记，并在课后自主梳理、归纳笔记内容；听课过程中，能主动思考问题，乐于举一反三。三是课后，绝大多数学生能做到及时、独立完成作业，缩短了完成作业的时间，提高了完成作业的准确率；能按照自己的学习兴趣，利用多种渠道和方式方法“或独或合”进行拓展学习。

（二）教师方面

1. 学科研究意识方面

随着学校区级课题研究的不断深入，教师普遍感受到加强教育科研的重要性及必要性，认识到学科渗透教育对提升学生相关“三自”素养具有重要的促进作用。实践教师在平时的学科教学过程中，能够结合实际问题，进行选题、设计、实施和总结，教学研究行为逐步增多。

2. 课例研究素养方面

参与学科渗透教育课题研究课的教师，经历了一系列步骤。一是研究课定题（明确研究主题）。二是撰写设计思路中的“三情”（学情、课标与教材）分析和其他依据的阐释。三是尝试概述课题研究的内容、教学目标，并注意覆盖学科和课题研究主题“两个本体”。四是细化教学过程设计和在教学实践中加以有效落实。五是根据研究课设计与实际执行情况，符合逻辑、相互匹配、有针对性和“干货”化地表述课后的实效、反思与意义揭示。这一完整的学科渗透教育研究课的课例过程，提升了学科实践教师在研究课设计和课例撰写方面的素养；推动了常态课中的教学改进，并探讨如何结合积极心理学的相关原理来加强对学生整体、部分和个别情况的关注。同时，他们还注意结合学生“三自”素养的培养，及时进行引导和激励。参与学科渗透教育课题研究的老师们从几乎没有实践类教育课题科研经验，逐渐变得能够比较规范地进行相应研究实践，形成了多样化的学科类课题研究成果，提升了在做好课题研究方面的兴趣和自信，也增强了自身的“三自”相关素养。

（三）学校方面

一是促进了学校学科化的学生“三自”素养培养内容的厘定，对教学实施途径、策略和评价改进的探索，提升了学科教学质量。二是丰富了学校区级课题的成果类型。三是促进了学校初中强校工程建设。四是促进了学校“三自”教育特色建设和内涵发展。

五、主要成果

基于积极心理学原理的初中生"三自"学科渗透教育主要成果包括以下方面：22篇"三自"学科渗透教育研究课教学设计、15篇课后撰写的课例。此外，结题时，发布了5篇研究课课例和专题总结，以及1篇子课题报告，共计43篇成果。同时，还有一批研究课的录像资料。

参考文献

[1] 塞利格曼.活出最乐观的自己[M].洪兰，译.沈阳：万卷出版公司，2010.
[2] 彼得森.积极心理学：构建快乐幸福的人生[M].徐红，译.北京：群言出版社，2010.
[3] 苗元江，余嘉元.积极心理学：理念与行动[J].南京师大学报(社会科学版)，2003(3)：81-87.
[4] 任俊.积极心理学[M].上海：上海教育出版社，2006.
[5] 乾润梅.积极心理学及其在教育实践中的运用[D].武汉：华中师范大学，2006.
[6] 王倩，李辉.对积极心理学在中国发展的几点思考[J].湖北广播电视大学学报，2010(2)：50-51.
[7] 陈振华.积极教育论纲[J].华东师范大学学报(教育科学版)，2009(3)：27-39.
[8] 孙艳梅.积极心理学对中学教育教学的启示[J].新课程(中旬)，2014(2)：73-74.
[9] 彭凯平.吾心可鉴：澎湃的福流[M].北京：清华大学出版社，2016.
[10] 中共中央 国务院.深化新时代教育评价改革总体方案[R/OL].(2020-09-13).http://www.moe.gov.cn/jyb_xxgk/moe_1777/moe_1778/202010/t20201013_494381.html?eqid=c14fb6220005e127000000066434b53f.
[11] 周军.教学策略[M].北京：教育科学出版社，2003.
[12] 余文森，王永，张文质.让学生发挥自学潜能让课堂焕发生命活力：福建中小学"指导—自主学习"教改实验研究总结[J].教育研究，1999(3)：58-63.
[13] 董齐，周勇.论学生学习的自我监控[J].北京师范大学学报(社会科学版)，1994(1)：8-14.
[15] 庞维国.自主学习：学与教的原理和策略[M].上海：华东师范大学出版社，2003.
[16] 赵春芳.教学策略与学习效能[M].北京：现代出版社，2014.
[17] 吴骏德，曹明.实施"双自"教育　促进自主发展[M].上海：同济大学出版社，2017.
[18] 金丽萍，曹明.初中生良好行为习惯养成教育[M].上海：同济大学出版社，2017.
[19] 张必胜.新城区初中生良好行为习惯养成教育的学科渗透研究[C]//金丽萍，曹明.初中生良好行为习惯养成教育.上海：同济大学出版社，2017：97-113.
[20] 姚勇，曹明."独二代"家庭教育学校的评价体系支持的实践与研究[C]//金卫东，曹明等."独二代"家庭教育指导新方略(论文选).上海：上海教育出版社，2017：187-214.
[21] 包卫达，曹明.基于积极心理学原理的有效教育实证研究(课例选)[M].上海：同济大学出版社，2021.
[22] 柴建荣，曹明，祝青，等.中学生主动发展的实践研究(课例选)[M].上海：上海教育出版社，2023.

基于积极心理学原理的初中生“三自”红领巾社团活动教育的实践研究

上海市凌桥中学　王　霞　唐艳婷

一、问题提出

(一) 概念界定

1. 核心概念

“积极心理学”和本子课题拟用的“三原理”[积极的情绪体验、积极的人格特征(乐观)、积极的学习环境]、“三自”(即自律、自学、自信)的定义,参见《“基于积极心理学原理的初中生‘三自’教育的实践与研究”结题报告》。

“红领巾社团”,是指少先队员在辅导员的指导下,根据自身兴趣、爱好、个性等,通过招募、自愿报名的方式,由辅导员和队员共同建构的集知识学习、技能提升、自主发展为一体的共同体。它有规范的章程要求、完整的组织架构、丰富的活动载体、多元的评价体系。在本课题中,主要指学校文化艺术类、体育健身类、语言文字类、志愿者服务类相关社团。

2. 课题界定

“基于积极心理学原理的初中生‘三自’红领巾社团活动教育的实践研究”,是指在初中红领巾社团活动的教育过程中,厘定基于积极心理学原理的初中生“三自”红领巾社团活动教育之队员素养的培养内容,探索实施途径、实施策略和评价举措,逐步增强队员的“三自”意识,提高“三自”能力,养成良好的“三自”行为习惯,进而提升队员参与社团活动的整体素养。

(二) 研究依据

一是落实《上海市初中学生综合素质评价实施办法》的需要。

二是发挥学校实施“三自”教育促进队员自主发展优势的需要。随着城镇化的发展,上海市凌桥中学的生源中,外来务工人员随迁子女比例占学校总生源约70%。不少队员存在缺乏自律意识、学习方法不佳以及缺乏自信等问题。因此,如何通过丰富多彩的红领巾社团活动帮助他们增强“三自”意识、提高“三自”能力、养成“三自”良好行为习惯成为紧迫的问题。红领巾社团作为一个凝聚队员向心力的群众组织,是队员根据共同理想和兴趣自发组成的。由于其组织性质和活动的开展具有自主学习和自主管理的特点,在参与红领巾社团活动过程中，队员能够通过自主参与、自主管理、自主监督、自主评价和自我展示等方式，增强“三自”意识，提升“三自”能力，并养成良好“三自”行为习惯。

三是推进初中强校工程和区级课题研究的需要。

基于以上现状，学校课题组提出了“基于积极心理学原理的初中生‘三自’红领巾社团活动教育的实践研究”这一子课题。

二、研究概况

（一）研究目标

1. 理论目标

通过研究，厘清基于积极心理学的初中生“三自”红领巾社团活动之队员素养培养内容，探索培养教育的实施途径、实施策略、评价标准与方法，构建初中红领巾社团活动中队员“三自”素养培养教育的操作框架，总结实施的经验，丰富“基于积极心理学原理的初中生‘三自’红领巾社团活动实践研究”方面的相关理论。

2. 实践目标

通过研究，增强队员自律、自学、自信方面的意识，提高“三自”能力，促进养成“三自”良好行为习惯；提高社团辅导员研究素养、社团活动教育组织能力和其他专业素养；拓展学校红领巾社团活动教育途径，丰富红领巾社团活动内涵，促进学校区级课题研究。

（二）研究内容

（1）基于积极心理学原理的初中生“三自”红领巾社团活动教育的队员素养培养内容。

（2）基于积极心理学原理的初中生“三自”红领巾社团活动教育的实施途径。

（3）基于积极心理学原理的初中生“三自”红领巾社团活动教育的实施策略。

（4）基于积极心理学原理的初中生“三自”红领巾社团活动教育的评价标准与方法。

（三）研究方法

1. 文献分析法

在确定研究主题后，通过文献分析法，检索国内外关于“积极心理学”“三自”“社团”的期刊所发表的论文等文献资料，并阅读、整理，为明确本研究概念的界定，为“三自”素养培育内容的厘定提供依据，从而提高课题设计的针对性。在课题研究的实施和总结阶段，继续运用本法，收集和处理相关文献资料，为课题研究的实践、成果的总结，提供相关文献的参考。

2. 行动研究法

在子课题实施阶段，参考课题的界定，参照子课题的实践目标，厘定基于积极心理学原理的初中生“三自”红领巾社团活动教育的队员素养的培养内容基础上，对实施途径、实施策略、评价标准与评价方法，按照“计划—实施—观察—调整”的行动研究基本步骤，组织两轮行动研究（2020 年 1 月—2021 年 1 月，2021 年 2—6 月），努力达到预期的研究目标。

3. 访谈法

借助访谈法，本子课题组长与红领巾社团成员、辅导员面对面进行沟通，直观地了解当前红领巾社团活动对队员“三自”素养培育的作用，了解队员相应阶段“三自”素养的现状。这为本子课题开题报告设计、行动研究的实施和成效的总结，提供了相关依据。

4. 经验总结法

在成果总结阶段，通过梳理本子课题的研究资料，根据开题报告和结合实践的实际，参考相关区级课题研究成果著作和区级课题子课题报告，构建本子课题的总结框架，逐步完成本子课题报告的撰写和完善工作。

（四）研究过程

从 2019 年 4 月，成立本子课题，启动开题报告设计开始，到 2022 年 2 月完成结题，再到 2024 年 3 月完成结题后的局部拓展研究和精细化修改的定稿，共记录四个阶段的 100 余项研究事项。具体见表 1。

表 1　基于积极心理学原理的初中生“三自”红领巾社团活动教育的实践研究四阶段的实施过程

阶段	时间		研究工作
准备阶段	2019 年 4 月		成立子课题组，明确分工
	2019 年 5 月		学习理解学校区级课题申请书和开题报告；收集资料，完成基本文献检索
	2019 年 6 月		听取学校聘请的全程指导学校区级课题研究的上海市浦东教发院原资深教科研员曹明老师论证、指导意见，设计子课题研究方案初稿
	2019 年 7 月		课题组长制订本子课题的研究实施计划
实施阶段	2019 年 8 月		确定研究目标和学生“三自”素养培养内容
	2019 年 9 月		确定和细化课题研究内容； 设计调查问卷和访谈提纲
	2019 年 10 月		细化开题报告设计，准备参加开题
	2019 年 12 月		根据专家建议，适当调整实施途径、策略研究内容的设计； 完善本子课题实践研究的实施计划
	第一轮行动研究（2020 年 1 月—2021 年 1 月）	2020 年 1 月	开展基于子课题的社团汇报演出——元旦迎新汇演活动；参与红领巾社团评优和表彰活动
		2020 年 2 月	组织排摸队员兴趣特长；设想新学期可以开设的红领巾社团
		2020 年 3 月	开展红领巾社团成员招新活动；组织队员做好参加区艺术节比赛活动准备
		2020 年 5 月	组织队员参加浦东新区第十六届学生艺术节比赛

（续表）

阶段	时间		研究工作
实施阶段	第一轮行动研究（2020 年 1 月—2021 年 1 月）	2020 年 6 月	组织队员参加红领巾社团评优活动
			组织队员开展“扣好人生第一粒扣子　在战‘疫’中成长”活动
		2020 年 9 月	组织队员参与教师节表彰大会演出
			开展“海上雅韵的播撒”主题教育活动
			组织队员参与“联动出‘圾’、共同守护滨江海岸线”志愿服务活动
			承办浦东新区戏曲脸谱绘画进校园活动
		2020 年 10—12 月	开展每周 3 课时红领巾社团活动课
			开展世界粮食日主题教育活动
			组织开展校第 20 次少代会（研究少代会提案）
			组织预备年级换大号巾仪式、初三年级换徽仪式
			开展新团员入团仪式；组织队员准备参加浦东新区第十六届学生艺术节比赛节目
			组织队员参与浦东新区第十六届学生艺术节比赛活动
			开展元旦迎新汇演、红领巾社团评优
			组织开展少先队学“四史”主题教育活动
	第二轮行动研究（2021 年 2 月—2021 年 6 月）	2021 年 2 月	组织新一轮红领巾社团招新
		2021 年 2—6 月	组织队员参与完善社团各项管理制度，开展常规社团活动
		2021 年 3 月	组织开展爱心义卖活动
		2021 年 5 月	组织队员进行参赛准备和参加区艺术节（团体和单项比赛）
			开展“童心向党　歌声飞扬”主题歌会
			开展迎五四庆建党百年主题教育活动
			开展团员入团仪式
		2021 年 6 月	开展迎六一庆建党百年文艺汇演；收集整理子课题研究成果，完成研究报告框架
总结阶段	2021 年 7—8 月		撰写子课题研究报告初稿
			参与结题准备的交流汇报研讨，听取曹明老师的总体指导意见；子课题组长自主完善子课题研究报告
			组织队员参与滨江森林公园野战夏令营
			组织队员开展“领巾心向党　假日微行动”
	2021 年 9 月		听取曹明老师的个别指导；自主完善子课题研究报告的修改
			组织队员参与教师节表彰大会演出

（续表）

阶段	时间	研究工作
总结阶段	2021 年 10 月	参与组织红领巾公园课程之滨江森林公园行走体验课程
	2021 年 11—12 月	听取专家曹明老师的第二次到第四次的个别指导；自主完善子课题研究报告的修改
		组织召开校第 21 次少代会
		组织预备年级换大号巾仪式、初三年级换徽仪式
		组织开展新团员入团仪式
		组织开展 2022 年元旦迎新汇演
	2022 年 1—2 月	组织队员参加英语戏剧表演准备活动；组织队员参加 2021—2022 年上海市英语戏剧嘉年华活动
		组织红领巾社团评优活动
		参加学校区级课题结题交流准备推进会；听取专家曹明老师的第 5—7 次个别指导；根据曹老师的反馈意见，自主进行修改；曹明老师修改完成子课题结题用报告初定稿
		参加学校区级课题现场结题会
结题后完善阶段	2022 年 3 月—2024 年 6 月	曹明老师作精细化修改和局部增补；各作者据曹明老师的修改反馈稿，自主完成审校；按照出版要求，完成子课题报告的定稿

三、研究实施

（一）培养内容

1. 制订依据

制订基于积极心理学原理的初中少先队员自律、自学、自信的意识、能力和良好行为素养，主要依据有六点，具体参见《“基于积极心理学原理的初中生‘三自’教育的实践与研究”结题报告》。

2. 红领巾社团活动中“三自”素养培养

基于积极心理学原理的“三自”红领巾社团活动队员素养培养内容，是从意识、能力、良好行为习惯“三维度”进行三级要素分解的。其中自律、自学素养的培养，还按照活动进程，分为社团活动前、活动中、活动后“三程”进行分解。具体分解后，得到自律“三维度”三级要素 22 项、活动“三程”自学四级要素 57 项和自信三级要素 14 项，合计 93 项。具体参见表 2—表 4。

表 2　基于积极心理学原理的初中生红领巾社团活动队员自律素养培养内容

Ⅰ级要素	Ⅱ级要素	Ⅲ级要素
自律意识	社团活动前自律意识	自主准备意识
		守规（社团规章制度）意识

（续表）

Ⅰ级要素	Ⅱ级要素	Ⅲ级要素
自律意识	社团活动中自律意识	主动参与意识性
		监控意识
		守规(社团规章制度)意识
		安全意识
	社团活动后自律意识	守规(社团规章制度)意识
		总结反思意识
自律能力	社团活动前自律能力	能够自觉做好活动相关准备能力
		能够自觉学习与遵守社团规章制度
	社团活动中自律能力	自觉参与活动能力
		自觉监控活动过程能力
		有序合作能力
	社团活动后自律能力	在活动中合理使用活动器材、工具能力
		自觉进行活动反思与总结能力
自律行为习惯	社团活动前自律行为习惯	自觉做好活动前准备习惯
		自觉监控活动任务完成情况习惯
	社团活动中自律行为习惯	坚持完成活动任务行为习惯
		守规行为习惯
		自主监控活动目标、过程和结果行为习惯
	社团活动后自律行为习惯	整理活动器材、工具行为习惯
		及时反思总结与分享行为习惯

表 3　基于积极心理学原理的初中生红领巾社团活动队员自学素养培养内容

Ⅰ级要素	Ⅱ级要素	Ⅲ级要素	Ⅳ级要素
自学意识	社团活动前自学意识	预习意识	认识价值意识
			学习和运用意识
			主动质疑意识
		学习准备意识	认识到活动前期准备的重要性
			认识到活动前期做好心理准备的重要性
		质疑意识	怀疑意识
			批判意识
			答疑意识
		笔记意识	多元搜集信息意识
			阅读、观察、讨论、展示意识

（续表）

Ⅰ级要素	Ⅱ级要素	Ⅲ级要素	Ⅳ级要素
自学意识	社团活动后自学意识	主动复习意识	活动后认识到复习的重要性的意识
		独立作业意识	活动后能认识到独立完成作业是巩固所学的有效方法的意识
			活动后具有主动完成活动作业的意识
		积极自学意识	活动后完成布置的任务后有自主探究学习的意识
自学能力	社团活动前自学能力	阅读能力	能够阅读活动方案并且删选有效信息
		批注能力	对活动中的注意事项、关键点、疑惑点进行批注
	社团活动中自学能力	集中注意能力	根据活动任务作出相应行为能力
		主动质疑能力	针对活动内容提出质疑能力
		多元内化能力	用所学技能、知识解决问题能力
		小结提升能力	从学习内容中提炼重点、难点能力
	社团活动后自学能力	完成作业能力	能够独立完成活动作业能力
			缩短完成作业的时间并且提高作业质量能力
		拓展学习能力	根据自身兴趣选择内容进行拓展学习能力
		总结反思能力	针对活动中的表现进行总结反思能力
自学行为习惯	社团活动前自学行为习惯	预习行为习惯	活动前能够坚持做好自主预习习惯
		自学行为习惯	预习过程中能提出问题、尝试加以解决习惯
	社团活动中自学行为习惯	自主参与习惯	在活动中具有积极参与的习惯
			在活动中敢于质疑习惯
		积极思考习惯	在活动中能够坚持积极思考、参与讨论的习惯
		主动笔记习惯	在活动过程中能够主动记录笔记习惯
			能够注意优化笔记，突出学习重点、难点
	社团活动后自学行为习惯	坚持自学习惯	在活动后能够根据自己的需求坚持开展一定的自主学习

表4　基于积极心理学原理的初中生红领巾社团活动队员自信素养培养内容

Ⅰ级要素	Ⅱ级要素	Ⅲ级要素
自信意识	生活自信意识	具有与他人有效沟通的意识
		认为自己在某方面有特长并且为之自豪的意识
		认为能够通过努力能够完成社团中所承担任务的意识
	交往自信意识	具有结交朋友的意识

（续表）

Ⅰ级要素	Ⅱ级要素	Ⅲ级要素
自信能力	生活自信能力	能够与他人进行有效愉悦的沟通能力
		在生活方面有一定的特长能力
	交往自信能力	能够与他人和谐相处的能力
		能够在公众场合流畅地表达自己想法的能力
	学习自信能力	能够独立解决问题的能力
		在社团活动过程中能够大胆质疑的能力
自信行为习惯	生活自信行为习惯	具有良好的生活习惯
	交往自信行为习惯	具有善于倾听的行为习惯
		与他人沟通时，能够有效提出质疑的习惯
		能够与异性自然大方相处的习惯

红领巾社团活动队员“三自”各自意识、能力和良好行为习惯“三素养”93 项要素培养内容的明确，有助于引导队员在“三自”素养的发展方向，选择和确定红领巾社团具体活动中相应“三自”之“三素养”培养内容。同时，也为后续本子课题之队员自律、自学和自信素养发展评价标准之评价内容的确定奠定了基础，提高了本子课题研究的速度和质量。

（二）实施途径

在开展本子课题红领巾社团活动教育过程中，以积极心理学“三原理”为指导，借助红领巾社团制度建设、校内红领巾社团活动、校外红领巾社团活动实施路径的相关举措，有机地提高初中少先队员的“三自”意识、能力和良好行为习惯。

1. 在红领巾社团制度建设中培养

基于积极心理学“三原理”，队员自主参与制订、执行红领巾社团制度，培养队员相应的遵守规章制度的自律意识、自我管理能力，促进养成良好的自我管理行为习惯，并提升自律、自学相关素养的实施路径。

1）自主制订相关制度中实施

在学期初，召开队干部会议，讨论并制订红领巾社团章程，包括红领巾社团的名称、组织者和领导者、目的、成员、权利、义务、辅导员、活动、特征、资产管理、评价方式。会议通过后，印刷并张贴在各中队教室供各位队员学习。

2）自觉执行相关制度中实施

（1）在社团活动过程中学习并遵守相关规章制度。例如，校星光合唱团在学期初第一次活动课上，组织队员学习社团规章制度、讨论遵守制度的意义、征询制度的改进意见等。

（2）在执行制度过程中辅导员进行评价。例如，每节红领巾社团活动课前，辅导员会进行点名；活动课中，辅导员及时激励表现较好的队员；学期活动课结束后，辅导员会对各个队员的学习情况进行评价。

这一过程，培养了队员自主参与讨论、制订社团制度、进行制度宣传，讨论遵守制度的意义，并征询制度改进意见的能力，增进了队员遵守社团规章制度的自律意识、自我管理能力和反思意识。

2. 在校内社团活动中培养

基于积极心理学“三原理”，学校依托良好的校内红领巾社团活动阵地，组织形式丰富的校内红领巾社团活动，提升队员“三自”相关“三素养”。

1）在校内红领巾社团活动中实施

（1）在教学目标、教学计划中渗透“三自”教育。在学期初，各红领巾社团的辅导员，会根据上级文件要求、学校课题需求、队员年龄特征、知识技能储备和“三自”素养现状，制订适切的学期红领巾社团活动课教学计划和教学目标。

（2）在红领巾社团活动课的教学过程中渗透“三自”教育。例如，活动课前，辅导员组织队员自行点名、活动道具整理；活动课中，挖掘表现较为优秀的队员引领示范，组织其他队员开展自主排练；活动课后，队员自主做好活动场地的清扫和门窗管理等工作。这一过程，锻炼了队员自觉地做好活动相关准备的能力；增进了队员积极参与活动的意识和有序合作参与活动的能力；促进了队员在活动后将活动工具放回原处良好行为习惯的养成。

（3）在红领巾社团活动课后渗透“三自”教育。在活动课后，辅导员提供课堂的教学素材，包括课件、音频、文字资料等；队员自主利用课余时间，在学校观看并利用空余场地进行排练；组织其他队员进行观摩，并提出改进意见。这一过程，锻炼了队员自觉监控活动任务完成情况和对活动中的表现进行总结反思的能力；促进了队员在活动后根据自身兴趣和需求进行自主学习习惯的养成。

2）在校内红领巾社团活动中渗透

（1）在校内大型汇报演出中渗透“三自”教育。例如，在校庆六一、元旦迎新的汇演中，队员根据自己的兴趣爱好和特长，发动身边的队员报名参加海选，通过辅导员指导和队员自主排练相结合的形式，做好所需服装、鞋子的尺码统计、道具挑选、磨炼配合、舞台走位等各项演出准备工作，并在每学期的6月1日、12月31日进行汇报演出和表彰激励。这一过程，促进队员树立起表演准备意识、表演自信意识和交往自信意识；锻炼了队员与他人和谐相处、用所学技能和知识解决问题的能力，队员们在活动中，愉悦了心情、培养了兴趣、发展了个性。

（2）在校内主题教育活动中渗透“三自”教育。例如，在高桥教育集团“品味经典　书香筑梦”经典诵读大赛中，负责主持的队员们根据活动主题和节目内容，自主查阅资料、拟定主持词、制作主持卡、主持卡编号、进行分工。在每年3月的爱心义卖活动中，各中队的队员们通过琳琅满目的义卖商品、创意无限的海报设计、五花八门的促销设想吸引顾客。这一过程，帮助队员树立起通过自身的努力才能完成社团任务的意识；锻炼了队员用所学技能和知识解决问题的能力；培养了队员在社团活动中积极参与的习惯。

3. 在校外社团活动中培养

这是指积极心理学“三原理”，学校通过依托良好的校外社区资源，组织形式丰富的校外特色社团活动，有机提升队员“三自”相关素养。

1）积极参与校外各类比赛

队员们积极参与暑期读书征文活动、浦东新区艺术节专项和展演比赛（绘画、朗诵、戏曲、合唱比赛等）、上海市英语戏剧嘉年华、高桥集团经典诵读大赛、上海市红色戏剧展演、高桥镇绘画展演比赛、上海市动漫画大赛等。队员在比赛前，自主学习相关知识和技能，能积极参赛，并在辅导员的引导下进行过程性记录；比赛后，能及时进行反思、总结和改进。这一过程，丰富了队员的"三自"活动的形式；锻炼了他们阅读活动方案并且筛选有效信息的能力，对活动中的注意事项、关键点、疑惑点进行批注的能力，选择和参与相关校外各类比赛活动的能力；促进了队员在活动后及时进行反思总结行为习惯的养成。

2）积极组织和参与社区活动

学校借助社团的形式，组织队员们走进社区，并开展"三自"教育。例如，队员们积极参加高桥镇团委组织的庆建党百年汇报演出和绘画展演活动。在活动中，获得了社区成员的好评，增强了队员们演出的自信。以五四青年节等节日为契机，队员们走进上海市革命历史博物馆等红色场馆，利用红色资源，开展"四史"学习活动。在活动中，培养了自律与自学意识。借助周边社区资源，包括滨江森林公园、上海公安学院等，开展红领巾公园课程和其他校外实践活动课。这些活动，既调动了队员的参与积极性，又使队员在实践体验中"独合结合"学习了知识、锻炼了实践能力，提高了在公众场合流畅地表达自己的想法的能力，增进了"三程"自主监控意识。

（三）实施策略

本子课题探索了自主性学习、体验性学习和反思性学习三条策略的各自含义、若干基本做法和实效。

（四）实施方法

本子课题探索了五种实施方法，包括讲（听）授法、讨论法、活动法、竞赛法和归纳法，概述了各自的含义、若干基本做法和实效。

（五）评价体系

1. 评价依据

构建课题之"评价体系"的相关基础、依托和根据。本课题的评价依据，主要有5个层面。具体参见《"基于积极心理学原理的初中生'三自'教育的实践与研究"结题报告》。

2. 评价标准

在本子课题中，在总课题组指导下和相关老师的合作下研制了以下2类4项评价标准。

1）基于积极心理学原理的初中生红领巾社团活动队员"三自"素养发展评价标准

（1）基于积极心理学原理的初中生红领巾社团活动队员自律素养发展评价标准。

（2）基于积极心理学原理的初中生红领巾社团活动队员自学素养发展评价标准。

（3）基于积极心理学原理的初中生红领巾社团活动队员自信素养发展评价标准。

2）队员参与过程性活动评价标准

基于积极心理学原理的初中生"三自"红领巾社团活动教育评价标准。

3. 评价方法

在本子课题中，运用量表法、访谈法、观察法、评优法和展示评价法五种评价方法，对队员“三自”等素养发展以及相关社团具体过程性教育活动的实效进行评价。通过这些评价方法，旨在更好地发挥评价的诊断、引导和鉴定功能，从而得出更科学客观的结论。

本子课题，概述了评价“五法”各自的含义、若干基本用法和实效。

1）观察法

根据本子课题研究的需要，在组织队员进行相关“三自”教育活动时，借助总课题和本子课题评价标准，结合个人的观察经验，对相关“三自”教育研究主题的活动过程、特定教育举措、受教育队员的反应、“三自”教育的整体实效等，进行现场观察记录，以此获得活动评价基本信息，并引导辅导员和队员注意改进相关不足的评价办法。

例如，在2022年元旦迎新汇演活动的准备过程中，一是辅导员观察队员在演出前的表现，对于较为紧张的队员及时给予鼓励。二是对于彩排过程中需要改进的地方，及时给予指导意见。三是队员们注意互相观察与提醒注意改进演出技巧。四是队员在这个过程中，不断注意自主观察、反思、对比和改进演出质量。

这样，不仅逐步增强了队员完成演出活动的信心，还培养了他们善于倾听辅导员和组内成员建议，并能合理加以改进的良好行为习惯。同时，也为课题组获取关于“三自”教育具体活动的实施过程情况和实效性信息提供了研判依据。

2）评优法

学校组织“三自”知识与“三自”红领巾社团活动等的甄别性评比，激发队员参与活动的兴趣，提升红领巾社团活动能力，巩固参与相关活动的良好行为习惯，促进队员自觉提升“三自”素养。

例如，在六一开展表彰仪式，表彰红领巾社团活动中表现优秀的队员；用电子大屏幕和固定橱窗展示校外社团活动中获得的奖状；通过红领巾广播和校内公告宣传在校内外社团活动中表现优异的队员；及时撰写通讯稿宣传报道社团活动中的优秀队员、作品和获得的相关荣誉。

这一过程中，队员们增强了参与活动的自信意识，认为自己在某方面有特长并为之自豪。培养了队员完成任务、提高活动质量、遵守规则、自主监控和反思总结等良好行为习惯。同时，为课题组提供了关于“三自”教育具体活动实施过程情况和实效性信息的研判依据。

3）展示评价法

利用初中少先队员表现欲强的心理特点，在红领巾社团活动开展过程中，采用多种方式将红领巾社团活动的成果进行公开展示，并根据本子课题的队员“三自”素养发展的评价标准，由队员开展组内自评、互评、小组间互评，以及辅导员与队员共评，评定优秀成果并进行公布、集中展示和表彰，以激发队员参与社团活动的热情，培养竞争意识，提高活动成果的质量和特色。

例如，每学期以五月和十一月的艺术节、庆六一、元旦迎新活动为契机，学校聘请校外专业摄影和化妆团队助力活动，为社团的队员搭建展示活动成果的平台。优秀作品通过区内外相关媒体、学校微信公众号、电子大屏幕、红领巾广播和学校橱窗展示，并对积极参与活动的队员给予肯定和激励。

队员在这个过程中，一是提高了参与活动的兴趣。二是有效地锻炼了“独合结合”提高活动成果质量、速度和注意塑造特色的能力。三是增进了成果表现表达的自信。四是促进了积极参与活动、注意提高活动成果质量之良好行为习惯的养成。

四、主要成效

（一）队员方面

1. 队员的积极心理得到有机提升

由于学校鼓励队员参与各项红领巾社团活动，注意挖掘队员的兴趣爱好，尊重队员之间的个体差异，激发队员在参与活动中的主动性，表彰参与活动的优秀成果和队员；在活动过程中，通过问卷、访谈等形式，听取队员针对红领巾社团活动的意见，在校内营造了浓郁的促进多元表现表达的积极环境。由此，与课题研究初期相比，学校参与红领巾社团的队员人数更加稳定，参与六一和元旦文艺汇演、校内外社团等活动踊跃。值得一提的是，在区艺术节单项及团体比赛、上海市动漫画大赛和上海市英语戏剧嘉年华表演比赛中，相关队员屡获佳绩。

2. 队员的“三自”素养有所提高

1）“三自”意识方面

社团辅导员表示，队员通过自主讨论、制订、完善社团规章制度，在活动过程中遵守规章制度，互相监督并增强了自律意识。对于活动任务，队员能“独合结合”主动进行设想、实践、反思和改进，积极完成。在参与社团活动的过程中，他们结交了新朋友、发展了新本领、掌握了新技能；体验到了快乐、收获了成功，逐步积累起自信意识。

2）“三自”能力方面

社团辅导员表示，队员在红领巾社团活动中展现了显著的进步：他们在活动前表现出独立与合作进行策划和准备的能力；在活动中展现出自觉参与、有序合作、自主管理以及发现和解决问题的能力；在活动结束后能够总结、反思并注意改进。此外，队员们在活动过程中积极与伙伴愉快沟通，在学有所获后勇于展示自己，踊跃参加比赛，展现出更多的自信心。

3）“三自”行为习惯方面

辅导员对红领巾社团活动进行了常态化观察，发现在“三程”活动中，队员们能够注意约束自己，相互提醒，遵守活动规则；能够注意提高完成活动任务的速度和质量。队员们也表示，通过参与红领巾社团活动，自己的兴趣爱好得到了满足，个性特长得以发挥。辅导员和学科教师还发现，一些社团成员，能够将红领巾社团活动中学习到的知识与技能，迁移运用到日常生活和学习中，发展为日常的行为习惯。例如，在参与红领巾社团活动中，队员学会了如何与伙伴愉快地沟通，这使他们在面对学习问题时更勇于质疑、积极思考和解决难题。

（二）辅导员方面

1. 辅导员的积极心理得到有机提升

此次课题研究，在筹备、申报、实施、总结以及逐步修改完善等环节过程中，参与课题研究的辅导员逐渐理解并应用了积极心理学的相关原理，并注意结合课题和具体的社团“三程”活动对原理加以运用。同时，这也是辅导员将积极心理学逐渐内化为积极心理的过程。辅导员在组织红领巾社团活动时，积极运用乐观态度与队员交流，营造积极参与的氛围，并鼓励队员逐步累积成功成就感，提升积极情绪体验。这种互动也促使队员更愿意参与活动，从而提高了活动质量。辅导员自身的积极心理也在不知不觉中得到提升，参与课题研究的畏惧感逐渐减少。子课题研究报告 8 次与曹明老师互动，随着报告质量的逐步提升，辅导员课题研究的成就感也在逐步提升。日常与队员、同事的相处更加和谐，抱怨减少，积极交流增多。

2. 辅导员的育人观念有所改进

此次课题研究，不仅丰富了辅导员关于“三自”教育的理论知识，也丰富了红领巾社团活动与“三自”教育相关理论的交叉外延，重新构建了辅导员的育人观念。

3. 辅导员的科研素养有所提升

通过此次课题实施，参与课题的辅导员更好地养成了发现问题、思考问题、解决问题的习惯，也学会了很多处理问题的策略与方式方法，对于课题实施过程中遇到的问题和收获的成果，学会有意识地加以记录、反思、总结。通过参与课题研究，辅导员接触到了更多其他领域的知识，如积极心理学、设计课题开题报告、组织相关课题研究主题的社团活动、收集活动中的实效信息（基于观察、访谈、展示与评优）、构思子课题研究报告框架、撰写课题报告等。这一过程开阔了辅导员的视野，提升了辅导员的自学能力，有效锻炼了科研能力（包括课题设计、实施、成果总结、反思等）。在这个过程中，辅导员的研究成果质量也得到了逐步提升。

4. 辅导员的其他专业素养明显提高

辅导员在做课题的同时，感到分析问题和解决问题的能力得到了很大提升，并且能够在日常工作和生活中加以迁移运用。例如，生活中遇到问题时，可以参照课题研究的步骤，积极思考、制订计划、进行实施、反思总结；工作中能以队员“三自”素养的培养内容，注意要求自己，做好队员的表率等；日常与人交往中能以积极的心理、心态，与同事相处、与队员沟通，发挥积极影响，传播正能量。

（三）学校区级课题方面

一是拓展了学校红领巾社团活动的途径。二是较好地完成了本预设途径的区级课题研究子课题任务。三是丰富了学校区级课题的子课题研究报告成果。四是促进了学校其他子课题的研究。

五、结论与思考

（一）基本结论

本课题以积极心理学原理和学校区级课题总体要求为指导，在初步把握学校红领巾社团队员“三自”素养现状的前提下，以文献法为主，参考一定的依据，厘清了基于积极心理学的初中生“三自”红领巾社团活动之队员素养培养内容。以培养内容为目标，以行动研究法为主要研究方法，探索了“三自”教育的红领巾社团制度建设、校内红领巾社团活动、校外红领巾社团活动 3 条实施途径，自主性学习、体验性学习和反思性学习 3 条实施策略，讲授法、讨论法、活动法、竞赛法和归纳法 5 种实施方法，队员“三自”素养发展评价标准的自律、自学和自信素养发展评价准的 2 类 4 项总体评价标准，若干活动过程性中的具体评价标准，量表法、访谈法、观察法、评优法和展示评价法 5 种评价方法。以文献法为主，梳理课题研究资料，参考区级相关课题研究成果，结合专家指导和自身反思，完成了本子课题成果的总结。由此，使队员的积极心理得到有机提升，队员的“三自”意识、能力和良好行为相关“三素养”有所提高，并能够将其内化于心、外化于行，发展了队员的综合素养。辅导员的积极心理有所提升，育人观念有所改进，科研素养有所提升，其他专业素养明显提高。此外，促进了学校区级课题的研究。

本子课题操作框架的构建，实施经验的总结，丰富了基于积极心理学原理的初中生红领巾社团“三自”素养的理论。这说明本子课题对红领巾社团队员“三自”素养的初态把握是准确的；研究内容和研究方法是适切的；研究成效是较为明显的；研究成果是较为科学的。

（二）若干思考

1. 加强红领巾社团活动辅导员的校内外联合实施形式方面

本课题实施的过程中，学校红领巾社团活动，主要由本校辅导员单独辅导、外校辅导员单独辅导，校内外师资联合较少。虽然校外辅导员拥有出色的专业技能，但对本校队员的学情了解不够深入。为了提升后续社团活动的效果，需要更多采用校内外联合开展的形式，组织更适合本校队员素养现状的红领巾社团“三自”教育活动。

2. 借助地域优势资源组织红领巾社团活动方面

学校虽地处偏远，但自然和人文资源优势明显，靠近滨江森林公园、上海公安学院、炮台浜。在后续的红领巾社团“三自”教育活动中，需要注重开发周边特色教育教学资源，如进一步开发红领巾公园活动课程，形成本校社团常规活动和红领巾社团“三自”教育特色活动。

3. 过程和终结评价中充分运用量表作为课题研究评价规范方面

本子课题，仅有前测数据，缺少后测数据与之对比。此外，对于量表之学生“三自”素养评价标准“三表”的研制，较为滞后。在以后的红领巾社团“三自”教育活动和课题研究中，需要提前做好评价量表的研制，注意结合过程性活动和终结性评价，尝试加以运用，以更好地发挥评价量表在过程评价中的引导、诊断、反思和评鉴作用。由此，加强前测、后测数据的收集和分析，进一步提高红领巾社团活动中“三自”教育研究的科学性。

参考文献

[1] 塞利格曼，等. 教出乐观的孩子：让孩子受用一生的幸福经典[M]. 洪莉，译. 北京：北京联合出版公司，2017.

[2] 彼得森. 积极心理学：构建快乐幸福的人生[M]. 徐红，译. 北京：群言出版社，2010.

[3] 弗雷德里克森. 积极情绪的力量[M]. 王珺，译. 北京：中国人民大学出版社，2010.

[4] 苗元江，余嘉元. 积极心理学：理念与行动[J]. 南京师大学报(社会科学版)，2003(3)：81－87.

[5] 李金珍，王文忠，施建农. 积极心理学：一种新的研究方向[J]. 心理科学进展，2003，11(3)：321－327.

[6] 任俊. 积极心理学思想的理论研究[D]. 南京：南京师范大学，2006.

[7] 核心素养研究课题组. 中国学生发展核心素养[J]. 中国教育学刊，2016(10)：1－3.

[8] 孙伟军. 新形势下中学社团建设的问题与对策[J]. 基础教育研究，2017(20)：83－84.

[9] 王兵. 中学生社团组织发展的问题与对策研究：以浙江省衢州第三中学为例[D]. 济南：山东师范大学，2015.

[10] 董齐，周勇. 论学生学习的自我监控[J]. 北京师范大学学报(社会科学版)，1994(1)：8－14.

[11] 余文森，王永，张文质. 让学生发挥自学潜能让课堂焕发生命活力：福建中小学“指导—自主学习”教改实验研究总结[J]. 教育研究，1999(3)：58－63.

[12] 蒋静. 让学生学会自我教育[J]. 江苏教育，2000(6)：14－16.

[13] 郑金洲. 自主学习[M]. 福州：福建教育出版社，2005.

[14] 常兴旺，苗武军. 三自教育：构建素质教育新平台[N]. 山西日报，2007－05－30(B01).

[15] 庞维国. 自主学习：学与教的原理和策略[M]. 上海：华东师范大学出版社，2003.

[16] 余文森. 课堂有效教学的理论与实践[M]. 北京：北京师范大学出版社，2011.

[17] 邓军见. 在三自教育课程建设中培养学生核心素养的研究[J]. 新课程(综合版)，2018(5)：1.

[18] 顾蔚劼，龚皓. 新城区初中学生良好行为习惯环境营造教育的实践研究[C]//金丽萍，曹明. 初中生良好行为习惯养成教育. 上海：同济大学出版社，2017：127－139.

第3篇

专题总结和主题式案例

基于积极心理学原理的初中语文教学中实施“多感式”策略　提升学生自主学习素养

上海市凌桥中学　陆海斌

一、问题提出

“积极心理学”，就是倡导人类应该用一种积极的心态来对心理现象和心理问题作出新的解读，以此激发每个人自身所固有的某些实际的或潜在的积极力量和品质，从而使每个人都能顺利地走向属于自己的幸福彼岸。本专题探索中，主要运用积极心理学中积极的情绪体验、积极的人格特征（乐观）、积极的学习环境原理。

“多感式”，既指在教学过程中调动学习者多种感觉通道，满足学习者不同的学习风格；又指不同学习风格的学习者在多种感觉通道的学习过程中，注意扬长补短，不断发展更多感觉通道，是一种语文学习核心素养。

“基于积极心理学原理的初中语文教学中实施‘多感式’教学策略，提升学生自主学习素养”，是指在初中语文教学中，应用积极心理学相关“三原理”，在课前加强教学诊断、课堂营造“多感”的积极的学习环境，以及课后实施满足巩固与提升需求的十多条教学策略，以更全面、更准确地了解任教初中学生的语文学习风格。通过在课堂教学的导入、展开、集中巩固和小结阶段（以下简称“课堂‘四环节’”）以及课后巩固提升，调动学生多种感觉通道，满足学生不同的学习风格的发展需要。同时，注重扬长补短，不断发展更多感觉通道的学习潜能。由此，全面提升初中学生语文学习核心素养和“三自”的意识、能力和良好行为习惯“三素养”。

开展本专题的探索，基于以下方面的依据。

（一）符合学习风格理论

“学习风格”，是指个人在学习的过程中接收、保留和处理信息的主观偏好方式。依据知觉偏好和感觉通道的差异，学习风格分成视觉型、听觉型、触觉型、动觉型和混合型（以下简称“‘五型’学习风格”）。各种学习风格，都有自身的优缺点，并无绝对的优劣之分。所以，语文教学中，在分析教学对象时，对学习风格进行诊断和验明，目的绝不是试图去改变学生在学习风格方面的差异，而是在承认、尊重学生学习风格存在差异的前提下，为设计出有利于因材施教的教学方案提供依据。即教师既注意调动学生多种感觉通道，来满足学生不同的学习风格，同时注重扬长补短，不断发展更多感觉通道的学习潜能，以提升初中学生语文学习核心素养。

（二）符合发展学生语文核心素养的需要

2016年9月，教育部明确提出了发展中国学生核心素养的要求。初中语文作为课程体系的一部分，其核心素养主要包括"语言的建构和运用""思维的发展和提升""审美的鉴赏和创造"以及"文化的理解和传承"四个方面。开展"基于积极心理学原理的初中语文'多感式'教学实施策略"的探索，正是服务于发展学生的语文核心素养。

（三）落实积极心理学原理提高语文课堂教学实效和学生"三自"素养的需要

在初中语文教学中，教师基于任教班级学生的学习风格的课前诊断、课堂"四环节"与课后巩固提升的指导，都存在一定的不足，也没有注意有意识地运用积极心理学的相关"三原理"。此外，多数学生基于自己已有的学习风格在学习，自律、自学和自信的"三自"素养也存在程度不一的不足。这就导致教学的针对性不强，学生课前、课堂与课后"三程"语文学习的积极主动性不足，影响了语文核心素养的全面提升。因此，在参与学校区级课题"基于积极心理学原理的初中生'三自'教育实践与研究"中，自己注意加强对任教学生基于学习风格的课前诊断，并将积极心理学相关"三原理"应用到初中语文课堂"四环节"与课后提升学习的指导中，努力提高课堂教学的实效性，促进学生学习风格扬长补短，激发潜能并提升"三自"素养和语文学习整体素养。

二、实践探索

（一）课前：加强教学诊断策略

教师每学期初和具体课文的教学设计前，借助问卷摸底、日常观察、阶段测试、个别谈话等语文教学中常见的学情诊断，更全面、准确地了解任教初中学生的语文学习风格，注意加强更有针对性地设计课堂"四环节"与课后提升巩固指导的实践探索，以便调动学生多种感觉通道参与学习，不断发展相应的学习潜能，进而全面提升初中学生语文核心素养和相关"三自"之"三素养"。

加强教学诊断策略的实施，使教师在学期初基本了解了任教学生"五型"学习风格的比例，并加强了结合具体课文的学生学习风格的了解，提高了教学设计与后续实施的针对性。这为提高教与学的实效性，尤其是运用积极心理学的相关"三原理"，调动学生各自"五型"学习风格的感觉通道，不断发展更多感觉通道的学习潜能，进而全面提升初中学生语文学习"三自"素养与核心素养，奠定了良好的基础。

（二）课堂：营造"多感"的积极的学习环境策略

在课堂教学的导入、展开、集中巩固和小结阶段，应用积极心理学相关"三原理"，实施相关十多条教学策略，调动学生多种感觉通道，满足学生不同的学习风格需求，同时注重扬长补短，不断发展更多感觉通道的学习能力，进而全面提升初中学生语文核心素养，并提升“三自”相关“三素养”。

1. 课堂导入中的策略

1）组织多元反馈策略

应用积极心理学的相关“三原理”，实施基于学生“五型”学习风格的多样化的课前预习、课后作业和自学等情况的反馈，以促进学生基于“五型”学习风格，扬长补短，激发潜能，积极主动，更快、更好地完成课后预习、作业和其他自学任务，有机发展相应的语文学习核心素养和“三自”相关“三素养”。

例如，预习方面，注意组织学生个性化预习任务完成情况的展示。在教学朱自清《背影》时，有学生演唱歌曲《父亲》，歌声激越高亢，唱出了学生们对父爱的理解。又如，教学《故乡》时，有学生朗读杨二嫂的话，尖声尖气，学生们哄堂大笑，杨二嫂自私、刻薄的性格体现了出来。再如，教学文言文时，有学生把预习时整理的通假字、一词多义、词类活用、特殊句型、人物形象、中心主旨等文言知识，制作成思维导图画在黑板上，脉络清晰，色彩鲜明，让大家印象深刻。在展示中，教师注意用口头和肢体语言、表情、文字等，及时多样地鼓励学生积极主动参与，尤其是鼓励不同风格、具有一定特色和带有综合性的学习成果进行展示。

通过组织和鼓励个性化展示，不仅提高了学生的听、说、读、写能力，而且满足了不同学习风格的学生通过不同感觉通道展示自己学习成果的内在需求。这让学生体会到了课前预习的价值，增进了预习的成就感，从而激发起加强预习的主动性。同时，课前自学的自律性和自信也有所增强。

2）加强多元引入策略

基于积极心理学的相关“三原理”，实施基于学生“五型”学习风格的多样化（不包括反馈性质内容的引入）的主题活动导入，以促进学生基于“五型”学习风格，扬长补短，激发潜能，积极主动，更好地参与完成课堂引入学习与后续课堂环节的教学过程的任务，发展相应的语文核心素养和“三自”素养。

一是借助与课文有联系的音乐、唱歌引入。二是借助图画引入。三是借助表演引入。四是借助图文结合引入。五是借助创编＋表演＋评价活动导入。六是借助分层目标激发挑战性学习活动引入。七是借助多元感想活动引入。

例如，借助分层目标导入。初中语文教学中的朗读教学课导入时，教师首先出示根据学生学习风格差异状况预设的“六层”目标：一层目标为发音标准，不读错字；二层目标为声音响亮，吐字清楚；三层目标为连贯流利，不断句，不倒句，不漏字添字；四层目标为停顿正确，轻重适当，有节奏感；五层目标为抑扬顿挫，传情达意；六层目标为声情并茂，富于表演。然后，由学生根据自身的学习风格和原有的知识经验，自主地选择适合自己的学习目标，并且根据自己的发展需求向更高一级目标发起挑战。同时，教师注意不断地鼓励学生达标和向更高一级目标发起挑战。这就较好地增进了学生对朗读目标的选择意识，尤其是激发了他们向高一层的不属于自己原有学习风格目标的冲刺，从而既提高了朗读引入学习的兴趣和自觉性，又扬长补短，增进了朗读学习中使用其他学习风格挑战自我的信心和勇气，锻炼了相应的潜能。

2. 课堂展开中的策略

1）注重多感呈现

应用积极心理学的相关“三原理”，实施基于学生“五型”学习风格的多样化出示、展现、感受课堂学习内容，以促进学生基于“五型”学习风格，扬长补短，激发潜能，积极主动、更快、更好地感受所呈现的学习内容，发展相应的语文核心素养和“三自”素养。

一是借助组织学生集体朗读呈现、感受学习内容。二是借助文字录音和同步配乐呈现、感受学习内容。三是借助图文结合呈现、感受学习内容。四是借助思维导图技术呈现、感受学习内容。五是借助表演呈现、感受学习内容。六是借助演讲、辩论赛呈现、感受学习内容。七是借助创编、表演课本剧活动呈现、感受学习内容。在此过程中，教师注意及时发现和多样化地鼓励学生调动多种感官，积极主动，更快、更多样化地去感受多通道呈现的学习内容。

这就使相应语文课的学习内容，因为适应多种感官呈现出来，较好地调动了学生多种感觉通道参与学习，让不同学习风格的学生积极主动，更快、更多样化地感受了多通道呈现的学习内容，为后续多感认知的有效性奠定了基础。同时，因为适合多数学生参与，增强了他们学习的自律和自信心。

2）倡导多感认知策略

应用积极心理学的相关“三原理”，实施基于学生“五型”学习风格的多样化认知课堂学习内容，以促进学生基于“五型”学习风格，扬长补短，激发潜能，积极主动，更快更好地认知所呈现的课堂学习内容，发展相应的语文核心素养和“三自”素养。

一是借助实物展示、文本阅读、集体朗读、黑板板书、录音配乐、动画视频等多感呈现形式，通过听觉、视觉、触觉、动觉等多种相对单一的感觉通道，使学生基于原有学习风格认识学习内容。二是通过上述形式的组合运用，结合问题讨论、小组合作等认知活动，鼓励学生调动两项或更多感觉通道，参与认知学习内容的体验，促进不同学习风格学生注意扬长补短，激发潜能，实现对学习内容更快、更好的认知。

例如，小组合作学习中实施多感认知策略时，教师首先依据学习风格不同而不是学业水平高低对班级学生进行分组，做到同质分组且同组异质。然后，根据每一位学生的学习风格，担任一二种特定的角色，充分发挥其学习风格的优势，并为其他同伴进行示范。随后，组内角色开始轮换，在轮换过程中实现不同学习风格学生之间的互助互补。在此过程中，教师注意营造积极参与合作的环境，尤其是鼓励学生尝试运用非原有学习风格的感知通道进行认知性学习。最终，进行小组合作认知性学习的自评与互评。这一过程，加快了学生认知的速度，促进了学习风格的扬长补短，激发了自主学习潜能，提高了认知水平。

3）鼓励多感表达策略

应用积极心理学的相关“三原理”，实施基于学生“五型”学习风格的多样化表达课堂所学内容，以促进学生基于“五型”学习风格，扬长补短，激发潜能，积极主动、更快更好地表达所学内容，发展相应的语文学习核心素养和“三自”素养。

一是通过表述、转述、复述、朗读、演讲、辩论等方式，口头表达学习内容。二是通过指读、默读、略读、浏览、精读等多样化的阅读形式，表达学习内容。三是通过勾画、批注、仿写、练笔、表格和气泡图、树状图等思维导图的形式，书面表达学习内容。四是通过造型、图画、表演等方式，肢体表达学习内容。五是通过上述单通道的“四觉”（动、视、听和触觉），进行叠加组合，双通道或更多通道地表达所学。在此过程中，教师（有时包括学生）注意及时、多样化地鼓励学生（同学）的单和多通道表达参与态度、速度和质量方面的进步元素。

多感表达策略的实施，不仅提高了学生听、说、读、写、演地表达所学内容的语文能力，而且满足了不同学习风格的学生通过不同感觉通道表达自己见解的内在需求。这使学生积极主动地、更好地参与课堂多元化表达的学习活动，促进了多数学生基于学习风格注意扬长补短，激发潜能，提升了语文表达素养，提升了自学和自信素养。

4）加强多感评价策略

应用积极心理学的相关“三原理”，实施基于学生“五型”学习风格的多样化评价课堂学习行为，以促进学生基于“五型”学习风格，扬长补短，激发潜能，积极主动、更快更好地参与多感评价学习活动，发展相应的语文课堂多感评价素养和“三自”素养。

一是评价内容多样化。①从学习过程性参与情况进行积极评价，包括参与度、主动性、自觉性、意志力、自信心、责任心等（隐含积极心理学相关原理）；②从学习结果的角度进行客观评价，有掌握度、进步处、独特点等；③从学习风格角度评价，有听力、口语能力、沟通能力、阅读能力、写作、多觉整合表达、合作能力等，尤其鼓励学生从学习风格的扬长补短视角进行积极评价。二是评价主体多元化，包括学生自评和互评、教师评价。三是评价方式多样化，有口头评价、书面评价、肢体评价、符号评价、文字+图画评价、借助思维导图技术评价等。

多感评价策略的实施，引导了学生在进行学习评价时，既关注学习结果，又重视学习过程，尤其关注学习风格的扬长补短、调动潜能和积极学习心理的体现，并注意积极参与评价，多样化地表达自己的评价结果。这一过程，同步锻炼了学生的相应评价能力；促进了借助课堂评价，注意自己学习风格的扬长补短，激发潜能；提高了语文多感评价素养和自主进行客观、公正、科学的评价素养；锻炼了学生注意根据评价结果，加强自主反思与改进的能力。

3. 课堂巩固中的策略

应用积极心理学的相关“三原理”，通过改进课堂集中巩固阶段的练习内容、形式、完成主体与评价，以促进学生基于“五型”学习风格，注意扬长补短，激发潜能，积极主动地参与课堂集中巩固阶段的学习活动，发展相应的语文核心素养和“三自”素养。

一是变记忆、理解为主的操练型集中巩固练习内容为结合学生日常实际生活，促进学生学习风格扬长补短，激发潜能，增进多元发展的练习内容。二是变单一机械、枯燥乏味的练习形式为将读、说、画、唱、演、游戏和评等形式与听、说、读、写有机结合。三是变个别化为主的集中巩固性练习为增加一定比例的小组合作练习，以学生“五型”学习风格互补来更好地完成练习。四是变单一的教师对练习对错情况的结果性评价为基于学生学习风格差异的、学生参评的过程与结果并重的评价。

这就增加了学生在课堂集中巩固性练习中基于原有学习风格的选择性和主动尝试非原有学习风格的机会，为基于学习风格的扬长补短，激发潜能提供了条件；较好地调动了全体学生完成自主和小组合作集中巩固练习的自觉性；促使多数学生既重视评价的结果性，更关注过程性。由此，促进了学生积极主动地完成了集中巩固性练习任务，提升了相应的语文核心素养和“三自”素养。

4. 课尾集中小结的策略

应用积极心理学的相关“三原理”，通过在课尾集中小结环节中，注重加强自主小结、多元呈现和多元评价，以促进学生基于“五型”学习风格，积极主动，更快更好地完成课尾集中小结任务，锻炼集中小结能力，促进相应总结习惯的养成，发展相应的语文核心素养和“三自”素养。

一是加强自主小结。教师在课尾的集中小结时，积极倡导学生在教师的多媒体、学习单、问题、口头提示、板书和随机提示的引导下，“或独或合”地进行自主小结，合理梳理概括所学内容、方式方法和个性化的学习体会，能够加强与已学知识与技能间的联系，找出一定的规律。二是加强多元呈现。教师鼓励学生基于不同“五型”学习风格，通过摘录、朗读、图文结合、圈画关键词、思维导图、表格、肢体表演等多样的形式，呈现课堂小结的结果。三是加强多元交流与评价。在学生自主小结后，教师注意安排一定的时间，组织学生借助一定的形式，对小结的结果进行现场交流。同时，教师注意鼓励学生加强自评、互评，并加强教师评价的激励性、及时性和频度，努力使更多学生在课堂小结中的闪光点得到及时、多元肯定。

加强课尾集中自主小结，让学生成了小结的主人；加强多元呈现和交流与评价，让学生能够基于学习风格，借助多样化的方式方法，梳理、概括与呈现全课所学的内容、方式方法和个性化的体会，能够更好地参与班级交流与评价；拓展了学生对课尾集中小结的内容、方式方法、怎样有效和有特色地加以呈现的知识和价值的认识；让学生增进了课尾小结的成功感、自信和继续开展学用的兴趣，促进了课尾集中开展自主总结良好习惯的养成；发展了相应的语文核心素养和“三自”素养。

（三）课后：满足巩固与提升需求策略

在课后，实施满足学生新知巩固与提升需求的有效策略，调动学生多种感觉通道，满足学生不同的学习风格。同时，注重扬长补短，不断发展更多感觉通道的学习潜能，发展相应的语文核心素养和“三自”素养。

1. 设计多元可选作业

应用积极心理学的相关“三原理”，实施基于学生“五型”学习风格的多元化的作业设计，以促进学生基于“五型”学习风格，扬长补短，激发潜能，积极主动、更快更好地巩固提升学习内容，发展相应的语文核心素养和“三自”素养。

“多元作业”，从完成手段来划分，包括书面作业、口头作业、信息搜集型作业、表演型作业等；从承担者角度来划分，包括个体作业、小组合作作业和全班作业等；从完成时间来划分，包括短期作业和长期性专题作业等。“可选作业”，通常包括学生必做作业和选做作业。

以古诗词教学《蒹葭》的作业设计为例。《蒹葭》写的是在深秋的清晨，诗人来到河边，不停寻找“伊人”却始终不得的场景。教学重点是要学生理解“起兴”手法的作用以及解读作者所表达的主旨和情感。

教师在作业中，设计了这样一类选做题：①请你为大家朗诵《蒹葭》；②请你为大家演唱歌曲《在水一方》；③请你展开想象，根据本诗描绘的场景画一幅画；④请你展开想象，根据本诗描绘的场景编写一个故事，并讲给大家听；⑤请你和小伙伴一起来找一找同《蒹葭》相似的古诗，并把它们介绍给大家。

这类选做题，把听、说、读、写训练与唱、画、讲、演等形式巧妙加以结合，很好地调动了不同感觉通道来满足不同学习风格的学生的发展需求，既有自主学习，又有合作学习；既强调教学目标的达成，更注重学习能力的提升。总之，设计"花样百出"的多元可选作业，可有效发展学生"丰富多样"的语文核心素养、自主学习素养和自信精神。

2. 加强多元作业评价

应用积极心理学的相关"三原理"，实施基于学生"五型"学习风格的多元作业评价的教学艺术，以促进学生基于"五型"学习风格，扬长补短，激发潜能，积极主动、更快更好地巩固提升学习内容，发展相应的语文核心素养和"三自"素养。

加强多元作业评价的主要做法如下。

(1) 实行多元评价主体：①教师评价；②学生评价；③家长评价。

(2) 实行多元评价载体：①口头评价；②书面评语；③图形、符号；④综合量表评价。

(3) 实行多元评价方式：①形成性评价；②终结性评价；③综合性评价。

变单一评价为多元评价，调动学生的学习主动性；变批改走向对话，架起师生心灵的桥梁。实施综合评价，将终结性评价与形成性评价结合，引导和促进了学生发展相应的语文核心素养和"三自"素养。

3. 注重多元课外拓展

应用积极心理学的相关"三原理"，实施基于学生"五型"学习风格的多元化课外拓展活动，以促进学生基于"五型"学习风格，扬长补短，激发潜能，积极主动，更快更好地巩固提升学习内容，发展相应的语文核心素养和"三自"素养。

课外拓展活动多元化，有观察类拓展、阅读性拓展、美术类拓展、手工类拓展、写作类拓展、体验类拓展、查搜类拓展、表演类拓展、调查性拓展等。

例如，教学《敬业与乐业》《纪念伏尔泰逝世一百周年的演说》这类课文时，让学生制作读书卡片，抄写名人名言，指导自己的学习和生活；教学《春》《雨说》《沁园春·雪》等课文时，让学生练习配乐朗诵，再来一场朗诵比赛；教学《致女儿的一封信》《傅雷家书两则》时，让学生给父母或老师写一封信；教学《孔乙己》时，让学生排演课本剧等。

通过多元化的课外拓展活动，学生巩固了课堂知识，拓宽了学习天地；提高了听、说、读、写、欣赏、分析、整合能力；激发了学习兴趣和潜能，提升了相应的语文核心素养和"三自"素养。

4. 注意实施综合评价

应用积极心理学的相关"三原理"，实施基于学生"五型"学习风格的学业综合评价，以促进学生基于"五型"学习风格，扬长补短，激发潜能，积极主动、更快更好地提升相应的语文核心素养和"三自"素养。

实施综合评价，就是要求教师全方位、全过程、全息动态地考察学生的语文核心素养形成和发展的情况。在评价内容上，它必然要将每节课的课前、课堂和课后"三程"整个学习过程，都纳入综合评价体系中。在评价方法上，加强形成性评价，采用成长记录的方式，收集能够反映学生语文学习过程和结果的资料，采取定性和定量相结合的方式进行评价。在评价主体上，注重教师评价、学生的自我评价与学生间的相互评价相结合，还注意让学生家长积极参与评价。

实施综合评价，不仅关注了学生的语文学业成绩，更注重发现和发展学生多方面的潜能，帮助学生认识自我、享受成功、树立自信，从而实现扬长补短，激发潜能，提升了相应的语文核心素养和“三自”素养。

三、主要成效

一是课前，教师加强了基于学生“五型”学习风格和“三自”素养的教学诊断，做到更全面、更准确地了解任教初中学生的语文学习风格，并在此基础上设计了更有针对性的教学方案。

二是课堂上，教师注意基于学生“五型”学习风格，将积极心理学相关“三原理”应用到课堂教学的“四环节”中，营造“多感”的积极的学习环境，促进学生多感地加以感受、认知、表达与评价。

三是课后，教师同样注意基于学生“五型”学习风格，注意应用积极心理学相关“三原理”，探索巩固提升的实施策略。

四是在“三程”教学中，教师注意结合学校区级课题，有机融入基于积极心理学“三原理”的自律、自学、自信的“三自”教育内容和相关举措。

由此，整体上增强了教师课前、课堂与课后“三程”教学全过程中设计与实施的针对性，从而提升了语文“三程”教学的实效。同时，促进了学生既注意发扬原有的学习风格优势参与“三程”学习，注意尝试非优势感觉通道进行学习，注意加强“三程”学习中的“三自”行为。上述种种，为提升学生语文学习整体素养提供了保证。

四、两点反思

一是积极心理学原理需要继续加强深入学习和有机运用。二是后续的研究需要加强与“三自”教育的紧密联系和预设、实证研究。

参考文献

[1] 彼得森.积极心理学：构建快乐幸福的人生[M].徐红，译.北京：群言出版社，2010.
[2] 马斯洛.动机与人格[M].许金声，等，译.北京：中国人民大学出版社，2012.
[3] 席尔瓦，等.多元智能与学习风格[M].张玲，译.北京：教育科学出版社，2003.
[4] 贝兰卡，查普曼，斯沃茨.多元智能与多元评价：运用评价促进学生发展[M].夏惠贤，等，译.北京：中国轻工业出版社，2004.
[5] 谭顶良.学习风格论[M].南京：江苏教育出版社，1995.

[6] 范晓玲.教学评价论[M].长沙:湖南教育出版社,1999.
[7] 庞维国.自主学习:学与教的原理和策略[M].上海:华东师范大学出版社,2003.
[8] 何晓文.教育:发现与发展学生的潜能[M].北京:教育科学出版社,2003.
[9] 周军.教学策略[M].北京:教育科学出版社,2003.
[10] 董齐,周勇.论学生学习的自我监控[J].北京师范大学学报(社会科学版),1994(1):8-14.

基于积极心理学原理实施“五策”提高初中生历史课堂学习兴趣

上海市凌桥中学　姜　蓓

一、问题提出

凌桥中学是一所农村偏远地区的初级中学，我所教的班级学生全部是外来务工人员随迁子女。总体而言，学生学习动机相对比较弱，对历史学习兴趣尤其不足。面对这样的学情，自己在参加学校“基于积极心理学原理的初中生‘三自’教育的实践与研究”区级课题实践研究中，将积极心理学的相关原理运用到初中历史的课堂教学，试图提高学生的历史学习兴趣。在历史课堂教学中，主要通过运用积极心理学的积极的情绪体验、积极的人格特征（乐观）、积极的学习环境原理，实施五条策略（以下简称“五策”），增进学生对历史课学习的愉悦、快乐和幸福感，进而提高学生历史学习的整体质量。

二、实践探索

（一）“以情优教”策略

基于积极心理学的积极的人格特质原理，教师注意以自己的积极情感尤其是自身专业技能和人格魅力，引发学生的积极情绪，以此提高学生参与历史课堂学习兴趣。

一是改变自身心理。教师注意学习积极心理学的理论，将其运用到历史课堂教学的实践中。让学生看到教师自身在课堂始终保持旺盛的经历，积极投入学习过程。前不久，我因腿部手术而走路艰难，当我扶着墙壁走进教室时，学生们都围了上来，嘘寒问暖，有学生搬来椅子让我坐着。这一节课，回答问题举手的同学特别多，朗读屏幕上的材料时，声音特别整齐响亮，全体学生都专心地参与着全课的学习过程。

二是注意提高自身的专业素养。历史是一门以时空为转移的实证性学科，时、空、史、论是基本要素，当前初中历史采用教育部组织编写（以下简称“部编版”）的教材，教师尤其是需要充分理解与把握其要求，用心上好每一堂课。教师以执着的专业精神、严谨的治学态度、丰富的专业知识、熟练的专业技能和方法，引导学生感受教师的专业精神的魅力，从而诱导学生积累积极的情绪。针对学生缺乏历史阅读的习惯、缺少可供阅读的相关历史书籍的情况，我经常会在课堂小结之后，提供与本课内容相关的一些书籍名称或网站，也会提供学校图书馆相关历史书籍。

（二）内容感人策略

基于积极心理学的积极情绪体验原理，教师注意适当整合与挖掘教材内容，以吸引人、激发人奋发图强的历史内容，增进学生参与学习过程的积极情绪，从而增进学生参与历史课堂学习兴趣、提高对所学内容关注度。

例如，教师注意挖掘教材中的榜样形象，促进学生心灵的成长。像身受宫刑、蒙受大辱、却最终发愤写完辉煌巨著《史记》的司马迁；仰天质问“王侯将相宁有种乎”并揭竿而起的陈胜；“未出茅庐而知天下三分”成为智慧化身的诸葛亮；“斗酒诗百篇”的李白；卧薪尝胆、终雪前耻的越王勾践；“己所不欲，勿施于人”，周游列国、历尽艰辛却矢志不移的孔子；历经十几载“不辱君命”“持汉节不失”成为“第一个睁眼看世界的人”的张骞……类似的人物事迹不胜枚举。

这使学生感悟到了历史人物的人格魅力和积极品质，他们是民族的脊梁，他们迎难而上、坚强不屈的优秀品质值得我们学习。由此，提高了学生参与课堂学习过程的兴趣，激发了学生的进取心。同时，使他们在日常学习中面对困难时，能够发扬拼搏精神，迎难而上。

（三）创设成功体验策略

基于积极心理学的积极情绪体验原理，教师注意通过在课堂教学中多让学生经历历史体验性学习尝试的机会，从中有机挖掘学习中的“闪光点”，增进学生学习历史过程中的成功感受和独特价值的认识，进而增进学习历史兴趣。

在历史课堂教学中，教师注意为学生提供成功机会，让学生在积极的情感成功体验中获得心理的成长。例如，在组织学生学习部编版《中国历史》教材七年级第二册“宋元时期的科技与中外交通”一课时，针对活字印刷术的发明，课前要求学生用橡皮、萝卜、面粉团等材料刻字，再用红墨水把字印出来，并记录每刻印一个字所用的时间。课上，教师让学生展示他们的作品，没想到的是全班的学生都争先恐后地亮出了他们的作品。当谈到他们刻印作品的过程时，都说费时，而且有难度，不乏字刻错等情况。即便如此，他们还是乐此不疲地坚持刻下去。有的同学展示了横刻、竖刻、斜刻自己或父母名字、生日的橡皮泥、肥皂图章；有的同学展示了刻有自己生肖甚至是奶奶戒指上“福”字的萝卜、肥皂、面粉团图章；还有的同学展示了用刻成的橡皮泥图章印出自己名字的图案。同学间互相欣赏着。凡此种种，都得到了老师和同学们的多元化及时鼓励，课堂气氛非常热烈。看着一个个兴奋而充满自信的孩子，我既惊讶于学生们的人人动手参与，又感叹于学生们的刻字作品设计能力，更想不到的是学生们有如此强的动手能力！学生们的刻字潜能得到很好的挖掘、展示。

这一课内外结合的学习过程，很好地调动了全体学生全程参与学习过程的主动性；激发了刻、印、说创作活字实践过程中的材料选择、造型设计、实际刻字、修正完善、展示交流和反思改进的潜能；更让学生深刻地理解了活字印刷术的优点、活字印刷术发明的伟大意义以及发明家毕昇的聪明才智。这样的实践活动，使学生在成功体验中，体会到了自身的潜能和学习的价值，发出了“原来我（我们）也可以学得这样好”的感叹。学生在积累学习历史的积极情绪的同时，对历史课产生了兴趣，逐步有效地激发起日常投入历史学习的积极性。

（四）创设历史情境策略

基于积极心理学的积极心理情绪扩展原理，营造吸引学生视觉注意、拓展思维视野和深刻性的相关历史场景和景象，调动学生心理的积极因素，激发对所学历史情境所呈现内容的学习兴趣，提高学习实效。

有研究表明，积极的心理情绪可以扩展视觉注意的范围及思维的多面性和深刻性，它能使人的认知活动范围更广，流畅度更高，灵活性更强，从而激发起学习者保持积极的学习状态。因此，教师在历史课堂教学过程中，注意多样化地创设历史情境，吸引学生对相关历史学习内容的视觉注意、拓展思维视野和深刻性，调动学生内心的积极因素，提高对所学历史情境内容的学习兴趣。例如，在组织学生学习华东师范大学出版的《历史》七年级第二学期“甲午战争”一课时，教师先讲述了钓鱼岛的历史，然后过渡到“甲午战争”，并播放《甲午风云》视频片段。当看到由于我们的炮弹装满黄沙而失去还击的绝佳机会时，学生们沉默了，他们明白腐败和落后是要挨打的！并下定决心，要“好好读书，将来报效祖国，要把自己的国家建设得更加强大”。

学生在这样的历史情境中，拓展了对历史的认识，更全面深刻地掌握了历史知识，并由此调动了奋发向上的积极情感。

（五）巧用积极评价策略

积极心理学认为，积极的情绪能通过扩散个体的心理资源，建立起持久的个人发展资源，从而使个体随后的行为变得更有主动性、自主性和创造性，更有利于自身潜能的发挥。因此，在历史课堂教学中，教师注意加强观察、发现和挖掘学生课堂参学过程中的种种积极因素，及时对学生进行积极的评价，以促进学生坚持积极参学、激发潜能和提高课堂学习质量。

例如，在组织学习华东师范大学出版的《历史》八年级第一学期“美国南北战争”一课中1865年4月，南方军队战败时，我出示了一段材料：“在得到北军总司令格兰特将军决不会关押迫害一名南军士兵的保证后，南军总司令李将军同意在投降协议上签字。李手下的2.8万名饥寒交迫的士兵正式投降，这标志着历时4年的残酷厮杀终于停止了。”很多学生马上提出了质疑：战败方怎么能提要求？竟然还可以提出如此的要求？这么多士兵留着，肯定会留下后患……“那你们的建议是？”“全部杀掉，以绝后患。”在几乎异口同声的回答声中，夹杂了一个弱弱的声音：“不要杀。”全班同学都回过头，朝着那声音看去，最后一排的一名男同学低下了头。我鼓励他：“请说说你的理由。”他站起来轻声说：“那是生命。他们当中的一些人，可能自己也是不愿意与北军交战的。但因为是军人，就得听从命令。如果他们投降，战争就能结束，国家就不会分裂了。”经他这么一说，大部分同学陷入了沉思。我适时指出，林肯政府的最高目标是维护联邦统一而不是拯救或摧毁奴隶制，因此南北战争是一场维护联邦统一与主权完整的统一战争。这之后，每一节历史课，他都听得特别认真，每次的作业都能够按时完成；还经常在午休时间跑到我办公室来，不是向我提问题就是和我聊天，很是亲近。这真是个可喜的变化！

三、主要成效

通过实践，学生的历史学习兴趣提高了。上课注意力集中，积极举手发言的学生明显多了，所回答的问题也带有了自己的思考与分析，有的学生还敢于说出自己的疑问。本学期我教初一年级，使用部编版教材《中国历史》第一册，其“练习部分”题目难度很大，但学生完成作业的态度认真很多，历史作业缺交的情况，相较于开学初有了明显的减少，且字迹工整，做错的作业也能及时订正，总体答题准确率较前也有所提高。同时，学生的学习习惯改变了不少。两分钟预备铃期间，学生能很快地坐到自己的座位上，学习用品整齐地摆放于课桌两角。课余时间，有学生开始谈论历史的话题了，也有学生开始借阅历史小说。

四、三点反思

一是将积极心理学的相关原理运用于初中课堂教学的实践还是初步，还需要进一步开展较为全面的实践。二是实践的时间只有一个多学期，因此，学生的变化也是初步的，预期需要更长周期的实践探索，才能取得更为明显的实效。三是探索活动还需要基于初中生历史课堂、课外学习的问题和原因，开展规范的预设，实施更为精准的教与学的策略，以提高成果探索的规范性、系统性和科学性。

参考文献

[1] 彼得森. 积极心理学：构建快乐幸福的人生[M]. 徐红，译. 北京：群言出版社，2010.
[2] 马斯洛. 动机与人格[M]. 许金声，等，译. 北京：中国人民大学出版社，2012.
[3] 宋荣罡. 激发学生兴趣提高课堂实效[J]. 成才之路，2008(3)：86 - 88.
[4] 何兆武. 可能与现实：对历史学的若干反思[M]. 北京：北京大学出版社，2017.
[5] 余文森. 有效教学十讲[M]. 上海：华东师范大学出版社，2013.
[6] 乾润梅. 积极心理学及其在教育实践中的运用[D]. 武汉：华中师范大学，2006.
[7] 庞维国. 自主学习：学与教的原理和策略[M]. 上海：华东师范大学出版社，2003.
[8] 包卫达，曹明. 基于积极心理学原理的有效教育实证研究（课例选）[M]. 上海：同济大学出版社，2021.

基于积极心理学原理实施“三策”提升学生数学自主学习素养

——以初三数学“27.3(1)垂径定理”在线例题教学为例

上海市凌桥中学　王　霞

一、问题提出

教师对任教的初三(4)班30名学生进行的一次自主预习数学和数学例题自主学习素养小调查数据表明:学生认为课前预习是重要的,但实际进行自主预习的为20人,占66.67%;进行自主预习时,90%的学生是将书本的黑体字和例题看一遍;学生自主进行例题预习的方法单一,大多只是把课本上的例题读一读、画一画。课中,学生普遍缺少主动质疑,大多由老师提出问题,学生被动式地回答,少数学生能主动记笔记,自主说题能力普遍较弱,主动参与度总体不高。课后,学生普遍不能较好地运用数学例题学习的知识与技能去解决实际问题。在学好数学的自信方面,学生总体比较缺乏。

在以往的初中数学教学中,教师自身缺乏对学生课前自主预习数学的价值意识培养、自学引导资源的提供和自主预习情况的及时反馈,课堂缺少对学生的参与互动、说题能力和学习自信(简称“三自”)素养的培养指导,尤其是缺少学生在线学习背景下的指导策略。在以往的数学例题教学中,也是如此。

上海教育出版社版的《上海市中小学数学课程标准(2011年版)》(以下简称《课标》)中强调,数学学习要让学生不断获得成就感,确立学好数学的自信心,享受成功的快乐;也要面对适度的困难和经受一定的挫折,培养坚韧不拔的意志和良好的心理品质。要发挥数学学习评价的教育功能,多肯定进步、鼓励成功、鼓舞信心。同时也强调,数学课程要加强现代信息技术的应用,发挥现代信息技术对数学课程改革的积极作用。要确立和尊重学生在学习活动中的主体地位。《课标》倡导教师引导下的学生自主学习、合作学习、探究学习。

这就要求教师注意改变教学观念和方式,关注学生心理品质发展、加强信息技术与课程实施的整合、组织多元激励评价等教学策略有效实施的探索,以提高学生自主学习素养。

基于上述现状,教师自身在参与学校区级课题“基于积极心理学原理的初中生‘三自’教育的实践与研究”实践探索过程中,开始尝试在线(以钉钉平台为主,其他信息技术为辅)例题教学“三程”(学生参与课前例题预习、课中上海市统一网课学习+班级教学互动、课后学习反馈)实施中,运用积极心理学积极的情绪体验、积极的人格特征(乐观)、积极的学习环境三条原理,增进自主预习和例题学习价值策略、加强例题学习指导策略、感受例题学习成功策略(以下简称“三策”),以提高例题教与学的实效,增强学生数学自主学习的自律意识,提高自主学习能力和增进学好数学的自信“三素养”。

二、实践探索

(一) 增进自主预习和例题学习价值策略

基于积极心理学积极的人格特征(乐观)原理,教师用自己积极的人格魅力,尤其是精心准备线上教学的认真态度和自身的专业技能投入例题教学中,课前精心设计例题学习资源包,组织、指导学生做好课前自主预习,课上精心组织合作反馈,增进学生对例题学习重要性的认识,感受认真进行自主预习价值。

1. 设计例题学习资源包引导自主预习

一是精心设计“‘垂径定理’线上例题自主学习资源包”(以下简称“资源包”),丰富预习方式,增进学生完成自主预习积极性和易完成率。资源包的内容,包括以下丰富的资源:①例题学习单(覆盖“三程”,必做。课前,学生根据学习单的“学习引导”自主预习;课中,独立观看上海市教委教研室组织的空中课堂的相应课和参与班级师生、生生互动,做好学习笔记;课后,利用所学知识,完成课后作业和选做例题学习拓展单中的题目,以及选择观看资源包中例题拓展学习微视频)。②例题学习拓展单(课后选做)。③例题背景资料(课前自主查阅、学习《垂径定理》例题学习的相关背景资料)。④例题拓展学习的相关图片和微视频(课后,自主选择观看)。二是教师加强对学生例题自主预习的显性引导。例如,在空中课堂“27.3(1)垂径定理”这节课后,针对例 3 的教学,教师精心设计了学生自主变式练习 1 和练习 2[表 1。其中:环节一、环节二下的例 3,为上海市教委教研室组织的空中课堂统一网课(以下简称“市统一网课”)的内容];并有 5 项学生如何进行自主学习的“学习引导”和学生自主做“重点笔记”的空白预留列;在表末,还增加了“充分预习是高效课堂的保证”的“教师寄语”。

表 1　空中课堂“27.3(1)垂径定理”例题学习单(例 3)

环节	学习引导	重点笔记
一、知识导航 垂径定理 文字语言:________ 符号语言:________ 图形语言:________	(1) 预习书本 13 页,完成表格	
二、例题学习 例 3:一千四百多年前,我国隋代建造的赵州石拱桥的桥拱是圆弧形。已知桥拱的跨度(弧所对的弦的长)约为 37.4 米,拱高(弧的中点到弦的距离)约为 7.2 米,求桥拱所在圆的半径长(精确到 0.1 米)。 变式 1:如图,E 是 AB 的中点,EM 经过圆心 O 交圆 O 于点 E,并且 $CD=4$ 米,$EM=6$ 米,求圆 O 的半径. 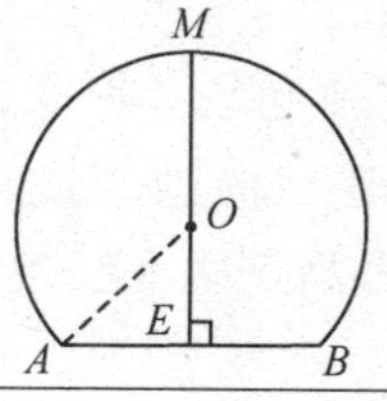 	(2) 查阅赵州桥历史背景。 (3) 自主阅读、圈画题目中关键字、词、句。 (4) 尝试画出数学图形。思考:桥拱跨度、拱高分别是圆中的哪一部分? (5) 尝试自主解决问题。若不能解决,你的疑惑是?	

（续表）

环节	学习引导	重点笔记
变式 2：如图是一圆柱形输水管的横截面，阴影部分为有水部分，如果水面 AB 宽为 8 厘米，水面最深地方的高度为 2 厘米，则该输水管的半径为________。 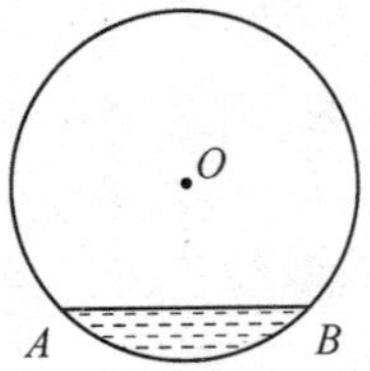		
教师寄语：充分预习是高效课堂的保证		

资源包的精心设计和引导学生“三程”自主运用，丰富了例题预习的方式。从例题拓展学习微视频的点击量看，班级二分之一的学生能够自主选择完成拓展练习题，进行更高层次的预习。学生普遍能根据学习单的“学习引导”进行自主读题，圈画关键字词，理解题意，查阅赵州桥的历史背景，从而更清晰地了解了赵州桥建造的历史背景、结构特点和文化价值，增进了数学知识源于生活、应用于生活的感受，大大增强了对例题学习价值的认同感和自主预习的意识。

2. 组织例题自主预习差异性小组合作学习与反馈

在开展线上学生例题自主预习过程中，结合建立学生数学学习差异性组建合作学习小组，组织自主预习，组内开展合作反馈，教师抽查与随机激励等相关举措，提高学生完成例题自主预习的主动性、参与率和质量。

第一，全班 30 名学生按解例题的学习情况分为 A、B、C 三类，按照“异组同质，同组异质”的原则，共建立五个合作学习小组。第二，明确分工，每组的 A 类学生担任组长，组员根据资源包完成规定必做的自主预习任务和自主选择完成拓展学习任务，组长检查组员例题自主学习单预习完成情况。第三，给出反馈。第四，组长将每组同学例题自主预习情况反馈给教师。第五，教师进行部分学生自主预习完成情况和小组合作反馈情况的抽查。在上述过程中，合作小组和教师都注意尽量挖掘组员和学生合作预习小组和学生个体在完成自主预习任务中的主动性、参与率和质量好的闪光点，及时借助在线学习平台和其他在线互动途径，及时给予鼓励和肯定。

这提高了学生参与例题自主预习和合作反馈的积极性，降低了自主预习的难度，使多数学生易参与；提高了学生完成例题自主预习任务的质量；促进了例题教学的减负增效。这是因为，一是减轻了教师原本全覆盖全批改学生自主预习作业的压力。二是提高了学生例题预习的实效。三是为后续市统一网课学习的顺利开展奠定了良好的知识基础。

（二）加强例题学习指导策略

基于积极心理学积极的学习环境原理，在市统一网课观摩和教学互动环节中，加强对学生线上例题学习方法的师生互动指导和随机激励，创建学生积极参与市统一网课自主观摩和参与班级互动的良好学习环境，以提高例题在线教学和学生自主学会例题解题方法培养实效。

1. 在线课堂学习中加强指导与营造积极学习环境

在学生自主观摩市统一网课例题学习中的学习指导，教师主要把握以下三点。

一是设计问题串，明确任务。问题串，是学生在观摩市统一网课课堂授课教师例题教学基础上，围绕既定教学目标，结合例题分析过程、解题思路、思想方法等因素，由教师设计的一系列引导学生开展探究性例题学习的系列问题，旨在引导学生确立明确的例题学习观课任务。

二是带着问题（任务），引导观看市统一网课。教师要求学生在线上例题学习时，能够带着问题形式的学习任务，边观看网课，边对着课堂学习单上的问题串（系列学习任务），进行自主学习、记录重点等，提高在线学习效率。

三是笔记共享，线上反馈。学生在观市统一网课过程中，根据教师课堂学习单的进程与问题（任务）引导，注意对市网课教师所作的例题分析过程、数学思想、解题方法、重点难点、存在疑惑等，做好笔记或备注。在完成市统一网课学习后，传到班级讨论区，在班内进行共享。教师随机观察学生记笔记的情况，并有针对性地进行反馈。

例如，在垂径定理例2“已知：如图，圆 O 的半径长为50厘米，弦AB长50厘米，求：点 O 到 AB 的距离”教学中，设计了如下问题串。

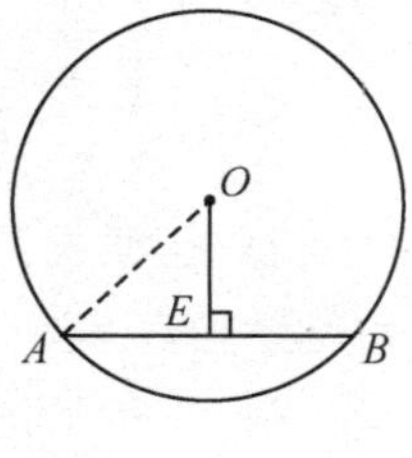

问题1：如何表示 O 到 AB 的距离？

问题2：怎样添置辅助线？

问题3：如何求 AC？依据是什么？

问题4：如何求 OC？依据是什么？

问题5：OA、OC、OB 分别在圆中表示什么？（特殊性）

问题6：圆的半径、弦心距、弦长的一半三个量之间有何联系？（一般性）

从学生上传的例2学习笔记看，大部分同学都完成了求解过程并且做了相对完整的笔记记录。问题串的设计，很好地引导了学生带着问题自主学习，避免了学生因某个环节跟不上授课教师的进度而导致后面的内容都听不懂。学生自主记笔记的能力，也得以提高。

2. 班级在线互动说题中加强指导与营造积极学习环境

在在线教学班级互动环节中，组织学生独立说题、合作说题和教师引导与激励、学生说题，为学生提供敢于、能够独立与合作说清题意的积极班级环境，加强在线互动，提高学生独立与合作读题、说清题意、加以分析和解题能力。

一是引导与激励学生在线独立说题。独立说例题的任务，一般由A类学生完成。首先，教师在课前选好今日在线课堂“小主播”，指导学生熟悉钉钉平台的直播功能。接着，在课中教学班级互动中，由“小主播”发起“在线课堂”，根据例题学习单上的相关例题问题串，结合自己的理解进行说题。教师与其余学生全程参与一起听题，根据“小主播”说题情况和学生评论区留言，及时记录“小主播”说题过程中的亮点，及时进行随机激励。同时，对说题中的遗漏点、错误点以及留言区的困惑点，及时进行随机引导。

二是引导与激励学生在线合作说题。合作说题的任务，一般由B类学生承担。首先，在课前要求各数学学习小组开展线上群内讨论，归纳组内成员例题预习中存在的典型错误、多样化的方法、困惑等。其次，每组选出一名主讲人。再次，在课中教学班级互动中，由教师发起“视频会议”，要求每组主讲人打开摄像头和麦克风，按照小组顺序，依次分享说题情况，教师和其余小组学生，一起听、参与讨论。最后，教师根据各合作小组说题情况和学生留言，及时记录各合作小组说题过程中的亮点，及时进行随机激励。同时，对说题中的遗漏点、错误点以及留言区的困惑点，作随机引导。

学生通过独立说题、合作说题、参与留言讨论和听取教师的随机引导与激励，较好地营造了敢于、能够独立与合作说清题意的积极班级环境；加强了班级学生间的在线互动；较好地提高了学生独立与合作参与说题与讨论的积极性；锻炼了“或独或合”进行读题、说清题意、加以分析和促进解题的能力。

（三）感受例题学习成功策略

基于积极心理学积极的情绪体验原理，在例题“三程”学习中，对学生（同学）例题学习中参与的主动性、质量好、速度快和其他闪光点，教师注意加强在线预设与随机激励，学生同伴注意进行在线随机激励，进而促进学生（同学）对例题学习的成功感受，激发积极的情绪体验，增强参与例题学习的主动性，注意提高学习质量、速度，总结学习经验。

1. 教师加强在线激励策略

在例题学习“三程”中，教师做好在线预设激励和随机激励，以促进学生对例题学习的成功感受，激发积极的情绪体验，增强参与例题学习的主动性，注意提高学习质量、速度，总结学习经验。

第一，教师加强在线预设激励。教师根据例题难度和学情，注意合理预设例题学习中出现的情况，并在班级在线互动时，给予激励。预设激励，方式有四种：一为优秀作业分享，如利用“家校本”的“分享”功能，将优秀作业展示给其他学生。二是快捷评语激励，利用“快捷评语”功能，设置“自主预习进步大”“课上你很用心”“理解速度快”“练习正确率高”“你的作业看起来赏心悦目”等激励性评语，对学生相关例题“三程”学习中的好的方面给予肯定性的鼓励。三是借助图标激励。利用多媒体课件制作鼓励性图标，当学生说例题表现出色时，在屏幕上显示一个“笑脸”或者“点赞”的鼓励图标。四是创设班级话题。利用钉钉平台“班级圈”的功能，建立“优秀学生表扬”话题，展示学生的例题“三程”学习中的优良表现。

第二，教师加强在线随机激励。学生在例题“三程”学习中，教师注意加强观察、记录、反思、对比，对相关学生个人或合作学习小组参与的进步性、主动性、质量好、速度快和其他闪光点，加强在线非预设的及时口头表扬、表情和肢体动作等形式的激励，进而促进学生对例题学习的成功感受，激发积极的情绪体验，增强参与例题学习的主动性，注意提高学习质量、速度，总结学习经验的教学艺术。具体操作中，教师还注意做到“三个加强”：一为加强过程性激励。二为加强激励语音语调的情感因素。三为加强激励的及时性和频度。

经过八个星期的实践，班级学生优秀作业数从开始的 2 份到现在稳定在 10 份左右；学生在线观看市网课直播参与率稳定在 100%；班级互动时的学生评论参与率，由原本为 3 位学习成绩好的学生，发展到现在全员参与互动评论。

2. 同伴加强在线随机激励

学生同桌、合作学习小组成员之间注意充分挖掘同学在例题预习、课堂笔记、完成例题学习单、作业等过程中的闪光点，以“美篇”“相片集”等形式，展示给其他学生。教师注意将同伴随机激励中良好的做法汇总后，分享给其他学生，其余学生在之后提交的作业中，都纷纷借鉴分享的做法，发挥了同伴激励的示范、带动效应。

在同伴激励的过程中，学生不仅获得了老师的认可，还获得了全班学生中更多人的认可。久而久之，学生开始期待自己的作业能够被老师选为优秀作业、期待被同学认可、期待被分享给全班同学。这些源自学生内心深处的学习期待，开始悄然形成，并成为一种教学资源，激发了学生内心积极的情绪体验，获得了例题学习的成功感受。

三、主要成效

（一）例题在线教学有效性方面

通过实践，更新了传统的例题教学的教和学的方式，提高了例题教学的有效性。具体表现在以下方面。

一是提升了教师例题教学的设计、实施与总结和结合区级课题进行探索的能力。在在线例题教学中，教师经历了自主备课、观市网课、再备课的例题教学准备过程，在传统教学设计的基础上，由于增加了观网课的环节，教师需要对观课过程中的例题，根据任教班级的学情进行再设计，还需要花大量的时间设计例题学习资源包。另外，结合学校区级课题研究，需要设计课题研究中的实施策略，并注意有机融入积极心理学的相关原理运用的设计。课上，注意加强对学生自主预习情况、市统一网课观课与留言、班级互动学习与留言情况的预设激励与随机激励，加强例题学习中相关重点、难点、困惑点、易错点的针对性引导的实施。课后，注意加强对学生完成作业的引导，注意及时进行总结反思。因此，在一定程度上提升了教师例题教学的设计、实施与总结能力和课题研究能力。

二是改进了教学思想与方式。①教学思想从“重结果”转变到“重过程、重思维、重方法”，既注意发挥好教师的主导作用，又突出学生的学习主体地位，激发学生自主学习、小组合作学习的积极性；②教学方式从“教师讲”转变到“学生说”。

（二）学生素养提升方面

1. 增进了对自主预习和例题学习价值重要性的认识

学生例题学习方式，从线下始于课堂，向线上先学后教再巩固转变，学生在例题学习上所花的时间更多，学生根据老师的要求主动参与例题预习，学生在自主解决例题后会尝试归纳总结例题蕴含的方法。在整个线上例题学习过程中，学生始终以积极的心态进行例题学习，逐步感受到高质量的预习和例题学习在数学学习中的重要性。

2. 提高了学生例题学习的实效

一是在课前例题预习方面，学生通过完成资源包的规定任务和自选任务，自主进行例题预习，丰富了例题预习方法。二是在课中例题学习方面，学生自主记录学与教的重点，参与独立说题和小组合作说题，提高了例题说题能力和记笔记的能力。三是在课后，运用例题学习的知识和技能完成作业和自选的拓展任务，增进了例题学习的信心。

3. 初步提升了自主学习素养

在线上例题学习中，促进了学生自主学习的相关意识、能力和良好行为习惯“三素养”的养成。

一是借助线上学习平台，为学生提供了“例题拓展”讲解微视频、例题学习单等丰富的学习资源，方便了学生根据需要自行下载教学资源进行自主学习。二是根据例题学习单和老师的学习资源包的引导，学生逐步学会了例题预习的方法。三是在线例题学习，也需要学生对平台的功能有一定的熟练度，包括如何自主上传作业、如何进入直播间、如何运用软件美化作业、如何利用网络查阅数学例题背景知识等。四是教师基于积极心理学“三原理”实施“三策”，注意有意识地培养学生的课前、课堂与课后自主学习素养。在这样一系列的学习中，学生自学的相关“三素养”，就得到了更多锻炼。

四、三点反思

通过这一阶段线上教学的实践，反思如下。一是将积极心理学相关原理运用到初中数学在线例题教学中的实践是初步的，心理学原理的运用需要进一步与数学“三程”教学结合。二是实践时间较短，因此基于积极心理学原理实施相关举措，提升学生数学自主学习素养方面的有效性，预期需要更长周期的实践探索，才能取得更为明显的实效。三是线上教学作为一种全新的教学活动，与传统课堂相比，有其自身的优势和不足，后续的研究中还需关注线上和线下例题教学的有效衔接和班级互动的侧重点，实施更为精准的例题教学策略，以提高教与学的有效性。

参考文献

[1] 高媛. 积极心理学视角下的学生幸福数学课堂[J]. 北京教育学院学报，2012，26(Z1)：61 - 64.

[2] 邓雅文. 积极心理学视域下远程同步课堂学生参与度研究[D]. 南充：西华师范大学，2019.

[3] 郭月瑶. 初中数学教科书例题的教学研究[D]. 延吉：延边大学，2017.

[4] 陈丽萍. 移动在线教学系统在数学课堂上的实施研究[J]. 才智，2019(15)：59.

[5] 王春茹. 初中数学自主学习能力的培养研究[J]. 中国农村教育，2019(15)：117.

[6] 刘妍君. 浅析有效开展初中数学自主学习活动的方法[J]. 学周刊，2019(24)：38.

[7] 陶然. 优选“数学现实”，注重变式教学——以“垂径定理”教学为例[J]. 中学数学，2015(10)：29 - 30.

[8] 沈利英. 新课程理念下数学课堂例题的选编原则[J]. 中学教研(数学版)，2007(7)：12 - 15.

[9] 马欣华. 浅析有效引导初中数学自主学习的策略[J]. 中国新通信，2020，22(5)：148.

[10] 高宇丽. 学科教学实施“双自”教育　促进学生自我发展的策略研究[C]//吴骏德，曹明. 实施“双自”教育　促进自主发展. 上海：同济大学出版社，2017：145 - 152.

[11] 黄国雨. 美术在线教学把握“十步”　提升初中生表现表达素养[J]. 浦东教育研究，2020(4)：42 - 45.

学生自主学习态度的“五性”素养，是这样得以逐步提升的

——以预备年级专题教育主题班会“自主学习‘五性’态度”活动课教育实践与分析为例

上海市凌桥中学　朱文君

一、问题提出

教师在担任预备年级(6)班班主任的过程中，发现学生在自主学习态度方面存在一些不足，主要表现为：在学习上不能够达到主动、专心、独立等。在心态上，缺少面对挑战和获取进步的动力和意志。在行动上，缺少明确的目标和实施能力。学生对自身行为习惯缺乏深入分析，对良好习惯的作用认识不足。

为此，教师参加了学校区级课题“基于积极心理学原理的初中生‘三自’教育实践与研究”的实践探索，选择了组织专题教育的主题班会课，对预备(6)班学生开展有针对性的教育。在分析本班学情、教育部所编《义务教育品德与生活课程标准(2011 版)》、教育部发布的《中小学德育大纲》《中学生日常行为规范》、上海市教委发布的《上海市中学生日常行为规范》、本校制订的《上海市凌桥中学学生行为规范一日常规》相关精神与要求的基础上，参考学校区级课题的总体精神与要求，尤其是学校区级课题成果丛书相关内容基础上，自编了本节专题教育课的学习资源，以学生“三程”学习单(即人手 1 份的纸质学习资源)的形式加以呈现。然后，明确了积极心理学之积极的情绪体验、积极的人格特征(乐观)和积极的学习环境“三原理”的各自来源、含义和在“三程”中的拟用与指向(预设目标)；定位了学生“五性”(主动性、规范性、及时性、严谨性和坚持性)自主学习态度的培养内容；概述了落实举措之形式“三程”学习单式、信息技术式、小组合作式、随机激励式、独立学习式(以下简称“五式”)和实施方法之讲授法、表演法、归纳法、比较法、自主诊断法(以下简称“五法”)各自涉及的相关“程”的拟做和指向；厘定了教育“三维”目标；与学生一起协商了四大模块，直观反思、培养内容(自主学习习惯与“五性”态度)、自我诊断(练习自身进行自主学习习惯与“五性”态度)与设想(改进)、思考与实践的教育过程安排(课后)；引导学生小组合作为主和根据组内所承担的任务，独自进行课中参与相关模块教育活动的准备为辅，进行精心准备。教师除了设计了“三程”学习单外，还与学生一起准备了其余 4 种学习资源：自主学习“五性”主题班会课件、情景剧表演、积极心态演讲数字资源和课后活动实施记录表，撰写了专题教育主题班会的教育过程。开展了预设四个模块的专题

自主教育的实践活动(教师还简析了各模块相应处的相关的实效),以期促进学生养成“三程”自主学习良好行为习惯,提升学生自主学习“五性”的态度。

二、实践探索

过程一:学生合作表演“课堂实录”情境和集体学习《上海市凌桥中学学生行为规范一日常规》导入,引发自主代入对比、内省和激发探索,养成良好的课堂学习行为习惯(10分钟)。

1. 主持人讲话

主持人1:敬爱的老师们。

主持人2:亲爱的同学们,大家好!

主持人1:我是……。

主持人2:我是……。

主持人1:上海市凌桥中学预备(6)班“自主学习”主题班会,现在开始!

(展示本堂课的主题,明确主题)

主持人2:首先,请大家观看“课堂实录”。

2. 学生合作表演“课堂实录”

参演学生合作:布置小型教室。

学生1:表演教师在讲台上课,其他参与表演的学生在座位上演绎上课时的表现,课堂氛围及学习氛围欠佳。

实效简析:这一过程,锻炼了部分学生合作演绎的能力、全体学生辨别违纪场景的能力。通过欣赏情景剧,让全体学生感受到了课堂纪律的维护需要每个同学的努力,增进了对形成良好的课堂学习行为习惯重要性的认识。

3. 讨论发言

主持人:呀!同学们看到了吗?这个课堂是怎么回事呀?老师上课,下面的同学都在做什么?

请同学们思考后,找一找:在这个表演中,存在哪些不好的课堂学习行为习惯?准备回答以下问题:

第一,情景剧中的课堂氛围,给你情绪感受是什么?

第二,情景剧中的课堂上,学生有哪些不规范的行为?

第三,这些违纪的课堂学习行为,说明学生缺少什么品质?

全体学生:回忆观看情况、独立思考;举手被叫者:表达自己的意见。

实效简析:一是锻炼了学生回忆同学合作表演的课堂真实情景、根据问题独立思考、参与讨论、交流课堂违纪行为的能力。二是引发了学生的认知冲突,产生共鸣,真切地理解了为什么上课时要遵守纪律。三是促进了学生对课堂良好学习行为习惯的养成,需要每一个同学的努力,内化了自己要注意养成课堂良好学习行为习惯的意识。

4. 重温《上海市凌桥中学学生行为规范一日常规》

主持人:其实,学校的中学生一日行为规范常规中,明确要求学生在上课的过程中,需要保持好纪律，并专心听讲。让我们一起来重温一下一日常规吧！

全班学生：一起朗读《上海市凌桥中学学生行为规范一日常规》。

主持人：一日常规，是我们日常行为规范的准则，有助于我们养成良好的课堂学习良好行为习惯，所以，我们应该时不时地看一下。那么，为什么我们必须做到一日常规的要求呢？

学生组内讨论，从多方面理解行为规范的作用。

主持人：下面，我们来听一听班主任讲述中学生行为规范的意义，深刻理解它的作用。

班主任（朱文君老师）：介绍中学生行为规范存在的意义。中学生行为规范是为了维护校园秩序、塑造良好校风而设立的一套规则。它有以下几个作用。首先，中学生行为规范能够确保学生的安全。例如，不在走廊奔跑、不乱扔废弃物等，这些规定能够避免学生发生意外事故，保障他们的身体健康和安全。其次，中学生行为规范有助于培养学生的自律能力。通过建立明确的规则，学生可以明白自己的行为是否符合规章制度，从而自觉调整自己的行为，形成良好的行为习惯。具备了这种自律能力，对大家未来的学习和生活都具有重要的意义。最后，中学生行为规范还能营造良好的课堂和校园氛围，提高学生在学校学习的愉悦感、主动性，保证在校学习的效率。总之，中学生行为规范的存在是为了维护学校的正常秩序，保障学生的身心健康，培养学生的自律能力，培养学生养成良好行为习惯的，具有促进学生可持续发展的意义。

实效简析：在这个环节中，通过学生的观察思考、听取班主任解答，加深了学生对自觉遵守中学生行为规范的理解，明白了行为规范的作用是为了保护他们，而不是约束他们；是促进他们进步的工具，而不是限制他们的枷锁。这就从心理上，让学生更加认可行为规范，从而为他们之后养成好习惯建立了足够的心理基础。同时，同学们也认识到良好习惯的养成，会有意识和行为上的冲突，不是一朝一夕能够实现的。

过程二：学生自主学习四则故事分享，明确对待学习需要有“五性”态度（10分钟）。

1. 主持人讲话

主持人：你知道尼克·胡哲吗？请同学们阅读学习任务单中的故事《态度决定行为，行为决定习惯》。感受一下他所带来的力量。

主持人：大家看了尼克·胡哲故事，你有什么感想呢？（同学思考，举手发言）

主持人：尼克·胡哲乐观向上的态度有什么好处？是否有感染到你呢？

主持人：正如尼克·胡哲告诉大家“我能成功，是因为我的不断尝试，问题关键不是失败了多少次，而是我有多少次又站了起来”。这是他对待人生的态度。我们对待学习的态度，也应当如是。

2. 观看尼克·胡哲演讲视频《永不止步》

主持人：养成一个良好的习惯，确实不是一朝一夕的事情，这需要持续的努力、毅力和决心。让我们先来看看天生没有四肢的澳大利亚残疾人尼克·胡哲，怎么适应日常生活、并成为著名演说家的？请观看他的演讲视频《永不止步》。

他告诉我们：首先，养成一个好习惯，需要有明确的目标，就是我们需要知道自己想要什么。然后，制订一个切实可行的计划，逐步去实现它。再后，还需要有坚持不懈的毅力，不怕失败，勇于尝试，不断地加以调整和改进。此外，尼克·胡哲还强调了积极心态的重要性。所以，我们在面对困难和挫折时，需要保持乐观和积极的态度，相信自己有能力克服一切困难。只有这样，我们才能在养成良好学习行为习惯的道路上不断前进，永不止步。

实效简析：学生通过独立阅读学习任务单中的尼克·胡哲的故事《态度决定行为，行为决定习惯》、观看他的演讲视频《永不止步》、听取主持人对视频演讲内容所作的四点启示，锻炼从中撷取有效信息、结合自己情况加以反思的能力；明白态度决定一切，行动创作未来的事实；增进态度决定行为，行为决定习惯的意愿，激发对于今后自己养成良好的日常学习和其他良好的行为习惯的动力和自信，注意勇于面对困境，保持积极向上的心态。

3. 好习惯之自主学习的特性

主持人：请阅读以下PPT展示的小故事《凿壁偷光》与《齐白石画画》。

从这些故事中，你有没有发现他们对待学习的态度呢？

演示文稿展示：自主学习态度的“五性”：主动性、及时性、严谨性、规范性、坚持性。这对我们自身的自主学习态度，有什么启发呢？

实效简析：学生通过阅读对待学习态度的正向故事、阅读自主学习态度的“五性”、结合自身进行思考，能切实理解故事中所蕴含的自主学习态度、自主学习需要具备的“五性”，明确在“五性”的养成过程中，需要坚持不懈地努力。

过程三：学生结合“课前小测验”加强自身“五性”诊断和集体梳理、学习自主学习良好行为习惯，加强对自身自主学习良好行为习惯的了解和锻炼参与梳理、概括自主学习良好行为习惯内容的能力、增进自我诊断和集体梳理、学习意识（10分钟）。

1. 课前小测验

主持人：课前我们做过学习习惯小测验，这个测验，能够显示出你对于学习的态度。注意，打钩越多，说明你的学习积极性不够高，态度消极，你需要重视改进自己学习的态度。

全体学生：自我核对、默默诊断。

2. 交流讨论

理想的学习习惯应该是什么样的呢？梳理出自己做得好的和做得不好的方面，参与班级交流。

主持人：有同学能说一说良好的学习习惯，应该是什么样的呢？经过交流，梳理出以下良好习惯的特性和“三程”学习的20条良好学习行为习惯。

一是良好习惯的特性。

二是课堂良好行为习惯。

三是课后良好作业习惯。

（1）上课前无打闹现象，学生在教室内静候老师上课（上课铃响2分钟内，教室里应保持安静）。

（2）做好课前准备，起立前学生应将课本、学习用品摆放在桌子上面。

（3）上课坐姿要正，课堂无趴课桌的现象。

（4）遵守课纪，上课无讲小话、无看与课堂无关的书、无做与课堂无关的事等。

（5）养成每日（周、月、学期）制订学习计划的习惯，并落实学习计划。

(6) 参与反馈课前预习情况的良好行为习惯。

(7) 上课专心听讲预习习惯。

(8) 边听、边看、边思、边圈画的良好行为习惯。

(9) 参与课堂师生互动积极回答问题良好行为习惯。

(10) 学会课堂做笔记的习惯。

(11) 注意独立思考的习惯。

(12) 参与小组合作学习的习惯。

(13) 善于提问题的习惯。

(14) 参与和逐步自主做好课尾集中小结的习惯。

(15) 独立作业的习惯。

(16) 仔细审题、提取材料信息的习惯。

(17) 整理错题集的习惯(用双色笔记录)。

(18) 规范答题习惯。

(19) 及时上交作业、及时更正错题的习惯(用红色笔更正)。

(20) 不懂就问习惯。

实效简析:一是学生通过结合"课前小测验"的诊断,加强了对自身"五性"自主学习态度的了解、锻炼了自主诊断能力和增进了诊断意识。二是通过参与集体梳理和学习"三程"学习良好行为习惯,加强了对自主学习良好行为习惯的了解,锻炼了参与梳理的能力,内化了自己的自主学习态度改进的目标。

过程四:学生集体学习养成自主学习良好行为习惯建议和方法,尝试制订《一个月培养"五性"自主学习态度》和课后开展养成行动与自评、互评,增进对良好自主学习"五性"良好学习态度理解和促进相应行为的养成(10分钟)。

1. 习惯养成的建议和方法

主持人:我们可以通过哪些方法,来养成良好的习惯呢? 同学参与交流;主持人逐步展示PPT的内容。

(1) 知道你以前没有坚持习惯的真正原因吗?

(2) 选择相互强化的习惯。

(3) 为你的习惯制订计划(具体到时间)。

(4) 实施你的计划。

(5) 跟踪你的实施情况。

(6) 尝试和其他人一起养成习惯。

2. 制订方案

主持人:自主学习的"五性"态度和"三程"良好学习的习惯,不是独立的;它们是相互关联的。有些习惯,彼此之间的联系,会比其他习惯更为紧密。例如,独立作业的习惯和及时上交作业是相互关联的。因此,如果你想养成一个学习好习惯,找出其与其他相关习惯,并进行整体的改变。这些习惯将相互强化,帮助你实现无缝的转变。

主持人:请大家看一下学习单上的表格《一个月培养"五性"自主学习态度》,这个表格就用到了PPT中的方法。你可以作为发起者,邀请其他同学一起完成目标,实现共同进步，也可以尝试将一个目标拆分成几个小目标来一步一步完成。

(1) 你现在的自主学习的“五性”态度和“三程”良好学习的习惯如何？

(2) 你近期最希望改进、养成的是什么“五性”态度和什么“程”自主学习的良好行为习惯？

(3) 你打算怎么做？请展示自己所定的《一个月培养“……”自主学习态度》的自主学习良好行为习惯养成计划。

(4) 为自己的活动小队制订养成习惯的必要规矩并相互督促，相互进步。

(5) 每天进行改进情况的自主记录、评价；每周和月底，邀请家长、同学和老师进行自己改进情况的评价。

(6) 1 个月后进行综评：分数→等第 + 文字总结和评语。

(7) 1 个月后组织交流、评比和表彰活动。

3. 主持人结束语

主持人：愿我们每一个同学拿出最好的态度，优秀的习惯，在学习的路上一步一个脚印，越走越远。

实效简析：一是学生通过参与集体学习养成良好自主学习良好行为习惯建议、方法，拓展了相应的知识。二是学生在参与合作制订《一个月培养“五性”自主学习好习惯》和课后开展养成行动、自评与互评中，锻炼了自主诊断“五性”自主学习好习惯，明确改进目标，制订改进措施和实施计划，加强对每天行动情况的自我自控，每周和一个月后的自控，以及反思家长、同学、老师评价（他控）改进情况，注意完善自己相关“五性”行为。三是增进了学生对具有自主学习“五性”良好学习态度之意义的理解和促进相应行为习惯的养成。四是促进班级课堂学习整体良好氛围的逐步好转，提高了全体学生参与课堂学习的积极度、愉悦度和实效性。

三、主要成效

（一）学生方面

从教师和学生们一起进行的本次专题教育活动中“三程”的感受、自己在课堂上的观察，对课后“一个月养成好习惯”自主改进实践学生每天打卡记录情况，以及每周和一个月后组织的学生交流与亲子评价、同学间互评、教师评价的跟进反馈显示，本次专题教育班会课的现场实效和延迟效应都表现得较为明显。尤其是通过与课教师和学校聘请的全程指导区级课题研究的科研指导专家曹明老师的观课评价，以及与一些家长的日常交流，也可以看出这一点。

1. 增强了学生养成自主学习良好习惯和“五性”态度的意识

首先，学生参与课的“三程”活动和课后 1 个月自主改进实践，普遍增强了养成自主学习良好习惯和“五性”态度的意识。学生们开始意识到，这不仅对于个人的成长至关重要，也是成为一个优秀社会成员的基本要求。其次，学生们开始主动思考如何调整自己的行为，以更好地适应个人发展的需要。例如，他们开始学会制订合理的学习计划，合理安排时间，做到高效学习。最后，增进了学生自学自控和借助他控的意识。例如，一是学生增进了在参与小组合作准备班会课相关模块活动时的自我责任意识。二是小组成员之间能够相互询问、督促准备进程与质量。三是增进了在解决准备活动中疑难问题时的商讨意识。

2. 提高了学生养成自主学习良好习惯和“五性”态度的协作与实践能力

学生的以下九种能力得到了程度不一的锻炼与提高：一是提高了参与师生合作商议专题教育班会课主题、设想教育活动板块的能力。二是锻炼了参与四大模块活动小组合作准备和完成自己承担准备任务的能力。三是锻炼了合作准备时，自控与互控准备精度、遇到问题、质量情况和解决对策的能力。四是锻炼了参与课中活动模块时的自我和相互教育的能力。五是锻炼了课中参与演、观、阅、思、议、享之活动的能力，结合自身对“五性”现状进行诊、谋、炼与评的能力。六是锻炼了课后围绕自主改进实践计划，进行定、践、控、享、评、循(循环往复持续这些行为)的能力。七是锻炼了“三程”活动和课后 1 个月自主改进实践时的独立和小组与组际成员、家长和教师，对参与专题教育班会课情况、课后自主改进实践的进程、质量、问题与解决对策、特色等，进行自控、互控和据此进行循环改进的能力。八是锻炼了与小组成员间、家长间的合作能力。九是增进了学生完成任务时的自信和促进了可持续发展。

3. 促进了“五性”态度的逐步养成

学生通过参与师生合作、小组合作、亲子合作和独立担责完成持续 1 个多月整个活动过程中的相应任务，与实践前相比，自主学习的主动性、规范性、及时性、严谨性和坚持性之“五性”态度，正向的变化，是明显可感、可见的。

(二) 教师方面

教师的六类素养，得到了程度不一的锻炼和提升：一是提升了教师参照曹明老师的专题教育研究课设计模板，根据研究主题、学情、课标与相关纲要、学校区级课题的精神、专题教育纸质学材资源，设计研究课所用的纸质学习资源(类教材)的能力。二是提升了进行研究课整体设计的能力。三是锻炼了在专题教育研究课后，撰写专题教育主题式案例的能力。四是增进了对于如何构建主题式案例框架、各部分的要点、梳理自身的教育活动实践材料、贴切与详略得当地呈现各部分内容的感受与认识。五是实现了主题式案例质量的螺旋式提升。六是激发教师继续引导学生进行自我教育，提升“三自”素养的动力。

(三) 学校方面

一是拓展了学校德育主题式教育活动的途径。二是丰富了学校区级课题之专题教育类主题式案例的成果，促进了学校区级课题的研究。

四、五点反思

自研究课的设计开始，到现在的专题教育研究课类型的主题式案例改定，有整整 3 年，回顾这一过程，有以下“五个需要加强”的反思。

一是需要加强对学生课后 1 个月养成相关“五性”自主学习好习惯的交流和定期评估。二是需要加强研究课后自身成果的及时总结。三是需要加强自主学习、钻研，了解透彻曹明老师相关成果类型模板的要求，所发多种学科渗透教育研究课、专题教育主题教育班会课课例、主题式案例、提示所看的重点，结合自己的研究课实际，进行务实、贴切、主题式案例各板块之间需要相互匹配的思考，收集和筛选材料，“干货”式地加以表述。四是需要正确把握网络材料与自己研究课主题式案例间的关系，不作无效的引用。五是需要结合当下援疆工作的实际和今后学校的学科教学、班主任工作等，加强日常观察，选择相关主题，自主进行探索，促进学生、自己和学校的更好发展。

五、意义揭示

（一）符合积极心理学“三原理”

本次专题教育的主题教育活动课中，首先，在活动前，学生小组合作做好了情景剧表演、查找与自主学习“五性”态度有关的小故事、独立完成了自主学习态度“五性”现状的小测验（即对自己的相应现状进行诊断），初步积累了“或独或合”参与主题教育活动“4 类”资源准备的积极情绪和自信。其次，在活动中，学生小组合作为主、独立为辅，在主持人和教师的“五式五法”引导和不断受到同学、老师激励的良好氛围下，主动参与第一板块到第三板块和第四板块的“学生集体学习养成良好自主学习良好行为习惯建议和方法”的活动，有效地完成了课中活动预设的相应任务，锻炼了“或独或合”进行主持、参与活动的能力和自信，进一步增进了参与课中教育活动的愉悦度、积极度和成功感。再次，在活动后，根据自主学习态度“五性”现状小测试的结果，学生独立制订了《1 个月培养“五性”自主学习好习惯》的方案。此后，每天注意加强实践和打卡，每周除了自评外，还请家长、同学和教师评价自己的改进情况，1 个月后进行综评。在此过程中，学生自己注意保持良好的心态，家长、同学与班主任，都注意塑造了良好的改进行动环境，班主任还按周定期组织学生交流、自评与互评，勉励全体学生注意扬长避短，使学生充满了改进的动力和热情，也不断锻炼了自主改进的能力，更好地积累起改进的成就感。最后，经过为期一个月的坚持改进的评价跟进的实践，学生在“五性”习惯上，都得到了显著的提高，课堂的氛围也更加融洽。

上述过程，符合本研究中运用的积极心理学之积极的情绪体验、积极的人格特征（乐观）和积极的学习环境“三原理”。这也充分说明了学生的进步，一是需要调动他们的情绪和动力，积极心理学能够很好地调动他们学习和参与自我教育的主动性和积极性。二是在学生意识自我，认识自我，并改变自我的过程中，需要保持积极乐观的人格特质，正确的目标和有效的方法、激励性的评价和反馈，都可有效地保持学生的积极乐观特质和持续提升学生的积极情绪体验。三是受到积极环境的影响，不仅进一步可激发学生的学习热情和积极性，还使得这种积极性能够相互传递，持续时间久。同时，提升了学生的可持续学习能力，增进学生的自我肯定，提升教育活动过程的愉悦感。最终，增进了主观幸福感，促进了自我价值的实现，提高了自我认同感。

(二)彰显了“五性”的独特价值

彰显了基于积极心理学原理专题教育主题班会实施“五式五法”,在引导学生改进自主学习态度方面“五性”的独特价值。

1. “三程”教育过程的主体性和自育性(含学生相互教育,此为两性)

本次专题教育主题班会课的“三程”活动和课后1个月的改进实践与交流评价活动,学生经历了“五性”自主学习态度的自测诊断、小组合作表演情景剧的准备和现场表演及参与讨论、观看演讲和参与自主学习“五性”小故事的演讲、独立制订和分享自主学习“五性”好习惯养成计划的设计,以及其后1个月的持续性活动等。可见,学生是这些“或独或合”活动的真正的主体。学生一是锻炼提高了参与“三程”之“或独或合”相应的能力。二是明白了改进方式方法与目标方向。三是促进了后续1个月的主动、愉悦、有序和坚持进行改进的实践、记录、评价、交流、自评、互评和综评,说明他们自主学习的主动性、规范性、及时性、严谨性、坚持性得到了提升。四是学生个人自主学习“五性”素养的提升,彰显了自我教育(自育性)的价值,带动了全班学生主动进行互助学习良好氛围的基本形成,实现了二者之间的相互积极影响、相互教育与促进的良性循环。

可见,学生成为教育过程的主体,可以有效地发挥学生自育、互育的独特价值,更易内化教育的内容,更好地提升学生的个人心态和创造班级积极互育的环境,从而更能够让学生逐步地提升自主学习“五性”良好态度。

2. 课始情景剧表演引发的内省性

对于情景剧的表演,学生们都表现出了很大的兴趣。他们以表演者或旁观者的角度去观察他们经历过的事情。这更容易引发学生的代入对比和内省。所以,在观后的交流讨论环节,学生们都表现出了发言的主动性。通过积极的讨论、交流及总结,学生能够更清晰地认识“五性”的自我情况。这样,有效地锻炼了学生的自主表演、观察、代入对比、讨论、交流与总结的能力;内化了讨论与归纳的结果;激发了学生的自省心理,帮助学生指明了努力的方向和下定逐步加以改进的决心。

可见,情景剧的表演与观察,结合实际进行思考、对比、讨论、交流与归纳的形式,对于引导学生结合个人实际和班级情况进行自身和班级集体的价值内省具有显著的促进作用。在今后的教育生涯中,可以继续加以探索。

3. 课后1个月自主学习相关态度改进的实践性

学生先是独立制订了《1个月培养“五性”自主学习好习惯》的方案。此后,每天注意加强改进的实践、打卡、自评;每周请家长、同学和教师评价自己的改进情况,学生根据互评的结果自主反思,注意局部调整改进实践的举措;1个月后进行综评。在此过程中,学生自己学着尝试注意保持自己良好的心态,并注意与家长、同学与班主任一起,塑造了良好的班级改进行动实践环境,班主任还按周定期组织学生交流、自评与互评,勉励全体学生注意扬长避短。正是这样一个学生不断参与实践、自控、他控和互控、局部调整、改进实践、评估(监控)之多元实践的过程,使学生充满了改进实践的动力和热情,也不断锻炼了自主改进和监控实践的能力,更好地积累“五性”改进实践和自控、他控与互控改进情况的成就感。

可见，专题教育中学生多元实践活动的组织，有助于提升学生在不同阶段完成相应实践改进任务的能力；增进自主改进的实践意识、监控意识、成就感、愉悦度、积极度和自信心；在班级集体中发挥互相促进实践的正向引导价值。

4. 教育整体效果的明显性

学生经历本次专题教育主题班会课前1周、课中、课后1个月和1个月后的全班交流、综合评价的过程，其实效是明显的。一是在课上，学生主动参与思考、发言、交流的频率和质量，都变高了，说明学生主动思考，主动学习的意识态度相较于以前有了很大的提升。二是班主任和学科教师都能够明显地感受到班级的整体学习氛围变好了。三是课间与课外，班主任还常常见到学生之间能经常互帮互助完成有困难的任务。

可见，学生在理解内化自主学习态度的“五态”后，对日常学习、交往和生活素养，都具有明显的促进提升作用。在今后的班主任教育工作中，应继续尝试以学生的独立学习、小组合作学习的某方面素养的薄弱之处为切入点，基于积极心理学的相关原理，组合运用相关教育策略方式方法，发挥好评价的多元功能，引导学生加强诊断、计划、“或独或合”开展多元化与持续性实践，以及监控、调整这样循环往复实践改进的过程，努力达成目标，实现自我教育的多元价值。

参考文献

[1] 彼得森.积极心理学：构建快乐幸福的人生[M].徐红，译.北京：群言出版社，2010.

[2] 李笑非.高中主题班会课活动的设计与实践研究——以成都七中高中为主要研究样本[D].成都：四川师范大学，2011.

[3] 迟希新.有效主题班会八讲：设计理念与实施策略[M].上海：华东师范大学出版社，2012.

[4] 赵瑾.借助认知冲突加强比较分析，促进良好交往习惯内化——“身边的你、我、他”主题班会实例分析[C]//金丽萍，曹明.初中生良好行为习惯养成教育.上海：同济大学出版社，2017：230－237.

[5] 张振宇.问题转化式学习素养：在“独合结合”学习中逐步提升——以“无限循环小数化为分数”一课教学片段实践与分析为例[C]//杨龙，曹明，杨蕾.基于独立学习与合作学习相结合的教与学方式研究案例选.上海：同济大学出版社，2022：63－69.

[6] 周瑜.初三学生体育中考项目理想成绩和健体兴趣：在“独合结合”多元实践体验式学习中提升[C]//杨龙，曹明，杨蕾.基于独立学习与合作学习相结合的教与学方式研究案例选.上海：同济大学出版社，2022：154－161.

[7] 周维.实施“四式·三法” 提升学生实验素养——以《检测生物组织中的还原糖、脂肪和蛋白质》一课为例[C]//李百艳.强韧公办初中的内力：上海浦东“强校工程”实践案例.上海：华东师范大学出版社，2022：393－400.

[8] 顾亮.基于积极心理学原理实施“四式五法” 促进学生主动发展约束自我素养——以八年级“遵守社会规则，主动自我约束”专题教育课实践与分析为例[M]//柴建荣，曹明，祝青，等.中学生主动发展的实践研究（课例选）.上海：上海教育出版社，2023：169－189.

学生“三自”学制图表素养，在完成“六独七合”五式的学习任务中得以提升

——以预备年级信息科技“图表的制作与编辑”教学片段实践与分析为例

上海市凌桥中学　张珍妮

一、问题提出

在教师任教的初中预备年级信息科技学科的过程中，发现学生的自主学制图表的素养以下“四个有待提高”：一是对图表为问题的分析与解决提供直观可信的依据的认识有待提高。二是归纳数据与数据间的关系，并以此为依据判断选用合适类型图表的能力有待提高。三是对利用数据图表解决实际问题的知识迁移应用能力有待提高。四是独立预习和复习能力有待提高。

教师自身在参加学校区级课题“基于积极心理学原理的初中生‘三自’教育的实践与研究”的实践探索中，拟围绕“图表的制作与编辑”学习内容，基于积极心理学的积极情绪体验和积极环境“二原理”，对任教学生尝试课前、课中与课后“三程”整合实施“六独七合”探究式等五种实施形式（其余“四式”为“三程・三单”式、系列问题引导式、加强适时归纳和随机激励与引导式）。“六独七合”，包括 6 次独立学习，即课前学生 3 次独立学习：独立预习图表类型及图表表示数据的优点、独立用搜索引擎查找图表在生活场景中的应用和独立完成预习任务单中相应信息的填写任务；课中 1 次：独立学习三类图表的制作步骤与方法；课后 2 次：独立收集家中一年电费数据，并制成数据表及图表；独立完成课后学习单信息的填写任务。这样做，旨在使学生主动了解图表的类型和借以表达相关数据的优势；锻炼独立完成“三程”相应任务的能力；初步激发独立尝试学习制作三类图表和课后迁移运用到家庭电费数据分析的兴趣；促进“三程”注意独立学习和借助图表便捷地呈现相关数据之良好行为习惯的养成。7 次合作学习，即课中生生/师生 5 次合作学习：①师生合作完成图表结构、类型的学习；②师生合作梳理图表制作过程中的问题；③师生合作学习图表编辑的方法；④课中生生合作探究不同类型图表的适用情况；⑤课尾，师生合作归纳。课后与下次课上 2 次：①下次课始，学生参与全班交流与评价在家中独立完成的一年电费折线图和交流节约用电的方法；②师生合作归纳利用数据图表解决实际问题的重要意义。这样做，旨在使学生强化对图表结构、类型和用数据解决实际问题重要意义的认识；锻炼

教师引导下小组合作完成“三程”相应合作学习任务的能力；促进“三程”注意生生/师生合作学习和借助图表便捷地呈现相关数据之良好行为习惯的养成，激发进一步合作探索相关数据用更多类型的图表、合理的结构、步骤和方式方法加以呈现，加强实际运用的兴趣。

在三程“六独七合”的学习过程中，教师注意增进学生“三程”学习中，对数据用图表加以呈现之学习过程和结果的成功积累，增进知晓数据图表价值、会学、会用数据图表的自信；注意加强“三程”学习中的独立与小组成员合作监控“六独七合”学习任务完成进程、质量情况，增进独立监控和互相监控（互控）的意识，提高自主监控能力，促进相应学习中的自控、互控良好行为习惯的养成。

下面以自己于2019年12月17日下午第1节，在预备(1)班对该班学生所执教的“图标制作与编辑”一课的“三程·六独七合”实施形式的任务中，撷取其中的五个片段（涉及“四独五合”实施形式的学习任务）为例，说明本探索的实践操作与相应的实效。

二、实施过程

(一) 课前独立学习(2次“独学”)

学生在课前预习单的引导下，独立预习教材中图表类型及图表表示数据的优点，用搜索引擎查找图表在生活场景中的应用，初步感知数据借助不同类型的图表加以呈现的广泛性与优点；锻炼相应能力；培养课前预习的良好行为习惯和激发学习图表制作兴趣的实施程式。

片段1：学生借助课前预习任务单，阅读与批注教材，运用搜索引擎查找图表在生活场景中的应用和完成预习单的填写，初步感知数据借助不同类型的图表加以呈现的广泛性与优点，锻炼相应能力，促进课前独立预习之良好行为习惯的养成和激发学制图表的兴趣。

（前一次课尾）师：借助多媒体，呈现老师所设计“图标制作与编辑”一课学生课前独立预习任务单内容，请你独立完成2项预习任务。

(1) 独立阅读课文、进行批注，找到数据借助不同类型的图表加以呈现的广泛性与优点。

(2) 利用网络查找各类图表，并完成以下内容：你使用的搜索引擎名称：______，你使用的搜索关键词：______，你找到的图表名称：______、______、______，请你将找到的图表与前面课堂中学习的数据表进行比较，你觉得用图表表示数据有什么优点？ ________。

生：独立观、听、思；课后，独立完成2项预习任务单（含预习单信息的填写）。

师：（本节课前）快速检查学生预习任务单完成情况；并进行随机激励与引导。→生：配合自查，注意自我纠错；听、思，内化。

从本节新课开始前，教师利用两分钟预备铃时间快速巡视检查学生课前独立完成2项预习任务的完成情况、学生自查的反馈结果和教师的随机激励的结果可知：班中绝大部分学生能独立完成2项预习任务和预习单的认真填写；学生收集的图表名称，有“某网站一周访问量”“各产品成本与利润情况统计图”“员工在职培训成绩统计图”等；学生普遍能够配合教师，进行自查、自我纠正，使学生普遍初步了解了数据图表的类型、感知到了使用图表的优点和应用领域的广泛性；锻炼了独立完成 2 项预习任务的能力；激发起后续学习图表制作的兴趣。

（二）课中“独合结合”学习（“1 独 2 合”学习）

一是学生借助“图表制作步骤”的帮助文件独立完成图表的制作，培养借以独立学习图表制作的能力、增进学制数据图表的自信和热情。在课堂教学的第三环节，学生通过阅读教师提供的“图表制作步骤”帮助文件，独立完成柱形图的制作，并记录下完成过程中遇到的问题，锻炼相应能力，增进学制数据图表的自信和热情。

片段 2：课堂教学第三环节，学生借助教师课件中提供的“图表制作步骤”的帮助文件，独立完成柱形图的制作，并在课中学习单的相应处，记录制作中遇到的问题，锻炼相应能力，增进学制数据图表的自信和热情。

师：请同学们打开学习资料包中“探究实践”的文件夹，其中，有“年画收藏统计表”“上海未来五日最高气温预测表”“学生最喜欢的运动调查统计表”“2020 年上海公共交通流量分布预测表”4 张数据表。请任意自选其中 1 张数据表，并将其打开。

生：独立听、观、思、选，试着打开所选择的数据表。

师：请同学们打开“图标制作步骤”这个文件，这是一份说明怎样完成柱形图制作的文件，请同学们观察文件中有几种颜色的文字。

生：独立观、听、思，尝试打开帮助文件，观察后回答“黑色、红色两种颜色”。

师：老师用红色提醒大家在制作的过程中，需要特别注意的地方，请同学们遇到红色文字时多加思考。下面，请大家根据这份帮助文件，在 5 分钟内将打开的数据表制作成 1 张柱形图；在制作的过程中，对遇到的问题和困难，随时记录下来。我们可以一起交流讨论，解决遇到的这些问题。

生：独立观、听、思、记；尝试根据帮助文件，完成柱形图的制作。

师：注意巡视学生完成情况，作随机激励与引导；记录下学生制作过程中存在的问题。

教师通过课堂巡视，观察到大部分学生能独立找到帮助文件、自主进行选择、调用数据和在规定时间内完成柱形图的制作；增进了独立制作柱形图的感受和后续继续学制数据图表的自信与积极情绪；促进了制作图表时，注意利用文字颜色，来提醒自己需要把握其中的关键信息和注意记录制作过程中问题之良好行为习惯的养成，增进了自主监控意识。

二是师生合作探究图表编辑的方法，锻炼学生针对问题，借助广播软件中图表编辑功能中的标题、图例和分类轴功能，针对问题，加以解决的能力，增进图表编辑的自信和兴趣。这一环节，是对第三环节学生独立学习过程中遇到的问题，师生合作进行分类梳理与加以化解的过程。在师生互动中，借助广播软件展示学生制作的柱形图以及图表中不同类型的问题，分类合作探究解决的方法，学生最终掌握图表编辑中，注意用好标题、图例和分类轴的功能的方法，增进自主用好图表编辑功能的自信和兴趣。

片段 3：课堂教学的第四环节，师生合作交流梳理制作柱形图过程中的问题（三类），借助广播软件中的标题、图例和分类轴的功能，探讨化解图表编辑中存在问题的方法，知道图表编辑功能的构成，掌握相应的编辑能力，增进自主用好图表编辑功能的自信和兴趣。

师：下面，请自己检查一下你的柱形图，是否存在问题。请同学们把柱形图移动到数据表上面，将数据表覆盖住，看看你的图表是否能读懂？

生：独立听、观察自己制作的柱形图，并发现其中存在的问题。

师：如果对自己制作的柱形图表，还看不明白的同学请举手，我们一起来帮他想办法解决问题。

生1：老师，我发现自己的柱形图中，每根柱子下面显示的是：1，2，3……

师：利用广播软件，分享这名学生的屏幕后说：现在，我们一起帮助这位同学来分析一下是什么原因导致了分类轴上显示的是1，2，3……谁可以尝试分析一下？

生2：老师，我发现分类轴上的内容，与数据表中第一列有关系，应该是他漏选了数据。

师：你观察得很仔细，分析得也很有道理，老师为你点赞！如果遇到这类问题，我们可以在图表上右击，从快捷菜单中选择“选择数据源”+重新选择源数据，就能解决这类问题。下面，请同学们尝试修改源数据，体验数据源选择的重要性。

生：尝试修改数据源，解决因为数据源选择错误导致的图表错误。

师：还有谁的图表是有问题的？

生3：老师，我发现我的图例显示的是系列1。

师：利用广播软件分享图例正确的学生的屏幕后，请你观察一下，图例跟数据表中的哪个部分内容，是一致的？

生3：我明白了，我是漏选表头了。

师：你很棒！我们可以通过自己仔细观察和思考解决问题。教师再利用广播软件分享一张缺少标题的图表，请同学们仔细观察这张图表的问题在哪里？

生4：图表的标题有问题。

师：对了！缺少标题的图表，别人没法看明白，所以，图表标题也非常重要。我们可以直接在标题上进行修改。请有这类问题的同学，自己尝试修改。

生：尝试编辑图表标题。

师：我们刚才一起尝试找出制作的图表上的各类问题。现在，谁来梳理一下图表制作过程中可能出现的问题，有哪几类？

生5：我觉得做完图表后，可以检查图表的标题、图例和分类轴。如果这些部分没有问题的话，这张图表应该就是正确的图表了。

师：刚才我们提到的标题、图例、分类轴，这就是图表的基本组成部分。所以，图表是否正确，就是检查这些基本组成部分。

这一环节，教师充分利用广播软件展示学生在上一环节完成的作业中的问题进行引导，学生能分析造成柱形图中问题的原因，并完成对问题图表的修改，梳理、归纳和掌握了运用广播软件之图表的标题、图例、分类轴功能进行编辑、修改的方法。学生还在积极的学习环境中，进行了自主检查、修改和梳理归纳，增进了积极的情绪体验，提高了在数据图表中运用标题、图例、分类轴功能自主修改图表的效率。

三是学生小组合作完成“三种图表的用途和实例”任务，探究三类图表的适用情况，培养相应能力和增进用好柱形图、折线图和饼图表达数据的兴趣和自信。本教学环节，教师采用引导学生实施小组合作探究的学习方式去突破教学难点。学生通过小组合作完成“三种图表的用途和实例”课中学习单探究任务，体会常用的柱形图、折线图和饼图的用途，感悟不同图表所表达出的不同含义，增进小组合作探究、掌握三种图表的用途和实例、化解学习难点的成功感、自信和对小组合作探究价值的认识。

片段 4：学生在学习单引导下，通过小组合作完成“三种图表的用途和实例”学习任务，探究柱形图、折线图和饼图表的适用情况和所表达出的不同含义，培养相应的能力，增进小组合作探究、掌握三种图表的用途和实例、化解学习难点的成功感、自信和对小组合作探究价值的认识。

师：请同学们打开“三种图表的用途和实例”这个文件，仔细观察柱形图、折线图和饼图这三张图片，想一想图中的柱子、折线和扇形所反映的数据间，是什么关系？

生：独立听、尝试打开“三种图表的用途和实例”文件，并思考数据与不同图形间的关系。

师：利用广播软件分享选择“上海未来五日最高气温预测表”这张数据表的学生的屏幕，请同学们再思考一下这张数据表选择柱形图是否最合适？如果不是最合适的，我们又应该选择哪种类型的图表？下面，我们以小组为单位，为这四张数据表找到最合适的图表类型。先请组长为每位同学分配一张不同的数据表。

生：独立观、听、忆；组长分配数据表。

师：我们可以用什么办法，为自己的数据表找到最合适的图表呢？老师为你们提供一种方法：大家可以把这张数据表的三种类型的图表，先都做出来；再直观地进行比较，思考数据表中数据间的关系；然后，在组长的组织下，组员交流想法和结论，选择最合适的图表类型；最后，完成“三种图表的用途和实例”课中学习任务单的填写。

生：独立听、思；按序完成 3 张表的制作、比较和参与小组成员讨论、交流，选择最合适的图表类型的适用情况；完成学习任务单的填写。

师：巡视、观察；对有需要的小组制作与比较、选择图表类型作随机指导；并提示要善于倾听同伴的交流。

相关小组和成员：听、思，内化。

师：谁来代表自己的小组来分享一下探究成果？

生 1：柱形图，便于比较数据间的多少关系，“年画收藏统计表”和“学生最喜欢的运动调查统计表”比较适用。折线图，便于分析一段时间内数据的趋势，“上海未来五日最高气温预测表”比较适用。饼图，适用于描述数据间比例的关系，“2020 年上海公共交通流量分布预测表”比较适用。

师：你们小组得出的适用性结果很正确！老师想给个建议：柱形图便于比较数据间的关系，用“大小”两个字，是否比用“多少”两个字更确切？折线图便于分析一段时间内数据的变化趋势，是否更恰当？

生 1：是的。

全体生：点头肯定。

师：我们通过“一表三图”直观地进行比较后，发现每张数据表，都可以找到一种最合适的图表类型去匹配它，也找到了这三种常用图表所表达的各个数据间的不同关系。在今后的学习生活过程中，同学们可以留意更多的数据表，通过数据表中数据间的关系去判断和选择最合适的图表类型。我们学习图表制作的目的，是为了让数据更直观，为我们分析问题和解决问题提供直观可信的依据。

学生在教师系列问题、随机引导、课中小组合作学习任务单的引导下，根据教师提供的方法，按序完成了相关数据之“一表三图”的试制作、小组合作观察、对比、讨论、交流数据表中各数据间的关系，并作出了最适应(数据与图表间的匹配性)的选择，师生共同总结归纳出通过数据表中数据间的关系去判断和选择最合适的图表类型，本堂课的教学难点在生生和师生合作探究的过程中被突破。在学生的参与中，强化了对柱形图、折线图和饼图的适用情况和所表达出的不同含义的认识；培养了相应的能力；增进了小组合作探究、掌握三种图表的用途和实例、化解学习难点的成功感、自信和对小组合作探究价值的认识，更好地激发起学生这样学习的热情。

(三) 课后与下次课始“独合结合”学习(“一独三合”学习)

课后，学生独立完成家中最近 1 年所用电费数据的收集和折线图的制作，读懂折线图中反映出的数据变化趋势，参与下次课始全班交流、评价与归纳，以锻炼学生迁移运用数据收集和最适应性图表制作、尝试特征分析、提出合理的节电建议、参与下次课始交流、评价和合作归纳的能力，促进借助迁移运用复习新知识、参与全班交流、提出合理节电建议之良好行为习惯的养成，增进这样学习的自信和兴趣。

片段 5：课堂教学中与课后、下次课始，学生根据课后学习任务单和教师的说明，明确课后独立完成的作业和下次课始参与全班交流、评价与归纳的任务，自主加以完成，巩固新知；锻炼完成相应“或独或合”任务的能力；促进借助迁移运用复习新知识、参与全班交流、提出合理节电建议之良好行为习惯的养成；增进这样学习的自信和兴趣。

师：这堂课我们一起学习了哪些知识？

生：图表的组成，三种常见的图表类型，图表的制作、编辑、图表类型的选择。

师：大家总结得很好！

师：利用广播软件分享教师屏幕，展示课后学习任务单，请同学们独立完成课后学习单的任务(见下)；下次课始，我们一起分享交流、评价和归纳。

课后学习任务单：请同学们课后独立收集家中近一年的电费数据，制作成数据表格(表格包含标题、表头和数据)，并为数据表选择合适的图表类型，完成图表的制作。表格标题：________；表头：________；图表类型：________。你们家用电高峰出现的月份：________；导致用电高峰的原因可能是________。请你收集三种以上节约家庭用电的方法，记录于此：______________；______________；______________。节约用电，人人有责，请与你的家庭成员一起，提出节约用电的倡议。

师生：(下次课始)借助多媒体，参与全班交流 1 年家庭用电数据与图表、节电方法和亲子节约用电的倡议、进行评价和合作归纳。

师：注意随机激励与引导。

全体生：观、听、思，内化。

本堂课是第二单元最后一课时的教学内容，因而设计的课后作业是基于本单元学习内容的基础上，让学生体验数值信息的加工是在分析原始信息的基础上，将其中蕴含的数据进行提炼、归纳、转换和重组，形成新的有效信息的过程。学生通过完成收集家中一年电费的数据后进行数据表和图表的制作，了解了家中电费支出情况，提出了切实有效的节约用电的方法，并倡导家庭成员共同节约用电，增强了学生的关注日常家庭用电数据和借助图表进行分析的意识；提高了学生利用数据解决实际问题和参与班级交流、评价、归纳的能力；促进了借助迁移运用数据图表复习新知识、参与全班交流、提出合理节电建议之良好的行为习惯的养成；增进了这样学习的自信和兴趣。

三、主要实效

（一）学生方面

1. 养成良好“三程”学习行为习惯和提升自律意识方面

根据教师课前检查学生课前预习任务单完成情况来看，学生课前能主动根据预习任务单的要求，完成预习教材和收集网上相应信息的任务，对图表应用的优势和领域的广泛有初步的感知。根据课中巡视学生独立完成课堂学习任务的情况来看，学生能独立思考，在规定时间内完成学习任务，初步掌握了柱形图、折线图和饼图三类图表制作的步骤。根据课中观察小组合作探究阶段参与度，学生能主动完成组长分配的任务，并积极参与组内交流讨论，完成三类型图表适用情况的探究。根据下次课始对课后独立完成学习任务单的分享交流情况来看，学生能踊跃分享，收集和参与归纳了多样化的节约用电的方法，促进了自主复习巩固新知识和知识迁移应用良好课后学习行为习惯的养成。

可见，学生在课前、课中、课后“三程”之“或独或合”的良好自主学习行为习惯和学习自律意识，正在逐步养成中。

2. 独立学习图表制作提升自学能力方面

首先，学生能够根据课前的预习任务单和教师的要求，独立预习课文，梳理运用数据图表的优势；能够独立搜索数据图表在不同领域的应用。这不仅使他们对图表的实用性和普遍性和优势有了初步了解，还培养了他们自主寻找和处理信息的能力。

其次，在课堂教学环节中，学生通过阅读帮助文件、课中学习任务单，自行完成柱形图、折线图和饼图图表的学习、对比性的制作，进一步提升了他们的独立学习图表制作的能力。他们在实际操作中遇到的问题和困难，如何解决和调整，需要他们独立思考和探索。这不仅锻炼了他们解决问题的能力，也提高了他们对知识的掌握和应用能力。

此外，课后学生独立完成收集家庭 1 年电费数据并制作折线图，更是检验了学生自主迁移运用图表制作、加以分析能力和提出家庭节电方法能力的重要环节。同时，让他们在实际操作中，深入理解了数据的重要性和图表的应用价值，学会了如何独立思考、解决问题，并将所学知识应用到实际生活中。

3. 合作探究三类图表适用情况提升自信素养方面

第一，生生与师生合作探究的过程，促进了学生和师生间的交流与合作，在探讨柱形图、折线图和饼图表三类数据图表的适用情况时，锻炼了独立制作、参与小组集体比较、分析和作出选择的能力。第二，加深了他们对三类数据图表特性的理解。第三，学生们还在被鼓励积极参与小组内清晰、有逻辑地表达自己的观点和观点受到认同的过程中，明显增强了参与比较、分析、归纳的自信心。第四，教师在此过程中的引导和鼓励，通过对学生的认可和肯定，增强了学生的参与感和成就感，增进了这样学习的兴趣。

（二）教师方面

教师自身在参与学校区级课题“基于积极心理学原理的初中生‘三自’教育的实践与研究”的实践探索性成果的总结中，与学校聘请的全程指导区级课题研究的上海市浦东教发院原资深教科研员曹明老师进行了 3 稿次在校现场互动和 5 稿次线上互动。在这个过程中，经历了多个阶段，包括首稿总结成果被全部否定、确定新成果总结类型、主题式案例写法分析、确定主题式案例题目、梳理框架与要点、试验性局部撰写、校对修改等。曹明老师提供了全程指导，并在线上密切互动，高频次解答疑问，给出修改建议，进行全篇内容细化修改。最终，在曹明老师的帮助下，完成了 10 稿（含一校稿的校对）文本内容。

这一过程，使教师真正了解了区级课题研究课课例与主题式案例的联系与区别，对主题式案例有了全面、深刻的理解。通过结合研究课的实践，合理确定主题式案例的主题、参考实例和专家的意见，构建框架、细化撰写提纲，与专家协定、确认撰写提纲、进行试撰写，与专家互动，判断优势与不足，明确修改方向；再次对照提纲、自己已写和与专家互动分析的意见，自主学习参考实例，进行自我对比分析，结合自己的实践材料和课后反思；最后，根据专家对全文进行精细化的全面修改，最终完成定稿。教师的相关能力提到了显著提高。同时，内化了教师从主题式案例的确题、构建框架、细化撰写提纲、收集匹配的材料、写清主题式案例五大板块内容、去虚化实、去繁就简、直击表达要害的能力。这一实践过程，不仅提高了案例质量和特色，也激发了自身继续开展类似研究的信心和兴趣。

（三）学校方面

一是促进了学校信息科技学科教与学方式改进、提升学生学科核心素养实践的探索。二是拓展了学校积极心理学原理的初中生“三自”教育实践的类型，学生“三自”学制图表素养提升的实践探索，丰富了学校区级课题研究的学科主题式案例类成果。三是启发了本校实践教师如何将课例类成果转化为主题式案例类成果的总结。

四、四点反思

一是需要关注学生独立学习与教师引导之间的平衡，确保学生在自由探索的同时不偏离正确方向。二是合作探究学习环节，保证每位学生都能在小组中积极参与，避免对个别成员的依赖。三是过程性评价的内容、时机需要完善，以促进学生的持续进步。四是培养学生的批判性思维，应通过引导学生思考、提问和探索，而不仅仅是寻找标准答案，以此培养他们的独立思考和问题解决能力。

五、意义揭示

(一) 符合积极心理学原理

本案例围绕“图表的制作与编辑”，教师以“三程”整合实施“六独七合”实施形式为主，以“三程·三单”式、系列问题链引导式、加强适时归纳式和随机激励与引导式为辅(以下合称“‘六独七合’探究式等‘五式’”)，引导学生较快、质量较高地完成了“三程”“六独七合”探究式下的自主学习任务，有效地发展了学生“独合结合”进行柱形图、折线图和饼图三类图表的制作与编辑的知识、能力、良好行为习惯和自信与兴趣，这符合积极心理学“三原理”。

在本课的学生“三程”学习中，不断地得到了师生的鼓励，尤其是逐步积累对三类图表的优势、应用的广泛性初步感知，先是学会了制作柱形图，再是合作化解了制作柱形图中的问题，然后比较了数据与三类图表最佳适配性图，最后在家完成了迁移运用于全年电费数据图表制作和下次课始的班级交流、评价与归纳。这一过程不断增进着学生参与“三程”学习三类图表制作与编辑、应用、归纳学习的成功感，发展了学生实事求是、节电与合作精神。

可见，落实积极心理学的“三原理”，结合其他适切的举措，可以有效地提升学生完成“三程”相应“或独或合”任务的速度、质量、积极度、愉悦度和育人度。以后，可以继续开展这样的探索。

(二) 彰显了“五性”的独特价值

彰显了基于积极心理学原理“三程”整合实施“六独七合”五式在提升学制图表和编辑素养方面的独特价值——“五性”。

1. 落实了学生在“三程”学习中的主体性

从本案例的设计、实践片段、实效可知，学生在“六独七合”探究式的学习过程中，很好地落实了学习的主体地位，保证了“三程”“六独七合”任务的全面、保质和有一定特色的完成，提升了学生三类图表的制作与编辑“四素养”和育人“三维度”的目标。

可见，学生在“六独七合”探究式等“五式”的引导下，能够课前独立预习，课中积极互动完成自主学习任务，课后对所学图表知识进行迁移应用，很好地落实了教师主导、学生主体的理念。这是本课能够取得高效的前提保证。

2. 激发了学生的学习趣味性

一是课前学生通过网络，搜索图表的类型和图表的应用，增加了预习的趣味性。二是课中师生合作学习图表结构、解决柱形图制作中的难点问题和三种常用类型，归纳图表编辑方法，生生合作探究数据与数据之间的关系，判断出不同类型图表适用的情况，尝试应用规律进行数据与三类图表适且性的制作，通过多样的学习形式和丰富的互动环节，激发了全体学生的学制图表和编辑兴趣。三是课后，开展自主迁移运用到家庭1年用电的数据图表制作和提出节电倡议、下次课始参与全班交流、评价与归纳，并在“三程”学习中，不断地得到教师与同伴的鼓励，体验到了学习的乐趣和自信。

多样化的学习方式、知识与本领的发展、学习成功的不断积累，为学生提供了更具趣味性的学习体验，并在增进学习自信中进一步增进了学习的兴趣。

3. 促进了学生在“三程・六独七合”学习中的体悟性

不论是学生的课前独立预习、课中独立学习图表制作，还是课后独立完成家中一年电费数据表和图表制作，学生在这些自主学习的过程中，通过反复思考和应用，来内化对三类数据图表制作与编辑的知识，有效地发展了化解图表制作与编辑中的问题，探究得出不同数据图表类型适用的情况，加强迁移应用与交流、评价、归纳的能力。学生在这些或独立、或小组合作、师生合作环节中的围绕任务与问题的独学、独思、互动和讨论分享自己的理解，又从他人那里获取新的视角和信息，这种知识的共享和互补帮助学生从不同角度理解了制作数据图表的本质。

可见，独立学习和合作学习相结合的教与学的方式，有助于学生加深对数据图表制作意义、构成要素、基本步骤、方法的理解，从中体悟不同图表所表达出的不同含义。

4. 关注了学生在三程“六独七合”探究式等“五式”学习中的反馈性

一是课前，教师巡视检查学生预习任务单后，及时对全体学生反馈预习情况。二是课中，教师在对学生独立学习制作柱形图后，及时反馈制作过程中的问题，师生合作归纳出图表编辑方法。三是生生师生合作探究过程中，同伴之间通过交流进行互相反馈，教师巡视小组合作学习情况，适时进行随机激励与引导。四是下次课始，组织学生交流课后迁移应用和节电倡议的任务完成情况，及时组织合作评价反馈，学生在获得教师、同伴的及时反馈后，能更有方向和积极投入独立学习和合作探究学习中，增进了学生对学习过程与结果的独立监控和互控意识；提高了完成任务和培育素养的实效。

教师及时对学生的学习任务完成进程、结果和行为表现等进行反馈，可帮助学生了解自己的学习进展，认识到自己的优势和需要改进的地方，从而指导他们更有效地进行自主学习；学习同伴的反馈，可增强学习的互动性，拓宽各自的视野，获得新的见解，增强学习的深度。

5. 提高了学生“三程”学习的实效性

从学生“三自”图表制作素养的原状，对比上述实践片段的过程性实效和学生素养发展的总体实效的概述可知：本课有效地提升了学生完成“三程”相应“六独七合”探究式等“五式”任务的速度、质量、积极度、愉悦度和育人度；有效地发展了学生对三类数据图表制作与编辑的“四素养”。

总之，针对问题和原因，结合学校区级课题的要求，寻找合适的“或独或合”学生自主学习为主的学习方式，辅以其他适切的方式，可以有效地提高学生“三程”学习的实效，并有效地提升学生的自律、自学、自信素养。

参考文献

[1] 詹姆斯.心理学原理[M].田平，译.北京：中国城市出版社，2010.
[2] 弗雷德里克森.积极情绪的力量[M].王珺，译.北京：中国人民大学出版社，2010.

[3] 孟昭兰.人类情绪[M].上海:上海人民出版社,1989.
[4] 中华人民共和国教育部.义务教育信息科技课程标准(2011 年版)[M].上海:上海科学技术出版社,2011.
[5] 上海市教育委员会教学研究室.上海市初中信息科技学科教学基本要求(试验本)[M].上海:中华地图学社,2017.
[6] 上海市教育委员会教学研究室.中学信息科技单元教学设计指南[M].北京:人民教育出版社,2018.
[7] 吴骏德,曹明.实施"双自"教育　促进自主发展[M].上海:同济大学出版社,2017.
[8] 张振宇.问题转化式学习素养:在"独合结合"学习中逐步提升——以"无限循环小数化为分数"一课教学片段实践与分析为例[C]//杨龙,曹明,杨蕾.基于独立学习与合作学习相结合的教与学方式研究案例选.上海:同济大学出版社,2022:63-69.
[9] 周瑜.初三学生体育中考项目理想成绩和健体兴趣:在"独合结合"多元实践体验式学习中提升[C]//杨龙,曹明,杨蕾.基于独立学习与合作学习相结合的教与学方式研究案例选.上海:同济大学出版社,2022:154-161.

少先队员“三自”素养，在“三程”体验式学习中提升

——以“红领巾公园活动”实践与分析为例

上海市凌桥中学　蔡张怡　唐艳婷

一、问题提出

为加强学校少先队员在校外少先队活动中的体验学习，注重实践教育，创新育人载体，有效提升少先队员在校外少先队活动中的自律、自学、自学意识、能力和良好行为习惯“三素养”，学校少先队工作委员会(以下简称“少工委”)积极探索并充分利用滨江森林公园的自然生态资源，组织红领巾公园活动。

两名辅导员在参加了学校区级课题“基于积极心理学原理的初中生‘三自’教育的实践与研究”的课例实践研究外，还组织了少先队员在红领巾公园活动的相应次第活动的前、中、后“三程”中，开展体验式学习，拓展少先队员校外活动的直接体验，并提升少先队员的“三自”相关“三素养”。

下面以 2021 年 10 月 11 日，策划与组织初一(6)星辰中队开展的滨江森林公园行走体验课程为例，简要说明相应的实践与效果。

二、实施探索

(一) 活动前

1. 亲子互学体验式

这是指孩子先在家长的陪伴之下，一起自学辅导员所发的《上海市凌桥中学 2021 学年第一学期红领巾公园活动概况介绍》(以下简称《概况》)、《上海市凌桥中学 2021 学年第一学期红领巾公园课程守则》(以下简称《守则》)、《上海市凌桥中学 2021 学年第一学期红领巾公园活动参与确认书》(以下简称《参与确认书》)等资料，帮助全体参与课程活动的少先队员，基本了解相关安排和要求，提升家庭自学、自育素养，增进亲子互学乐趣。

片段 1:活动前，学生在家与家长一起学习活动《概况》《守则》和《参与确认书》(以下合称“三类资料”)实践体验，以帮助少先队员基本明确红领巾公园活动的相关内容和要求，并增进亲子互学乐趣。

辅导员：[在活动前一日，到初一(6)星辰中队]下发三类资料，并口头说明红领巾公园活动的相关要求；同时，要求少先队员在家长的陪同之下，认真学习三类资料。

少先队员和家长：队员先独立认真听、思和记辅导员介绍的红领巾公园活动的相关要求；回家后，孩子向家长复述辅导员的要求；在家长的陪同下，一起合作学习三类资料，并内化；家长向孩子分享了自身的外出活动体验，并提出安全出行、文明交往、爱护公园环境方面的要求；孩子聆听和默记。

这一过程，少先队员强化了对公园活动三类资料的内容和要求；自主内化了安全出行、文明参与、遵纪守法、爱护公园草木、设施与环境卫生等的要求；提升了亲子互学的乐趣。

2. 队员“独合结合”完成出行准备体验式

在出发之前，少先队员聆听辅导员讲解活动要求和注意事项，独立做好出行前各项准备工作(穿校服、正确佩戴红领巾，体验活动所需的其他物化、热身和心理等准备)，小组队员之间相互合作观察、提醒、指正，强化队员外出活动相关要求、锻炼“独合结合”做好出行准备的自律能力，增强自律意识。

片段2：出发前，队员“独合结合”听讲、完成出行前准备的实践体验，帮助少先队员强化出行前的各项准备工作，增进课外活动准备工作的自律素养

辅导员：提供文字说明及口头提示的《守则》的部分相关要求：统一穿校服、运动鞋，佩戴红领巾。不允许带任何危险器具、任何数码产品(包括手机)以及贵重物品，如自行携带，若有丢失或损坏，后果自负。

少先队员：独立看、听、思、内化；做好出行前各项准备工作(穿校服，正确佩戴红领巾等)，小组队员之间相互观察、提醒、指正。

这一过程，再次强化了队员对《守则》的要求；培养了少先队员“独合结合”自主做好活动前出行物化准备的能力；增进了在互帮互助中完成出行准备的互助精神；培养了队员做好出行前准备的自理类自律素养。

(二) 活动中

1. 观察实践体验式

在红领巾公园活动的开展过程中，少先队员“独合结合”利用自己的眼睛、耳朵等感官，通过全面、重点、对比和重复观察这四种具体的观察实践体验方式，感知滨江森林公园的自然生态资源及其他相关资源，以锻炼“独合结合”进行四类观察的能力；增进观察学习的意识；提升观察中的自律意识的实践体验程式。

片段3：活动中，少先队员根据辅导员讲解示范四种观察的方法和注意事项，“独合结合”进行四种观察的实践体验，锻炼“独合结合”进行四种观察体验的能力，并增进活动中的观察实践意识和自律意识。

辅导员(在队员出发前的班内)：讲解示范如何利用全面、重点、对比和重复观察的四种观察方法，要求队员们到园后，能够对滨江森林公园的自然环境开展整体、局部、专题、分类等不同维度的观察体验；提示少先队员在观察中，注意充分利用好自己的眼睛、耳朵等感官。

少先队员：独立看、听、思，内化要求；到园自主开展实践体验四类观察时，小组成员注意相互提醒、指正观察的方法是否符合要求。

辅导员：根据在园观察到的队员的表现，作随机激励与口头引导，纠正个别少先队员错误的观察动作。

少先队员：根据辅导员的指导，注意自主纠正，反复实践，体验有序进行四类观察的过程。

这一过程，可以看出通过运用四种方法开展四类观察（全面、重点、对比和重复观察）的实践体验，培养了少先队员在观察体验实践活动中独立与小组成员合作观察的能力；增进了少先队员积极参与观察的意识，提升了观察兴趣；小组合作的形式，促进了同伴互相鼓励，培育了互帮互学的互助精神；提升了少先队员在活动中的自律意识，促进了有序观察之良好行为习惯的养成。

2. 网查实践体验式

在红领巾公园活动的开展过程中，少先队员“独合结合”观察后，对未知的草木类植物的信息，借助辅导员的手机，上网搜查、得出结论，锻炼相应的能力；丰富相关的自然生态知识；增进师生互助精神和借助网查求证增进现场考察的兴趣与自律意识的实践体验程式。

片段4：活动中，少先队员先“独合结合”观察后，根据辅导员介绍的网查方法进行“独合结合”实践体验，以丰富自然生态知识，锻炼“独合结合”进行网查求证的能力和网查时的自律意识。

辅导员：根据少先队员现场“独合结合”在园观察时，遇到不知名的草本或木本植物，说明、示范如何借助手机“以图查图”的方法和要求；提示少先队员注意合理利用网查获得公园中相关未知草木类植物的名称。

少先队员：围着辅导员，“独合结合”观、听、思，借助辅导员的手机，尝试运用“以图查图”的网查方法和注意事项，进行网查实践体验；小组成员相互提醒、指正网查是否符合要求。

辅导员：加强观察，作随机激励与口头引导。

相关少先队员：认真听取辅导员的口头提示，并根据相关指导，注意自主纠正，反复实践，基本完成网查实践体验，获得求证之相关草木类植物的名称和所介绍的信息。

这一过程，拓展了少先队员的学习途径，锻炼了少先队员“独合结合”网查求证相应未知信息的能力、良好的阅读比对能力、合作解决问题的能力及大胆质疑和勇于表达能力；培养了积极参与网查实践的意识，提升了网查学习的兴趣；培养了师生合作意识、小组成员合作网查、互帮互学的互助精神；提升了少先队员在网查中的自律意识，促进了网查的良好行为习惯的养成。

3. 行走放松体验式

在红领巾公园活动的开展过程中，少先队员“独合结合”认真按照活动前所听取辅导员讲解的公园行走的相关要求及路线，以及在家亲子互动时家长提示与分享的自身经验，开展行走放松的实践体验，强化队员对“三类资料”、辅导员和家长的要求，锻炼学生“独合结合”在公园开展行走放松的实践体验能力和活动中的自律能力；增进在行走放松中相互监督、提醒指正的互助精神；提升自控和互控意识。

片段 5:活动中，少先队员“独合结合”按照活动前辅导员讲解的公园行走的相关要求及路线、在家亲子互动时家长提示与分享的自身经验，积极开展行走放松实践体验，以强化队员对“三类资料”、辅导员和家长的要求，锻炼“独合结合”行走放松的实践体验能力和自律能力；增进听讲自律行走放松中相互监督、提醒指正的互助精神；提升自控和互控的自律意识。

少先队员（在公园拟进行放松行走的现场）：“独合结合”按照活动前辅导员讲解的公园行走的相关要求及路线、在家亲子互动时家长提示与分享的自身经验，积极开展行走放松实践体验。

辅导员：适时与队员进行交流、讨论，并随机激励与引导。提示少先队员在“独合结合”的行走放松体验过程中，注意相关行为是否符合要求。

相关少先队员：注意倾听、思考、调整不符合“三类”规定和家长家庭亲子互动时提示文明游园的要求，“独合结合”完成行走放松实践体验。

这一过程，强化了少先队员对“三类资料”、辅导员和家长的要求；锻炼了“独合结合”开展公园行走放松实践体验的能力和活动中的自律能力；培养了小组成员之间互相鼓励、监督、提醒、指正的互帮互助精神和自控、互控意识；促进了认真履规、参与行走、注意安全、文明游园的行走自律意识；提升了有序“或独或合”开展公园行走实践体验的兴趣。

（三）活动后

1. 亲子学习评价要求及合作评价实践体验式

在活动后，孩子先在家长的陪伴之下亲子合学辅导员所发《2021 学年第一学期上海市凌桥中学红领巾公园课程滨江森林公园行走体验活动家长反馈》（以下简称《反馈》）纸质表，培养孩子在家庭亲子氛围的情境下进行公园行走体验活动客观、公正评价的能力和评价时的自主反思、实事求是评价的自律意识，提升家庭自学、自育素养的实践体验程式。

片段 6:活动后，亲子学习合作评价《反馈》纸质表和开展自评、家长评价，锻炼少先队员与家长一起基于事实进行客观、公正评价的能力和评价时的自主反思、实事求是评价的自律意识，提升家庭自学、自育素养，并增进亲子评价的乐趣。

辅导员：在教室发给全班队员《反馈》纸质表，并口头说明在家与家长一起完成评价的相关要求。

少先队员：独立听、阅、思；在家，与家长一起学习《反馈》纸质表，进行回顾、自主反思，在家庭亲子和谐氛围中，积极、客观、公正地完成评价。

这一过程，一是使队员和家长明确了公园行走实践体验活动评价的要求。二是锻炼了孩子回顾活动前、中相关情况，与家长对比要求进行讨论交流、在家庭亲子和谐氛围的下的进行实事求是、客观评价的能力和评价时的自律能力。三是实施了家庭自学、自育的教育路径，提升了亲子合作评价的乐趣。四是提升了少先队员参与亲子合作学习及评价的自律和家庭自育意识。

2. 数字化回顾交流分享实践体验式

活动后，少先队员通过多媒体技术呈现红领巾公园活动的整个过程，进行交流与评价，锻炼少先队员“独合结合”进行自主回顾、梳理总结、做好交流准备和勇于交流分享的能力；锻炼在活动后“独合结合”交流分享的互学、自评和自律意识；促进自主回顾、互学互评之良好行为习惯的养成。

片段7：活动后，少先队员“独合结合”回顾、交流分享和评价交流情况，以锻炼相应能力和交流评价时的自律能力，内化红领巾公园活动的“三程”实践体验活动的价值，并提升“三自”相关素养。

辅导员：通过微信公众号，编辑图文并推送本次公园活动的报道；要求少先队员在班内“独合结合”进行回顾、讨论、交流与分享家庭亲子评价的情况；队员按要求，纷纷参与现场交流。

辅导员：注意观察、倾听；积极参与讨论，并作随机激励与引导。

少先队员：“独合结合”观察、倾听，内化。

这一过程，一是有效地锻炼少先队员“独合结合”在家进行自主回顾、梳理总结、亲子合作评价、做好交流准备和勇于借助数字化的形式参与中队交流分享的能力，引发了学校其他中队的少先队员及更多人的关注。二是培养了活动后“独合结合”自主参与交流分享的意识、实事求是进行交流与评价的意识和借助信息技术交流活动的意识；促进了交流分享的良好行为习惯的养成。

三、主要实效

（一）少先队员“三自”素养方面

1. 自律素养方面

1）自律意识方面

活动中：培养了少先队员积极参与公园活动的自律意识和队员之间交往自律意识。活动前与活动后：培养了少先队员在家亲子学习、合作评价和实事求是评价的自律意识。

2）自律能力方面

活动中：从用四种方法进行四类观察体验到行走放松体验，到网查体验，培养了少先队员良好的“独合结合”之“三程”参与活动实践体验能力，包括活动的自主准备自律能力，活动现场多元观察和行走实施时落实要求、遵守规则与文明游园的自律能力。活动前和活动后：培养了队员在家独立学习及亲子学习与评价时的实事求是、客观公正评价的自律能力。

3）自律良好行为习惯方面

活动前和活动后，少先队员在家独立学习与亲子合作学习的过程中，促进了主动学习、注意自主监控学习情况良好的自律习惯的养成。在活动中，促进了队员注意“独合结合”尝试观察、思考、交流、分享时自学与互学和自控与互控之良好自律习惯的养成。

2. 自学素养方面

1）自学意识方面

少先队员能在活动前及活动后的独立、亲子合作学习过程中，增进了对活动前与活动后独立与合作学习意义的认识。在活动中,增进了对认真倾听辅导员讲解意义的意识。在运用“四法”开展四类观察体验、网查体验、行走放松体验中,队员能积极参与,提升了自学、互学的意识。

2）自学能力方面

少先队员能在观察与行走放松体验活动中,根据辅导员的口头提示、演示及纠错指导,及时纠正观察与行走放松的方法,体悟熟练掌握正确的相应方法和技巧,学会了如何与伙伴愉快地进行沟通和相处。

3）自学行为习惯方面

活动中,少年队员能积极主动参与观察体验、网查体验、行走放松体验等多种实践体验式学习;少先队员的兴趣爱好得到满足、个性特长得以发挥;能注意与伙伴愉快地进行沟通和相处。活动前与活动后,促进了在家完成独立与亲子合作学习任务之良好自学行为习惯的养成。

3. 自信素养方面

1）自信意识方面

在活动前、活动中和活动后“三程”的多元实践体验式学习中,队员相信自己能够通过独立与合作有效地完成相关活动与评价,能初步体悟参加红领巾公园活动所带来的快乐、成功的价值所在,逐步积累了自信意识。

2）自信能力方面

少先队员在网查体验活动中,能合理使用移动网络。在“三程”活动中,敢于学会发现问题、解决问题、总结反思;勇于在活动过程中与伙伴愉悦沟通,并在学有所获后进行自我展示,作客观、公正的自评、互评。

3）自信行为习惯方面

少先队员活动前、活动后,能注意及时、有效地独立与合作完成活动要求的学习及评价等任务。在活动中,注意积极主动、有效地参与独立与小组合作学习,自觉提升良好的日常学习行为习惯。

(二) 家长素养方面

在“二程”(活动前与活动后)过程中,通过亲子互学体验、亲子学习评价要求及合作评价等实践体验的过程,有效地实施了家庭“三自”教育的路径;提升了亲子合作实践体验素养;拓展了家庭教育中提升孩子“三自”相关素养的途径;提升了亲子合作学习及评价的实践体验式学习素养。

(三) 少先队辅导员方面

1. 有机提升了少先队辅导员自身的积极心理

此次主题式案例的成果总结,从筹备、实施、撰写等环节过程中,参与撰写的少先队员辅导员对于积极心理学从了解到理解,理解到掌握,掌握到运用完善的整个过程,也是少先队辅导员对积极心理学相关原理逐渐内化的过程。组织开展公园活动的辅导员在活动中,不由自主地运用积极、乐观的心态与少先队员交流沟通,队员们也因此更乐于与辅导员互动，从而营造了积极的活动氛围，最终有益于辅导员自身积极心理的提升。

2. 提升了少先队员辅导员的科研素养

在经历了学校区级课题“基于积极心理学原理的初中生‘三自’教育的实践与研究”的学习和本案例成果的总结后，提升了少先队辅导员基于积极心理学原理的初中生“三自”教育的实践与研究之主题式案例类成果总结的经验。一是确定案例主题，构建撰写框架。二是搜集、挖掘案例实例与价值，进行案例撰写，归纳案例实效。

通过初次尝试撰写主题式案例，提升了辅导员的“三自”相关素养、培养了辅导员的教科研能力；学会了很多处理问题的方法，对于红领巾公园活动实施过程中遇到的问题和收获的成果，学会了有意识地加以记录、梳理、归纳、反思和修正、完善，提高了相应的能力；促进了发现问题、思考问题、解决问题和加以梳理总结之良好行为习惯的养成。例如，辅导员能够在日常生活和工作中，加以迁移运用。现在，当我们在开展少先队活动中遇到问题时，能注意参照主题式案例撰写的研究步骤，积极思考、构建框架、研究实施、挖掘价值、反思总结。在工作中，以“三自”的培养内容时刻严格要求自己，做好少先队员的表率；能以积极的心理与同事相处、与少先队员沟通，人与人之间互相施加积极的影响。

（四）学校方面

一是拓展了少工委“三自”校外少先队活动的途径——红领巾公园活动。二是启发了学校后续红领巾公园课程的建设和实践探索。三是丰富了学校“三自”区级课题研究之主题式案例的成果类型，初步实现了红领巾公园活动与“三自”教育的融合。四是丰富了少先队员辅导员关于“三自”教育的理论知识。五是丰富了红领巾公园活动与“三自”教育相关理论的交叉外延，重新构建了育人观念。

四、四点反思

（一）基于积极心理学的“红领巾公园活动”纸质校本课程开发

本次红领巾公园活动的开展，从活动筹备、实施、反馈、总结等方面，都是一次全新的尝试。为提升红领巾公园活动的实施，建议结合学生综合素质评价中社会实践报告撰写的相关内容与要求，开发纸质红领巾公园活动课程纸质资源模板，便于辅导员进行课程纸质资源的编写，规范这类活动和课程建设。

（二）加强红领巾公园活动的校内外辅导员的队伍建设

在本次红领巾公园活动实施的过程中，主要以学校大中队辅导员带队辅导的形式开展活动，而红领巾公园活动更需要有地理、历史、科学等学科类专业的校内辅导员或公园专职辅导员的参与，因为他们拥有出色的相关学科知识储备。建议在后续的红领巾公园活动课程建设与活动中，建设一支专业的红领巾公园活动课程辅导员队伍。

（三）丰富红领巾公园活动的类型

建议后续开展的红领巾公园活动课程，可以分为基础型课程及奖励型课程。基础型课程，是结合了校内外的自然生态教育资源的课程，包含生命教育课程、体能教育课程、艺术创作课程、建筑建构课程、节日自然课程和两纲教育课程六大课程，并根据少先队员年龄特征分年级开展。奖励型课程，是作为基础性课程的拓展类课程，旨在表扬和激励在学科学习及校内外相关活动中表现优异及进步明显的队员，以此固定安排公园课程，并逐步形成学校常规和具有特色的红领巾公园活动课程。

（四）做好前期活动安排

“三自”红领巾公园活动，注重实践育人，统筹育人资源，创新育人载体，提高少先队员的科学素养。然而，本次开展的红领巾公园活动，只是一次观察和简单的行走体验。同时，时间节点更是在第三次强校增值评估之前，活动筹备时间短，辅导员也未能有时间对滨江森林公园开展有效的前期走访，未能在前期做好足够的筹备，安排好相关实践体验作业，降低了活动学习的效果。后续，在开展红领巾公园活动时，建议在开学初就安排好红领巾公园活动的计划，以便做好更充足的活动准备，提高“三自”公园活动教育的实效。

五、意义揭示

本主题式案例的实践与分析，彰显了在“三程”实施多元实践体验式学习，在提升少先队员“三自”素养方面的独特“六性”价值，即主体性、合作性、趣味性、积累性、创新性、有效性。

（一）队员在“三程”实践体验活动中的主体性

从上述的实践过程可知，本次红领巾公园活动，少先队员是活动前、中、后“三程”多元实践体验的真正主体，辅导员和家长的教育影响，不是通过讲授训育式实现的，而是通过“三类”纸质学材的自学互学、辅导员的引导、实施过程中的随机激励、活动前后的家庭亲子互学、家长现身说法和亲子互评完成的。这就让队员处在积极的学习环境中，较好地发挥了他们自育与互育的价值，从而更好地体现了“三自”公园活动的目标。

可见，一旦少先队员成为活动的主人公，就可以避免灌输式学习的枯燥，丰富学习类型和方式方法，引发少先队员自觉投入观察、听讲、思考、交流、分享、评价、学习和“独合结合”的校外活动学习，实效也就得到了保证。

（二）亲子和谐的合作性

活动前、活动后，通过家长与孩子亲子互学《守则》等活动前教育；亲子互学《家长反馈》等活动后家庭教育中，家长结合自身的课外活动体验对孩子进行相关教育，以帮助孩子基本明确红领巾公园活动的各项要求及评价反馈的要求，有效拓展了家庭“三自”教育的实施路径，培养了孩子的“三自”实践体验素养，增进了积极情绪。

可见，家长的和谐介入孩子的相关活动过程，可以更好地实现“润物细无声”的教育价值。在后续的“三自”公园活动课程建设和实施中，可以继续加强这方面的探索。

(三) 活动整体内容和环境的趣味性、活动过程成功的积累性和结果的有效性

少先队员在红领巾公园活动中，通过活动中多元实践体验(即四种观察方法的四类观察体验、网查体验、行走放松体验)，投入自然环境中，感受来自大自然课堂的魅力和乐趣。同时，辅导员在开放的自然课堂中，营造出了积极和快乐的学习环境和氛围。家长也在家庭亲子互学、交流和互评中，高效地完成了公园活动的多样化的实验体验内容，使少先队员的独立与合作参与“三程”活动的热情大大增加，逐渐提升了少先队员“三自”的相关素养。

多元实践体验学习，有别于传统课堂讲授与听授 + 复述、练习 + 强化学习过程，显著增加了学生“独合结合”学习的趣味性，增进了活动过程的积极情绪、成功感的不断积累，增进了个体和全体成员和家长的幸福感，提高了教育结果的有效性。这完全符合学校区级课题所倡导的积极心理学的“三原理”，彰显了理论引导实践的魅力。

(四) 活动载体的一定创新性

一是利用校外的自然资源，区别于校内的少先队活动。红领巾公园活动有利于少先队员体验探究的过程，学会科学的基本方法，加深对自然、社会、文化、历史的认识；有利于其形成科学的自然观和严谨求实的科学态度；有助于培养少先队员合作、信任及良好的人际关系，在“三程”体验式学习中提升少先队员“三自”相关素养。二是多样化的实践体验。在本次红领巾公园活动中，少先队员历经“三程”七种体验，感受到了公园活动独特的价值，增进了对公园活动的兴趣。同时，形成了积极的情绪体验，也提升了“三自”相关素养。三是红领巾公园活动融入“三自”要求。此次主题式课例撰写，不仅丰富了少先队员辅导员关于“三自”教育的理论知识，也丰富了红领巾公园课程与“三自”教育相关理论的交叉外延，重新构建了育人观念。四是师生、生生和亲子合作性。正是这四类一定的创意，拉开了与传统课堂间枯燥无味感的差距，显著增加了“三者”合作学习、教育的积极性、愉悦性、成功感与幸福感，提高了教育结果的有效性。

这既符合积极心理学的“三原理”，彰显了理论引导实践的魅力。又说明了既有相关理论指导，又有一定的创新载体加持下的学生为主的实践体验活动，是取得实效、“三者”的“三自”素养得到有机提升的保证。

参考文献

[1] 任俊. 积极心理学[M]. 上海：上海教育出版社，2006.
[2] 赵殷伊. 基于积极心理学原理音乐实施“三式一法” 提升学生“二自”素养——以《青春舞曲》教学为例[J]. 浦东教育研究，2021(4)：55 - 58.
[3] 唐艳婷. 基于积极心理学三原理科学实施“一原则 · 六式” 提升学生“三自”素养——以“分析与综合专题复习练习”教学实践与分析为例[J]. 浦东教育研究，2021(2)：55 - 58.
[4] 黄国雨. 美术在线教学把握“十步” 提升初中生表现表达素养[J]. 浦东教育研究，2020(4)：42 - 45.

第 4 篇

研究课课例

基于积极心理学原理语文教学实施“一原则六式八法”　提升学生“三自”素养

——以预备年级语文《小站》教学实践与分析为例

上海市凌桥中学　朱景超

【执教时间、对象和地点】

2020年10月12日；预备(5)班学生；预备(5)班教室

一、设计思路

(一)设计依据

1. 学情分析

预备年级的学生在语文知识水平和认知能力方面都有了较大提高，阅读能力不断增强，情感体验也不断加深，对生活中的事理有了一定的理解能力。

教师任教的预备(5)班学生在以下“三自”素养方面有优势和不足。一是自律方面，学生能够及时、全面、认真地完成课前预习和课后作业；然而，在课上集中注意力、独立思考和参与答问等方面普遍存在一定问题。二是自学方面，因为自律意识欠佳，基础知识掌握不扎实，学生在理解和把握文章中心方面容易出现偏差，导致课前预习容易停留在表面，无法深入探究课文的核心或重点部分。在课堂上，独立提出问题和思考问题时，难以完成相应任务，特别是在快速浏览和整体梳理课文内容、精读重点段落、品析词句以及把握写作手法和课文主旨等方面的能力需要提高。三是自信方面，学生在语文课堂上表现出极高的积极性，课堂氛围活跃，大部分学生喜欢表达自己，不怕犯错。在教师的引导下，学生勇于回答问题和发表自己的看法，但答问的准确性还需要提高。

因此，本课程拟基于积极心理学的积极的情绪体验、积极的人格特征(乐观)和积极的学习环境“三原理”，实施“一原则六式八法”，引导学生更好地学习课文，并发扬学生在“自信”方面的优势，改进上述“三自”方面的不足，提升相应的素养。

2. 学科教学基本要求分析

上海教育出版社2017年出版的《上海市初中语文学科教学基本要求(试验本)》(以下简称《基本要求》)提出，初中阶段的现代文阅读要求学生掌握现代汉语的基础知识，积累一定量的语言材料，形成现代汉语的语感；了解常用文体的特征，并通过联系生活经验和阅读体验，理解文章内容和语言形式；掌握现代文阅读的基本方法和策略，养成良好的阅读习惯；体会作品的艺术魅力，汲取作品中蕴含的优秀文化，培养高尚的审美情趣。

对于提炼文章的中心，《基本要求》指出，每篇文章的中心是唯一的，提炼中心应建立在整体理解文章主要内容的基础上。表述文章中心的语言应做到规范、准确。主要分为以下方法：捕捉显性信息、分析材料之间的关系、分析材料的处理、分析语言的内在联系。

对于梳理文章思路，《基本要求》指出，需要分析文章内容的组合方式；分析材料详略的安排；分析材料之间的内在联系及材料与中心的关系。其中，分析材料之间的内在联系及材料与中心的关系，需要具备分析和综合的能力。分析指的是在阅读一篇文章的过程中，能有意识地将文章分解成各个部分，感受、揣摩、概括每个部分的内容或含义，从而梳理出各部分之间的相互关系。综合指的是将分析过的各个部分联系起来作为一个整体加以理解、体会。综合并非将各个部分简单叠加，而是在初步阅读所获得的感受基础上，形成对文本更深入的整体感知。

因此，本课拟基于积极心理学“三原理”实施“一原则六式八法”进行教学，让学生通过自主阅读、小组合作学习，概括文章中心，梳理文章思路，了解作者如何运用写景（近景、远景）、写人、侧面描写和直接描写等手法围绕中心思想展开讲述，提升学生的“三自”（自律、自学、自信）素养，是符合《基本要求》的上述精神的。

3. 教材分析

本课内容，选自人教版 2018 年版的语文六年级第一学期第十八课，源自《袁鹰散文选集》（天津，百花文艺出版社，2009 年），是一篇自主阅读散文。这篇课文，通过对北方山区一个小火车站景象（近景、物、事、人和周边远景）的直接和侧面描写，突出了小站之小和小站其实不小，赞美了车站工作人员对站台的精心设计，以及他们为人民服务的事业心和责任感，歌颂这样的精心设计给旅客带来的温暖。

文章由标题、作者、正文内容、课下注释、批注、阅读提示和词语组成。

课文的开头，简要介绍了小站的地理位置和大致情况，突出其“小”。接着，作者将镜头拉近，仔细观察小站上的一切。小站虽小，但是月台左面的“红榜”，旁边的“小黑板”，出站口的“宣传画”，月台上的农民、工作人员，月台中间的“喷水池”、假山、小树、小宝塔，月台两头，几株开得正艳的杏树，还有站长的“一长声”哨音。这些富有特征的景、物、事，无一不融注了站台工作人员的劳动和心血，映衬出他们热爱生活、忠于职守、关爱他人的美好品德。然后，作者笔锋一转，写站在月台上所见的周围景色：“只看到光秃秃的石头山”，并用“可是”转折，让小站设计与周围景色形成强烈对比，为文章最后的议论、升华蓄势。最后一段升华主题：小站虽小，但其精心设计“给旅客们带来了温暖的春意”，赞扬了小站工作人员为人民服务的事业心和责任感，表达出作者的钦佩与赞美之情。

基于上情，本课拟利用标题、作者、正文内容、课下注释、批注、阅读提示、词语等，选择部分课外学习材料，设计若干学生独立学习与小组合作学习的课前预习、课堂学习和课后作业的任务，结合积极心理学“三原理”，实施“一原则六式八法”，进行“三程”的教与学，使学生更好地把握课文写作手法和主旨，并提升学生相关“三自”素养。

(二) 课题研究内容

1. 积极心理学原理方面

1) 积极的情绪体验原理

美国的克里斯托弗·彼得森在《积极心理学》中提出情绪二维模式,即情绪由激活或唤醒水平和愉快度两个维度组成,将位于愉快度正效阶的这一极,即个体有愉快感受的情绪,称为积极情绪。

教学中,需要让学生获得成就感,以增进积极的情绪体验,促进学生更好地投入学习。

(1) 课前:学生根据预习学习单自主阅读课文,查找不懂的词语,进行圈画标注;能读准字音,读出语气,读出感情;能提出问题,增进读好和提问的成功感。

(2) 课中:学生根据课堂学习单,对本文课题"小站",进行思考,能围绕课题,提出若干问题,增进思考、质疑成功的喜悦。在后续课文阅读中,围绕核心问题,教师不断引导或让学生自主发现问题,从而形成问题链,学生在对难度递进的问题进行解答的过程中,提升对课文围绕中心合理选材(景、物、人和事)的认识,运用直接描写、侧面描写等写作手法表达课文主旨的能力,逐步积累自信,体验学习成功所带来的积极愉悦情绪。

(3) 课后:学生根据课后学习单,通过对本文写景、写人材料的理解,独立运用所学美术知识,为课文画一幅插图。下次课始,参与全班展示交流与评比,加深对文章的理解和图文结合表达文意的能力;促进学以致用良好行为习惯的养成;增进这样表述所学课文主旨的兴趣。

2) 积极的人格特征(乐观)原理

克里斯托弗·彼得森在《积极心理学》一书中指出,这是人的内心深处的一股积极力量,它代表喜悦、乐观、希望、负责任、宁静、谦逊、宽容、仁慈、慷慨等。

(1) 课前:鼓励学生独立完成3项预习任务,让学生读准字音、读出语气和感情,能提出自己的疑问,增进读准生字词、读出语气和感情、能提出自己的疑问的成功感。

(2) 课中:对于没能全面正确回答问题或回答错误的学生,教师也要肯定其勇于答问的行为,并注意及时引导、启发其拓展思路,争取得到正确的解答,让学生保持勇于答问的心态。

(3) 课文写作手法学习中:教师通过组织学生"独合结合"的快速浏览课文、精读重点段落、品词析句,梳理内容,归纳直接描写、侧面描写的方法,增进对作文中选材重要性的体悟。在探索课文写作手法中,培养乐观的心态。

(4) 课文主旨把握中:课上,通过引导学生"独合结合"探索小站之小和小站其实不小的表象与本质,使学生感受车站工作人员对站台的精心设计,以及给旅客带来的温暖春意,增进学生对他们为人民服务的事业心和责任感的敬意(人格感染人格)。

3) 积极的学习环境原理

克里斯托弗·彼得森在《积极心理学》一书中还指出,为了促进学习者更好地开展学习活动需要创设积极的学习环境。因为学习者的学习观念、学习动机、情感、意志等心理因素对学习动机的激发、学习时间的维持和获得良好的学习效果有着直接的影响。

对学生在课前、课中和课后"三程"学习中良好的自控、勇于答疑、高质量与高效率等行为，注意及时加以多形式的随机激励与引导，营造一个积极向上学习环境。促进学生加强自律、自学，并积极参与学习活动，使学生能愉悦并高效地学习课文，把握近景、物、事、人和周边远景的直接和侧面描写方法，理解车站工作人员为人民服务的事业心和责任感的课文主旨，增进学好课文的自信。

2. 学生“三自”素养培养内容

1）自律方面——自律良好行为习惯方面

（1）在家：一是学生课前独立及时、全面、认真完成预习任务和课后作业。二是注意加强检查，提高准确率。

（2）在校：一是学生自觉参加早读（课文）。二是课上积极参与学课过程，注意独立思考，主动回答问题。三是督促自己集中注意力。

2）自学方面

（1）自学意识。一是学生能增进独立完成3项预习任务对后续新课学习的价值意识。二是小组讨论时，有主动发言的欲望。三是根据课堂提出的问题，有独立思考的意识。四是在课堂学习时，有倾听师生发言的意识。五是认识到课文小结对新知理解的重要性。六是能认识到只有独立作业才能有效检测自身学习成果。

（2）自学能力。一是学生能根据问题，在课文中快速有效地找出知识点。二是能从课文中“独合结合”获取、分析、概括课文内容、选材与写作手法和主旨等有效信息。

（3）自学良好行为习惯。一是能及时认真全面完成全部课前预习任务。二是积极参与课堂讨论和问题的解答，主动对知识进行梳理、分析与归纳。三是及时认真全面完成课后作业，注意检查准确性和自主纠错。

3）自信方面

（1）自信意识。相信自己能够利用所学方法解决所给问题，敢于在课堂中发表自己的看法。

（2）自信能力。一是学生能“独合结合”完成课前、课堂和课后学习任务。二是会快速浏览课文，梳理课文内容，找到重点段落，圈画重点及关键词句。三是能“独合结合”梳理出写作手法和课文主旨。四是善于在课堂中发表自己的看法。

3. 实施原则——“一原则”

实施循序渐进性原则，通过组织学生课前独立完成3项预习任务，包括能读准字音、读出语气和感情、能提出自己的疑问，尤其是本文核心问题：作者是怎么写小站的，借“小站”想要表达什么？梳理本课的问题链，整个教学过程难度层层递进，使学生能够积极参与探索过程；逐步把握近景、物、事、人和周边远景的直接和侧面描写方法，理解车站工作人员为人民服务的事业心和责任感的课文主旨；积累学习的成功感和增进学好课文的自信。

4. 实施形式——“六式”

1）借助“三程·三单”式

借助《小站》“三程”学习单，学生在课前独立完成3项预习任务、课堂围绕5个问题链“独合结合”完成逐步深入的5项任务，以及课后独立阅读课文和“或独或合”完成创意图画（下次课始参与全班交流与评价），促进学生主动学习；引导学生掌握本课写法和中心思想；培养学生“独合结合”的相关“三自”素养。

2）自主阅读梳理式

（1）课前：学生独立阅读，扫清认读障碍，能读准字词、读出语气和情感，能提出核心问题和问题链。

（2）课中：学生独立阅读思考，圈画关键信息并梳理概括，在学习单上记录近景、物、事、人和周边远景的直接和侧面描写方法与文章中心，能理解作者是如何围绕中心使用材料的。

（3）课后：一是学生独立多读几遍课文，深入感悟人间温情。二是学生“或独或合”设计对课文理解的插图，锻炼创意表达文意的兴趣和能力，增进图文结合表达文意的成功感。

3）小组合作总结式

（1）课中：针对核心问题，即作者是怎么写小站的，借“小站”想要表达什么？组织学生在独立阅读课文的基础上，讨论和交流，锻炼根据问题引导参与讨论、散议、交流和概括文章想要表达的中心的能力。

（2）课尾：借助多媒体、思维导图和教师口头说明和激励引导等方式，师生合作小结全课所学。由此，锻炼学生借助思维导图参与小组合作梳理、归纳课文内容、写作手法和表达主旨的能力，增进课尾的集中小结的意识和借助思维导图进行文本梳理、归纳、交流的价值意识和学用意识。

（3）课后：学生独立或小组合作完成对本课理解的插图，展现小站的特色。由此，锻炼学生小组合作借助图画创意表达对文意理解的能力，增进梳理、概括的成功感和学习、做事的责任感（人格感染人格）。

4）借助思维导图式

课尾“师生合作小结”时：教师借助黑板和笔记，引导学生独立尝试用思维导图的方式，对本课的学习内容、写作手法和课文主旨进行简要概括，让文本内容结构化、清晰化、简洁化地加以呈现；锻炼学生借助思维导图对全课所学进行结构化、清晰化、简洁化地加以梳理归纳的能力；激发后续迁移运用思维导图自主学习、梳理课文内容、写作手法和所表达主旨的兴趣。

5）借助信息技术式

（1）课始：教师利用多媒体展示“高大上”的现代火车站和边远山区火车站图片，通过对比的形式，激起学生主动探索“小站之小，其实不小”的兴趣。

（2）课尾：借助多媒体示范教师和展示学生参与师生合作小结的思维导图，提高总结的实效。由此，锻炼学生借助思维导图参与小组合作梳理、归纳课文内容、写作手法和表达主旨的能力，增进课尾集中小结的意识和借助思维导图进行课尾集中小结的价值意识和学用意识。

（3）下次课始：借助多媒体展示、交流学生的优秀图示作业和进行欣赏、评比。由此，增进学生“独合结合”用图画创意表达文意理解的兴趣和能力，增进这样完成作业的兴趣。

6）随机激励式

（1）课中：一是课始反馈课前预习情况时，教师对及时、全面、规范、高质量独立完成学习单上3项预习任务的学生，及时地进行口头表扬、组织交流和展示，激励学生注意养成良好的预习习惯，提高任务的完成速度和质量，增强独立预习的价值意识。二是在课堂教学环节二至四中，教师对能够独立浏览全文、整体把握课文内容，“独合结合”精读课文重点段落、品词析句，用思维导图归纳课文写法和中心思想，参学态度有进步，完成任务速度快、准确度高、表述好、有独特性的学生采取多元形式表扬激励，激发学生提高课堂学习的注意力和积极性，特别是注意提高“独合结合”任务的完成速度、准确性、交流效果和创意。

(2) 课后与下次课开始：教师对课后及时、规范、高效、创意独立或合作完成插图作业的学生，在课下与下节课始，及时激励，并组织学生对画作进行展示、欣赏与评价，促进学生完成课后作业的及时性、规范性、高效性、创意性，增进学生完成这类作业的成功感和兴趣。

5. 实施方法——“八法”

1) 讲(听)授法

(1) 在课堂学习和下次课始对作业的反馈中，结合循序渐进性原则、“六式”的运用和口头说明，教师对课文内容梳理进行适当说明、补充。

(2) 在课堂组织学生“独合结合”精读课文品词析句时，教师注意引导学生更快地找准小站之小、小站其实不小之处的描写手法，把握课文所表达的中心。期间，注意回应学生提问、答问和疑惑。

(3) 在下次课始反馈课后作业时，教师注意口头引导学生主动参与交流反馈、进行激励。

在上述过程中，锻炼学生快速梳理文本内容、概括按序叙述、直接描写、侧面描写等写作手法能力；有效把握课文中心的能力；提升所定相应“三程”之“三自”素养。

2) 归纳法

在课堂教学环节二至五(含下次课始对学生“独合结合”画图表达对课文理解的作业反馈)，结合积极心理学“三原理”、相关“六式”、其余实施方法的运用，引导学生借助阅读批注、学习单记录思考结果，借助思维导图梳理、归纳课文内容、直接和侧面描写方法与文章的中心，能用思维导图梳理、概括和交流师生合作小结的结果，能借助图画创意表达对课文的理解；增进多元化梳理、归纳的成功感。

其余“六法”，参见后文“二、教学目标中(二)过程与方法”，此处不赘述。

(三) 设计思路

根据上情，本课拟基于积极心理学“三原理”，实施“一原则”(循序渐进性原则)、“六式”(借助“三程·三单”式、自主阅读梳理式、小组合作总结式、借助思维导图式、借助信息技术式和随机激励式)和“八法”(文本朗读法、深入解剖法、重点赏析法、比较法、小组讨论法、听授法、归纳法、图示+画图法)，帮助学生更好地完成课文的学习，把握课文内容、直接和侧面描写方法，理解小站工作人员全心全意为人民服务的精神与责任感，能用心感受生活，发现生活中的美，培养热爱生活、感恩生活的美好情感，提升学生的相关“三自”素养。

二、教学目标

(一) 知识与技能

课前，学生能独立完成3项预习任务，读准字词、读出语气和情感，能提出核心问题。

课上，阅读课文，圈画关键知识，概括文章中心，能“独合结合”，边读边思考、边圈画边梳理概括和在学习单上记录，归纳文章写作思路，弄清楚作者如何运用写景（近景、远景）、写人、侧面描写和直接描写等手法围绕中心思想展开讲述。课尾，借助思维导图参与合作梳理、归纳课文内容、写作手法和表达主旨。课后，锻炼借助多读几遍课文更好地把握文意和借助画图创意表达文意的能力。

（二）过程与方法

1. 文本朗读法

（1）课前：学生通过出声朗读和默读结合的方式，读熟课文，读准字音，圈画出重难点词语，提出重难点问题，锻炼课前自主浏览课文的能力。

（2）课上：学生通过默读、个人出声朗读、全班齐声朗读的方式，根据课上学习单的要求，对课文内容进行梳理概括、圈画品析，锻炼学生从“独合结合”的朗读、泛读、精读课文段落进行圈画品析、概括中心、独立思考和小组合作讨论的能力。

2. 深入解剖法

（1）课上：教师利用课文和插图引导分析、精读段落的写法和所表达主旨，培养学生多角度解读文本的能力和“独合结合”精读课文段落进行圈画品析、归纳概括，从整体上把握文章的写作手法、主旨及作家的情感，锻炼圈画品析、概括写作手法和中心的能力。

（2）课尾：学生利用思维导图对课文内容、写作方法和文章所体现的人文性进行合作梳理、概括，锻炼课尾集中小结之梳理、概括能力。

3. 重点赏析法

学生“独合结合”精读课文重点段落，结合朗读、泛读，品析词句，深入赏析，揣摩咀嚼，概括课文的主要内容、写作手法和所表达的主旨，锻炼“独合结合”精读课文重点段落，在品析词句中搜集、梳理、概括课文主要内容、写作手法和所表达的主旨的能力。

4. 比较法

（1）“高大上”现代火车站（照片）与“小站”插图比较，引发学生强烈的视觉冲突和主动质疑题目——作者为什么写“小站”的兴趣。

（2）文本比较，学生课前自主根据对学习单（一）的要求和三个问题，自主阅读《草原》（老舍）、《丁香结》（宗璞），并课上根据学习单（二）表格的引导，从景物、人物描写等写作手法方面进行比较，锻炼文本比较能力，并能迁移到本课文本的阅读理解中。

5. 小组讨论法

课堂中进行三次显性的小组合作讨论、总结，分别锻炼学生根据问题引导参与讨论、散议、交流和概括文章想要表达的中心的能力，借助思维导图参与小组合作梳理、归纳课文内容、写作手法和表达主旨的能力，小组合作借助画插图创意表达对文意理解的能力。

6. 听授法

（1）教师在课堂学习和下次课始对作业的反馈中，结合循序渐进性原则、“六式”的运用和口头说明，对课文内容梳理进行适当说明、补充。

（2）教师在课堂组织“独合结合”精读课文、品词析句时，注意引导学生更快地找准小站之小、小站其实不小之处的描写手法，把握所表达的中心。期间，注意回应提问、答问和疑惑，内化相应素养。

(3) 教师在下次课始反馈课后作业时，注意口头引导交流反馈、进行激励，促进课后自主作业和参与全班交流行为习惯的养成。

7. 归纳法

在课堂教学环节二至五(含下次课始对“独合结合”插图表达对课文理解的作业反馈)，结合积极心理学“三原理”、相关“六式”、其余实施方法的运用，引导借助阅读批注、学习单，记录思考结果；借助思维导图等梳理、归纳课文内容、直接和侧面描写方法与文章的中心，能用思维导图梳理、概括和交流课堂合作小结的结果；能借助图画创意表达对课文理解，增进多元化梳理、归纳的成功感。

8. 图示+画图法

(1) 课始：独立观察，对比“高大上”现代火车站(照片)与“小站”，锻炼观察、对比和从题目入手进行质疑提问的能力。

(2) 课尾：借助思维导图进行合作总结，锻炼结构化、简洁化梳理、概括课文内容、写法和主旨的能力。

(3) 课后：“或独或合”完成课文插图，锻炼借助配画课文插图深入理解文意、图文结合进行创意演绎能力。

上述“八法”的经历，是与“三原理”和“六式”举措在“三程”学习中整合落实的，锻炼相应“三自”能力，内化“八法”和体悟“六式”所蕴含的学习方式方法。

(三) 情感、态度与价值观

感受小站工作人员全心全意为人民服务的事业心、责任感，体会人间温情；增进梳理、概括的成功感和学习、做事的责任感(人格感染人格)；激发这样学习的兴趣，增进自律、自学、自信的意识；增进基于积极心理学原理“三程”整合实施相关“一原则六式八法”学习新授课的兴趣。

三、实践过程

过程一：反馈导入，揭示课题，激发学生自主阅读的兴趣和锻炼从题目入手进行质疑，进而提出核心问题的能力(4分钟)。

师：我们坐火车走亲访友、旅游的时候，都要经过许多车站。特别是高铁站的普及，出现了不少“高大上”的火车站(多媒体适时展示若干高铁站图片)。但是，在20世纪60年代，我国火车站，更多的可能是课文《小站》中所介绍的这种小火车站(多媒体适时展示若干偏远山区火车站图片)。

生：独立观、听、思，作对比。

师：通过两类不同外貌火车站图片的对比，同学们对本文题目“小站”，产生了什么疑问吗？(等待回应时，板书课题)

生陆续答出：①“小站”是哪里的小站？②“小站”写了什么内容？③为什么以“小站”为题目？(涉及了核心问题：作者是怎么写小站的，并借“小站”想要表达什么？)

师：针对学生回答，随机激励。

（**课题研究**：使学生生动直观地快速了解本课“小站”的大致模样，激发后续自主阅读的兴趣，锻炼从新、旧火车站对比和课文题目入手进行质疑，进而提出核心问题的能力。）

过程二：初读全文，整体把握（含检测课前独立预习情况），锻炼独立浏览全文、整体把握课文内容能力和增进预习价值意识（4 分钟）。

师：带着刚才提出的问题，结合课前预习、“课堂独立学习和小组合作学习单”的表格中的五个问题，请同学们快速阅读课文，然后对五个问题进行初步概括。

生：独立按要求快速阅读全文、思考、判断；陆续概括出本文主要写了小站的位置、“小”、基本布置（精心设计）和小站周围的景象（近景和远景）。

师：注意观察学生浏览课文、圈画批注和在课堂学习单上打钩、记录情况；倾听学生的回答；随机激励与引导。

生：独立听、记、思，内化。

（**课题研究**：培养学生根据课前预习和学习单问题链引导独立初步浏览课文和概括课文内容、写法和文章中心的能力；培养课上主动参答的良好行为习惯；增进整体把握课文的成功感。）

过程三：“独合结合”精读课文，重点段落品词析句，锻炼学生“独合结合”精读课文、梳理和概括课文写法、把握中心的能力，感受小站工作人员的强烈责任心、给旅客带来的温暖和全心全意为旅客服务的精神（25 分钟）。

师：我们结合刚才的概括，对本文逐步赏析。

师：借助多媒体出示问题：“小站”是哪里的小站？（阅读课文，圈画出来，并在学习单相应处打“√”。）

生：铁路线上、北方山区常见的、坐落在山坳里。

师：试用一句话概括它？

生：小站位于北方山区的山坳里。

师：处于山区里的火车站，有许多条件限制，也就决定了它的规模不会很大，是很小的。

（**课题研究**：培养学生根据问题，快速浏览课文，简明扼要概括“小站”位置的能力。）

师：题目为“小站”，它的“小”体现在哪些段落和地方？（阅读课文，圈画出来，并在学习单相应处打“√”。）

生：阅读课文、思考、判断，圈画、打“√”，陆续答出，第 1—2 段。

“只有……才……”，写出小站的小；

“两三分钟”“转瞬间”，写出小站停靠时间之短；

“甚至”，进一步说明时间短；

“一间”“几根”“三五个”，用数字说明小站的小。

（**课题研究**：培养学生根据问题，快速浏览课文，梳理、概括“小站”之小的能力；初步感受车站服务人员所处工作环境的艰苦。）

师：既然小站如此的“小”，那么涉及小站的基本布置的段落有哪些，具体布置是什么样的？从中可以看出什么特点？（阅读课文，圈画出来，并在学习单相应处打“√”。）

生：阅读课文、思考、判断，圈画、打“√”，陆续答出，第3—6段。

（1）月台左面。红榜：出外旅行，安全第一，红榜让旅客感到安心，可以看出小站工作人员强烈的责任心；小黑板：让旅客了解天气情况和新闻；出口处张贴着宣传画。尽管车站很小，但讲究卫生，整洁。

（2）月台中间。喷水池、假山、小树、小宝塔：环境优美、干净；喷水池虽小，却很讲究。

（3）月台两头。杏树、杏花、蜜蜂：春意盎然，充满生机。

（4）没有钟，没有电铃，只有站长吹一长声哨子：设施简单、简陋。

师：这些布置（设计），是按照什么顺序写的？为什么这样布置（设计）小站？

生：按照空间变换顺序写的。小站的工作人员精心设计，安心在偏僻的山区工作，给旅客带来了温暖，表现了他们全心全意为旅客服务的精神。

（**课题研究：**培养学生根据问题，精读课文品词析句，梳理“小站”不小、概括中心能力；感受工作人员给旅客带来的温暖和全心全意为旅客服务的精神；内化独立学习、小组合作学习和卫生值日等的责任感。）

师：小站内的景象是这样的，我们再看看小站周边的景象是什么样的？位于第几段？“独合结合”精阅读课文段落进行圈画品析（阅读课文，圈画出来，并在学习单相应处打“√”）。

生：阅读课文、思考、判断，圈画、打“√”，陆续答出。第7段。光秃秃的石头山，没有秀丽的景色。

师：作者为什么写小站周围的景象？

生：与小站内的景象形成对比。

师：哪里可以看出？

生：第7段中关联词“可是”以及“一股活泼的喷泉，几树灿烂的杏花”。

师：这样写有什么作用？

生：在荒凉的氛围中，小站上工作人员精心设计风景，突出了小站的温暖和春意。

师：在上述学生参与“独合结合”精阅读课文段落进行圈画品析过程中，注意倾听、观察，并作随机激励与引导（注意点出“人格感染人格”）。

生：自主听、思，内化。

师：同学们，我们齐读最后一段，一起感受旅客在小站的温暖和春意，并思考这一段有什么作用？

生：齐读后，参与合作概括：揭示中心，升华主题。小站虽小，但其精心设计“给旅客们带来了温暖的春意”，赞扬小站工作人员为人民服务的事业心和责任感。

（**课题研究：**锻炼学生“独合结合”精读课文段落进行圈画品析、尝试概括中心能力；进一步感受小站工作人员为人民服务的事业心和责任感。）

（**过程三的课题研究：**根据难度逐步提高的问题链，结合运用“三原理”和“六式八法”的过程引导，学生不断地进行“独合结合”的朗读、泛读、精读课文和重点段落，概括出作者的所写内容、写作手法，弄清作者是如何围绕中心有序安排材料，进行直接描写、侧面描写和反映中心的，从而锻炼从“独合结合”的朗读、泛读、精读课文和重点段落搜集信息、概括作者所写内容、写作手法和课文中心思想，以及独立思考的能力、小组合作讨论的能力；感受服务人员带给旅客的人间温情；内化独立学习、小组合作学习和卫生值日等的责任感。）

过程四：师生合作小结，锻炼梳理、归纳能力和深化对中心的感受（5分钟）。

师：至此，我们对小站的内容有了全面把握，哪位同学可以对本文进行简单的总结？

被叫学生：本文通过对北方山区一个小火车站景象的描绘，赞美了车站工作人员对站台的精心设计，歌颂了这样的精心设计给旅客带来了温暖的春意。

师：根据本节课我们所学，以及刚才同学的总结，请一名同学在黑板上画出本文的思维导图，其他同学在笔记本上画，看看谁画得更加系统化、结构化、清晰化和简洁化。

被叫学生：板画思维导图，其余学生在笔记本上画。

师：注意观察；先对上述学生板画的作品，作随机激励；然后，组织学生一起用思维导图的方式对本文进行简要概括。全班合作完成后，师借助黑板，出示图1思维导图的表述。

小站
- 小
- 精心设计（写景）
  - 月台左面
  - 月台中间
  - 月台两头

赞扬小站工作人员为人民服务的事业心和责任感（写人）

图1　《小站》教学中课尾师生合作小结后的思维导图

（**课题研究**：锻炼学生借助思维导图合作梳理、归纳课文内容、写作手法和表达主旨的能力；增进课尾对全课所学及时进行整理、简洁归纳的重要性认识和借助思维导图进行文本梳理、归纳，系统化、结构化、清晰化和简洁化地加以表述小结结果的价值意识和学用意识。）

过程五：课后独立多次通读课文和或独立或小组合作完成一幅对课文理解的创意插图，以强化学习效果、增进图文结合表述文意的价值意识和锻炼配画课文插图、创意表现表达对课文深入理解的能力（5分钟）。

师：借助课后学习单和口头说明课后作业要求，独立多读几遍课文，为本文设计一幅插图（独立完成或小组合作完成都可以），可以展现小站的整体面貌，也可以只着眼于能表达文章中心的局部；画好后，下次课始，在班级内作展示与交流，请同学们一起评选出能体现小站特色的若干插图。

生：独立听、思；课后，按要求独立读几遍课文，“或独或合”完成插图。

图2是全班同学评选出的四张具有一定特色的课文插图。

（**课题研究**：加深学生对课文内容、写作手法和主旨的理解；锻炼配画课文插图、创意表现表达对课文理解的能力；增进图-文结合表述文意的价值意识和这样学习的兴趣。）

四、实效与反思

（一）实效

1. 学生方面

教师通过对学生的学习单批阅、课后与学生交流，以及课后一段时间对学生笔记的浏

图 2　学生自创的《小站》4 幅插图

览等发现，预备(5)班学生在课前、课中与课后的“三程”学习中，均能根据“三自”素养要求完成相关学习任务。本课的语文本体知识和所定自律、自学、自信素养，均得到了有效的提升，整体效果明显，也有一定的延后的迁移性效应。

1）自律良好行为习惯方面

(1) 在家：一是全部学生能在课前独立、及时、全面、认真完成预习任务和课后作业。二是全部学生能注意加强检查，提高了准确率。

(2) 在校：一是全部学生能自觉参加早读(课文)。二是 93.33% 的学生课上能积极参与学课过程，注意独立思考，主动回答问题。三是 88.89% 的学生能督促自己集中注意力。

2）自学方面

(1) 自学意识方面。一是全部学生能主动独立、及时、全面、认真完成预习任务，感受到了预习对新课学习的价值。二是 93.33% 的学生在小组讨论时，有主动发言的欲望。三是全部学生能根据课堂提出的问题，进行独立阅读、思考、判断、圈画、批注和在学习单上打钩。四是全部学生在课堂学习时能注意倾听师生发言。五是全部学生感受到课文小结，尤其是借助思维导图进行小结对加深课文理解的重要性。六是全部学生增进了对多读几遍课文的价值认识，以及为课文配插图作业和借助思维导图进行预习、课堂学习与课后自学的价值意识和学用意识。

(2) 自学能力方面。一是 93.33% 的学生能根据问题在课文中快速有效地找出知识点。二是95.56%的学生能从课文中"独合结合"的精读品析中，获取、分析、概括课文内容、选材与写作手法和主旨等有效信息。三是84.44%的学生有效锻炼了课尾借助思维导图对课文内容、写作手法、主旨等进行小结的能力。四是96.47%的学生锻炼了独立或参与小组合作根据文意配画插图的能力。

(3) 自学良好行为习惯方面。一是全部学生能及时认真全面完成全部课前预习任务。二是93.33%的学生能根据问题主动阅读课文，进行品析，参与讨论与交流，梳理和归纳答案。三是全部学生能独立及时认真全面完成课后读课文作业和独立或小组合作完成配画课文插图的作业。本课后，学生运用思维导图的方式来分析、梳理、归纳文本内容，成了日常语文学习的常态化行为，扩大了本课的学习效应。

(4) 学习兴趣方面。学生在课堂学习时的积极性极为高涨，课堂氛围活跃，大部分学生喜欢表现自己；对为课文配画插图的作业，兴趣浓厚，插图具有一定的创意。

3) 自信方面

(1) 自信意识方面。93.33%的学生能够自信地利用所学方法解决所给问题，敢于在课堂中发表自己的看法。

(2) 自信能力方面。一是全部学生能"独合结合"完成课前、课堂和课后学习任务。二是93.33%的学生会快速浏览课文，梳理课文内容，找到重点段落，圈画重点及关键词句。三是84.44%的学生能根据问题提示精读细品课文，"独合结合"梳理写作手法和课文主旨。四是93.33%的学生善于在课堂中发表自己的看法。

2. 教师方面

随着课题研究的不断深入，教师能认识语文教学对学生"三自"素养有着显著的促进作用，能将日常教学与渗透对学生的"三自"素养的培养相结合，逐步提升了教师的教学水平、案例撰写能力和科研能力，让教师意识到参与课题研究的重要性和意义。

(二) 反思

1. 课前自主学习单设计方面

原本将"针对课题，提出问题"(3个左右)放在课堂独立学习和小组合作学习单中，有点拖沓课堂教学节奏，影响教学进度。拟将其放在课前自主学习单中，更好地调动学生在家自主预习，独立思考、质疑的积极性和锻炼相应的能力。

2. 课堂教学中教师发问和提示方面

课堂教学过程中，教师的无效发问有点多，尤其在学生思考时，过多的提示反而会打断学生的思路，转移学生的思考注意力。拟在今后的教学中，减少低层次和思维深度不够的发问，增加高层次和思维深度高的发问，尤其是注意引导学生独立或小组合作质疑发问。

3. 实践过程"师生合作小结的环节"方面

其一，由于时间过于仓促，教师担心内容讲不完，没有留给学生足够独立思考和组织语言的时间，导致学生对本文内容的总结不够简练、全面。拟改为充分相信学生，留给学生更多的思考时间。其二，原本师生一起用思维导图的方式对课文进行简单概括，全班合作完成后，教师借助黑板，出示思维导图，但是这样不足以锻炼学生独立思考、独立概括的能力。拟改为在师生合作画出思维导图之前，增加“根据本节课老师所讲，以及刚才同学的总结，请一名学生在黑板上画出本文的思维导图，其他同学在笔记本上画出，看看谁画得更加完整清晰”环节，充分强化学生独立思考、独立概括的能力以及主动回答问题的自信心。

4. 实践过程课后“或独或合”完成课文插图作业方面

本班学生对为课文画插画兴趣极高，能基于本课的讲解与学习，或独立或小组合作乐于创作课文插图，并在下次课始，勇于在全班学生面前展示交流自己的成果，参与评价。这样一来，既强化了学生课后作业的学习的效果，也增进了学生利用图文结合表述文意的价值意识。因此，这样的探索以后可以继续尝试。

五、意义揭示

（一）符合积极心理学“三原理”

一是在课前自主预习中，全班学生都能根据预习学习单自主预习，提出问题，并在课始环节提供交流与展示时间，促进了学生课前独立预习良好习惯的养成，提升了学生课堂参学、乐学的积极性。二是在课堂本课核心问题确定和问题链的设计中，学生能围绕课文题目积极主动地去发现、提出若干问题，以此筛选、确定了本课的核心问题，并依据难度梯度形成相应问题链。在此过程中，学生乐于发现、敢于发问、不惧错误，而且老师也注意及时引导、鼓励、启发其拓展思路，让他们不断获得成功，增强自信，增进积极愉悦的情绪体验，展现他们的积极人格特征。三是在课中对课文写作手法和主旨把握中，学生通过独立与合作相结合的方式，既展现了自己的个人能力，又锻炼了团队合作能力，促进了他们对乐观、自信心态的积累。四是在课堂小结中，使用思维导图引导学生梳理本课所学知识，形成清晰明了的框架，增进了初步运用的成就感，促进了认真听课、记笔记的良好学习习惯的养成。五是在课后作业中，学生根据对课上所学的理解，运用美术知识作一幅插图，强化了他们的跨学科知识，激发了乐于学习的兴趣。

这些做法都符合积极心理学“三原理”。可见，将积极心理学原理应用于语文教学中，可以营造出一种积极的学习环境，让学生乐于学习、善于学习，不断积累成功体验，获得成就感，从而增进积极的情绪体验，在今后的学习中逐步树立自信心，善于发现，敢于发问，不惧错误，促进学生积极的人格特征（乐观）的形成，对学生“三自”素养的养成起到至关重要的作用。

（二）发挥了“六性”的独特价值

发挥了基于积极心理学原理整合实施“一原则六式八法”在提升学生“三自”素养方面的独特价值——“六性”。

1. 在“三程”的学习中较好地落实了学生的主体性

以“三程”学习单的运用为例。以往的语文学习，教师讲授占据大部分时间，留给学生的时间较少。本课的课前、课堂和课后学习单上，对学生有明确的针对性的学习任务与完成要求，以更好地落实学生“学”的主体地位，调动学生学的积极性，让全体学生主动参与到教与学的过程中。一是课前，学生根据自主预习单的任务要求，完成3项预习任务，并自查预习情况。这样，既提高了学生独立预习质量，又促进了思考质疑和新课学习，还增进了预习价值意识。二是课中，学生根据课堂独立学习和小组合作学习单的5项任务（回答5个问题）的要求，边阅读、边思考、边圈画、边批注、边讨论、边判断、边在学习单上进行记录（以下简称“七边”），注意力高度集中，参与小组和全班交流时，普遍积极主动，交流质量也高。因此，能够较好地概括出课文内容、写作手法和表达的主旨，较好地完成课尾的集中小结。三是课后，根据课后学习单的任务要求，全班学生能独立、及时、认真、全面完成多读几遍课文作业，对或独或小组合作完成课文插图的作业，兴趣普遍浓厚，完成的插图具有一定的创意。

“三程·三单”的运用，从一个侧面，有力地证明了本课的探索，较好地落实了学生在整个学习过程中的主体性地位，带来了不一样的语文学习效果，促进了学生相关“三自”素养的发展。

2. 在“三程”的学习中较好地锻炼了学生的方法性

一是本课遵循循序渐进性原则，梳理本文的问题链，引导学生由易到难、层层深入地逐步解决问题，符合了学生的认知规律和教学规律。二是采用“六式”的举措，引导学生课前自主阅读课文，尝试梳理文章内容，概括文章中心，进行质疑提问，锻炼了自主学习能力；课上独立快速浏览课文和“独合结合”精读课文段落进行圈画品析、归纳概括，把握文章的主旨及作家的情感，锻炼了学生圈画品析、概括写作和所表达中心的能力；课后，通过或独或合绘制本课插图，既锻炼了对学生对文意的深化理解能力，又锻炼了对文本的理解进行图文结合演绎的能力，普遍激发起学生这样进行作业的兴趣。三是文本朗读法、深入剖析法、重点赏析法、比较法、小组讨论法、听授法、归纳法、图示＋画图法“八法”，结合整合实施“三原理”和“六式”举措，既帮助学生在“三程”学习时更好地掌握了课文内容，又锻炼了速读、精读品析、讨论、梳理、概括和“七边”能力。从而使学生逐步深入把握了课文的远景、近景、直接、侧面描写等写作方法，内化了“八法”，体悟了“六式”所蕴含的学习方式方法方面的价值。

可见，学生经历“三程”整合实施“一原则六式八法”的相应独立为主、小组合作为辅的学习过程，或显性（本课按序叙述、直接描写、侧面描写的写作手法和学习中的“八法”），或潜移默化地将一些方式方法（“三原理”和“六式”所蕴含的学习方式方法价值）教授给学生，让他们在以后的学习中意识到语文学习不一定要采用单一的方式方法，可以结合相关心理学理论和采用多种方式方法。多元化的学习方式方法，可以使学生更加充分地理解文本的内容、写作手法、主旨和多元化地加以演绎，更好落实了学习的自主性，促进相应“三自”素养的发展，尤其是促进可持续发展。

3. 强化了学生学习方式方法的引导性

一是借助学习单的引导，学生课前自主进行比较阅读，预习本课词语、朗读课文、概括文章大意，提出质疑；课上“独合结合”思考、讨论相关重难点问题；课后独立、或独或合完成两项作业。学生在学习单相应的任务要求引导下，主动完成了相应任务。尤其是将“三程”学习单做成表格式，也便于学生直观清晰地实施、了解和检查自己的学习任务完成情况。二是借助渐进性问题的引导，根据学生的预习情况、内容难易程度和学生认知水平，教学过程层层递进，难度由易到难、综合程度由低到高，引导学生逐步深入本课，主动参与学习，把握课文内容、写作手法和主旨。三是借助相关工具的引导，课堂中借助多媒体展示现代“高大上”的车站和课文插图的“小站”，结合预习，引导学生对比质疑，提出核心问题。继而，在课尾借助思维导图，引导学生合作梳理、归纳课文内容、写作手法和表达主旨，锻炼了系统化、结构化、清晰化和简洁化地加以归纳、表述全课所学小结结果的能力，增强了对全课所学进行整理、简洁归纳的重要性和借助思维导图进行文本梳理、归纳、表述的价值意识和学用意识。四是学习方式方法的引导性方面，“三原理六式八法”贯穿整个“三程”学习，或显性、或潜移默化地让学生在学习过程中不断地加以运用、反馈、强化，从而提升了他们的“三自”素养。

四大方面“引导性”的实施，更好地落实了学生“三程”学习，尤其是课堂学习中的主体地位。学生学得主动、愉悦、富有成效。更重要的是，学生的方式方法或显性、或潜移默化地得到锻炼、内化、体悟，有助于促进学生的可持续发展。

4. 提升了学生语文本体知识和“三自”素养培养的实效性

通过对学生的调查发现，学生对本课的语文本体知识和所定自律、自学、自信素养均得到有效提升。本课教学实效明显。

5. 促进了学习方式方法和知识的迁移性

本节课的迁移性，主要体现在以下方面：一是学习路径的迁移（课前自主预习—课上认真学习—课后巩固复习），借助“三程”学习单，穿插比较阅读、朗读文本、快速浏览、圈画品析、讨论交流、尝试归纳等方法和其他“六式”，让学生更加牢固地掌握了本课知识。二是本课中所学前后的学习迁移，课堂前期“独合结合”精读课文重点段落、品析词句并重点赏析的方式方法，在课堂中后期精读其他段落时进行了有效的迁移运用。三是本节课所学知识和方式方法的后续迁移，“师生合作小结”中，借助黑板和笔记，用思维导图的方式对本课内容进行简单概括，既能让文本内容、写作手法、主旨的梳理、表述变得更加系统化、结构化、清晰化和简洁化，也锻炼了学生的归纳概括能力，并有效迁移到后续的学习中。本次课结束后，学生运用思维导图的方式进行阅读批注，分析、梳理、归纳文本内容，以及记录学习笔记，延伸了本课的学习效应。

教师若是能够真正转变教学观念，切实落实学生在“三程”学习中的主体性和注重对学生学习方式方法、知识的迁移性运用的引导，可以促进学生的可持续发展。这样的探索是需要继续加以坚持的。

6. 激发了学生用思维导图、插图归纳文章的独创性

一是课尾，用思维导图的方式来归纳总结本课所学，对本班学生的语文学习来说具有一定的新意。学生初步感受到了思维导图在促进思维显性化、系统化、结构化、清晰化、简洁化和形象化梳理、概括学习内容、写作手法、主旨和与主题间的相互关联性方面的价值，提高了小结的质量。在以后的语文学习中，能主动地加以运用，逐步提高了运用的速度和质量。二是课后，让学生用插图的方式演绎文本内容、写作手法以及主旨，既让学生将本文内容进行了复习巩固，又激发了学生完成作业的兴趣。同时，锻炼了学生“或独或合”“图文互文”表达文意的能力。

可见，学科教学中的创新，只要教师愿意尝试，就能找到相关的创新突破点。通过这样的尝试，学生对文本有了更透彻的理解、更浓厚的兴趣，更好地发展了跨学科知识的整合运用，提高了表现表达文意的素养。

参考文献

[1] 彼得森. 积极心理学：构建快乐幸福的人生[M]. 徐红，译. 北京：群言出版社，2010.
[2] 陈添梓. 积极心理学在初中语文教学中的渗透[J]. 当代教研论丛，2020(5)：31+39.
[3] 王峰春，陆卫星. 积极心理学在语文课堂互动中的渗透[J]. 教书育人(教师新概念)，2019(12)：33.
[4] 郑贤红. 积极心理学融入到初中语文课堂教学的策略研究[J]. 课程教育研究，2018(18)：91-92.
[5] 李杰. 期待视野下的初中语文个性化阅读教学研究[D]. 重庆：西南大学，2015.
[6] 李立辉. 基于积极心理学的初中语文课堂教学研究[D]. 喀什：喀什大学，2020.
[7] 上海市教育委员会教学研究室. 上海市初中语文学科教学基本要求(试验本)[M]. 上海：上海教育出版社，2017.
[8] 朱律维. "独合结合"语文实施体验式 提升学生写作详略素养探索——以《叙事要详略得当》区级课题研究课实践与分析为例[J]. 浦东教育研究，2019(8)：53-57.

基于积极心理学原理数学实施“三式五法”提升学生“三自”素养

——以预备年级“6.4 一元一次方程的应用”教学实践与分析为例

上海市凌桥中学　张至诚

【执教时间对象和地点】

2021 年 3 月 25 日；预备(3)班学生；预备(3)班教室

一、设计思路

(一) 设计依据

1. 学情分析

从心理发展的特点来看，预备年级的学生在数学思维方面正处于由算术思维向代数思维发展的阶段。学生更多地倾向于使用模式或套路来解决问题，而不是依靠推理或假设的思考方式。此外，从思维特点和认知方式来看，学生更倾向于模仿，这在数学解题中表现为喜欢套用固定类型的题目，并且思路相对不开阔，不擅长分析和转换思维。另外，小学时期养成的算术思维习惯也使学生更倾向使用已知量列算式求解未知量，缺乏使用未知量参与运算的意识。

教师任教的预备(3)班学生已经学过一元一次方程及其解法，对简单的一元一次方程解题比较熟练，同时具备一定的习题文本阅读和数学抽象能力。在“三自”素养方面，存在以下优点和不足。一是自律素养方面。大部分学生能够及时、认真完成课前预习和课后作业；然而，在课堂上集中注意力、独立思考以及有效参与课堂活动方面存在一定问题。二是自学素养方面。①在课前预习时，学生经常只关注算式和方程本身，忽视构建和形成方程的过程，对于例题文本的阅读也缺乏深入理解。②在课堂上提出问题时，学生有时无法独立理解问题或完成相应任务，尤其是在快速浏览题干并找出数量关系方面，缺乏转化文字叙述为数量关系的经验。三是自信素养方面。学生在数学课堂学习时积极性普遍较高，课堂氛围活跃，大部分学生能够在教师引导下积极回答问题并发表自己的看法，但答问的准确性需要提高。

本课教师拟基于积极心理学的积极的情绪体验和积极的学习环境“二原理”，整合实施“三式五法”，引导学生在课前、课堂和课后的学习过程中实现“独合学习”，积极、快速、扎实地掌握本课内容，发扬学生"自信"方面的优势，改进上述"三自"方面的不足，提升相应的素养水平。

2. 课标分析

教育部组织编写、北京师范大学出版社出版的《义务教育数学课程标准版（2011 年版）》（以下简称《课程标准》）中要求学生："初步学会从数学的角度发现问题和提出问题，综合运用数学知识解决简单的实际问题，增强应用意识，提高实践能力。"《课程标准》初中学段的课程目标要求学生，"体验从具体情境中抽象出数学符号的过程，理解代数式、方程。""掌握必要的运算（包括估算）技能；探索具体问题中的数量关系和变化规律，掌握用代数式、方程等进行表述的方法。"关于该学段的内容，《课程标准》要求学生："能根据具体问题中的数量关系列出方程，体会方程是刻画现实世界数量关系的有效模型。"可见，方程应用题的学习是本课也是初中生数学学习的重点内容之一。《课程标准》也倡导学生在教师引导下的独立学习、合作学习，整合运用信息技术。同时，教师需要注意激发学生的学习兴趣，注意加强对学生课前预习、课后作业和自学等学习策略方式方法的指导。

因此，本课拟基于积极心理学"二原理""三程""独合结合"整合实施"三式五法"组织"一元一次方程的应用"的学习，在促进学生积极、快速、扎实地学好本课的同时，提升学生"三自"素养，是符合课标的上述精神的。

3. 教材分析

本课内容选自上海教育出版社 2019 年出版的《数学》六年级第一学期第六章的第四课时。本课是在学习了一元一次方程的解法基础上，对一元一次方程解法的实践应用。本节课的重点和难点是通过审题，根据题意找出相等关系，并列出有关一元一次方程，这也是本章的重难点之一。在本节课中，学生将初步体验如何应用一元一次方程解决实际问题。这是学生在初中阶段必备的代数和几何的基础知识与基本技能。此外，在其他学科的学习和实践中，他们也会广泛运用这些知识。不仅可以提高学生的逻辑能力、培养他们对数学的兴趣，也可以规范他们的数学语言表达能力。教材以"北京奥运会的预算"问题引入，并设计了两个相关的应用题作为例子。关注学生数学素养的培养，同时加强他们对祖国发展与繁荣的认同感与自豪感。在例题的设置上，从简单的数量关系转化为方程，再到列出方程解应用题的步骤和设元的基本方法。着重关注了学生初次使用列方程解应用题时可能遇到的问题环节，以便学生能更好地掌握如何列一元一次方程解决实际问题。除了教材内容外，教师还选择了日期问题作为拓展延伸，使内容更加贴近学生的日常生活，提高学生的学习兴趣。

（二）课题研究内容

1. 积极心理学原理方面

1）积极情绪体验原理

对于积极情绪，弗雷德里克森提出了拓展构建理论，认为某些离散的积极情绪，包括高兴、兴趣、满足、自豪和爱，都有拓延人们瞬间的知—行的能力，并能构建和增强人的个人资源，如增强人的体力、智力、社会协调性等。积极情绪体验原理在本课中的运用，主要包括以下四个方面。

（1）课前预习加强学生成功的体验。在课前，教师布置学生独立阅读课本文本，预习列一元一次方程解应用题。学生在复习解方程的基本步骤的前提下，自主预习根据实际情境列方程解应用题的相关知识，并完成预习单。在课中，学生对预习中列方程解“北京奥运会的预算”问题进行反馈，讨论比较列算式与列方程的不同。教师在讨论中注重随机激励与引导，既培养学生良好的自主预习习惯，又为提高课堂学习效率和质量奠定基础，增进预习的价值意识和成功感受。

（2）课堂教学中重视人际交往的积极作用。在引入环节中，教师设置学生读一读、议一议的活动，与同学一起朗读和组织讨论，调动学生参与课堂互动。在归纳环节中，教师在板书和课件上预先设置线索，让学生自己领悟，增强他们的主动参与性。在课内练习中，教师设计与学生生活相关的日历问题，联系实际情况，引发学生与同学和教师一起探讨应用所学的知识和技能的兴趣，巩固所学，增进学习的成功感。

（3）课中教师借助评价激发学生的自信。在学习“北京奥运会的预算”应用题的过程中，教师利用多媒体、学习单和口头说明等方式，鼓励学生通过朗读、圈画、列方程和计算逐步解决有梯度的问题，锻炼学生运用所学一元一次方程解决实际问题的能力，增加全体学生的学习兴趣和自信。

（4）课后学生独立完成分层作业，增进自信和自律。教师通过设计有梯度的分层作业，让学生独立及时完成，巩固解应用题的基本格式和解题步骤。增进学生完成作业时的自律意识，促进学以致用的良好学习习惯的养成。

2）积极环境原理

任俊在《积极心理学》一书中指出，养育环境和遗传类型共同影响了儿童的认知表现。然而，儿童的养育环境和认知表现之间存在相互影响，这种交互作用就使孩子的认知表现与养育环境逐渐融为一体。

在本课中，学生随着老师的引导逐步熟悉了解题的一般步骤以及书写规范，体验了数学语言与文本之间的关系。通过实践、思考以及师生、生生之间的讨论与交流，创设了一个积极的环境，激励并引导学生追求更好的表现。课中和课后的合作监督促使学生对自己设立更高的标准和培养自律性。

2. 学生“三自”素养培养内容

1）自律方面

（1）课前：一是学生独立复习解一元一次方程，尝试在课前预习单上标出所学内容和不理解的地方，增进独立及时完成预习任务和自主监控预习情况的意识。二是在预习单上的问题中，尝试参考“奥运系列”的例题，组织语言描述以方程思想解决实际问题的基本步骤（记录在预习单相应处）以及学习书写方法。三是学生自主回顾小学时用方程解决问题的基本步骤，注意提高完成任务的及时性、保质性和自主监控性。

（2）课中：一是在引入部分学习“节俭办奥运”环节，学生通过阅读、圈画应用题中的关键语句；教师合理设置问题，尽可能在适当的问题中保留学生思考的时间，在板书中严格按照一元一次方程解应用题通用的解题步骤进行书写，注意借以归纳解题范式。二是全课学习中，教师整合运用“二原理”和相关方式方法，在引导学生化归一元一次方程解应用题的基本步骤以及相关课内练习的设置上，加强趣味性，增加问题与实际生活的联系，让学生在课堂上能够认真听讲，独立思考，强化学生的自律意识。

（3）课后：学生及时、独立完成有梯度的应用题的练习并对作业完成情况作检查、记录，及时巩固解应用题的基本格式和步骤，增进及时、独立完成作业意识和自主记录作业完成情况，培养作业监控、检验意识。

2）自学方面

（1）自学意识。一是课前预习意识方面，教师利用预习单，设置在解决本课一元一次方程解应用题中所需要的前置知识、技能，帮助学生独立、及时完成预习任务，使其了解怎样去做好课前的预复习，同时记录课前的疑问与解题过程，与课堂所学内容呼应。二是在课堂自学意识方面，一方面引导学生独立阅读应用题时进行朗读、圈画、理解题意以便找出等量关系。三是在课堂例 1 和例 3 中，加入比较讨论的环节，提高学生参与课堂活动的兴趣。在解题步骤的归纳环节、课后独立作业中，学生通过朗读例题文本、观察板书、自主解题与规范书写、参与交流、讨论，逐步内化一元一次方程应用题的解题步骤与书写格式，提升了学生解题的规范性。

（2）自学能力。课中，学生自主尝试列方程解应用题，在例题中仔细阅读题目，识别文字中的数量关系。同时，比较设不同元的解题过程，探索根据问题特点，选择适合的解题方法。在课内练习时，学生通过列表、转化等方法，将实际问题转化为数学问题，并运用已有的知识解决问题。在反思理解、分析问题以及选择适当的解题方法解决问题的过程与结果中，收获解决问题的喜悦，提高自主学习的兴趣。

（3）自学良好行为习惯。课中，通过多个与实际生活相关的应用题的课内习题的设置，引导学生自己对题目文本进行思维加工，将认知由具体的实际文字上升为抽象的数学语言，以便解决实际问题，强化学生数学学习的兴趣，帮助他们将数学学习视为一种乐趣和挑战，而非负担。在练习中关注新旧知识的衔接，增进学生练习过程和结果的成功喜悦感。同时，教师强调做好课堂笔记，帮助学生加深记忆和理解，并在学完一个章节后，能自主进行总结和回顾，巩固所学知识。

3）自信方面

学生在“奥运系列”问题中，能参与朗读、圈画将复杂的问题分解成简单的问题，敢于回答老师问题，敢于向同学和老师提出问题，享受解决数学问题的过程，而不仅仅是关注最后的答案。在一元一次方程解应用题的步骤归纳中，学生能够解题、尝试归纳和勇于表达，激发解好题的自信。在之后例题中，引导学生运用不同的解题策略和方法，帮助他们在面对各种数学问题时能有更多准备，更加自信地面对未知的数学问题。在课内练习过程中，学生能主动参与日历问题的解题、交流，从同伴那里学习不同的解题方法和思路。

3. 实施形式——“三式”

1）借助“三程 · 三单”式

（1）课前：学生根据学习单，独立完成一元一次方程的预复习任务，锻炼独立梳理已学内容，了解新课学习所需解决的问题（力求让学生带着问题进课堂）；体验预复习与课堂所解决的问题的紧密联系，增进预复习的积极体验；初步了解利用一元一次方程解决实际问题的基本步骤，促进良好预习习惯的养成和锻炼梳理归纳的能力。

（2）课中：在引入的教学环节中，学生根据课中学习单的例题，参与朗读，试探题意，能根据涉及的术语含义，分析清楚问题中的条件以及所要求的结论；能抓住关键，正确把握列出方程明确题意的要素，找出能够表示应用题全部含义的一个等量关系，并列出代数式表示等量关系的左边和右边；能明确知晓破题、解题的步骤，大致了解列出一元一次方程解应用题的方法；结合教师的讲解和板书，能参与归纳解题的步骤，进行规范书写。

(3) 课后：学生能根据课后作业单中教师设计的应用题进行分层作业，自主选择并及时、独立、保质地完成作业，并自主检查与纠错；利用空余时间展示、讨论和分享，拓展新的解题方法和思路，提高独立学习的能力。

2) 借助信息技术式

(1) 课中：一是教师借助多媒体演示文稿，出示学习要求，给上课专注力不够的同学以多角度提示，提升上课效率。二是直观展现学习单的内容，尤其是应用题中在实际生活中的场景，以提高学生独立阅读题目文本的兴趣，提升学生理解题意、列方程式解题的速度，体验数学与实际生活的联系，并锻炼分析和转化的思维能力。

(2) 课后：下次课始作业反馈时，教师通过投影展示学生的优秀作业，并作随机激励与引导，让学生体会作业成功的喜悦和增强自信，提高独立及时完成作业的能力，培养进行自主监控的价值意识和兴趣。

3) 独立学习式

(1) 课前：利用预习单，学生独立完成一元一次方程的预复习任务，体验预复习与课堂所解决问题的紧密联系，加强预复习的积极体验，培养学生的自律意识；初步了解利用一元一次方程解决实际问题的基本步骤，促进良好预习习惯养成，锻炼梳理归纳的能力。

(2) 课中：在引入的教学环节中，教师借助多媒体和课中学习单呈现较长的例题，要求学生一起朗读，初次试探题意，根据涉及的术语和词汇的含义，分析清楚问题中的条件以及所要求的结论；学生能抓住关键，正确把握列出方程明确题意的要素：找出能够表示应用题全部含义的一个等量关系，并列出代数式表示等量关系的左边和右边，能明确知晓破题、解题的步骤，通过例1，让学生大致了解列出一元一次方程解应用题的方法。接着，通过板书预埋的线索，让学生独立完成归纳步骤，并规范书写。

(3) 课后：学生根据作业单应用题类型中设置的分层作业，进行自主选择后，能及时、独立、保质地完成作业，并进行自主检查、反思与纠错，促进学生独立、及时、高质完成作业，加强监控、纠错的良好作业、学习、行为习惯的养成。

4. 落实方法——“五法”

1) 复习法

一是学生课前独立完成预习单的复习任务，熟悉一元一次方程的知识、初步把握解方程的原理(等式的基本性质)和步骤。二是课后学生独立复习所学内容、完成选择性作业，自主检查完成纠错，锻炼学生及时、独立复习、领悟与新授课间的关系和完成课后作业并进行质量自测、监控的能力，促进及时、独立复习、作业和监控纠错的良好习惯的养成。

2) 板书法

教师在引入及例题部分，借用板书来展现一元一次方程解决实际问题的具体过程，书写规范的解题过程，每行内容对应解题的基本步骤，以帮助学生整理解题步骤，厘清一元一次方程解应用题的基本逻辑；规范方程的解题格式；注意引导学生记录板书内容，提高课后作业的针对性和正确率。

3）讲授法

课中：一是在归纳整理列方程解应用题的一般步骤的过程中，教师借助多媒体、板书、设问和口头说明等方式，将例题中复杂的信息（问题）分解成简单的问题，厘清题意，内化学生的相应素养。二是在归纳一元一次方程解决实际问题的解题步骤中，教师通过对于引入问题的解题过程的客观叙述，帮助学生从特殊的问题转化、归纳成一般的解题逻辑。三是在例题 2 中比较设不同未知数解决具体问题的过程中，通过问题的合理设置，更好地帮助学生归纳在有多个未知量的情况下怎样设合适的未知数。

4）独立学习法

一是创造有利于学生独立学习的环境。这包括设计结合实际生活的例题，以便学生独立思考。同时，在课后练习中设计具有挑战性的问题，激发学生的学习兴趣和探索欲望。二是在新旧知识间建立了良好的联系。如例 2 中存在单位转化的问题，承接旧识的同时，帮助了新问题的求解，学生自然有学习的动力。三是在课堂互动中多给学生机会，鼓励他们的每一个小进步，帮助他们建立学习自信。此外，借助课中学习单和课后作业单，强化学生课堂笔记的规范性，为学生提供更加灵活和个性化的学习方式，使学生能够根据自己的节奏和进度来掌握知识。

5）比较法

在课堂引入部分，教师组织学生比较列式计算法和一元一次方程法解决实际问题的难易程度，了解在数学中引入代数解决问题的必要性。在例 2 中，比较设不同的未知数解决实际问题的难易程度，让学生体验、尝试在应用方程方法解决实际问题中采用合理未知数的重要性。

（三）思路总括

本课围绕“一元一次方程的应用”学习，基于积极心理学“二原理”“三程”“独合结合”整合实施“三式”（“三程 · 三单”式、信息技术式、独立学习式）和“五法”（复习法、板书法、讲授法、独立学习法、比较法），使学生在积极、快速、扎实地学好本课的同时，提高利用一元一次方程的解题方法解决生活实际问题的能力，并提升学生相应的“三自”素养。

二、教学目标

（一）知识与技能

学生能自主根据和、差、倍、分的量与量之间关系的分析，联系实际找出等量关系；能集中注意力自主阅读文本并圈画出实际问题文本中的已知量、未知量，结合题意，设置适当的未知量并列出方程；能根据例题、板书线索，归纳一元一次方程解应用题的基本步骤、并能规范书写解题过程。

（二）过程与方法

经历基于积极心理学原理，实施“三式”和“五法”完成以下学习任务。①朗读、圈画、列方程解决实际问题，体会用方程解决实际问题的过程方程的思想，并用方程是解决实际问题；②完成、整理课堂学习单，在教师的多媒体展示和笔记的提示下，体验化归总结规范解题的过程；③锻炼“独立学习自主小结”，监控课堂参学进程、学习质量和学习结果；④初步体会基于积极心理学原理实施“三式五法”所蕴含的学习新课的方式和方法。

（三）情感、态度与价值观

借助“奥运系列”问题，展示祖国发展的伟大奇迹，激发民族自豪感；体验数学与实际生活的紧密联系，初步体验数学语言与文本的转化，引发数学学习的兴趣；利用预习单和课堂学习单体验自主学习在数学学习中的重要性，提高运用的自觉性与学好数学的自信，以积极的心理投入数学学习。

三、实践过程

过程一：教师借助多媒体、课堂学习单、口头引导，学生大声朗读并圈画题目中的关键信息，注意将文字中的数量及等量关系转化为数学语言、按序规范列式解题，增进学生参与寻找等量关系、列式计算和注意应用题解题格式的兴趣和自信(4 分钟)。

1. 回顾梳理

师：这一个章节中，我们已经学习了哪些知识？

生：列方程、检验方程的解、解方程。学生快速根据课本目录，回顾之前章节所学内容。

师：这节课，我们就来使用前面学习的方法解决解方程的实际问题。

2. 教师用多媒体课件展示问题，学生共同朗读

师：借助多媒体呈现题目，2008 年中国将举办北京奥运会。2004 年，中国政府提出了“节俭办奥运”的新理念，将建造国家体育馆的预算资金调整为 26 亿元，比原预算节约资金 35%。原建造国家体育馆的预算资金为多少亿元？

师：通过读题，你能找到文本中的已知量、未知量和等量关系吗？

有学生对于寻找文本中的等量关系反应较慢，教师引导学生复习常见的等量关系。

师：引导学生圈出以下关键信息(即画线的部分)：2008 年中国将举办北京奥运会：2004 年，中国政府提出了“节俭办奥运”的新理念，将建造国家体育馆的预算资金调整为 26 亿元，比原预算节约资金 35%，问原建造国家体育馆的预算资金为多少亿元？

等量关系指数量间相等的关系，是数量关系中的一种。

等量关系常见形式：已知总和；已知 A 与 B 中间的关系：A 比 B……，A 是 B……，A 与 B……；隐藏在条件中不变的量等。

全体学生：根据提示，快速找到题干中的关键信息。

师：你能用列式计算的方法解决这个问题吗？

给学生一定的独立思考的时间，期间，仅有三名同学列出了正确的算式。

生：$26\div(1-35\%)=40$(亿元)

生答：原建造国家体育馆的预算资金为 40 亿元。

师：提醒要注意应用题解题格式。

师：那么，你能用列方程的方法解决这个问题吗？

相较列式计算，有更多的同学举手。

（**课题研究：**学生在朗读、圈画与解答有梯度的提问中将复杂的问题分解成简单的问题，增进参与寻找等量关系、列式计算和注意应用题解题格式的兴趣和自信。）

过程二：学生在教师口头引导下，独立审题，尝试在课中学习单上列式、解题，得到实际问题的正确结果，归纳一元一次方程解决实际问题的具体步骤，增进参与求解的主动性（8分钟）。

师：我们看看同学们会用哪些步骤来解决这个问题？

生答：按照审题、设元、列方程、解方程、检验方程的解题顺序，解决问题；将解题步骤规范地呈现在黑板上，每行内容与列方程解应用题的过程一一对应。

解：设原建造国家体育馆的预算资金为 x 亿元。

$$x - 35\%x = 26$$

$$x = 40$$

答：原建造国家体育馆的预算资金为40亿元。

师：你们觉得哪一种方式理解这个问题较为简便。

生：普遍认为列方程的方式较为简便。

师：你认为列方程解决实际问题有几步？

生：根据板书及共同展示的解题过程，尝试整理列方程解应用题的一般步骤。

师：具体步骤是哪些呢？能否用自己的话作叙述？请写在自己的课中学习单上。

全班生：根据本题板书及老师引导，尝试在课中学习单上审题、列式、解题，得到结果，并较好地归纳出了列方程解应用题的一般步骤。

生：原预算资金－节约的资金＝调整后的预算资金	审
解：设原建造国家体育馆的预算资金为x亿元	设
$x - 35\%x = 26$	列
$x = 40$	解
答：原建造国家体育馆的预算资金为40亿元	答

（**课题研究：**锻炼学生独立审题，尝试在课中学习单上列式、解题，得到实际问题的正确结果归纳用一元一次方程解决实际问题的基本步骤（五步）的能力，增进学生课堂参与课堂学习的主动性。）

过程三：学生在教师借助多媒体、课堂学习单、前置性问题和过程性问题追问引导下，尝试参与集体大声读题、独立审题，找到实际生活问题之一元一次方程例题中之等量关系的关键信息，列式解题，进行比较，归纳遇到多个未知数时需要寻找合适的未知数，规范列方程解应用题并得出正确答案，锻炼独立为主尝试设合适的未知数解决实际问题的能力；增进对数学应用价值的认识、自主解题的自信；促进遵守解题格式、学以致用良好行为习惯的养成（15分钟）。

师：借助多媒体和学生课中学习单，出示例1。

例1:在2004年雅典奥运会闭幕式上,中国表演队必须用8分49秒表演舞动北京、中华武术、少儿京剧等节目,其中表演的时间之比是10∶8∶5,那么舞动北京、中华武术、少儿京剧等节目表演的时间各是多少秒?

师:要求学生朗读例1题目;根据上题经验,快速找到、圈画题干中的已知量、未知量和等量关系等关键信息。

全体生:集体朗读例1的题目,思考关键信息,并在学习单例1的题目上,圈画批注关键信息。

师:巡视发现,学生能圈画出关键信息:舞动北京+中华武术+少儿京剧=8分49秒(即能够正确审题)。

师:在写设句的时候,你觉得有什么问题吗?

有同学迫不及待地表达出:应该将时间都转化为秒来计算。

师追问:那为什么你会选择秒作为单位呢?

生:因为需要统一计量单位:8分49秒,可以转化为529秒。

师设问:舞动北京、中华武术、少儿京剧节目的表演时间,分别是$10x$、$8x$、$5x$,这里的x,所用的单位都是:秒!(生齐答)。

师列:$10x + 8x + 5x = 529$

解:$x = 23$

答:舞动北京、中华武术、少儿京剧节目的表演时间,分别是230秒,184秒,115秒。

师:同学们觉得在这个例题中,我们需要注意的是什么?

生:单位换算。

(**课题研究**:锻炼学生朗读题目、根据题目经验,快速寻找、圈画出题干中的已知量、未知量和等量关系等关键信息,并根据教师的问题引导、追问、列式解题,得到答案的能力;注意题目中单位换算的步骤;巩固一元一次方程的解题步骤;培养学生对数学与生活紧密联系的感受,增进学生审题、列式、按序解题、获得正确答案的成功感和自信。)

师:借助多媒体和学生课中学习单,出示例2。

例2:把一些图书分给某班同学阅读,如果每人分3本,则剩余20本,如果每人分4本,还缺25本,这个班有多少学生?共有多少本书?

师:引导学生审题,设不同的未知数,进行分组比较,看看哪组完成得快。

将人数作为未知数的学生小组较快地完成了解题;将书本的数量作为未知数的组中,有部分学生无法在一定时间内列出方程。

师:同学们认为选择哪一个未知数来解决这个问题更为方便?

生:用人数作为未知数更为简便。

师:在有多个未知量的情况下,需要合理选择未知数(指出在一些常见的等量关系中,哪些量更适合作为未知数)。

(**课题研究**:使学生巩固在教师问题引导下,独立参与审题、列式和计算,解决一元一次方程实际生活问题的能力;加深由具体的文字语言上升为抽象的数学语言的认识;注意解题格式的书写,注意在常见的等量关系中,有多个未知数情况下,需要关注哪些量更适合作为未知数;促进学以致用的良好学习习惯的养成;增进独立审题、列式按序解题、获得正确答案的自信。）

过程四：教师借助多媒体、课中学习单、口头说明和随机激励引导学生练习，学生独立审题、列式按序解题、参与交流答案并纠错，巩固所学，锻炼相应能力；增进限时独立完成解题的自信，注意集中精力解题、遵守解题步骤、注意核对答案，促进及时记录同学交流和教师提示信息、及时纠错良好的课中巩固性练习行为习惯的养成（9 分钟）。

师：借助多媒体和课中学习单，出示 4 道练习题。

练习 1：三个连续奇数的和为 57，求这三个数。

练习 2：从 2021 年 4 月份的日历表中取一个 2×2 方块。已知这个方块所围成的 4 个方格的日期之和为 48，求这四个方格中的日期。

练习 3：有一个班的学生去看电影，买了价格为 20 元和 30 元的两种票共 40 张，总共付了 1 040 元，问 20 元和 30 元的票各买了几张？

练习 4：某校初三学生去年共有 502 人，今年男生增加 18 人，女生减少 5%，全年级比去年增加 8 人，求今年初三年级男、女生的人数。

要求学生在 5 分钟内独立选做其中的 2 道题目。

生：独立观、阅、听、思，尝试解题。

师：巡视，并作有针对性的随机激励与引导。

相关生：听、思，内化。

师：借助多媒体，组织交流。

相关被叫生：参与交流。

师：注意倾听；并作随机激励与引导。

生：独立听、思，注意纠错与记录，内化。

（**课题研究：**锻炼学生独立审题、列式按序解题、参与交流答案并纠错的能力；增进限时独立完成解题的自信；培养学生注意借助练习及时强化所学和促进注意集中精力解题，遵守解题步骤，核对答案和及时记录同学交流和教师提示信息，及时纠错的良好行为习惯。）

过程五：师生合作小结，增进学生课尾集中小结意识和锻炼合作梳理、概括能力（3 分钟）。

师：借助多媒体、口头说明和板书等，引导学生小组合作梳理本课所学知识点和“一元一次方程应用”的解题方法、解题规范等，组织交流。

生：独立听、观、忆、思；参与小组合作梳理、归纳和交流。

师：注意倾听，随机激励与引导。

生：独立听、思，内化。

（**课题研究：**使学生及时强化所学；增进学生课中的集中小结意识；锻炼小组合作梳理、概括本课所学知识点和“一元一次方程应用”的解题方法、规范的能力；增进课尾集中小结的价值意识、学用意识和独立做好小结的自信。）

过程六：教师借助多媒体、课后学习单和口头说明，布置课外作业，培养学生学以致用能力和良好独立作业习惯，及时巩固所学（1 分钟）。

生：借助多媒体、课后学习单和口头说明，要求学生课后独立完成作业；下次课始，组织集体反馈，并作随机激励与引导。

生：独立观、阅、听、忆、思；课后，独立完成作业。

师生：下次课始，组织交流和反馈；注意倾听学生的交流和作随机激励与引导。

生：独立观、阅、听、思、记，内化。

（**课题研究**：使学生及时强化“一元一次方程应用”的解题方法、解题规范等；培养学生独立作业、参与课中交流和注意监控自己作业完成情况、及时纠错的良好行为习惯；增进学生独立、及时、保质完成作业的自信。）

四、实效与反思

（一）实效

根据教师课中对学生表现的观察、对学生课前与课后现状的对比、对学生课后作业的批改与下次课始交流情况的考察、结合观课者评价等可知，学生“本课化”的“三自”素养得到了较好的发展。

1. 学生“三自”素养方面

1）自律素养方面

（1）课前：学生在预习复习任务学习单的帮助下，改变了以往将预复习当成口头任务，难见实效的局面，帮助学生一是尝试独立阅读教材，在课前预习单上标出所学内容和不理解的地方，增进了独立及时完成复习、预习任务和自主监控预习情况的意识。二是对预习单上的问题，能够独立尝试参考书本“奥运系列”例题，自己组织语言描述以方程思想解决实际问题的基本步骤（记录在预习单相应处）。三是自主回顾小学时用方程解决问题的基本步骤，能够注意提高完成任务的及时性、保质性和自主监控性。

（2）课中：一是学生在老师的多媒体、问题与口头引导和学习单的帮助下，能独立参与审题，设问、列式解题，及时记录笔记，完成课堂练习和自我监控。二是学生意识到了笔记的重要性，能够注意及时进行记录。三是学生课堂上能够认真听讲，独立思考，参与解题和梳理归纳，强化了参学过程中的自律意识。

（3）课后：一是学生能及时、独立完成有梯度的分层应用题的练习，并对作业完成情况作检查、记录，及时纠正出错的题目，自主巩固解应用题的基本格式和步骤，注重提高作业质量。二是在之后的单元测试中，学生对于方程问题的检验意识有明显提升，在问题解答后往往能主动检验、复查，提高了问题解决的准确率。三是学生此后的学习中，注重了数学学习的严谨性。

2）自学素养方面

（1）课前：一是学生普遍能独立利用课前学习单，复习与梳理一元一次方程已学知识、技能，完成预习新课内容任务，并记录下复习、预习中遇到的疑问与解题过程，再次巩固了一元一次方程的已学内容。由此，了解了新课应用所需解决的问题，促进了学生带着问题进课堂的课前学习思考，较好地体验了复习、预习与课堂需解决问题间的紧密联系，增进了对课前复、预习的积极体验。二是初步了解了利用一元一次方程解决实际问题的基本步骤。三是促进了课前独立复习、预习良好行为习惯的养成。

(2) 课中：一是学生能独立阅读书本和学习中教师补充的应用题，圈画、理解题意，找出了等量关系。二是基本能找准学习重点，会独立审题，并用规范的步骤和数学语言进行解题书写。三是在课堂例 1 和例 3 的比较讨论环节，增进了学生参与讨论、比较的兴趣和有序交流的意识，巩固了解题步骤和书写规范。四是在课尾集中小结时，加深了学生对集中小结的价值认识，拓展了小结的外延，除了关注所学内容，还需注意所学方式方法和个性化学习体会与经验，注意从老师和同学交流、梳理、归纳中，吸收有价值的小结内容。由此，再次内化了一元一次方程应用题的解题步骤与书写格式，提升了学生对解一元一次方程应用题与注重数学应用的价值认识。

(3) 课后：学生一是能独立进行复习，巩固了一元一次方程应用方面的新知。二是参照笔记和书本，以较高质量独立完成课后练习。三是在之后的练习中，通过有趣味、有生活的问题构建，提高了学习数学的兴趣。

3) 自信素养方面

一是课前学生经历了独立完成复习已学、预习一元一次方程应用内容的过程，初步增进了学好新课的自信。二是课中，学生在学习“奥运系列”例题中，能参与朗读、圈画，将复杂的问题分解成简单的问题，敢于回答老师问题，敢于向同学和老师提出问题。三是在一元一次方程解题步骤的总结时，学生能主动参与归纳，勇于表达自己思考、梳理的结果。四是课尾，学生能借助学习单，比较自如地参与归纳本课所学内容、方式方法。五是课后，学生能独立、高质量完成课后复习任务和分层作业。总之，学生可以积极、快速、扎实地完成本课学习任务，提高了利用一元一次方程的解题方法解决生活实际问题的能力，提升了独立解好一元一次方程题的自信素养。

2. 教师素养方面

1) 设计方面

教师能够基于上海市浦东教发院原资深教科研员曹明老师的区级课题研究课的设计与课例撰写模板，根据本课的研究主题，写清设计依据(学情分析、课标分析、教材分析)和课题研究内容(积极心理学原理、学生“三自”素养培养内容、实施形式、实施方法)，确定了本课以基于积极心理学的“二原理”(积极的情绪体验、积极的学习环境原理)，整合实施“三式”(“三程 · 三单”式、信息技术式、独立学习式)和“五法”(复习法、板书法、讲授法、独立学习法、比较法)，引导学生快速、保质地完成“三程”学习的相应任务，提升学生自律、自学和自信的相关意识、能力和良好行为习惯素养；厘定了覆盖数学学科和区级课题研究主题的“本课化”的“两个本体”目标；概述了实施过程的预设安排，初步体会到了区级课题研究课设计与日常学科主题教研的联系与区别；增进了区级课题相应主题研究课的设计先行意识。

2) 实施方面

本课围绕一元一次方程解应用题的学习，基于积极心理学“二原理”，“三程”整合实施“三式五法”，教师基本按照预设，引导学生开展“三程”的相应学习。由此，较好地达成了预设目标；较好地锻炼了自身区级课题研究课预设的执行能力；增进了自身对课题研究的自信。

3）课例撰写方面

教师通过本课“三程”，参考曹明老师提供的模板，编写了研究课的设计与实际执行措施，参考观课教师的评价，与曹明老师商讨。同时，结合自主反思、学习和尝试，完成了本课研究主题设计思路、教学目标、实践过程的设计，进一步完善了本课实际执行情况、实效与反思、意义揭示。有效地提升了自身研究课设计、执行与课例撰写的素养；推动了常态课中的教学改进及结合积极心理学的相关原理，加强对学生整体、部分和个别情况的关注；注意设计与执行较为系统与规范的相关教学内容的教与学方案，实施过程注意加强及时激励和引导。通过初次尝试撰写研究课例，形成了较高质量的成果，也提升了教师的“三自”相关素养。

(二) 反思

一是教师在围绕分析问题、寻找等量关系重点教学内容中，应注重启发引导学生参与解题，需要重视学生的活动和交流，放手让学生自己去探究、发现，增进学生对利用一元一次方程解决生活实际问题的更为真切的体验和感悟。二是本节课，教师对怎样激发学生的学习兴趣，让学生的思维动起来有了更深刻的体会。

五、意义揭示

(一) 彰显了“三性”的独特价值

彰显了“三式五法”在提升学生自律、自学、自信素养方面的独特价值——“三性”。

1. 例题与练习题的生活性

在本课堂中，教师将代数问题和学生实际生活结合，通过讨论“节俭办奥运”展开教学，让学生阅读、圈画应用题中的关键语句，结合适当的问题设置，感受到了教学与生活的联系与应用。而后，通过设置多个与实际生活相关的例题和练习题，引导学生对题目文本进行思维加工，模仿并归纳出将具体的日常生活现象上升为抽象的数学语言表达的方法。这样的教学方式增进了学生对数学与生活紧密联系的体验，提升了他们对数学学习的兴趣。

可见，学习内容带有鲜明的生活性，可以有效地提升学生对数学的价值认同，从而更好地吸引和保持学生的参学积极度。

2. 参学过程、练习题内容和解题成功积累的趣味性

一是参学过程的趣味性。本课是让学生在实际问题的引导下，课中独立阅读应用题并进行朗读、圈画、理解题意，参与体验解决问题的乐趣。同时，在课堂的例 1 和例 2 中，加入比较、讨论的环节，提高了学生参与课堂活动的兴趣，激励学生应用所学知识和生活经验，更好地掌握代数的思想方法。二是例题和练习内容的趣味性。课中教师设置的例题和练习题，无论是奥运开幕式三类内容时间比例、场馆建设费节约数量，还是日历问题和电影票问题，都是学生曾经听闻过或经历过的，贴合他们的现实生活。这不仅增加了课

堂学习内容的趣味性，而且增加了数学抽象的难度，引发了学生的表现欲，调动了学生参与课堂学习、交流的积极性。三是解题成功的趣味性。学生在教师引导下逐步学会了通过大声读题、审题、了解题意，进行审题、列式、计算、获得答案并参与交流，在这个过程中，他们得到了正面激励，有效地提高了相应的能力，积累了解一元一次方程应用题的成功感，进一步激发了学习数学的兴趣和自信。

这种基于积极心理学原理的有趣的学习方式与方法，以学生为中心，改变了固有的老师课上讲得多、学生被动听的状况，弥补了以往缺少过程参与、内容枯燥、学习低效、自主学习本领发展慢的缺点。这样的探索是值得继续尝试的。

3. 解应用题步骤和书写的规范性

本课主要采用板书法、比较法和课堂学习单，师生展示解题步骤，规范解一元一次方程的解题步骤和书写格式。教师首先在"节俭办奥运"的问题中，严格按照一元一次方程解应用题的步骤进行板书。同时，通过在板书中预埋线索，引导学生归纳、记忆解题步骤，模仿解题范式的书写。在例题奥运节目单的问题中，教师提出单位统一的问题，引导学生参与交流、讨论，体验严谨、规矩在数学学习中的重要性。课后独立作业中，学生通过朗读习题文本、回顾课堂笔记，自主解题并规范书写，逐步内化了一元一次方程应用题的解题步骤与书写格式，提升了学生解题的规范性。

可见，教师引导学生重视解一元一次方程的步骤和书写的规范性，可提高学生在课中与课后参与审题、列式、计算、解答、讨论、比较、交流、归纳、自练的规范性，提高学习和练习的实效性。

(二) 符合积极心理学原理和渐进性教学原则

预备年级的课程，新课内容越来越多，抽象说理的部分也在逐步增加。由于预备年级学生的基础差异大，综合能力欠佳。所以，在问题的设置上，教师需要采用由浅入深、步步推进的方式，使学生"或独或合"参与。例如，在本课"节俭办奥运"的问题中，考虑到学生读题、书写以及数学抽象能力方面的不足，教师采用了板书逐步演示的方法，并预埋线索，帮助学生归纳解题步骤。在课堂提问过程中，教师会尝试让教学学习信心较低的学生回答简单的问题，较难的问题则交给逻辑能力较强的学生。根据学情和教材分析，教师在选用例题时会循序渐进、由浅入深地推进；在组织学生尝试解决问题时，为学生不断铺设台阶，使原本基础较差、自信心不足的学生也能参与到课堂解题活动中，让他们收获自信心后，逐步过渡到需要更强的数学抽象能力的问题中，使课堂例题和练习具有层次性，也使能力有待提高的学生能跟上课堂节奏，提高他们课堂读题、审题、列式、解答、讨论、交流与归纳的参与度，体验学习的乐趣，增进解决实际问题的获得感、成就感。

上述课中的教学过程，就学习难度上而言，符合渐进性教学原则。从学生参学过程的环境和解一元一次方程的过程与结果来看，学生受到的是正向激励，学生的自主学习素养、自信素养得到磨炼、积累和发展，成功感不断增进，学习成效明显。因此，这符合渐进性教学原则和积极心理学"二原理"。

参考文献

[1] 彼得森.积极心理学:构建快乐幸福的人生[M].徐红,译.北京:群言出版社,2010.
[2] 任俊.积极心理学[M].上海:上海教育出版社,2006.
[3] 李春燕.积极心理学及其在教育实践中的运用[J].课程教育研究(学法教法研究),2015(22):40.
[4] 中华人民共和国教育部.义务教育数学课程标准版(2011 年版)[M].北京:北京师范大学出版社,2012.
[5] 孙微.实施“五策” 提高数学单元复习和自我监控能力培养实效——以《图形的运动》复习课之区级课题研究课两次实践与分析为例[J].浦东教育研究,2018(2):41-44+7.
[6] 余志玲.六年级学生一元一次方程学习认知困难分析[D].上海:上海师范大学,2015.

基于积极心理学原理初二物理教学实施“六式三法” 提升学生“三自”素养

——以初二年级“机械运动”教学实践与分析为例

上海市凌桥中学 徐振浩

【执教时间、对象和地点】

2020 年 11 月 26 日；初二(1)班学生；物理实验室

一、设计思路

(一) 设计依据

1. 学情分析

一是自律素养方面，在教师任班主任的初二(1)班，部分学生在物理学习中的自我监控能力稍显不足，部分同学不能及时完成作业。有些同学虽能完成作业，但无法保障和监控完成质量。课中，一些学生容易分心走神。在日常生活中，极少数学生会有乱扔垃圾等不良行为。二是自学素养方面，班内少部分学生能自主阅读书本并找出和归纳段落重点，其他学生相关能力有待提高。部分学生在完成课堂练习或课后练习时表现欠佳，有些学生不能独立完成任务，有些完成速度较慢，有些则正确率不高。三是自信素养方面，该班级有部分学生非常愿展示自我，会在老师提问后第一时间举手回答，但是有时回答缺乏思考。大部分学生相对来说表现欲不强，在课堂上缺乏敢于提问、回答、交流、归纳和展示自我的信心。

本课拟基于积极心理学的积极的情绪体验和积极的学习环境“二原理”，在教师的引导下，采用独立学习式、小组合作探究实验式、借助学习单式、信息技术式、随机激励式、表格引导小结式，以及归纳法、故事法和讲授法(以下简称“六式三法”)，引导学生在提高完成“机械运动”一课之课中与课后(以下简称“二程”)，或独立或小组合作探究实验式任务的速度和质量，提升学生在物理学习中的“三自”素养。

2. 课标分析

教育部组织编写的《义务教育物理课程标准(2011 版)》(以下简称《课标》)的课程目标提出，义务教育物理课程旨在提高学生的科学素养，让学生学习终身发展必需的物理基础知识和方法，养成良好的思维习惯，在分析问题和解决问题时尝试运用科学知识和科学研究方法；经历科学探究过程，具有初步的科学探究能力，乐于参加与科学技术有关的活动，有运用研究方法的意识；保持探索科学的兴趣与热情，在认识自然的过程中获得成就感，能独立思考、敢于质疑、尊重事实、勇于创新；关心科学技术的发展，具有环境保护和可持续发展的意识，树立正确的世界观，有振兴中华、将科学服务于人类的使命感与责任感。《课标》基本理念为：贴近学生生活，符合学生认知特点，激发并保持学生的学习兴趣，让学生通过学习和探索掌握物理学的基础知识与基本技能，并能将其运用于实践，为以后的学习、生活和工作打下基础；提倡教学方式多样化，注重科学探究。在教学中，让学生经历科学探究过程，学习科学研究方法；鼓励在物理教学中合理运用信息技术；注重评价改革导向，促进学生发展。

因此，本课围绕“机械运动”内容，拟基于积极心理学“二原理”整合实施“六式三法”进行教学，引导学生“或独或合”完成课中和课后相关学习任务的速度、质量，提升学生在物理学习的“三自”素养，是符合《课标》上述精神的。

3. 教材分析

本课“机械运动”，是上海教育出版社物理教材八年级第一学期（试用本）第三章第一节的教学内容。本节学习的机械运动，是“运动和力”这一章的第一节（1 课时），为以后学生学习“匀速直线运动”奠定基础。同时也是本章学习研究“力与物体运动状态改变”关系的基础，更是高中学习运动学和动力学的基础。教材通过陆家嘴同一地点拍摄的两张照片引出机械运动的概念。通过冰川的缓慢移动和高速摄像拍摄的水滴滴落到水面瞬间的照片，来说明宇宙中一切物体都在运动。通过空中加油机给歼击机加油和国际空间站上的航天员两例引出参照物的概念，并且说明静止是相对的。

鉴于本节课是运动和力的第一节课时，学习难度较低。因此，本课教师计划增加：第一，以学生独立观察生活中的实例为基础，教师点拨为基本方法，引导学生更快、更好地建立机械运动的概念，了解参照物对描述物体运动的重要意义。第二，增加学生小组合作完成 2 项探究小实验，进一步感受研究机械运动选择参照物的方法。学生通过参加小组合作探究实验设计方案、开展实验操作、观察实验情况、得出实验结论、完成课堂练习。同时，讨论、交流其他参照物的运动与静止的情况，并理解参照物选取不同，物体运动的描述也会不同，从而了解运动和静止的相对性；理解一切物体都在运动，绝对静止的物体是不存在的。第三，在“两程”的教学过程中，教师融入积极心理学的“二原理”，并在课中和课后整合实施“六式三法”，引导学生完成课中和课后的 10 项独立学习任务（以下简称“独学”）和 4 项小组合作学习任务（以下简称“合学”）的速度和质量，培养学生物理学习中的“三自”相关“三素养”。

（二）课题研究内容

1. 积极心理学原理

1）积极情绪体验原理

积极心理学家芭芭拉·弗雷德里克森在《积极情绪在积极心理学中的作用》一文中，系统提出了积极情绪拓展建构理论模型，认为积极情绪是对个人有意义的一些时间特有的短暂反应，它会瞬间产生愉悦感受。拓展建构理论解释了积极情绪的进化适应价值，呈现了积极情绪促进个体向上发展的作用机制。该理论认为积极情绪有以下三种功能。

①积极情绪能够促进认知过程，主要体现在拓宽注意范围、提高思考和解决问题的速度和灵活性，以及增强个体的目标性和计划性三个方面。②积极情绪能够缓解消极情绪的心理影响，能够对消极情绪造成的窄化认知活动序列予以撤销，使思维恢复到正常水平，缓解消极情绪引起的紧张感。③积极情绪能构建个体持久的资源，能给个体带来间接的、长远的收益，能够帮助个体建构持久的身体、智力、心理和社会资源。构建个体资源可以长期储存，以供日后的提取，为个体在将来应对和提高个体存活机会提供支持。

在本课的课中，一是教师将信息技术式、借助学习单式、讲授法和故事法结合、交互呈现，让学生对学习内容充满期待，对新知充满渴望，激发他们学习的积极情绪，体验学习的快乐。二是在学生独立学习、小组合作探究实验、表格引导总结过程中，对能够积极参与问、答、交流、归纳和展示的学生及时给予表扬和鼓励。三是教师对参学中思维敏捷、答问质量高、有进步、敢于展示的学生及时进行激励，让学生体会学习成功的喜悦。四是课后，学生借助学习单，独立完成变式练习，加强自主检查，激发完成作业的热情，发展相应的“三自”素养，保持学习的积极情绪。

2）积极学习环境原理

克里斯托弗·彼得森在《积极心理学》一书中指出，为了促进学习者更好地开展学习活动，需要创设积极的学习环境。因为学习者的学习观念、学习动机、情感、意志等心理因素对学习动机的激发、学习时间的维持和获得良好的学习效果有着直接的影响。

在本堂课中，教师一是注意对在参与学习中取得进步、完成学习任务速度快且质量高的学生给予及时表扬鼓励，营造良好的参学氛围，促进学生积极参与、投入思考、开展实验、获得答案。二是通过小组合作探究实验，生生和师生间的相互交流、问答，创设积极的参学环境，激励学生追求快速、高质地完成“或独或合”的学习任务。三是借助学习单等方式和方法，引导学生主动参与完成课中和课后（含下次课始的作业交流）“两程”10项独立学习任务和4项小组合作学习任务（含全班合作），注意加强对自身和小组合作学习的过程和结果的自主监控，增进自律和自信意识。

2. 学生“三自”素养培养内容

1）自律方面

（1）自律意识。课堂上，培养学生保持良好注意力和积极性，以及对机械运动相关笔记及时记录和完成课堂练习的自我监控与合作监控的自律意识。课后，培养学生主动、及时且保质保量完成作业和及时复习巩固机械运动相关知识的自律意识。

（2）自律能力。培养学生在完成课中和课后（含下次课始的作业交流）“两程”10项独立学习任务和4项小组合作学习任务（含全班合作）时，能够自觉参与、保持注意力，并加强对自身和小组合作学习过程和结果的自我监控和合作监控的自律能力。

（3）自律良好行为习惯。学习过程中能集中注意力，保持良好的状态和较高的学习积极性，养成监控学习过程的良好自律习惯；能主动、及时且保质保量完成任务，养成监控学习结果的良好自律习惯。

2）自学方面

（1）自学意识。培养学生自觉阅读书本，总结归纳重点的自学意识，培养自我监控课堂与课后作业学习过程与结果的意识。

（2）自学能力。培养学生在“两程”的学习过程中，在教师基于积极心理学的“二原理”，整合“六式三法”举措的引导下，提高自主完成课中和课后的10项独学和4项小组合学任务的速度、质量，提升自觉阅读书本内容、学习单要求，观察和理解教师借助多媒体呈现的视频、文字、照片和练习题的信息与要求的能力，参与“或独或合”进行实验、讨论、交流、总结归纳课后练习学会和巩固机械运动新知的能力，深刻理解一切物体都在运动的概念；培养学生完成“两程”14项独学与合学任务时的自我监控学习过程、结果和目标达成的能力。

（3）自学行为习惯。通过书本的自我阅读，会总结归纳出重点，在学习过程中，能自己调整提高学习注意力、积极度，把握学习进程，注意提高完成的速度与质量。

3）自信方面

（1）自信意识。在课堂中，敢于回答老师问题，敢于向学生和老师提出问题，敢于在小组合作实验“如何让物体运动”中提出自己的方案，敢于和同学交流方案。在故事和“齐步走”环节，敢于展示自我。在知识点总结和表格引导小结时，敢于归纳。

（2）自信能力。课中，能独立思考、理解、运用所学有关机械运动知识来回答和提问；能在小组合作实验中交流自己的方案。课尾，能借助学习单表格归纳该课所学。课后，能独立、高质量完成课后作业。

（3）自信行为习惯。能完成课堂和课后学习任务。让学生敢问、敢答、敢交流、敢展示、敢归纳，有速度、有质量、有独特性。

3. 实施形式

1）独立学习式（“两程·10次”）

（1）课中：在导入阶段，学生独立观察教师借助多媒体展示的“河边划船”动态图片，独立思考哪些物体在运动，引发探索兴趣。在新授阶段的五个环节，除了第三环节的实验外，学生依次完成7次独学任务（具体见实践过程），能理解机械运动、参照物概念，一切物体都在运动的知识，体会到车窗抛物的危险性，在完成练习中巩固机械运动的上述相应概念。由此，锻炼完成相应概念学习、积极思考、参与练习、讨论交流、梳理概括、得出结论的能力和自主监控新知学习过程、学习质量、参学状态和学习结果的能力；锻炼“五敢”的自信意识；增强在学习与生活中的自律和注意安全意识；体会基于积极心理学“二原理”整合实施“六式三法”所蕴含的学习方式方法。

（2）课后：学生先复习，再借助学习活动单，独立完成机械运动内容相关的课后8道应用性作业；下次课始，参与班级交流与听取教师随机激励与引导。由此，锻炼独立复习、及时作业巩固课堂新学知识能力，感悟“六式三法”所蕴含的学习方式方法的能力；促进独立、及时先复习、再作业和检查质量之良好作业行为习惯的养成，增进自主监控作业情况的意识和保持这样完成作业的兴趣。

2）小组合作探究实验式

课中：在教学环节二（三）运动和静止的相对性教学环节，教师借助多媒体、学习单，要求学生以四人为一个小组，完成2个合作探究小实验，小组成进行员讨论、交流和参与班级交流，得出让木块运动的办法；观察两名学生齐步走的情况，讨论与交流该过程中的运动和静止的情况，得出结论，锻炼学生的小组合作完成探究小实验、参与讨论、交流与归纳，得出实验结论的能力；培养学生敢于实验、监控实验情况、得出客观结论的自律意识；感受小组合作探究实验能更好地完成实验任务，使更多学生获得成功，体会成功的喜悦，提高学习物理的信心。

3）借助学习单式

（1）课中：在教学环节二（二）参照物概念学习中，学生借助学习单，独立完成参照物的选取6道题。在完成（三）运动和静止的相对性的第1项小组合作探究小实验时，借以记录“如何不直接接触木块而使木块运动？”的实验方案和结论。在（五）应用中，独立完成学习单上的5道课堂巩固练习题（前3道为填空题，后2道为选择题）。由此，培养学生独立完成练习题的能力；巩固机械运动、运动和静止的相对性等与参照物的相关的概念知识；增进交流的自信和提升对学习单在引导自主学习方面价值的认识。

（2）课尾：在课堂环节三中，学生借助学习单的4道题目，结合听取同学交流和教师的随机激励与引导下，完成2项小结任务，锻炼学生独立观、听、忆、思考，再次交流“河边划船”的动态图中哪些物体运动了；锻炼独立观、听、阅、思，借助学习单和笔记，回顾课堂内容，完成课堂小结的4道题目，参与交流和听取小结结果，听取教师的随机激励与引导的能力；巩固机械运动、参照物、运动和静止、一切物体都在运动概念等新知；增进参与课尾集中小结意识，自主监控学习任务完成状态和结果的意识，增进“五敢”的自信。

4）借助信息技术式

（1）课始：教师借助多媒体展示“河边划船”动画，让学生以片面的前概念回答运动物体，在学习过程中产生认知冲突，激发学生的学习兴趣。

（2）课中：在课堂环节一中，教师借助多媒体展示船的2张照片，引导学生得出机械运动概念，使学生敢于归纳，增强自信；在课堂环节五中，借助多媒体观看车窗抛物的危险性视频，使学生认识不良行为习惯的严重后果，加强生活中自律意识。

（3）课尾：教师借助多媒体再次展示“河边划船”动画，在学习新课之后再次让学生回答运动物体，修正片面的前概念，让学生感受到学习知识的重要性，同时也监控学生学习的结果和质量，增进对学习结果进行及时监控的意识。

5）随机激励式

课中：教师关注学生自主学习和小组学习的参与情况，对积极参与回答、提问、交流和展示的学生给予肯定和表扬，对有进步、完成任务速度快、质量高、有想法、独特性的学生个体和小组加以鼓励，促进学生保持被激励的行为和向被激励的行为靠拢，增进课堂活动中成功的快乐，积累积极情绪，在积极的学习环境中促进学生更快、更好地投入物理学习。

6）学习单引导小结式

在课尾的教学环节三，教师借助多媒体呈现课尾集中小结学习活动单（梳理性质的练习），结合口头提示，引导学生完成2项课尾集中合作小结任务，锻炼相应能力；巩固机械运动、参照物、运动和静止、一切物体都在运动概念等新知；增进参与课尾集中小结意识、自主监控学习任务完成状态和结果的意识；增进敢于归纳课堂学习内容和收获、监控自我学习结果的意识。

4. 实施方法

1）归纳法

（1）课中：一是在课中新课导入环节中，学生通过观察和描述两幅照片，尝试归纳机械运动概念、听取教师的随机激励，得到概念的结论，激发学生学好课的自信和投入后续探索机械运动相关新知的兴趣。二是在课中新授阶段的五个环节学习时，学生在教师的基于“二原理”和“六式三法”的引导下，完成7项独学和2项小组合作实验任务，分别参与独立或合作梳理、概括，得到机械运动、参照物概念，认识到运动和静止的相对性、一切物体都在运动的概念，体验到巩固新知需要参与应用性的练习，了解车窗抛物的危险性。在新知学习中，需要加强对学习过程、结果和目标达成的独立或和合作监控。三是在课尾进行集中小结时，锻炼学生借助学习单和教师的引导，进行“有独有合”梳理、概括本课所学内容、参与全班交流与评价，加强自我、合作监控学习结果的能力。由此，促进课尾进行集中小结、交流、评价与加强对学科情况进行自主监控的良好学习和自律的行为习惯。四是课后学生独立先复习、后作业和监控作业完成情况，下次课始参与全班交流和听取教师随机激励，注意加强学习过程的自我梳理，内化独立作业和从参与交流中撷取有效信息的素养。

（2）下次课始交流作业后：教师借助多媒体、学习作业单和口头说明，引导学生交流课后作业情况时，注意引导学生归纳作业中遇到的问题、解决办法和及时巩固新知的体会，内化学生相应能力。由此，促进学生课后独立、及时完成作业、加强自主监控和参与班级交流、从中吸取有效信息的行为习惯的养成。

2）故事法

课中：教师挑选一名学生简述《刻舟求剑》的故事，以故事人物为反面教材，明确参照物选择的标准，感受物理在日常生活中的作用；培养学生敢于进行自我展示的能力。

3）讲授法

一是在课中新授阶段的参照物概念学习的环节，教师讲授参照物的概念以及参照物选取的标准，既解决了“火车相对谁在运动?”“教室黑板为什么静止?”“坐在教室里的人是否运动?”三个问题，同时为下一个小组实验讨论环节进行铺垫，并内化学生对相应概念的认知。二是在新授阶段的知识应用的环节中，教师讲授车窗抛物的危险性并解释其中较难的部分，辅以学生解释较易部分，增添学生解释问题的自信和对知识掌握的肯定。三是在整节课中，教师对学生的独立学习、小组合作实验，结合口头说明，运用板书、设问、追问和激励性引导等，推进学习进程，激发学生的学习热情，累积成就感，使其保持学习兴趣；注意及时引导，纠正认识的错误，及时巩固新知。

（三）思路总括

本课以基于积极心理学“二原理”，围绕机械运动的概念、参照物的选择和运动静止的相对性，整合实施“六式”（自主学习式、小组合作探究实验式、借助学习单式、借助信息技术式、随机激励式、学习单引导小结式）和“三法”（归纳法、故事法、讲授法），在帮助学生更快、更好地完成课堂和课后的所定四大环节（含下次课始）独立为主、小组合作为辅14项任务的同时，使学生有效建立机械运动的概念，知道参照物对描述物体运动的重要意义，感受研究机械运动选择参照物的方法，知道运动和静止的相对性，知道一切物体都在运动，绝对静止的物体是不存在的相关概念；锻炼学生独立观察“河边划船”动态图，参与交流回答物体运动相关现象的能力，“或独或合”完成机械运动、参照物、运动和静止、一切物体都在运动等概念的学习、探究实验任务、得出结论的能力，“或独或合”自主监控学习质量、完成任务、完成状态和学习结果的能力；锻炼学生独立观、听、忆、思考，交流“河边划船”的动态图中哪些物体运动了和独立观、听、阅、思，借助学习单和笔记，回顾课堂内容，完成课堂小结的 4 道题目、参与交流和听取小结结果。从而提升教师的随机激励与引导的能力；提升学生课后独立、及时复习、作业巩固课堂新学知识，感悟“六式三法”所蕴含的学习方式方法的价值的能力；增进学生自主监控学习过程、结果、目标达成的意识；培养“五敢”的自信。

二、教学目标

（一）知识与技能

知道机械运动的概念；知道一切物体都是运动的；知道描述一个物体运动必须选取另一个物体作为参照物；知道运动和静止的相对性。能根据同学或老师的提问，作出回答；能集中注意力进行自主阅读书本并找出段落重点；能和同学进行小组合作探究实验，并交流自己的设计方案；能初步体会“六式三法”所蕴含的学习方式方法的价值。

（二）过程与方法

经历基于积极心理学“二原理”，课中与课后整合实施“六式”和“三法”完成以下学习任务。课中，与同学交流实验方案，并评价他人的方案，锻炼相应的能力；小组合作完成探究小实验任务和参与交流，锻炼小组合作实验探究的能力和参与讨论、交流的能力。课尾，会在课堂学习单的题目、教师的多媒体展示和笔记的提示下，学会如何总结与表达全课所学内容，初步锻炼相应的能力；锻炼“独合结合”监控课堂参学进程、学习质量、学习结果和目标达成度的能力。课后，独立完成 8 道练习题，下次课始，参与班级交流与归纳，锻炼及时巩固所学和交流、归纳的能力；初步体会基于积极心理学原理课中与课后“两程”整合实施“六式三法”学习新课所蕴含的学习方式和方法。

（三）情感、态度与价值观

体会物理和生活的密切联系，体会辩证唯物主义的运动观；增强物理课堂和课后的假期自律性对学习重要性的认识；增进学习物理“五敢”（敢问、敢答、敢交流、敢归纳、敢展示）的自信；保持用积极心理学原理实施“六式三法”学习新课的兴趣，增进认识这样学习的价值意识。

三、实践过程

<table>
<tr><th>时间分配(分)</th><th colspan="2">教学环节</th><th>教师活动</th><th>学生活动</th><th>课题研究</th></tr>
<tr><td>2</td><td colspan="2">一、引入：教师借助多媒体引入“河边划船”动态图，要求学生找一找其中运动的物体，锻炼学生独立观察“河边划船”动态图，参与交流回答物体运动相关现象的能力，引发后续探索兴趣，为小结阶段修正片面的前概念进行铺垫</td><td>(1) 借助多媒体呈现“河边划船”的动态图，组织学生交流哪些物体运动了，哪些物体没运动。
(2) 注意倾听；并作随机激励与引导</td><td>(1) 独立观、听、思，参与交流哪些物体运动了。
(2) 独立听、思，内化</td><td>锻炼学生独立观察“河边划船”动态图，参与交流回答物体运动相关现象的能力；引发后续探索机械运动的兴趣</td></tr>
<tr><td rowspan="2">35</td><td rowspan="2">二、新授：基于心理学“二原理”实施“六式三法”组织学生完成独立学习机械运动、参照物概念，小组合作探究运动与静止的2个小实验，独立学习一切物体都在运动，完成5道应用练习题，观看与体会车窗抛物的危险性视频，参与课尾“独合结合”集中小结，理解机械运动、参照物、运动和静止、一切物体都在运动概念，锻炼相应的“或独或合”学习和探究实验获得概念，参与课尾集中归纳，记忆全课所学内容，巩固机械运动、参照物、运动和静止、一切物体都在运动概念等新知；增强物理学习兴趣；增强自律意识和“五敢”的自信</td><td>(一) 机械运动概念</td><td>(1) 借助多媒体出两张轮船照片，组织学生进行交流轮船是否运动。
(2) 注意观察和倾听，并作随机激励</td><td>(1) 独立观察、思考；被叫生：参与交流。
(2) 独立听、思，内化</td><td rowspan="2">使学生独立学习、理解机械运动、参照物概念，小组合作实验与理解运动和静止的相对性、一切物体都在运动的知识，独立从观看视频中体会到车窗抛物的危险性，独立完成5道题目、巩固机械运动的上述相应概念。
锻炼“或独或合”完成相应概念学习、探究实验任务、得出结论的能力，“或独或合”自主监控学习质量、完成任务、完成状态和学习结果的能力。
锻炼学生敢于展示自我，敢于示范，增强学习与表达的自信；增强在学习与生活中的自律和注意安全意识；体会基于积极心理学</td></tr>
<tr><td>(二) 参照物概念</td><td>(1) 借助多媒体播放火车前进视频，提问学生火车的运动是相对于谁而言的。
(2) 借助学习单，组织学生自主完成选取参照物练习题6道，组织交流；注意观察与倾听，并作随机激励。
(3) 选择一名学生简述《刻舟求剑》的故事，组织学生交流并分析求不到剑的原因；给予讲故事者表扬和回答问题者激励</td><td>(1) 独立观、听、思，参与回答出：火车的运动，是相对于地面景物而言的。
(2) 独立听、阅读学习单，进行思考，自主完成学习单上参照物练习6道题；被叫生：参与交流，听取随机激励与引导。
(3) 一名举手被叫学生：简述《刻舟求剑》故事，其他同学倾听，思考为什么求不到剑的原因；被叫生：进行交流；全体生：听、思，内化</td></tr>
</table>

（续表）

时间分配（分）	教学环节		教师活动	学生活动	课题研究
35	二、新授：基于心理学“二原理”实施“六式三法”，组织学生完成独立学习机械运动、参照物概念，小组合作探究运动与静止的2个小实验，独立学习一切物体都在运动，完成5道应用练习题，观看与体会车窗抛物的危险性视频，参与课尾“独合结合”集中小结，理解机械运动、参照物、运动和静止、一切物体都在运动概念，锻炼相应的“或独或合”学习和探究实验获得概念，参与课尾集中归纳，记忆全课所学内容，巩固机械运动、参照物、运动和静止、一切物体都在运动概念等新知；增强物理学习兴趣；增强自律意识和“五敢”的自信	（三）运动和静止的相对性	（1）借助多媒体出示学习单，组织学生进行小组合作探究实验：如何不直接接触木块，让木块运动；组织交流，并作随机激励与引导。 （2）选择两名学生进行“齐步走”，组织学生观察、讨论与交流其中的运动和静止的情况；并作随机激励与引导	（1）独立观、听、思；进行小组合作探究实验，小组成员讨论交流，之后进行班级交流，得出让木块运动的办法有：把木块放桌上，自己在桌边走动等；听取随机激励与引导，内化。 （2）举手被叫的两名学生：进行“齐步走”；其他学生进行思考、讨论与交流该过程中的运动和静止的情况；得出：两名齐步走的同学之间保持相对静止，他们相对于其他坐在座位上的同学，又是在运动；听取随机激励与引导，内化	“二原理”整合实施“六式三法”所蕴含的学习方式方法；增强“五敢”的自信意识
		（四）一切物体都在运动	（1）组织学生独立阅读书本54页第二段文字，找出重点内容。 （2）组织学生交流；注意倾听，并作随机激励	（1）独立听；按要求阅读书本，思考并找出重点。 （2）参与交流；听取随机激励与引导，内化	
		（五）应用 1. 练习 2. 车窗抛物的危险性	（1）借助多媒体和学习单，组织学生在练习单上独立完成5道应用练习题；组织交流，并作随机与激励。 （2）借助多媒体播放车窗抛物的危险性视频	（1）独立观、听、思，借助学习单独立完成5道应用练习题；被叫生：参与班级交流；全体生：独立听、思，内化。 （2）独立听、观、思；感悟在行驶中的车辆上抛物的危险性；需要注意行驶中的安全	

（续表）

时间分配（分）	教学环节	教师活动	学生活动	课题研究
2	三、小结：借助学习单和多媒体组织学生课尾进行集中合作小结，完善相对运动的知识板块，巩固新学机械运动、参照物、运动和静止、一切物体都在运动概念等新知，增进课尾集中小结意识、自主监控学习质量的意识和"五敢"的自信	（1）借助多媒体再次展示课开始时"河边划船"动态图，组织学生交流图中哪些物体运动了，这次的回答与课始有何不同；注意倾听，作随机激励与引导。 （2）借助多媒体和学习单，组织学生独立填写学习单"知识小结"4道填空题进行课尾集中小结，组织交流与激励和引导	（1）独立观、听、忆、思考，再次交流哪些物体运动了。 （2）独立观、听、阅、思；借助学习单和笔记，回顾课堂内容，并完成课堂小结的题目；踊跃举手，参与交流；听取对老师和同学的小结、教师的随机激励与引导，思考，内化	锻炼学生独立观、听、忆、思考，再次交流"河边划船"动态图中哪些物体运动了的能力。 锻炼学生独立观、听、阅、思，借助学习单和笔记，回顾课堂内容，完成课堂小结的4道题目，参与交流和听取小结结果的能力，提升教师的随机激励与引导的能力。 巩固机械运动、参照物、运动和静止、一切物体都在运动概念等新知。 增进学生参与课尾的集中小结意识，自主监控学习任务完成状态和结果的意识，增进"五敢"的自信
1	四、布置课后作业：借助多媒体和学习单布置课后学生独立完成的作业8题（应用性填空题），锻炼学生及时独立复习、完成作业、巩固新学知识和下次课始参与班级交流的能力，促进独立及时巩固新知和从作业交流中吸取有效信息良好行为习惯的养成	（1）借助多媒体和课后学习单，布置教师设计的学生课后独立完成的应用性作业8道题。 （2）下次课始组织交流反馈；并作随机激励与引导	（1）独立观、听、思；课后先及时复习，再独立思考并完成8道应用性的填空式作业题；自主检查准确性。 （2）参与作业反馈交流；听、思，内化	锻炼学生及时复习、作业巩固课堂新学知识，感悟"六式三法"所蕴含的学习方式方法的价值的能力。 促进独立、及时先复习、再作业与检查和从作业交流中吸取有效信息之良好作行为习惯的养成，增进和自主监控作业情况的意识和保持这样完成作业的兴趣

四、实效与反思

（一）效果

1. 学生方面

1）自律素养方面

一是课中与课后（含下次课始），学生在完成10项独立学习任务和4项小组合作学习任务时，能保持良好的注意力和参学的积极度。二是学习过程中，能及时记录笔记。三是能及时、独立完成课堂与课后练习。四是能独立监控小组相互监控新知学习进程、结果和目标达成，注意提高完成任务的速度、质量和保持积极性。五是课后，教师通过对学生作业的批改可知，大部分学生能独立、及时、保质保量地加以完成。教师通过下节课提问上节课所学习内容，发现大部分学生能及时巩固所学，自律意识有所提高。

2）自学素养方面

一是课中，学生能在基于积极心理学“二原理”和“六式三法”的引导下，能顺利完成课中四大环节和下次课始10项独立学习和4项小组合作学习任务，有效地完成了“或独或合”学习和探究实验，获得了机械运动和参照物概念、物体的运用与静止和一切物体都在运动的认识，能合作参与课尾集中小结，归纳全课所学内容，巩固新知；增强了物理新课学习的兴趣。二是课后与下次课始，学生能独立先复习后完成8道应用性作业题，再参与全班交流与评价，质量较高。三是从后续单元复习阶段的知识小测试反馈中可知，学生对本课内容知识的掌握比较牢固，说明学生的自学能力有所提高。

3）自信素养方面

一是课中，学生能较好地回答老师的问题，能独立思考、理解、运用所学有关机械运动知识，大方地向同学和老师提出问题。二是能在小组合作实验中提出自己的方案，并和小组同学交流方案的合理性。三是在讲《刻舟求剑》故事和两名学生“齐步走”环节，学生能勇于展示自我。四是在课尾集中小结时，学生能在学习单4道题目和教师随机提示与激励引导下，较快地进行梳理归纳，参与班级交流。五是课堂上，学生举手想要回答问题的学生数增多和展示个人和小组学习成果的积极性也有所提高。六是课后，学生能独立先复习和梳理笔记，再及时、高质量地完成8道练习题。七是下次课始，学生普遍能够主动、大方地参与作业反馈的交流与评价。

2. 教师方面

1）设计方面

根据设计依据（学情、课标、教材“三分析”）和课题研究内容（积极心理学原理、学生“三自”素养培养内容、实施形式与方法类举措），确定了本课以基于积极心理学的“二原理”，实施“六式”和“三法”，帮助学生把握机械运动的相关知识点，提升学生自律、自学和自信之相关意识、能力和良好行为习惯素养。教师还设计了覆盖学科和研究主题之“两个本体”的教学三维目标，设计包括时间分配、师生相互匹配的教与学的活动和课题研究预设指向的表格式呈现等。

经历上述这一过程，使自身理解了区级课题研究课与日常物理学科教学设计的联系与区别；提高了自身在研究课主题、学习内容、设计依据、课题研究、思路总括、三维目标、实践过程设计之间注意加强匹配性（实质是逻辑严密性、前后一致性与相互印证性）的能力；促进了注意实化、细化表述各板块设计要点习惯的养成。

2）实施方面

本课围绕机械运动的学习，基于积极心理学“二原理”整合实施“两程”之“六式三法”引导学生基本按照预设，完成了10次独立学习和4次小组合作学习，基本达成了预设的学科本体和研究主题的相关目标，较好地彰显了教师预设研究的执行力。

3）课例撰写方面

在设计与执行课题研究课的基础上，参阅上海市浦东教发院原资深教科研员曹明老师的课例模板和其指导的本校和其他学校的相关研究课实例，结合本课的设计与实际执行情况，进行自主学习、研判、反思，在与曹明老师课后个别讨论后构建框架基础上，经历了数次课例撰写，与曹明老师的现场到校面议和线上整体或局部反馈，自主修改，逐步把握了如何清楚、“干货”、有创意地表述设计思路中的“三情”分析，课题研究下的积极心理学“二原理”的来源、意思、拟用与指向，以及落实举措之“六式三法”所涉及“程”的拟做和指向，覆盖“两个本体”的教学目标，细化教学过程设计的教学环节各自的拟做与指向，与之匹配的师生活动和课题研究之预设，并在教学实践中加以有效落实。关注到了课后学生实效与此前多元化预设指向之间的紧密关联性，加强了有效证据的收集与提炼、注意到了写反思的“本课化”与针对性，尝试撰写了两类意义。从而较好地提升了自己的研究课课例撰写的素养，推动了常态课中的教学改进及如何结合积极心理学的相关原理，加强对学生整体、部分和个别情况的关注，注意及时激励和引导。通过初次尝试撰写研究课例，也提升教师的“三自”相关素养、培养了教师的教科研能力。

（二）反思

新课环节五中有关车窗抛物的危险性，由于课堂时间关系，只是口述，并没有播放视频，课后没有给学生留下深刻印象。教师在下次上课前补放了该视频，让学生对车窗抛物的危险性有了深刻认识，进一步增强在行车中不随意抛物的自律意识，进一步明白自律的意义。

五、意义揭示

（一）符合积极心理学原理

在本堂课课中，教师巧妙地将“六式三法”结合、交互呈现，让学生对学习内容充满期待，对新知充满渴望，激发了他们学习的积极情绪，体验到了新知学习的快乐。学生在独立学习概念，尝试课中与课后3次独立练习，小组合作完成课中探究小实验，参与课尾的集中小结，参与问、答、交流、归纳和展示的过程中，都能得到教师（有时包括同学）给予的及时表扬和鼓励，让学生的学习有良好的氛围性环境。学生逐步独立为主、小组合作为辅了解和熟悉了机械运动的概念、一切物体都在运动、描述一个物体运动必须以另一个物体作为参照物、运动和静止的相对性、绝对静止的物体是不存在的等知识，所定课中与课后（含下次课始）的相应自主学习能力，“或独或合”监控学习过程、结果与目标达成度的能力，都得到了有效的提高，逐步积累起学习新知的成功的喜悦。课后，学生借助学习单，独立完成8道应用性练习，下次课始参与班级交流与归纳，得到了教师的随机激励与引导，有效地激发了学生课后独立、及时复习、完成作业和开展检查的热情，延续了积极情绪，提升了学生继续这样学习的兴趣。

可见，这符合积极心理学的积极的情绪体验和积极的学习环境原理，提升了学习课程学习的实效，发展了学生的“三自”素养。

（二）彰显了“五性”的独特价值

彰显了基于积极心理学环境“二原理”整合实施“六式・三法”在提升学生“三自”素养方面的独特价值——“五性”。

1. 突出了学生在课中和课后学习时的自主性

本课的“两程”教学中，教师（有时包括学生）基于积极心理学“二原理”整合实施“六式三法”，引导学生完成了10次独立学习和4次小组合作学习，达成学科本体目标和学生相关“三自”素养的有效发展，凸显了学生学习中的主体地位的价值。

可见，区级课题的学科渗透教育研究课，要取得“两个本体”（学科本体知识与技能与课题研究主题之学生“三自”素养发展）的双丰收，合理选择和精心设计积极心理学的相关原理、方式方法的举措，重点落实学生在整个学课过程中的主体地位，是实施“两个本体”目标预设的前提。

2. 贯彻物理学习的生活性和趣味性（此处为两性）

本课注重物理与生活相结合。例如，在教学环节一和三阶段，两次组织学生观察“河边划船”的动态图，交流“哪些物体运动了？”的问题。在教学环节二（一）机械运动概念学习时，组织学生独立观察与交流“轮船是否运动”的问题。在（二）参照物概念学习时，一是组织学生独立观察和回答“火车的运动是相对于谁而言”的问题。二是独立在学习单上完成选取参照物6道练习题和参与交流。三是由学生讲述《刻舟求剑》的故事，使其再次理解对照物。在（三）运动和静止的相对性知识学习时，学生4人为1个小组，设计实验方案，完成了2项带有生活情趣的合作探究小实验，得出了相应的结论。在（五）应用练习时，一是组织学生独立完成了练习单上的5道应用练习题（前3道为填空题，后2道为选择题：火车、飞机、诗词、太阳从东升西落、静止轨道卫星、平直公路上行驶的公共汽车中的乘客等生活场景，都被设计到了课堂练习题中）。二是学生独立观看车窗抛物的危险性小视频。在教学环节三阶段，学生借助4道填空题，参与课尾的集中小结与讨论、交流。在教学环节四阶段，学生课后独立完成作业单下的8题应用性填空题；整个学习过程中教师（有时包括发动学生）注意及时随机激励与引导。上述过程，都使学生深刻感受到了物理知识与生活联系的密切性，学好物理更有助于对生活的理解，体会了学习过程与结果的趣味性。

可见，贯彻物理来源于生活，学习物理更要回归生活的理念，既可发挥学习内容对学生的吸引力，又能有效保持学生的注意力，还能落实学生在学习过程中的主体地位、参学的积极度和愉悦度，从而确保相关课“两个本体”目标实现的有效性。

3. 彰显了课中和课后全程学习的引导性和实效性(此处为两性)

在本课的学习过程中，教师基于积极心理学“二原理”，在学生课中与课后“两程”10次独立学习和4次小组合作学习中，注意借助“六式三法”引导学生参与全程的观察、多元化练习、探究实验、讨论、归纳、交流，包括机械运动、概念和相关情况，自主监控学习过程、结果和目标的达成情况，从而使学生有效地把握了本课的概念，锻炼了实际判断与应用运动与参照物的能力，培养了进行学习监控的相关能力，促进了正确和规范的表达。

可见，教师借助多元化举措引导学生自主开展“或独或合”的自主学习，反映了教师教学主导性与学生学习主体性的统一，既保证了教学的实效，又促进了学生“三自”素养的发展，尤其是增进了学生“五敢”的自信，提升了教师的研究素养，实现了教学相长。

参考文献

[1] 中华人民共和国教育部. 义务教育物理课程标准(2011年版)[M]. 北京：北京师范大学出版社，2012.

[2] 上海市教育委员会教学研究室. 上海市初中物理学科教学基本要求(试验本)[M]. 上海：上海科学技术出版社，2017.

[3] BARBARA L F. The Role of Positive Emotions in Positive Psychology: The Broaden and Build Theory of Positive Emotions[J]. American Psychologist, 2001, 56(3): 218-226.

[4] 彼得森. 积极心理学：构建快乐幸福的人生[M]. 徐红，译. 北京：群言出版社，2010.

[5] 孟昭兰. 人类情绪[M]. 上海：上海人民出版社，1989.

[6] 吴骏德，曹明. 实施“双自”教育　促进自主发展[M]. 上海：同济大学出版社，2017.

[7] 朱律维. “独合结合”语文实施体验式　提升学生写作详略素养探索——以《叙事要详略得当》区级课题研究课实践与分析为例[J]. 浦东教育研究，2019(8)：53-57.

基于积极心理学原理物理教学实施“四式三法”　提升学生“三自”实验素养
——以初三年级物理实验课“验证阿基米德原理”两次教学实践与分析为例

上海市凌桥中学　瞿雪盈

【执教时间、对象和地点】

2020 年 10 月 15 日；初三(3)班学生；物理实验室

一、设计思路

(一) 设计依据

1. 学情分析

初三(3)班的学生学习基础参差不齐，要独立完成“验证阿基米德原理”的学习任务有一定的困难，需要教师帮助和小组同伴互助。从平时的反馈情况来看：学生两极分化比较严重，优等生比例偏小，学习发展生所占比例较大。本班学生在“三自”素养方面，有以下优势和不足：一是自律素养方面，只有少部分学生养成了课前预习的好习惯；大部分学生上课时交流发言的积极性欠佳；还有一小部分学生在实验课上自我约束力欠佳，会随意触碰实验器材。二是自学素养方面，大部分学习发展生掌握了一定的实验操作能力，但是在实验设计和完成整体实验方面还有待提高。优等生大多对实验的学习热情高，但对结论的分析能力、计算能力、概括能力存在不足。三是自信素养方面，初三的学生已经多次进入学校实验室开展实验，他们对于实验操作还是抱有一定的热情和意愿。但是由于实验设计能力的缺乏，他们在实验课上不怎么敢于发表自己的想法，需要教师及时加以引导和激励。

本课拟基于积极心理学的“二原理”(积极的情绪体验和积极的学习环境原理)，在本课中整合实施“四式三法”(小组合作实验式、独立学习式、借助信息式和随机激励式，示范实验法、观察比较法和总结归纳法)，激发学生学习“验证阿基米德原理”的兴趣；帮助形成概念，获得知识；发展实验技能，培养观察和分析推理能力；培养实事求是、严肃认真的科学态度和科学的学习方法；增进或独立或小组成员合作自控和互控学习过程、结果和目标达成的意识和学好本课的自信。

2. 课标和学科教学基本要求分析

教育部组织编写的《义务教育物理课程标准》(2011 年版)中提出:义务教育物理课程旨在提高学生的科学素养,让学生学习终身发展必需的物理基础知识和方法,养成良好的思维习惯,在分析问题和解决问题时尝试运用科学知识和科学研究方法;经历科学探究过程,具有初步的科学探究能力,乐于参加与科学技术有关的活动,有运用研究方法的意识;保持探索科学的兴趣与热情,在认识自然的过程中获得成就感,能独立思考,勇于质疑,尊重事实,敢于创新;关心科学技术的发展,具有环境保护和可持续发展的意识,树立正确的世界观,有振兴中华、将科学服务于人类的使命感与责任感。同时,课标提倡教师应当选择合适的教学方式方法,合理选择课内外学习资源,积极运用信息技术、板书、图片、模型和其他相关媒体,调动所有学生学习的积极性,体验学习的乐趣,获得学习的成功感。

上海市教委教研室编写的《上海市初中物理学科教学基本要求》提出:学生要学会“验证阿基米德原理”的实验。包括知道实验目的;会根据实验方案选择实验器材;会实验操作;能记录实验现象及数据;能根据实验现象及数据验证阿基米德原理。

本课中,教师拟用基于积极心理学的“二原理”,在学生课前、课中和课后“三程”的学习活动中,整合实施“四式三法”,组织学生开展验证阿基米德原理的“三程”学习活动,使学生知道实验目的;会根据实验方案选择实验器材,会进行实验操作,能观察和记录、分析与推理实验的结果,验证阿基米德原理,能认识和运用科学猜想、观察实验、控制变量法的作用,培养学生独立学习、自主探究和合作交流的能力;提升学生“三自”的相关素养,是符合课标和教学基本要求的上述精神的。

3. 教材分析

本课内容,选自 2019 年 6 月上海教育出版社出版的初中物理九年级第一学期第六章“压力与压强”中“6.4 阿基米德原理”第二课时的教学内容。本课的教材中,主要包括阿基米德原理、浮力产生的原因和阿基米德原理的应用。首先,教材以图片和文字(阿基米德的小故事),介绍了阿基米德原理的内容和表达式,让学生能知道阿基米德原理。其次,利用了液体内部压强的知识和图片,让学生学会推导得出浮力产生的原因。最后,以超级油轮的图片和密度计的应用为例,为学生展现出了阿基米德原理在生活和生产技术中应用的广泛性。本节是在学习了阿基米德原理内容之后的一节验证课。在本节课中,学生主要的学习任务是设计实验方案并用实验器材(弹簧测力计、量筒、溢水杯等器材)验证阿基米德原理。但由于教材本身对实验课内容的要求不够细致,对相关实验操作,参考了《中学物理实验手册初中试验本》(以下简称《实验手册》)的相关要求。《实验手册》中指出:“本实验课的学习水平为 B 级,实验目的是通过实验定量研究浸在液体中的物体所受到的浮力与它排开液体所受重力大小之间的关系,并且在经历验证阿基米德原理的实验过程中,认识和运用科学猜想、观察实验、控制变量法的作用。”本课的技能要求是会用弹簧测力计测量浸在液体中的物体所受的浮力,会用量筒测量物体排开的体积,由体积来计算出排开液体的重力。本实验重点突出的要素是“制订计划”和“表达与交流”,根据阿基米德原理确定要测量的两个物理量,并通过一定的观察比较计算验证阿基米德原理,交流实验数据。因此,本次教学内容所涉及教学资源有:弹簧测力计、物体、水、烧杯、量筒、溢杯、小桶。

为弥补教材上对实验课内容的不足，教师拟根据实验手册设计学生学习活动卡，并注意发挥信息技术的作用，设计教学所需要的演示文稿和图片；根据学生小组合作实验探究的需要，选择合适的实验器材。另外，教师还为学生补充了一种新的实验设计方案，让学生可以体验两种验证方法；激发学生对新知识的渴望，让他们对实验探究活动具有积极的情绪，更好地发挥学生的主体作用，提升学生“三自”素养。

（二）课题研究内容

1. 积极心理学原理方面

1）积极情绪体验方面

弗雷德里克森《积极情绪在积极心理学中的作用》一文认为，某些离散的积极情绪，包括高兴、兴趣、满足、自豪和爱，都有拓延人们瞬间的知行的能力，并能构建和增强人的个人资源，如增强人的体力、智力、社会协调性等。积极情绪是指个体由于体内外刺激、事件满足个体需要而产生的伴有愉悦感受的情绪。积极情绪能够激活一般的行动倾向，对于认知具有启动和扩展效应，能够建设个体的资源，撤销消极情绪产生的激活水平，能够促进组织绩效。

因此，一是课前：教师拟通过组织学生独立预习，回忆起相关知识点，便于课中让学生积极参与验证阿基米德原理的学习，激发参与实验探究的兴趣。二是课中：学生在教师基于积极心理学的“二原理”整合实施“四式三法”的引导下，通过四个环节用两种实验方案验证阿基米德原理，培养“独合结合”实验探究素养，学生通过环节一和二的学习，能主动参与实验准备和讨论，敢于积极发表自己的看法；环节三完成两个小组合作实验，方案 1 的小组合作运用量筒法和方案 2 运用溢杯法验证阿基米德原理实验，知道实验目的，会根据实验方案选择实验器材，会进行实验操作，能观察和记录、分析与推理实验的结果，验证阿基米德原理，能认识和运用科学猜想、观察实验、控制变量法的作用，提升学生自学和自律的相关素养，增进小组合作完成实验的成就感和自信心。三是课后：学生独立完成课后练习，锻炼独立及时巩固所学的能力和促进课后及时、独立复习和按时、保质完成作业良好行为习惯的养成。由此，更好地投入今后的实验操作任务，增进继续开展探究实验的积极情绪体验。

2）积极环境方面

克里斯托弗·彼得森在《积极心理学》一书中指出，为了促进学习者更好地开展学习活动，需要创设积极的学习环境。因为学习者的学习观念、学习动机、情感、意志等心理因素对学习动机的激发，学习时间的维持和获得良好的学习效果有着直接的影响。

一是课前：拟通过让学生根据教师的口头提示和上节课学过的知识，独立思考如何测量物体排开液体所受的重力的方法，既锻炼及时巩固已学和独立思考如何验证阿基米德原理方法的能力；又促进课前独立积极主动完成梳理旧知、思考新知方法良好行为习惯的养成；还为课中主动参与验证阿基米德原理提供复习和预习的知识准备，提升课中积极参学情绪。二是课中：教师注意借助课前独立预习和课始反馈预习情况、课中教师示范实验法、学生小组合作两种方法实验式、教师借助信息式、引导学生观察实验比较法、总结实验结果和课尾集中小结的归纳法和加强随机激励与引导，持续营造吸引绝大多数学生能够参与、积极参与的良好的学习氛围；在促进学生积极主动学习完成四个环节的“或独或合”的学习活动任务中，知道和掌握验证阿基米德原理“关键实验知识和能力”，培养学生独立学习、自主探究和合作交流的能力；提升学生“三自”的相关素养；逐步增进学习验证阿基米德原理的成就感，保持学习的积极度、愉悦度和严谨求证的科学态度和精神。

2. 学生“三自”实验素养培养内容

1）自律素养方面

（1）自律意识。课前：学生能独立自觉根据教师的口头要求和上节课的学习内容，思考验证阿基米德定理的一种方法，增进课前知识准备和便于课中参学意识。课中：培养学生保持良好的对于实验的注意力和积极性；增进及时记笔记、独立监控与合作监控全课的参学过程、结果和目标达成的意识。

（2）自律良好行为习惯。课前：培养学生按照教师口头要求，及时、独立完成复习和预习任务的习惯。课中：注意保持四个环节学习中的注意力；注意独立思考，认真参与课堂学习活动，不随便拿取实验器材，听从教师的实验安排。实验结束后：注意及时整理实验器材并还原的习惯。回家后：继续培养学生独立复习、再作业和注意检查的习惯，及时消化新学内容。

2）自学素养方面

（1）自学意识。课前：学生能主动认识到独立完成预习任务的重要性。课中：能主动参与到四个环节的学习活动；能主动记录笔记和实验要点。课后：增进学生先及时、独立进行复习、整理笔记，再作业和注意检查作业情况的意识。下次课始，能主动参与班级作业反馈。

（2）自学能力。课前：学生能独立从书本、笔记本、回忆课中情况复习已学的内容，及时消化上一节阿基米德原理新课中所学的知识。课中：学生能“或独或合”在教师基于积极心理学“二原理”和“四式三法”的引导下，主动、快速、高质地参与四个环节的学习活动，积极参与预习反馈、问题思考、讨论、交流、实验设计、操作、观察、记录、比较与分析、梳理与概括、得出结论、课尾集中小结归纳，锻炼相应的能力，把握验证阿基米德原理的“关键知识和实验能力”。课后：能够独立完成作业并掌握知识点的运用。

（3）自学良好行为习惯。课前：培养学生独立、及时、按教师的要求完成复习后，预习思考题的行为习惯。课中：培养学生在四个环节的学习活动时，积极主动、保持注意、完成“独学合学”任务、参与讨论、交流与归纳的好习惯。课后：培养学生独立、及时完成作业、注意加强检查、下次课始参与交流的好习惯。

3）自信素养方面

（1）自信意识。在课前、课中和课后这“三程”中，增进学生相信自己能够完成各项任务，敢于提问、发言的自信。

（2）自信能力。课前和课后：培养学生良好的阅读分析能力和“有独有合”完成“四个环节”各项学习任务的能力，尤其是验证阿基米德原理“关键实验能力”，独立学习、自主探究和合作交流的能力。课中：培养学生敢于质疑、敢于参与讨论、发表自己的实验设计、敢于交流自己小组的实验结果。

（3）自信良好行为习惯。课前：培养学生独立按教师的要求，做好复习、预习工作习惯。课中:能落实认真听讲、积极参学、及时梳理、课尾集中小结、进行批注和记录笔记的习惯。课后:大部分学习发展生有自信完成作业的习惯,小部分优等生有主动课外拓展实验学习习惯。

3. 实施形式——"四式"

1) 独立学习式

(1) 课前:学生根据上节课学过的知识,完成教师布置的复习任务和对新课验证阿基米德原理思考"如何测量物体排开液体所受的重力"学习任务,锻炼相应能力,培养独立及时完成的良好习惯。

(2) 课中:学生交流分享自己实验设计的想法,设计实验方案,借助学习单分析归纳实验结论。

(3) 课后:全体学生能独立完成练习题,巩固新学知识;部分学生能够尝试自选挑战性拓展实验内容,促进课后独立、及时和高质量完成作业,注意加强检查的良好作业行为习惯的养成。

2) 小组合作实验式

课中:一是在第二环节,学生在教师借助多媒体呈现阿基米德原理的内容,进行实验准备的过程中,锻炼参与回答测定浮力、测量重力的方法和观察、记录教师示范实验的过程和结果能力;内化实验准备意识;增进敢于积极发言、交流浮力和重力的测量方法的自信,引发下一环节开展小组合作验证阿基米德定理的量筒法、溢杯法两种实验方法的兴趣。二是在第三环节,学生教师引导学生交流讨论完成实验方案设计,然后分小组运用量筒法和溢杯法两种方法经历验证"阿基米德原理"实验,培养学生自主为辅、合作为主的实验方法,并培养良好的课前复习、遵守实验步骤、注意做好实验准备、严格控制实验变量、严谨记录实验数据、现象和其他相关情况、得出实验结论和做好实验收尾等良好的实验习惯;感受小组合作实验探究能更好地完成实验任务,使更多学生共同获得成功,感受物理实验探究学习的快乐;帮助学生形成获得知识和实验技能,培养观察和分析推理能力,增进学好物理的自信。

3) 借助信息技术式

(1) 课始:教师利用多媒体展示阿基米德像的图片,引导学生复习上节新课阿基米德原理的内容,回忆基础知识点,交流验证阿基米德原理一种方法思考的结果,促进自主参与回顾已学和反馈预习结果之良好课前复习、预习行为习惯的养成,引起学生对阿基米德原理进行实验验证的兴趣。

(2) 课堂小组合作实验与交流活动中:教师借助多媒体呈现学生小组合作验证阿基米德原理方案,引导学生实验的问题提示、学生小组合作实验设计中的猜想假设、拟用实验器材、操作中观察记录的数据、得出的实验结论与交流时的必要说明提示(配合学习活动卡、口头说明和必要的板书),保持小组合作实验过程的积极环境,帮助学生快速理解实验要点、激发分组合作实验验证、得出结论、参与交流学习的兴趣,在验证实验成功中增进实验的成就感与自信。

(3) 课堂小结阶段:教师借助多媒体呈现学生分组验证实验的结论和布置课后练习,结合口头或板书,引导促进学生独立思考,培养及时消化实验结论、加以巩固学习的好习惯。

4）随机激励式

（1）在课中四个教学环节中，教师始终关注学生独立学习和小组合作学习的参与情况，对积极参与交流讨论的学生给予肯定和表扬，对有表现进步、完成任务速度快、质量高、实验行为习惯表现良好的相关学生个体和小组，加以鼓励，促进学生保持被激励的行为和向被激励的行为靠拢，增进实验活动中成功的快乐，积累积极的情绪，在积极的学习环境中促进学生更快、更好地投入验证探索学习的过程，获得正确的结论。

（2）在课后和下次课始：教师及时批阅、统计学生课后独立作业情况，在下次课始组织学生参与班级交流反馈情况，对积极认真完成和速度快、质量高的同学给予表扬，促进他们保持良好的课后作业习惯，增进继续做好作业、参与全班交流好的自信心。

4. 实施方法——“三法”

1）示范实验法

在课中教学过程的第二环节中，教师提问测得浮力的方法，引导学生回忆上一课时中，用弹簧测力计的两次读数差（即称量法）进行测定浮力的方法，并适时示范演示称量法的实验方法，帮助学生更好地了解这两种实验方法；激发学生的学习兴趣，帮助学生更好地展开后续分组、分别应用这两种方法进行原理验证的实验，为提高学生参与验证的兴趣和成功率奠定实验方法操作的基础。

2）观察比较法

此次验证实验中最重要的步骤就是定量比较浸没在水中的物体所受浮力与物体排开液体所受重力之间的关系，学生需在实验中分别测出浸没在水中的物体所受浮力与物体排开水所受重力这两个物理量。在教学环节三中，学生完成实验并观察比较它们的数值，在一定的误差范围内可以得出他们相等的关系，成功验证阿基米德原理：浸没在液体中的物体所受浮力等于物体排开液体所受重力，加强学生对物理实验的学习体验，增进实验探究的兴趣。

3）总结归纳法

一是课前，学生独立复习阿基米德原理，根据思考，梳理验证阿基米德原理的方法。二是在课中，学生完成小组合作实验后，学生对记录的实验数据，合作进行思考和分析，得出正确的实验结论。三是在教学环节四中，学生通过参与课尾的集中合作小结，锻炼对物理规律机械能总结归纳的能力，从而拓展学生对物理实验探究整体的学习的能力。四是课后作业和下次课始，学生参与全班交流和教师随机激励与引导时，注意总结和交流课后作业的体会与经验，内化作业和交流反馈素养。

（三）思路总括

本课拟围绕基于积极心理学“二原理”（积极的情绪体验，积极的学习环境原理），实施“四式”（小组合作实验式、独立学习式、借助信息技术式、随机激励式）和“三法”（示范实验法、观察比较法、总结归纳法），帮助学生更好地探究完成课前、课中和课后“三程”对于验证阿基米德原理的实验的设计、实施操作、观察实验情况、记录数据、分析对比、总结归纳实验结论，锻炼相应的实验能力和探究学习的能力；激发学生对物理实验学习的兴趣和小组合作开展实验探究的价值意识，促进养成“三自”的良好行为习惯。

二、教学目标

(一) 知识与技能

知道阿基米德原理的内容和表达式；学会“验证阿基米德原理”的实验；知道某些物理现象和物理事实，初步理解简单的物理概念，掌握最基本的物理规律和物理学习方法，能描述和解释简单的物理问题；能有目的地观察物理现象，记录观察结果；能根据实验目的、步骤和要求，使用给定的实验器材，完成验证阿基米德原理两种实验方法的简单的实验，会写简单的实验报告；能集中注意力阅读、倾听、记录、提问、讨论；能以适当方式表达自己的见解，并与他人进行交流。由此，增进对基于积极心理学“二原理”实施“四式三法”在引导有效开展“三程”学习方面的价值认识。

(二) 过程与方法

(1) 课前：通过书本或笔记，回顾上一课时的知识点，能独立完成预习思考题的任务，促进养成课前预习的良好习惯。

(2) 课中：经历积极心理学“二原理”，实施“四式”和“三法”，分组运用量筒法和溢杯法这两种方法验证“阿基米德原理”实验的过程，感受物理实验的设计、实践、观察、记录、分析比较、得出结论、进行交流的完整过程，锻炼分组实验的能力；关注观察实验、分析比较、猜想等科学方法；能对给定的实验任务积极表达自己的见解，选择合适的教学资源，用良好的实验操作习惯实施设计方案；能初步运用简单实验手段和科学方法获得证据，并针对探究的目标要求，小结得出初步结论。

(3) 课后：独立自觉根据记录的笔记和整理的提纲进行复习；能独立、及时、保质地完成 5 道小练习，巩固新学内容；进一步熟悉实验报告的整体内容，强化实验题的解题思路。

在上述过程中，体悟基于积极心理学“二原理”实施“四式三法”所蕴含的新课学习的方式方法。

(三) 情感、态度与价值观

激发对自然现象的好奇心和对物理分组同步进行合作实验学习的兴趣；能够注意和感受身边的物理现象，对有关的物理对象进行分类、比较，认识其基本特征；增进合作完成实验的成功感；初步养成实事求是和严谨的科学态度、团结协作精神和敢于质疑的精神。

三、首次实践

(一) 实践过程

过程一：教师借助多媒体展示阿基米德像的图片，引导学生回忆上一课时的所学阿基米德原理之内容和表达式的旧知，思考验证阿基米德原理的一种方法，培养学生独立回顾旧知识和预习思考新知的良好行为习惯，引起学生对阿基米德原理进行验证实验探索的兴趣(5分钟)。

师：同学们，之前我们已经学习了阿基米德原理，大家还记得它的内容和表达式是什么吗？

生：独立观、听、忆和思，参与回答出：“当物体全部或部分浸在液体中时，会受到液体对它向上的浮力，浮力大小等于排开液体所受的重力。表达式：$F_{浮} = G_{排}$。”

师：注意倾听，作随机激励和引导。

生：独立听、思，内化。

师：这节课我们就来验证一下阿基米德原理。如果我们要证明它成立，需要测定哪两个物理量呢？

生：独立听讲、思考、最终回答“物体所受浮力和物体排开液体所受的重力”。

师：随机激励并引导。我们本次实验的目的，就是为了定量研究浸没在液体中的物体所受的浮力与它排开的液体所受的重力之间的关系。

(**课题研究**：培养学生良好的课前复习梳理旧知，预习思考新知，课始参与回答老师提问答问反馈，巩固旧知阿基米德原理的内容和表达式的课前复习和预习的良好行为习惯；激发学生参加验证实验探究的兴趣。)

过程二：教师借助多媒体呈现阿基米德原理的内容，提问与交流测定浮力的方法，开展测量浮力的示范实验(10分钟)。

师：我们怎么测量浮力呢？要用什么测量工具？

生：独立思考；相关举手被叫生回答：“用弹簧测力计，先测物体的重力，再将物体放入液体中读出此时弹簧测力计的示数，两次示数的差即物体所受浮力。”

师：注意倾听；作随机激励和引导。

师示范实验方法：如何测量物体所受到的浮力。先用弹簧测力计测出物体的重力，再将物体放入水中读出此时弹簧测力计的示数，两次示数的差即物体所受浮力。

师：除了要测浮力，我们还需要测出物体排开液体所受的重力，在前几天，老师布置了一项作业，如何测物体排开液体所受的重力？大家可以再谈论一下，等一下我们请几位同学分享自己的想法。

被叫生：交流测得重力的方法(溢水杯法详细过程)。

师：非常好！认真倾听，作随机激励和引导。

全体：独立听、思，内化。

(**课题研究**：锻炼学生参与回答测定浮力的方法、交流测量重力的方法和观察、记录教师示范实验的过程和结果能力；内化实验准备意识；增进敢于积极发言、交流浮力和重力的测量方法的自信，引发下一环节开展小组合作验证阿基米德定理的量筒法、溢杯法这两种方法实验的兴趣。)

过程三：借助多媒体呈现实验器材和数据记录表，组织学生小组设计验证阿基米德原理实验方案，完成实验操作，记录数据、归纳结论和交流，锻炼学生小组合作的实验设计、实施、总结归纳和交流能力；培养实验前、中、后“三程”良好的实验行为习惯，保持实验兴趣和增进“或独或合”做好实验的自信(17 分钟)。

师:同学们的想法非常棒!在我们实验桌上,老师为大家提供了实验器材(量筒、弹簧测力计、溢杯、小桶、烧杯等),利用这些器材,我们能不能先设计实验方案?

生:独立思考如何设计实验探究方案。

师:借助多媒体呈现课中学习单小组合作验证阿基米德原理方案一学习活动卡(一)小组合作运用量筒法验证阿基米德原理实验和(二)小组合作运用溢杯法验证阿基米德原理实验;引导学生小组合作阅读实验验证方案学习活动卡的要求,先完成实验设计方案;再根据实验操作的过程,填写相应的内容;然后,准备参与全班交流。

生:按量筒法和溢杯法探究实验要求,分成 2 组;合作阅读实验活动卡,尝试设计实验方案;运用相关器材、按照实验步骤,开展合作实验;在表内,分别记录各自小组实验过程中的观察数据;组内讨论、交流、分析对比,归纳和填写实验结论;做好实验器材归位和桌面整理;准备参与班级交流。

师:边观察学生分组实验情况,边巡视;注意随机激励与引导。

生:注意倾听、思考和内化。

知识准备:

阿基米德原理内容:物体全部或部分浸在液体中时,会受到液体对它向上的浮力,浮力大小等于排开液体所受的重力。

表达式:$F_{浮}=G_{排}=\rho_{液}V_{排}g$

小组合作运用量筒法验证阿基米德原理实验(方案 1 和记载)

实验名称:验证阿基米德原理。

实验目的:定量研究__________与__________的关系。

实验器材:弹簧测力计、量筒、物体、水、细线等。

实验步骤:

(1) 在弹簧测力计下端用细线悬挂物体,读出测力计示数 F_1(即物体所受重力 G)填入表 1 中。

(2) 在量筒中装入适量水,记下水面示数 V_1,填入表 1 中。

(3) 将物体完全浸没在量筒内的水中,读出此时量筒中水面的示数 V_2 和弹簧测力计的示数 F_2,填入表 1 中。

(4) 计算 F_1-F_2 得到物体所受的浮力;计算 $\rho_{液}(V_2-V_1)g$ 得到物体排开液体所受的重力,并分别填入表 1 中的最后两列。

(5) 比较物体所受浮力与物体排开液体所受的重力。

表 1　小组合作运用量筒法验证阿基米德原理数据记录

测力计示数 F_1/N	量筒内水体积 $V_1/10^{-6}\ m^3$	放入物体后测力计示数 F_2/N	放入物体后量筒内水体积 $V_2/10^{-6}\ m^3$	物体所受浮力/N	物体排开液体的重力/N

实验结论：____。

小组合作运用溢杯法验证阿基米德原理实验(方案2和记载)

实验名称：验证阿基米德原理。

实验目的：定量研究__________与__________的关系。

实验器材：弹簧测力计、溢杯、小桶、物体、水、细线等。

实验步骤：

(1) 用弹簧测力计测出空小桶重力 $G_{桶}$，填入表2中。

(2) 在弹簧测力计下端用细线悬挂物体，读出弹簧测力计示数 F_1(即物体所受重力 G)，填入表2中。

(3) 在溢杯内装满水，并将空小桶放于溢杯的溢水口处；将物体完全浸没在溢杯内的水中，让液体溢出流入小桶，读出此时弹簧测力计的示数 F_2，填入表2中。

(4) 用弹簧测力计测出小桶和溢出液体的总重力 $G_{桶+液}$，填入表2中。

(5) 计算 F_1-F_2 得到物体所受的浮力；计算 $G_{桶+液}-G_{桶}$ 得到物体排开液体所受的重力，并分别填入表2中的最后两列。

(6) 比较物体所受浮力与物体排开液体所受的重力。

实验数据记录：

表2 小组合作运用溢杯验证阿基米德原理数据记录

小桶的重力 $G_{桶}$/N	测力计示数 F_1/N	放入物体后测力计示数 F_2/N	小桶和溢出水的总重力 $G_{桶+液}$/N	物体所受浮力/N	物体排开液体的重力/N

实验结论：____。

师：接下来，请2个小组各派代表，交流实验的情况和体会。

学生2个小组的代表：先后介绍运用量筒法和溢杯法进行验证阿基米德原理实验实践操作中遇到的情况和处理结果，所记录到的实际实验数据，借助汇总的表格和实物投影仪在全班交流。

师：注意倾听和观察，作随机激励和引导。

全体生：听取随机激励和引导、思考，内化。

(**课题研究：**学生两个合作实验小组，能根据学生单的引导，设计实验方案；根据实验目的、步骤，选择所需的实验器材，分别开展量筒法、溢杯法的实验操作，记录和分析、比较实验数据，得出实验结论，完成简单的实验报告；能在参与组内和全班交流时，敢于发表自己的想法，积极交流自己小组的实验情况和结果；锻炼学生小组合作设计实验方案、根据方案要求开展实验操作、记录数据、进行分析、归纳结论和参与班级交流实验情况与结果的实验能力；培养“三程”良好的实验行为习惯，保持实验兴趣和增进“或独或合”做好实验的自信。)

过程四：学生在教师的口头引导、两种实验方法比较的实验报告要素文本和随机激励与引导下，合作参与课尾集中小结、分组实验数据比较分析、总结归纳两种实验结果方法和优势与不足、参与班级交流评价和听取教师的随机激励与引导，锻炼相应能力，再次内化实验报告的撰写要求；增进实验兴趣和做好探究实验的自信(8 分钟)。

师：大家实施了两种实验方案，能不能比较一下这两种方案都有哪些优缺点呢？

生：思考、参与回答。

师：注意倾听，作随机激励和引导。

生：听取随机激励和引导，内化。

师：很好！今天的实验，大家完成得都非常认真。现在，老师这里有一份比较两种实验方案优缺点的实验报告文本，需要大家帮忙填写一下。

全体生：听、观、思；参与小组讨论、交流，尝试比较；完成实验报告。

师：组织学生交流，注意倾听，作随机激励和引导。

全体生：听、思，内化。

师：这节课，我们通过实验，验证了阿基米德原理，大家做得都非常好！但是，实验的次数和实验材料仍然较少，如果需要使实验结果更加具有普遍性，我们还需要用更多的物体和液体进行更多次数的实验。

生：独立听、思，内化。

(**课题研究：**锻炼学生在教师的口头引导、两种实验方法比较的实验报告要素文本和随机激励与引导下，合作参与课尾对分组实验数据进行比较分析、总结归纳两种实验结果方法和优势与不足，参与班级交流评价和听取教师的随机激励与引导的能力；再次内化实验报告的撰写要求；增进继续参与“或独或合”探究实验的兴趣和做好实验的自信，促进课尾注重集中小结良好学习习惯的养成。)

(二) 实效与反思

1. 实效

综合教师对学生课前复习、预习作业的了解反馈、课中观察、课后对学生作业的批阅情况统计、观课教师和专家的评课意见，经过自我判断和反思总结，认为：所定课题研究之学生“三自”实验素养培养内容的各自意识、能力和良好行为习惯，得到了较好的培养；尤其是学生验证阿基米德原理的“关键实验知识和能力”得到了有效和有温度的培养，从而逐步增进了学生学习验证阿基米德原理的成就感，保持了学习的积极度、愉悦度和严谨求证的科学态度和精神(具体略)。

2. 反思

(1) 由于实验过程的时间配比过长，没有完成所有课堂预设内容。

(2) 学生在实验过程中对于数据计算有点困难。

(3) 学生在小组合作的操作过程中仍存在一定难点和疑惑。

(三) 拟改之处

1. 改进实验准备环节

在第一、二两个教学环节涉及实验准备时，在课中学习单中，拟把实验步骤和实验器材的选择进行更详细的说明，以减少教师在学生课堂实验前，再作操作要求细化解释所需的时间(3分钟左右)。

2. 增加实验数据计算换算说明

在课中学习单中,增加数据记录前以例题的方式把实验数据如何计算,单位如何换算提前进行的说明;课中,根据实情稍作讲解说明。

3. 加强实验操作说明和学生互助

开始实验前,教师对某些有困难的实验操作进行详细说明,并且在安排合作小组时,合理组合优等生和学习发展生,让优等生起到榜样带头作用,以更好地带动分组实验的完成。

四、再次实践

针对上述三点,教师于2020年10月16日上午第2节,对物理学习基础基本一致的初三(1)班学生,在学校物理实验室进行了本课的再次实践。

教学环节一、二、四,未作改进。拟改之处1,通过在课中学习单中,对实验步骤和实验器材的选择进行更详细的说明,教师课中不用口头说明方式。对拟改之处2和3,在课中第三环节的实际改进实验的实践过程。

师:同学们的想法非常棒!在我们实验桌上,老师为大家提供了实验器材(量筒、弹簧测力计、溢杯、小桶、烧杯等),利用这些器材,我们能不能完整地设计实验方案?

生:思考,表示可以小组合作设计实验方案。

师:引导学生逐步根据增补后的实验活动卡(具体略)的提示,制订实验方案,注意对方案中的难点和操作要点作展开一些的讲解说明;并用一道例题讲解数据处理和单位换算,帮助掌握计算方法。

生:听、阅,思,准备完成实验操作。

师:接下来,就请同学们参考学习活动卡,根据自己的方案分组实验。

生:按教师要求的组合方式,分小组运用量筒法和溢杯法进行验证阿基米德原理实验,各组记录实验数据,并汇总在表格内。

师:注意观察,巡视分组实验情况,据需帮助实验推进实验,随时讲解要点,作随机激励和引导。

生:听取随机激励和引导,改进实验操作,内化。

(**课题研究**:培养学生根据教师增补后的实验活动卡的提示制订实验方案的能力,听取教师对方案中的难点、操作要点和一道例题实验数据中单位换算之计算方法的讲解说明能力,按教师提供的器材、各小组组员组合方式要求,参与运用量筒法或溢杯法进行验证阿基米德原理实验探究操作,记录实验数据,在表格内汇总数据、尝试分析、归纳实验结果的能力;增进分组探究实验验证阿基米德原理的成就感,保持了学习的积极度、愉悦度,培养严谨求证的科学态度和精神。)

五、总效与反思

(一) 总体效果

1. 知识与技能方面

通过合作实验，让少部分优等生带动学习发展生一起，参与完成“验证阿基米德原理”的实验，大部分学生(83.72%)认为能理解简单的物理概念，掌握最基本的物理规律和物理实验方法，并且有目的地观察物理现象，记录观察结果。小组合作之后成员们(76.74%)基本能根据学习活动卡上的实验目的、步骤和要求，使用给定的实验器材，完成量筒法、溢杯法两种实验方法的验证实验，填写出简单的实验报告；在课堂上随着教师的随机激励和引导。大部分学生(95.35%)能集中注意力进行阅读、倾听、记录、提问、讨论，能以适当方式表达自己的见解，并与小组成员和教师进行交流。由此，促进了对“三程”“三自”和基于积极心理学“二原理”“三程”整合实施“四式三法”在提高新课验证阿基米德原理实效和所蕴含的学习方式方法的价值认识。

2. 过程与方法方面

(1) 课前：较好地锻炼了学生独立复习上节课所学的关于阿基米德原理和表达式方面的知识，独立预习新课中，初步思考了验证阿基米德原理探究实验的方法，从课前预学反馈来看，大部分学生(76.74%)达到了为本节实验课打下基础的目的；培养了独立复、预习习惯。

(2) 课中：学生经历教师基于积极心理学“二原理”，“三程”整合实施“四式”和“三法”，引导大家自主观察比较分析，以听讲为辅、小组合作实验探究为主的方式，来探索验证“阿基米德原理”实验的过程，感受到了物理实验的基本过程，关注到了观察实验、分析比较、猜想等科学方法，从而有效地发展了大部分学生(72.09%)验证阿基米德原理的“关键实验知识和能力”。在教师引导的过程中，能够发表自己的看法，愿意和教师以及小组成员交流，促进了思维开放和高效学习，提升了学生的“三自”素养。

(3) 课后：大部分学生(88.37%)能独立复习课堂笔记、完成课后练习，进一步熟悉并完成了实验报告整体内容的填写，强化了完善实验题的解题思路。从下节课始的反馈来看，大部分学生(76.74%)能较好地掌握阿基米德原理的知识以及实验操作要点。

3. 情感、态度与价值观方面

(1) 所有学生参与课前复习、预习任务，并通过课堂分享交流对不同学生的想法进行鼓励和肯定，多数学生(74.42%)能意识到课前自主预习的重要性，培养相应课前预学行为习惯，增加了后续课中参学的机会、兴趣和自信。

(2) 多数学生(67.44%)在完成小组合作探究实验过程中，在感受学习成功、积累积极情绪中，增加了参与小组合作完成探究实验的成功感和自信心；在实验操作中，培养了实事求是的科学精神，严谨的实验态度和良好的实验习惯；促进了在日常学习中，能够注意和感受身边的物理现象良好物理学习行为习惯的养成，激发起日常对自然现象的好奇心和对物理实验学习的兴趣。

(3) 大部分学生(79.07%)在独立完成课后作业和进行反馈的过程中，培养了先及时复习、再完成作业和注意加强检查、提高作业质量的良好作业行为习惯；增进了小组合作进行实验探究式学习的兴趣；培养了勇于发言和质疑、同学相互团结合作的精神。

(二) 三点反思

一是学生课前预学作业布置，需要变口头发布为借助学习单细化要求发布，以提高部分没有养成良好预学习惯学生的重视和全体学生看清作业的要求，提高完成作业的效率和对所记载内容的印象。

二是在教学环节的分配，①需要加强课前对实验设备完好性的检查；②需要减少实验前的教师铺垫时间保证学生实验操作、分析实验数据时和对实验数据出现一些问题时的交流探讨时间，以正常开展实验。锻炼了学生小组合作实验操作、分析数据与交流数据异常情况，找出错误的根源并指出改正的能力，从中积累实验经验。

三是在课堂评价，本次课上主要采取随机激励式的即时评价方式，对学生积极主动地投入小组合作实验探究为主的学习取得了一定的成效，对提升“三自”素养起到了一定的促进作用。但是随着如今新中考的改革迫近，物理实验操作考试又有了新的评价要求，若是能根据相关操作指南制订好小组合作探究性实验的评价量表，则可以更好地引导学生对照评价标准，加强对实验的全程自主学习引导，促进更快、更好地完成全部实验，并引导以后的探究性实验。这对于以后的教师物理实验教学，学生的中考的实验操作考试，尤其是发展学生的科学思维、科学探究、科学态度与责任之物理核心素养，都是有良好的促进作用的。

六、意义揭示

(一) 符合积极心理学原理

在课前预习环节，基本上全班学生都有参与，并在课堂交流过程中体现出了预习的知识点，促进养成相应的自律自学习惯。在课中整体设计实验过程以及学生交流想法的过程中对学生的回答注意倾听、随机鼓励、及时引导，调动学生对实验学习的积极性。以小组合作学习为主、独立学习为辅的形式完成实验，记录完实验数据后学生还通过小组合作总结，分析数据，得出结论，很好地验证了阿基米德原理。在这个过程中感受到完成实验的喜悦，不断提高实验操作技能，增强今后对于物理实验操作考试的自信心。

由此可见，上述做法都符合本课所用的积极心理学“二原理”。将积极心理学原理应用于物理实验教学中，营造积极学习环境，让学生在学习过程中产生积极的情绪体验，这对于打开学生思维，提升学生动手操作能力，逐步积累成功体验，最终在达到培养学生“三自”素养方面是具有非常重要的意义的。

(二) 彰显了“五性”的独特价值

彰显了基于积极心理学“二原理”“三程”整合实施“四式三法”在提升学生物理实验

“三自”素养方面的独特价值——“五性”。

1. 凸显了学生在“三程”学习中的主体性和积极性(此处为两性)

从本研究课的设计、教师两次实践的实际执行过程可知,较好地落实学生是“三程”学习的主体地位。从学生“三程”学习过程中教师随机激励的积极环境营造、让更多学生参与的举措落实、两次实践的结果可知:多数学生发展了“三自”实验素养的“三素养”。尤其是验证阿基米德原理的“关键实验知识和能力”得到了有效和有温度的培养,并逐步增进了学生学习验证阿基米德原理的成就感,从而能够保持了学习的积极度、愉悦度和严谨求证的科学态度和精神。

以学生为主体是教学的基本出发点,也是促进学生保持学习的积极度、愉悦度,主动参与“三程”学习,发展“三自”素养,提高教与学的质量的必要条件。

2. 凸显了物理实验过程的实证性

在本课“三程”学习过程中,学生通过课前预习准备性知识,课中参与物理探究实验的设计、操作、观察和记录、分析数据和得出实事求是的结论,参与课尾集中和课后独立作业巩固所学结论的过程,既有效地锻炼了实验为主的多种能力,又增进了学生对物理学习与日常生产生活密不可分的感受,还体会到了物理学习的重要方法:理论与实验求证相结合,感受到了物理学习实证性的独特价值。

学生自主参与探究性实验验证相关原理的过程中,是发展以实验为主的诸多能力,尤其是培养学生科学思维、严谨求证的精神和自律的学习态度的重要方法性载体。

3. 凸显了学生在“三程”学习中掌握学习方法的聚敛性

在本节课的课始和课中,一是穿插了对学生课前预习对新课学习意义价值体悟的聚焦。二是学生分组进行量筒法、溢杯法两种实验验证方法的探究实验,获得结果的实验方法聚焦。三是比较量筒法、溢杯法两种实验验证方法之间的差异点和共同点,总结两种方法各自的优点与不足,比较实验数据的实验方法聚焦。四是课尾进行了全课所学内容与方式方法与个性化实验体会与经验的聚焦。五是下次课始参与班级交流作业情况、体会与经验的聚焦,从而既成功地提高了验证阿基米德原理实验过程和结果的实效;又多次培养了学生的思维的聚敛性,尤其是聚敛到借助量筒法、溢杯法进行原理验证的实验思维和对两种实验方法的数据进行分析比较实验方法聚敛上,巩固了实验方法,感受到了聚敛思维的价值。

教师可以通过围绕探究实验方法时聚焦到学生“三程”学习过程聚焦、实验数据分析归纳的聚焦、不同实验方法数据的比较分析聚敛、课尾集中小结的聚焦,以及对“三程”学习过程的整体回顾个性化体会与经验的聚焦,结合积极的学习环境的营造,可以把抽象的规律和概念具体化、形象化,帮助学生把思维聚敛到学习方式方法角度,摆脱思维障碍,提升“三程”学习的效率,发展“三自”素养。教师自身需要继续加强有意识的探索。

4. 凸显了学生合作学习交流中的互助性

在课堂教学中,教师在两种验证原理方法的探究实验,课尾的集中小结与两种实验方法的数据比较优势与不足的环节,为学生提供了小组合作实验和比较的机会,既有效地达成了多数学生的“三自”实验素养的“三素养”,尤其是验证阿基米德原理的“关键实验知识和能力”和数据对比分析与概括能力;又保持了学习的积极度、愉悦度和培育了严谨求证的科学态度和精神；还培养了学生的小组合作实验能力、互帮互助精神和敢于参与、提问、交流意愿和自信。

如果学生在课中获得更多的和谐环境下参与合作学习的机会，就能更好地发挥学生主观能动性，使全体学生更容易融入团队，敢做、敢问、敢说、敢互助互教，更快、更好地完成关键学习任务，从而产生与积累成功的喜悦心情，产生积极学习的动机，后续更愿意投入合作学习，更好地实现合作互助性的价值。

参考文献

[1] 中华人民共和国教育部. 义务教育物理课程标准(2011 年版)[M]. 北京：北京师范大学出版社，2012.

[2] 上海市教育委员会教学研究室. 上海市初中物理学科教学基本要求(试验本)[M]. 上海：上海科学技术出版社，2017.

[3] 吴骏德，曹明. 实施“双自”教育　促进自主发展[M]. 上海：同济大学出版社，2017.

[4] 弗雷德里克森. 积极情绪的力量[M]. 王珺，译. 北京：中国人民大学出版社，2010.

[5] 彼得森. 积极心理学：构建快乐幸福的人生[M]. 徐红，译. 北京：群言出版社，2010.

[6] 齐七连. 浅析初中物理实验教学[J]. 中国科技投资，2016(26)：357.

[7] 任俊. 积极心理学[M]. 上海：上海教育出版社，2006.

[8] 孟昭兰. 人类情绪[M]. 上海：上海人民出版社，1989.

[9] 黄变磊. 加强中学物理实验教学的实践与思考[J]. 理科爱好者(教育教学版)，2015(2)：18.

[10] 詹姆斯. 心理学原理[M]. 田平，译. 北京：中国城市出版社，2010.

[11] 瞿德兴. 基于积极情绪心理学原理实施“四策”　提高初中物理合作实验探究学习实效——以“影响势能、动能大小的因素”教学实践与分析为例[M]//包卫达，曹明. 基于积极心理学原理的有效教育实证研究(课例选). 上海：同济大学出版社，2021：63－74.

基于积极心理学原理科学教学实施“五式四法” 提升学生“三自”素养

——以预备年级“蒸发与蒸腾”教学实践与分析为例

上海市凌桥中学 曹 丹

【执教时间、对象和地点】

2021 年 4 月 8 日；预备(4)班学生；预备(4)班教室

一、设计思路

(一) 设计依据

1. 学情分析

预备年级的学生，已经在小学阶段学习了自然课程，对自然和科学具有一定的认识，也具备了一些基本的科学素养。预备(4)班的学生在“三自”素养方面，有以下的优势或不足。一是自律素养方面。大部分学生能遵守课堂纪律，及时跟上课堂进度，完成课堂任务。但个别学生在集中注意力方面有些薄弱，需要教师在课堂纪律和主动性方面进行引导。学生普遍存在课前独立复习、预习(以下简称“预学”)和独立完成课后作业方面自律意识较差的问题。二是自学素养方面。学生自身有一定的提炼信息、综合分析能力及与同学合作学习的能力，但有待增强。此外，学生在独自处理大段文字的要点提炼概括方面有些薄弱。在课堂上，主动、独立提出疑问和回答问题的学生也比较少。三是自信素养方面。预备(4)的部分学生，喜欢上课集体回答问题，多数学生喜欢在下面讲，参与散答，在参与全班同学散答式交流的背景下显得相对比较自信；但遇到需要单独回答的问题，害怕答错而不愿意举手主动回答的还是占多数；学生在讨论问题寻找答案理由时，主要来自自己日常生活中的切身感受，多数还缺少严密的论证能力，但优点在于他们乐于交流。

本课拟基于积极心理学的积极的情绪体验和积极的环境原理(以下简称“二原理”)，在教师的引导下，经历课前、课堂与课后“三程”围绕“蒸发与蒸腾”内容，整合实施“五式四法”的学习过程，以更好更快地完成“三程”相关独立与小组合作学习任务，理解和掌握“蒸发与蒸腾”方面的知识与技能，改进学生在科学学习中“三自”方面的不足，提升相关“三自”素养。

2. 课标分析

教育部组织编写的《义务教育初中科学课程标准(2011 年版)》(以下简称《课标》)提

出，让学生在学习科学知识的同时经历科学探究的过程，通过观察与思考提出问题，通过动手、动脑、合作交流等途径解决问题。通过本课程的学习，使学生保持对自然现象的好奇心和求知欲，养成与自然界和谐相处的生活态度；了解或理解基本的科学知识，学会或掌握一定的基本方法和技能，能解释一些常见的自然现象，解决有关的实际问题；经历科学探究过程，增进对科学探究的理解，发展科学探究能力，初步养成科学探究的习惯，增强创新意识和实践能力；养成科学的思维习惯，逐步形成用科学的知识方法和态度去看待和解决个人与社会问题的意识。

因此，本课拟基于积极心理学的相关“二原理”，整合实施“五式”（独立学习式、小组合作探究式、借助课堂学习单式、信息技术式、随机激励式）和“四法”（问题引导法、观察实验法、学以致用法、归纳法），组织学生开展本课“蒸发与蒸腾”的学习，提升学生“三自”素养，是符合《课标》上述精神的。

3. 教材分析

“蒸发与蒸腾”，系上海教育出版社出版的九年义务教育课本《科学》（牛津上海版）第2册第6章第3个专题“水的循环”的第二课时内容。教材内容分为四个部分，第一部分：蒸发的概念。利用生活实例，插图和文字，帮助学生得出蒸发的概念并区分出与沸腾的异同。第二部分：探究影响蒸发速度的因素。教材通过三组实验，让学生明确空气流通加快、温度升高和液面面积增大能加快蒸发的速度。第三部分：让学生尝试运用粒子理论解释三种因素对蒸发速度的影响。第四部分：介绍发生在植物体内水的汽化现象，植物的蒸腾作用及蒸腾作用的作用。这四个部分，教师准备全用；拟增加第五部分为课尾集中合作小结与学生学以致用的练习安排，及时巩固所学。

这样的编排，是为了契合书本的结构与内容，有效地达成学科教学目标。根据课题研究和有机提升学生相关“三自”素养的需要，教师拟增加相关实验的视频资源、课中学习单（含4项任务）等，基于积极心理学“二原理”，根据学习单的4项任务和教师的随机引导，结合整合实施“四法”，以组织学生独立思考与小组合作相结合学习的方式，开展对蒸发与蒸腾及影响水蒸发因素的探究学习，学生独立阅读教材、思考、比较、判断、梳理、归纳，在学习单进行记录和参与全班交流和听取教师随机激励与引导，深入理解相应知识；锻炼相应能力；提高参学过程中的自律意识、激发这样学习的兴趣和增进探究学习的自信；感悟科学源于生活并服务于生活，在生活中学以致用，提高学生的自学能力与意识。

（二）课题研究内容

1. 积极心理学原理

1）积极情绪体验原理

积极心理学家芭芭拉·弗雷德里克森《积极情绪在积极心理学中的作用》认为，某些离散的积极情绪，包括高兴、兴趣、满足、自豪和爱，都有拓延人们瞬间的知—行的能力，并能构建和增强人的个人资源，如增强人的体力、智力、社会协调性等。同时，其他实验研究表明，积极情绪拓延了知—行的个人资源，且积极情绪有助于消除消极情绪。

（1）课中：一是教师在课堂引入时，现场呈现“用水在黑板上写的字消失了”这种贴近学生生活的现象，使学生初步获得积极的情绪体验，激发后续参与探究学习的兴趣。二是学生在课中学习单“沸腾与蒸发”的“四维度”异同比较表的引导下，独立阅读教材，将书本大段文字叙述，分析、比较、提炼成“四个维度”的比较信息，使比较的内容变得简洁、清晰和易懂，增进更大的成就感，更期待之后内容的学习。三是在“探究影响水蒸发快慢的因素”“用粒子模型解释三个因素影响水蒸发快慢”“如何使湿抹布干得更快”的小组合作学习环节，通过互帮互助，交流经验，从而更积极地参与课堂学习和更快更好地获得答案。四是课中，教师呈现4个实验视频，让学生感受科学研究的方法、过程、科学研究的严谨性和内容的贴近生活，既加快、加深学生对相应学习内容的理解与感受，又激发学生对科学研究的欣赏与向往。

(2) 课后：学生在学习单“如何使湿抹布干得更快”环节，小组合作尝试解决平时生活中会遇到的问题，锻炼参与小组合作进行回忆、讨论、尝试梳理、总结、交流与记录，获得“让抹布更快干”的答案和“为什么吹风机能把头发快速吹干”等问题解决的知识迁移能力；增进课外学习的成就感和进行课外自主探究相关生活中的物理现象的自信。

2) 积极学习环境方面

美国心理学教授彼得森的著作《积极心理学》认为，当孩子的周围环境和教师、同学和朋友提供最优的支持、同情和选择时，孩子就最有可能健康成长和自我实现。

整个课堂的学习环境，教师拟创设以下非生物因素和生物因素两方面。

(1) 非生物因素。教师通过“用水写字”、学习单、实验视频等，为学生创造积极的情绪体验的物质基础，帮助学生获得更丰富更好地学好全课内容的学习体验。

(2) 生物因素。师生和生生互动的因素：一是教师启发式的引导，由“用水写的字消失了”这一现象引入本节课“蒸发”内容，教师提出的疑问引导了学生思考水的物态变化，使学生怀着好奇心迫不及待地进入本节课的学习。二是教师随机激励式的支持，学生在独立学习、小组合作探究学习中发表看法时，及时鼓励，营造积极上进的学习环境。三是生生互助互帮因素，在本节课中学习单所呈现的3个小组合作学习环节，学生分别完成合作“探究影响水蒸发快慢的因素”“用粒子模型解释三种因素对水蒸发影响”“如何使湿抹布干得更快”3项任务，课尾参与集中合作小结，深化对相应知识的认识，锻炼相应能力，发展相关“三自”素养，进一步增进对全课学习内容有效把握的积极情绪体验。

2. 学生“三自”素养培养内容

1) 自律素养方面

(1) 自律意识。在课中，培养学生保持良好注意力和积极性、及时圈画知识点、记笔记的自律意识。在课后，培养学生及时保质保量完成作业的自律意识。

(2) 自律能力。课中，锻炼学生在课堂纪律、课堂参与度、课后作业完成度等方面的自我约束能力。

(3) 自律习惯。课中：培养学生在学习的过程中及时做好课堂笔记的学习习惯；自我监控学习过程、结果与目标达成的良好行为习惯。

2) 自学素养方面

(1) 自学意识。课中，培养学生根据学习单和教师其他方式方法举措的引导，“或独或合”完成课中学习单下4项任务的自主探究意识。课后，增进学生迁移运用课中所学知识自主解决遇到的相似问题的意识。

(2) 自学能力。学生能根据课中学习单的设计,独立或小组合作完成以下4项任务:一是借助教师设计的课中学习单"沸腾与蒸发"的"四维度"异同比较表(独立完成)中的"四维度"(温度条件、发生的部位、剧烈程度和结果),独立阅读教材、思考、比较、梳理、归纳,在表的相应空白处记录"蒸发与沸腾的异同"和参与班级交流。二是小组合作梳理、归纳、记录"影响水蒸发快慢的因素"和交流空气流通、温度和液面面积"三因素"。三是小组合作梳理、归纳、记录"植物的蒸腾作用"和交流降低植物温度、为大气提供大量的水蒸气、增加空气湿度和降雨量"四维度"的作用。四是小组合作完成"如何使湿抹布干得更快"原因的梳理、归纳、交流和记录。从而深化理解相应的知识;锻炼"或独或合"自主完成上述4项任务和参与班级交流的多元能力;增进对"蒸发与蒸腾"知识逐步深化理解、结合实际进行判断和发展相应"三自"素养的成就感,增进参与班级交流的自信,增进继续开展这样学习的兴趣。

(3) 自学习惯。课中:培养学生利用学习单,"或独或合"在空白处记录4项学习任务探究结果的良好自学习惯。课后:培养学生主动运用所学知识解决练习中实际问题的良好作业行为习惯。

3) 自信素养方面

(1) 自信意识。在课中、课后学习过程中,增进学生相信自己能做得更好,可自信地表达出自己的见解,遇到疑问有大胆提出质疑的意识。

(2) 自信能力。学生会利用所学,解决遇到的问题,乐于分享自己的见解。

3. 落实举措——"五式"

1) 借助课中学习单式

(1) 课中:一是在课堂比较蒸发与蒸腾的异同环节中,学生借助课堂学习单和听取教师引导,能独立阅读教材,收集、梳理相应信息,比较、概括蒸发与蒸腾的异同,参与交流和记录要点在学习单上。二是参与小组合作探究,能总结出影响水蒸发快慢的三大因素:空气流通速度、温度高低和液面面积大小;通过讨论、交流,得出解决蒸发问题的办法并增进交流的自信。三是利用学习单,小组合作探究了解植物蒸腾作用发生的部位,为初二年级进一步学习该部分内容进行铺垫。

(2) 课尾:学生能根据课中学习单中"学以致用"问题"如何让湿抹布干得更快"的设置,结合教师多媒体和优秀学生笔记的提示引导,得出若干结论;能主动参与课尾对全课所学知识的小组合作小结,加深对这部分知识的印象;学会如何小组合作总结与表达全课所学内容、方法和自己独特的学习经验与体会,会自我监控课尾集中小结的学习质量;获得解决这类生活中类似问题的应对办法,增进更快、更好地自主处理好这类问题的自信。

2) 独立学习式

(1) 课中:一是在课堂引入环节,学生独立观看与探究得出教师"用水写的字消失了"这一现象背后的原因是蒸发(一种汽化过程)。二是学生在教师借助多媒体信息技术呈现的相关学习资源、设计的学习单和随机提问、设问和"四法"的引导下,独立将书本的大段文字转变成清晰明了的比较异同的表格,提高对所需资料的阅读、理解、筛选、梳理、归纳和听取交流、记录在学习单上的能力。三是学生独立观看教师播放的上海市教委教研室提供的空中课堂空气流通对水蒸发快慢的影响、温度对水蒸发快慢的影响、液面面积对水蒸发快慢的影响、植物的蒸腾作用这 4 段关于影响水蒸发快慢的因素和植物的蒸腾作用的实验小视频(以下简称“4 个实验视频”),能尝试记录好实验现象,结合阅读教材,梳理、归纳出“加快水蒸发的三种因素”以及在教材上圈画植物蒸腾作用的重难点。

(2) 课后:学生能独立完成教材配套练习册 32、34 页 3、4、6、7 以及 39 页 11 中课上没做完的习题,注意自查对错情况和进行自主纠错;下次课始,参与全班作业的反馈交流,注意倾听教师的随机激励与引导,锻炼独立作业能力和自主监控作业对错情况、主动纠错和进行记录的意识和相应能力;促进及时、独立、按时完成和交作业,及时巩固所学之良好课后作业行为习惯的养成。

3) 小组合作学习式

课堂教学中,教师组织学生开展 3 次小组合作学习:一是学生小组合作阅读教材、筛选、梳理、归纳、记录“影响水蒸发快慢的因素”和交流答案:空气流通、温度和液面面积“三因素”。二是学生小组合作阅读教材、筛选、梳理、归纳、记录“植物的蒸腾作用”和交流答案:降低植物温度、为大气提供大量的水蒸气、增加空气湿度和降雨量“四维度”的作用。三是学生在课尾的“学以致用”环节,小组合作完成“如何使湿抹布干得更快”梳理、归纳、交流和记录,能深化理解相应知识;锻炼小组合作完成上述 3 项任务和参与班级交流的多元能力;增进对“蒸发与蒸腾”知识逐步深化理解、结合实际进行判断和发展相应“三自”素养的成就感,增进参与班级交流的自信,增进继续开展这样学习的兴趣。

4) 借助信息技术式

(1) 课中:教师一是借助多媒体展示蒸发与蒸腾的概念、蒸发与沸腾的异同表格(学习单)和学习重点部分,及时引导学生对相关内容观看、阅读教材和进行圈画,对符合要求的文字进行提炼概括,使学生理解蒸发与蒸腾的概念;锻炼相应的能力;增进学习的成就感。二是借以呈现“对比 3 种情况的方案,哪种方案会干得更快”,选出方案并简要说明理由,使学生更快地分析出影响蒸发快慢的“三因素”,激发后续的探究兴趣。三是借以播放 4 个实验视频,加深学生对科学研究方法与实验过程的印象;能独立尝试记录好实验现象,结合阅读教材,梳理、归纳出空气流通、温度、液面面积这三个因素对蒸发的影响,更直观地看到植物的蒸腾作用这一难点;增加了学课的直观体验和增进学习的兴趣。

(2) 课尾:教师借助多媒体展示“学以致用”环节学生小组合作完成“如何使湿抹布干得更快”的学习单,结合口头说明,引导学生小组合作完成阅读、回忆、梳理、归纳、交流和记录解决办法任务,深化理解相应知识;锻炼相应的能力,注意自我监控小结的质量,提高学习的成就感,增进学习的兴趣和自信。

5) 随机激励式

在课中与下次课始六个环节中:教师关注学生独立学习和小组合作学习的参学情况,对积极参与观察、阅读、回答、提问、筛选、讨论、梳理、归纳、展示交流和在教材上及时圈画、在学习单上及时记录的学生,给予及时肯定和表扬,对有进步、完成任务速度快、质量高、有想法和独特性的学生个体和小组,加以鼓励,促进学生保持被激励的行为和向被激励的行为靠拢,增进学生感受课堂学习活动中成功的快乐,积累积极的情绪,在积极的学习环境中促进学生更快、更好地投入学习,快速、高质和愉悦地完成“或独或合”的全课学习任务,提升所定“三自”素养。

4. 实施方法——“四法”

1）问题引导法

（1）课中：一是课始环节，教师借助为什么在黑板上“用水写的字消失了”的问题，引导学生独立思考、回忆和参与回答，注意及时给予随机激励，提高学生独立观察、回忆、思考和参与答问的积极性。二是在新课学习的比较异同环节，教师借用表格中的预设，引导学生独立阅读教材、筛选、梳理、分析、比较、归纳、交流和记录蒸发与沸腾“四维度”的异同点，加深了对异同点的理解；从中锻炼了相应的自学能力。三是在“猜测与验证影响水蒸发快慢的因素”环节，学生通过小组合作选出最快干的方案并解释原因，锻炼相应的能力；增进学生小组合作，根据学习单的问题主动学习和开展交流的意识。四是学生带着老师的问题：“空气流通可以加快水的蒸发吗？”“水在哪种情况下蒸发较快？”“如何探究液面面积对水蒸发快慢的影响？”“你观察到的现象是什么？”独立观看4个实验视频并思考问题，结合教材内容，进行阅读、圈画、梳理、概括与交流，更好地把握影响水蒸发快慢的因素；提高学生的自学能力和自信心。

（2）课尾：在“课堂小结，学以致用”环节，学生在学习单问题“如何使湿抹布干得更快”的引导下，和小组成员一起探讨办法，得出结论，及时巩固水蒸发快慢的因素；锻炼迁移运用所学解决生活实际问题的能力；进一步增进合作学习意识，积累学会应用的成就感，增进积极的情绪体验和学好科学的自信。

2）观察实验法

课中：一是课始，学生独立观察教师在黑板上“用水写的字消失了”现象的实验，锻炼积极独立思考、回忆和参与回答的能力；增进独立观察、回忆、思考和参与答问的积极性。二是新课学习环节，教师组织学生独立观察市教委空中课堂资源4个实验视频：即影响水蒸发快慢的因素3个片段和独立观察植物的蒸腾作用实验视频。三是新课、课尾集中小结与应用和下次课始交流反馈课后作业环节，师生加以呈现学生“或独或合”记载在学习单上探索成果，参与班级展示交流，从中培养学生的相应能力；积累参与成果展示交流的成就感和积极情绪体验，增进探索兴趣。

3）归纳法

（1）课中：一是导入环节，学生在教师书写和口头问题引导下，参与梳理、概括和回答“用水写的字消失了”的原因。二是新课学习环节，学生在课中学习单中的表1的引导下，独立阅读教材、梳理、归纳出书本上蒸发与沸腾之“四维度”的异同点，提高学生对于材料处理的自学能力。三是在独立观察4个实验小视频环节，学生尝试独立观察视频、结合阅读教材，梳理与归纳本课学习重点影响水的蒸发的“三因素”，在主动参与到知识的生成过程中，增强学习的成就感和增进积极的情绪体验，提高归纳整理的自学能力。四是课尾“学以致用”环节，学生小组合作讨论、梳理、归纳出“使湿抹布干得更快的方法”，及时巩固水蒸发快慢的因素；锻炼迁移运用所学解决生活实际问题的能力；进一步增进合作学习意识，积累学会应用的成就感，增进积极的情绪体验和学好科学的自信心。

（2）课尾和下次课始：学生在学习单、教师口头提示的引导下，合作参与课堂小结归纳和作业反馈交流，厘清本课所学内容、方式方法和作业体会与经验的脉络，加深对知识的记忆与理解；增进课尾集中小结和及时、独立、保质完成作业和加强交流反馈、促进撷取精华、纠正错误的良好学习行为习惯的养成。

4）学以致用法

(1) 课中：一是学生尝试用所学粒子模型，解释影响水蒸发快慢的因素。二是尝试运用所学“影响水蒸发快慢的三种因素”的知识独立完成课堂练习，通过把所学新的知识运用到解释和理解生活问题上，加强对已有知识的掌握和新知的理解。

(2) 课尾：学生在教师口头引导下，尝试用所学“影响水蒸发快慢的三种因素”知识解决实际问题：“如何使黑板干得更快？”“怎么晾晒拖把和抹布才能更快干？”“如何帮爸爸妈妈晾衣服？”促进多思勤学好习惯的养成；增进“科学源于生活，应用于生活”的感受。

在上述环节中，锻炼了学生独立尝试、学以致用、解决实际问题的能力；积累了积极的情绪体验，增进了探索科学实际问题的兴趣。

(三) 思路总括

本课以基于积极心理学“二原理”（积极的情绪体验原理和积极环境原理），围绕蒸发与蒸腾，影响水蒸发快慢的因素，整合实施“五式”（独立学习式、小组合作探究式、借助课堂学习单式、信息技术式、随机激励式）和“四法”（问题引导法、观察实验法、学以致用法、归纳法），帮助学生更好地完成课堂和课后“两程”的学习任务，快速、高质、主动地了解蒸发的概念；通过独立观察课中课堂 4 个实验小视频、阅读教材和听取教师说明等，小组合作探究得出影响蒸发速度的三大因素——空气流通速度、温度高低和液面面积大小；懂得运用粒子理论解释三种因素对水蒸发速度的影响；能独立运用上述知识解决蒸发现象在生产、生活中的应用，并增进学生的课堂与课后作业的自律意识；提高课堂“独合结合”学习概念、探究影响因素、尝试结合实际进行运用的能力，内化本课基于“二原理”“两程”整合实施“五式四法”所蕴含的方式方法，增进学习的成就感和自信，激发学习新课的兴趣。

二、教学目标

(一) 知识与技能

知道什么叫蒸发与蒸腾；认识空气流通、温度、液面面积对蒸发速度的影响；能用粒子理论解释蒸发现象和导致蒸发速度加快的原因；由自身经验出发，积极思考、运用上述知识解决蒸发现象在生产、生活中的应用；能自觉集中注意力进行自主阅读书本并圈画段落重点，提高自学能力；增进对基于积极心理学“二原理”整合实施“五式四法”在引导“两程”自主学习中的方式方法价值的认识。

(二) 过程与方法

通过分析“水写字字会消失”，知道蒸发现象；通过观察实验探究影响水蒸发快慢因素的活动，在理解影响蒸发快慢的因素的基础上，培养用控制变量的方法设计科学探究实验的能力和思想，提高自学能力；通过粒子模型解释活动，理解各因素是如何影响水蒸发的，培养分析汇总、自信表达的能力；通过课尾“学以致用”小组合作练习、集中小结、课后独立作业和下次课始参与班级交流反馈，锻炼相应当堂巩固、学以致用和运用所学解决实际问题的能力；体悟整合运用“五式·四法”组织“两程”自主学习所蕴含的学习方式方法。

（三）情感、态度与价值观

激发探索蒸发现象与影响因素的兴趣，加深对生活中科学现象与热点问题的关注与理解，注意借助解释生活中遇到的现象，解决生活中遇到的类似问题，提高自学意识；能和同学积极地进行小组合作探究，并乐于交流自己的设计方案从而获得自信，增进这样学习新课的兴趣。

三、实践过程

过程一：创设“用水写的字消失了”情境和进行设问，组织学生独立观察、阅读教材、回答问题、明确字消失原因，锻炼相应能力，初步了解蒸发的概念，保持探索的兴趣(5 分钟)。

师：用蘸水(含酒精)的棉花在黑板上写上课题名称“蒸发与蒸腾”，并提示学生准备好课本和练习册。

生：有的同学看着板书，主动把书本翻到了今天的学习内容；陆陆续续地，更多同学也注意到黑板上的字，并翻开课本的相应处。

师：实施课堂礼仪毕，指出上课内容，此时字快干了，问老师写的字在哪里。

生：有的回答快不见了，有的回答字消失了，也有的回答字蒸发了。

(**课题研究：**引发学生独立观察和参与对蒸发现象进行探索的兴趣，潜移默化地使学生保持对自然现象的好奇心和探索的积极性。)

师：我们刚刚看到了老师“用水写的字消失了”这个现象。现在，让我们来试着分析字是怎么消失的，那些写字的水从黑板上去了哪里？

生：去了空气中；离开了黑板，可能还在我们周围；变成烟飘走了。

师：注意倾听；随机激励学生；提示学生注意使用规范、科学的用语；提问，我们看得到的字，是什么状态的水呢？

生：独立思考，结合课始观察部分水滴落的情况。

生齐声回答：液态！

师：后来，我们又看不到这些液态的水了，这是变成什么状态了？

生：结合师生刚刚的浅析，陆续回答出气态。

师：带着刚才我们分析出的结果，请同学们查阅书本第 64 页的笔记，回答物质的状态从液态到气态的过程叫作什么？

生：带着“水的状态由液态到气态”的信息，独立按要求快速阅读书本第 64 页“物质的三态变化图”的笔记、独立思考、判断该过程的名称；陆续概括出“物质的状态从液态到气态的过程称为汽化”。

(**课题研究：**锻炼学生在教师 3 个问题引导下，独立思考、阅读、筛选信息，概括出“从液态到气态的过程称为汽化”的概念的能力；促进学生从现象的观察过渡到科学的概念学习，尝试用科学的视角来认识客观事物的本质属性、内在规律，发展科学思维。)

师：引出蒸发的概念；和学生一起圈画出书本第65页重点；并在黑板上板书本课课题："6.3.2 蒸发与蒸腾"；关注学生在书上圈画情况；请学生尝试举例日常所见过的蒸发的例子。

生：独立听、阅、圈画、观，思，参与回答出：妈妈早上晒的衣服，中午就干了；泼在地上的水，也会消失（气氛热烈）。

师：倾听学生的回答，进行随机激励；对表述不规范的，用规范的语言重复一遍；要求学生在课中学习单上，根据表格"四个维度"（即温度条件、发生的部位、剧烈程度和结果）的提示，梳理比较蒸发与沸腾的异同；请1名举手的学生借助实物投影仪，对比较结果进行交流，并作随机激励与引导。

全体生：独立听取规范用语引导；据表提示，阅读教材、进行圈画、比较、筛选和填写答案。

被叫生：参与交流。

全体生：独立听取教师激励与引导，内化。

（**课题研究**：锻炼学生根据教师口头提示、学习单"四维度"比较异同的设计和随机激励与提示的引导，结合已学的蒸发概念，细致阅读概念并圈画出书本65页相应处的重点，尝试梳理、概括，在学习单记录比较蒸发与沸腾的异同和参与课堂交流的能力；深化对蒸发概念的理解；增进学生课中自学的主动性和学好科学课程的自信。）

过程二：教师组织学生独立观察所补3组图片、尝试比较、提问、梳理、概括、交流和小组合作猜测、验证和交流影响水蒸发快慢的三种因素（以下简称"三个越"），锻炼学生"先独后合"解决问题、得出影响水蒸发快慢"三个越"因素的能力，增进这样学习的兴趣，进一步积累参与"或独或合"自主观察、比较、梳理、概括得出正确结论和参与交流的成就感和自信（12分钟）。

师：多媒体陆续出示3组图（内容为：空气流通状况、温度高低和液面面积大小对水蒸发快慢的影响），要求学生独立识图判断出哪种情况下水蒸发得快并说出可能的原因。在出示第1组图的时候，先引导学生观察两幅图的异同。如有疑问，可以举手示意。其余两组图的处理方法类同。

生：独立观、听、思，尝试比较；参与交流。

被叫生：第1组图的左图的衣服，被晾出去了；右图的衣服，被摊在了桌子上，晾出去的衣服干得快。

举手被叫学生提问：左图有太阳吗？有风吗？

师：及时反馈学生提问。

生：根据老师所给的图片信息和口头补充，作出判断并进行交流。

师：注意倾听学生的回答和提问；作随机激励与解答疑问。

（**课题研究**：锻炼学生独立观察教师借助多媒体呈现的涉及空气流通状况、温度高低和液面面积大小对水蒸发快慢之影响内容的3组图片，听教师口头引导性的要求，据此进行思考、尝试比较，得出3组图的异同和参与全班交流能力，提出问题和听取教师随机激励与引导的能力；增进学生独立对图片类资源进行观察，对存疑部分进行提问，尝试比较异同，得出结论的能力，培养学生参与交流的兴趣，积累观察、比较、提问与交流的成就感和自信。

师：请同学4或5个为1组，探讨猜测：哪些因素加快了水的蒸发？

生：独立听、思，参与分组合作阅读、回忆、梳理、归纳出蒸发会受三种因素：空气流通快慢、温度高低、液面面积大小的影响（内化现象与规律间的联系：蒸发这一自然现象背后所蕴含的科学规律）。

举手被叫生：参与班级交流三种影响因素。

师：注意观察，巡视，对一些日常不太交流互动的学生，单独询问其想法，使其尽可能跟上课堂节奏，督促其学课自律习惯的养成；遇到学生有疑问时，及时做好解答；对学生的回答辅以随机激励的同时，对不准确的表达予以引导和纠正。

相关生：听取随机激励与引导，内化。

[**课题研究：**锻炼学生独立听教师问题引导、主动思考答案，参与分组合作阅读、回忆、梳理、归纳出蒸发会受三种因素（空气流通快慢、温度高低、液面面积大小）的影响，内化现象与规律间的联系的能力；积累“独合结合”探索得出蒸发会受三种因素影响结论的成就感和梳理、归纳和交流的自信。]

师：为了验证我们的猜测，老师准备了3段上海市教委空中课堂关于影响水蒸发快慢的三个因素的实验视频。我先提醒大家：记录好实验现象。有助于清楚自己的学习任务，提高课堂的有效性；提高自学能力和意识。（“记录实验现象”，是从中收集信息开展科学探究不可或缺的一个环节；然后，要求学生独立观察、完成书上实验记录，验证之前猜测；组织交流。借助教材的记录，用实物投影仪呈现所记观察的内容和猜测到的结果；注意倾听，并辅以随机激励与引导。）

生：独立观、听、记、忆、思；在书本66页相应处，记录观察到的实验现象和猜测的结果：在其他条件都相同的情况下，空气流通状况越好，水蒸发得快；温度越高，水蒸发得越快；液面面积越大，水蒸发得越快。

举手被叫生：参与全班交流。

生：注意倾听教师的随机激励与引导，内化。

（**课题研究：**锻炼学生“先独后合”解决问题、得出影响水蒸发快慢“三个越”因素的能力；增进这样学习的兴趣，进一步积累参与“或独或合”自主观察、比较、梳理、概括得出正确结论、参与交流的成就感；增进“或独或合”自主学习的自律和自信的意识。）

师生：梳理归纳影响水蒸发快慢的因素并完成书本67页学习重点。

（**课题研究：**锻炼学生与教师合作强化影响水蒸发快慢的“三个越”因素结论的能力；增强师生合作进行重点内容梳理、概括和参与表达的自信。）

过程三：教师组织学生先独立观察和听取教师示范说明教材上的3组图片中的第1组图，阅读书上内容和小组合作观察另2组图片，主动思考“如何尝试用粒子模型解释不同因素对水蒸发的影响”，参与分析讨论与解释、得出结论，锻炼相应能力；增进“或独或合”进行观图、阅读、讨论、归纳和参与全班交流结论的成就感、兴趣、自信和自律意识（8分钟）。

师：运用多媒体，呈现教材上空气流通影响水粒子运动的一组图片："外面已充满水的粒子，不易逃跑。""再见！风伯伯帮助我们远离液面。"对图的含义作解释并示范说明；要求学生同步阅读教材内容。

生：独立观察第1组2幅图片；听取教师的示范说明；阅读时主动思考如何用粒子模型解释不同因素对水蒸发的影响。

师：要求学生小组讨论、分析、交流其余两组图片。

生：分小组合作看图，结合教材的范例，先回忆教师看图说话的示范，再依据空气流动和液面面积影响水粒子运动的另两组图片，完成看图说话交流活动，在组内运用粒子论，解释不同因素对水蒸发的影响。

师：观察各组交流情况；注意倾听，并作随机激励与指导。

（**课题研究**：锻炼学生独立观察第1组2幅图片，听取教师的示范说明，阅读书上的相应内容和观察另2组图片，主动思考"如何用粒子模型解释不同因素对水蒸发的影响"，参与小组合作看图、讨论、分析、交流空气流动和液面面积对水蒸发之影响的能力；增进"或独或合"进行观图、阅读、讨论、归纳和参与全班交流结论的成就感、兴趣和自信、自律意识。）

过程四：教师基于积极心理学"二原理"整合实施借助信息技术式、学习单式、独立学习式、小组合作学习式、观察实验法和归纳法，组织学生观看实验视频了解蒸腾，独立阅读教材，圈画知识点，记录实验现象，梳理、概括、交流蒸腾的概念、作用和科学实验设计的注意点，锻炼学生相应的自主学习能力；进一步熟悉科学实验设计中控制变量的原则和背后的原因；增进"或独或合"进行实验观察与记录，阅读材料圈画重点，参与讨论、尝试归纳和参加全班交流结论的成就感、兴趣、自信和自律意识（7分钟）。

师：我们学习了蒸发以及影响蒸发快慢的因素。大家是否知道植物体内也有液态水到气态水变化的现象？

生：独立听、思。

师：借助多媒体播放上海市教委空中课堂植物的蒸腾实验小视频，要求学生独立边观察、边阅读教材的相应处，及时圈画植物的蒸腾的定义、植物内的水分以气态蒸发到体外的器官和部位；在学习单上记录实验现象。

生：独立观察植物的蒸腾作用实验视频和记录实验现象；圈画教材植物蒸腾的定义、植物内的水分以气态蒸发到体外的器官和部位、蒸腾的作用等知识点。

师：引导学生参与交流蒸腾现象及梳理蒸腾的概念及作用；注意对学生的圈画情况及时纠正；注意倾听和作随机激励与引导。

举手被叫生：参与交流蒸腾现象、概念及作用。

其余生：查漏补缺书上的实验记录及圈画知识点。

全体生：独立听、思，内化蒸腾现象、概念及作用。

师：引导学生知道实验需要设置对照，控制变量。

全体生：独立听、思，内化对实验设计时，需要注意设置对照实验、控制变量原则的理解。

（**课题研究**：锻炼学生在教师基于积极心理学“二原理”整合实施借助信息技术式、学习单式、独立学习式、小组合作学习式、观察实验法和归纳法引导下，独立观看实验视频了解蒸腾现象、阅读教材、圈画知识点、记录实验现象，小组合作梳理、概括、交流蒸腾的概念、植物内水分气化到体外的部位、蒸腾的作用的自主学习能力；进一步熟悉科学实验设计中控制变量的原则和背后的原因；增进“或独或合”进行实验观察与记录，阅读材料圈画重点，参与讨论、尝试归纳，参加全班交流结论的成就感、兴趣、自信和自律意识。）

过程五：教师组织学生进行课尾集中小结，总结本课所学的概念、知识点、小组合作完成学习单中“学以致用”之“如何使湿抹布干得更快”的应用性练习，参与全班交流，课后独立完成作业和下次课始参与班级反馈，锻炼学生“或独或合”完成课尾集中小结、应用性练习、课后独立作业和参与班级交流反馈、自我纠错的能力；增进课尾集中小结、课内与课外练习强化新学和参与班级交流反馈的成就感、自信和自律意识(8 分钟)。

师生：结合学习单和口头说明，合作小结本课所学的重点内容：蒸发的概念，哪些因素可以加快水的蒸发、蒸腾及其作用。

师：要求学生小组合作完成学习单中“学以致用”之“如何使湿抹布干得更快”的应用性练习，参与全班交流（实际因时间关系，只是做了说明，要求学生课后完成）；要求学生课后独立完成练习册 32 页 3、4、6 和 33 页 7；下次课始，组织交流反馈。

生：打开练习册，独立思考，思考如何完成；课后，独立、及时完成练习册习题；加强自主检查作业的准确性和解题的规范性；下次课始，参与全集交流反馈；注意核对和自纠错误和不规范的作业；听取教师随机激励与引导，内化。

（**课题研究**：锻炼学生在教师基于积极心理学“二原理”和采用独立学习式、小组合作式、随机激励式，以及学以致用法、归纳法的引导下“或独或合”完成课尾集中小结、课后独立作业和参与班级交流反馈、自我纠错的能力，感悟“五式四法”所蕴含的学习方式方法之价值的能力；增进课尾集中小结、课外练习强化新学知识与技能、参与班级交流反馈的成就感，促进认真、专注地参与新学、复习、作业、检查等自主学习习惯的养成，提高自学、自律意识。）

四、实效与反思

（一）实效

1. 学生方面

课中，学生全程学习中的主体性、学习感受、过程与结果的引导性和体验性、不同阶段所学内容与方式方法运用的迁移性特征明显；预备(4)班学生的表现可圈可点，学习氛围浓郁、课堂表现积极、课堂反馈及时和学习目标的达成度总体较高。学生在参学过程中的自律素养、“或独或合”进行自学素养、参与答问、提问、讨论、归纳、交流的自信素养方面，都有了很大的提升。学生也感觉到了自身和一些同伴在学课过程中的积极态度和潜能被激发的变化。此外，教师通过学生课后作业的批改与统计发现：学生在本堂课的学科目标达成度较之前要高。

1）自律素养方面

（1）自律意识。根据自己和听课老师及学校聘请的全程指导区级课题研究的专家的观察，在课中，全体学生始终能够保持良好的注意力，能紧跟课堂的各个环节，大部分学生对回答问题的积极性很高。实践教师通过下一课时课前检查，也发现了几乎所有学生对在教材上对相关重要的知识点进行了圈画，特别是对关于“蒸发与蒸腾”这两个概念圈画和影响水蒸发快慢的三个因素的笔记，做得清晰细致。在课后的作业批改中，教师发觉全班学生都及时、保质、保量独立完成了作业，课堂上遗留的“学以致用”题，也全部完成了。说明学生按要求完成作业的自律意识都有所提升。

（2）自律能力。对比本班平时的课，本堂课整个班级学生的自律能力，都有明显的提高，不论是学生课堂纪律、课堂参与度，还是课后独立、及时完成作业等方面，都有明显的进步；独立监控和组员间互相监控学习过程和结果的能力有所提高。

（3）自律习惯。教师通过在授课过程中的巡查和课后学生的同桌互检，全班学生在本节课的学习过程中，都能及时做好课堂笔记，并能注意加强自我监控和组员间互相监控课堂学习过程和结果；教师观察本课后一段时间学生课堂学习过程，经常见到学生利用课堂笔记寻找解决问题办法。

2）自学素养方面

（1）自学意识。课中学习时，学生根据学习单和教师的其他方式方法举措的引导，增进了“或独或合”完成课中学习单下 4 项任务的自主探究意识；课后，绝大多数学生能够迁移运用本课所学的知识解决遇到的相似问题。特别是在后续的课程学习时遇到物态分析问题时，大部分学生都自主地翻到了书 64 页笔记，根据所得信息，自主思考分析得到对应的答案。

（2）自学能力。课中，多数学生能根据教师课中学习单的设计，独立或小组合作完成以下 3 项任务：一是借助教师设计的课中学习单之表 1“沸腾与蒸发”的“四维度”异同比较表（独立完成）中的“四维度”（温度条件、发生的部位、剧烈程度和结果），独立阅读教材，思考、比较、梳理、归纳，在表格的相应空白处记录“蒸发与沸腾的异同”和参与班级交流。二是小组成员能够合作梳理、归纳、记录“影响水蒸发快慢的因素”和交流空气流通、温度和液面面积“三因素”。三是小组成员能够合作梳理、归纳、记录“植物的蒸腾作用”和交流降低植物温度、为大气提供大量的水蒸气、增加空气湿度和降雨量“四维度”的作用。课后，学生“先合后独”完成了 2 项任务：一是小组成员能够合作完成“如何使湿抹布干得更快”原因的梳理、归纳、交流和记录，提高了迁移运用新知的能力，并深化理解了相应知识。二是学生能够独立对练习册上本章最后的材料分析，自主阅读大段文字，圈画出材料中的有效信息，自主分析所给的图片，想到了“蒸发”“液化”等关键点，出色地解答了“孤岛男生的淡水问题”。学生的“三自”素养，学生在教师相关方式方法的引导下，“或独或合”开展课中与课后自学，提高了完成系列任务的能力。

（3）自学习惯。一是课中，学生初步养成了及时在学习单上做学习记录，在教材的相关处进行圈画与批注，在自己学科学习日常笔记上记录学习提纲与做备注的良好课堂笔记的行为习惯。二是课后，学生先复习、再作业和主动运用所学新旧知识，解决练习中实际问题的良好作业行为习惯得到了较好的培养。

（4）在此过程中，多数学生增进了对基于积极心理学“二原理”整合实施“五式四法”在引导“两程”自主学习中的方式方法价值的认识，体悟到了其中蕴含的方式方法，增进了继续加以运用的自觉性。

3）自信素养方面

（1）自信意识的培养。课中，全班学生参与学习的配合、流畅度提高，在整个学习过程中，他们相信自己能做得更好。本节课上，不乏有自信表达出自己的见解的同学，还有大胆提出质疑的同学。有半数学生，有主动分享成果的意识。教师在组织各小组交流探究的结果时，最大的问题不是请哪组回答，而是分辨谁先举手回答。课后和下次课始，学生独立作业时不再拖拉。

（2）自信能力的提高。课中，学生对独立完成的学习任务，愿意主动完成；遇到的问题，也愿意把想法告诉老师；在小组合作完成3项任务时，能够积极参与小组内的有效互动，提出有质量的看法。在课中教师巡视学生小组合作探索影响水蒸发快慢的影响因素时，有组同学郑重地指出，空气湿度的问题，也影响了水蒸发的快慢；小组成员之间，乐于互相帮助，大胆地交流看法，修正完善自己的成果。课后和下次课始，全班学生能从容地先复习、再独立作业，尤其是都能够尝试完成带有迁移运用所学解决问题的应用性练习；下次课始，能够主动举手参与班级交流反馈作业情况的学生增加；被叫学生交流时，能够落落大方，说得有理有据。

2. *教师方面*

一是提高了自身在科研专家指导下，确定区级课题之研究主题，进行“三情”（学情、课标、教材）分析，厘定课题研究内容（积极心理学原理、学生“三自”素养培养内容、实施形式和实施方法）的各自的拟用或拟做与指向，定位覆盖学科和课题研究主题之“两个本体”的教学“三维”目标，细化实践过程设计的执行能力。二是提高了课后收集研究资料，撰写与研究主题和学科要求相匹配的“本课化”“干货”型的分类实效、有针对性地反思的能力。三是提升了撰写基于积极心理学理论解释和本课研究举措之若干独特价值特性之课例意义定位与阐释的能力。四是增进了自己学科课例研究方面的新的体验和成就感，增进了继续开展这类课例研究的兴趣和自信。

（二）反思

一是课堂引入环节的铺垫需要更为充分。二是课堂教学过程的学术语言需要更加规范。三是所选择的图片需要提高典型性。四是验证液面面积大小影响蒸发快慢可改为学生实验。五是课尾的小组合作探究需要保证一定的时间。

五、意义揭示

（一）符合积极心理学原理

在本课的课中：一是教师在课堂引入时，现场呈现“用水在黑板上写的字消失了”这种贴近学生生活的现象，使全体学生主动投入独立观察、回答原因的过程中，初步积累起积极的情绪体验，激发后续参与探究学习的兴趣。二是学生在课中新授阶段，先是借助学习单、阅读教材和听取教师的随机激励与引导，独立完成了学习单之表1“沸腾与蒸发”的“四维度”，即(温度条件、发生的部位、剧烈程度和结果)异同比较表；在“探究影响水蒸发快慢的因素”“用粒子模型解释三个因素影响水蒸发快慢”“如何使湿抹布干得更快”的小组合作学习环节，学生通过互帮互助，交流经验，从而更积极地参与课堂学习，更快、更好地获得了答案。三是课中，教师呈现4个实验视频，让学生在观察、讨论与交流中，感受科学研究的方法、过程的严谨性和内容的贴近于生活，既加快、加深了学生对相应学习内容的理解与感受，又激发起对科学研究的欣赏与向往。

在课尾和课后：学生在学习单“如何使湿抹布干得更快”环节，小组合作尝试解决平时生活中遇到的问题，锻炼了参与小组合作进行回忆、讨论、尝试梳理、总结、交流与记录，获得答案和为什么吹风机能把头发快速吹干等问题解决的知识迁移能力；增进了课外学习的成就感和进行课外自主探究相关生活中的物理现象的自信。

在整个课堂的学习过程中：教师注意从非生物因素和生物因素两方面，创设了激励学生主动、愉悦参与“或独或合”学习的积极学习环境，不断积累了学习的成功感，发展了“三自”素养。

上述这些做法，都符合本课前述的积极心理学的“二原理”拟用与指向的设计，学科学习的实效和所定学生“三自”素养的达成度较高。可见，将积极心理学理论应用于科学教学中，可以让学生在积极的学习环境和其他有效的方式方法引导下，让学生在学习过程中逐步积累学科知识与能力发展和“三自”素养的学习成功体验，增进积极情绪和学习自信。这对于开发学生潜力，培养学生“三自”素养，是具有积极意义的。

（二）发挥了“四性”的独特价值

发挥了基于积极心理学“二原理”实施“五式四法”在提升学生“三自”素养方面的独特价值——“四性”。

1. 学生在“两程”学习中的主体性

从本课设计思路、课中五个环节和下次课始的作业反馈的实际执行情况可知，学生是本课“两程”学习的真正主体，教师主要是基于积极心理学“二原理”整合实施“五式四法”，引导学生独立为辅、小组合作为主的学习，并注意巡视、倾听、观察和回应学生的参学情况、交流意见和疑惑之处，注意加强随机激励，保持学生对学习的积极性和积累完成“或独或合”任务的成就感，有效达成了教学目标和发展了“三自”素养。

可见，教师注意落实学生在全程学习中的主体地位，注意加强适合的预设和随机引导与激励，是学生保持参学兴趣、学好知识、发展能力、促进良好学习行为习惯养成和提升“三自”素养的前提。

2. 学生学习感受、过程与结果的引导性和体验性

本堂课的内容学习，课中的五大环节，以学生听授为主的环节几乎没有，时间分配也很少，从导入到新授、课尾的集中小结和“学以致用”五大环节，几乎都是在教师基于积极心理学“二原理”整合实施“五式四法”的引导下，学生观察图片，根据学习单的问题阅读教材，观看小视频，记录、圈画、讨论筛选、梳理相关信息，加以比较、归纳与交流，穿插听取教

师的随机激励与引导，最终得到蒸发与沸腾的概念、“蒸发与沸腾异同比较”的四个维度结果、影响蒸发快慢的“三个维度”因素和蒸腾的作用、“如何使湿抹布干得更快”的若干办法和全课学习的体会与经验。教师有效的多举措引导和学生多元的“或独或合”的体验为主的学习，使学生较为全面地感受科学研究的方法、过程的严谨性和内容的贴近于生活性，学生的参学过程注意力的集中性、对学习内容的感受性、知识与技能理解的透彻性、结果的把握的深刻性、学习状态的愉悦性，既加快、加深了学生对相应学习内容的理解与感受，又激发起对科学研究的欣赏与向往，提升了学生的“三自”素养。

可见，教师在课堂教学中注重学生学习过程与结果的引导性和体验性，可更好地实现上述“七性”的学生学习过程感受、状态和结果，更具有科学性。同时，其背后的规律，值得教师继续加以探索。

3. 不同阶段所学内容与方式方法运用的迁移性

本节课的迁移性：一是利用上节课的笔记找出水蒸发属于汽化现象。二是将之前学习的粒子模型运用到本节课解释温度高低、空气流通状况、液面面积大小如何影响蒸发快慢的问题中。三是运用本堂课所学知识和方法，解决实际问题“如何使湿抹布干得更快”乃至联系到学生日常生活中遇到的相似问题。四是以往学习的控制变量法、设置对照试验在本节课中的迁移与运用。这样的迁移运用已知、新学和联系学生的日常生活经验，既提高了学生的结合新的问题，进行独立回忆、翻阅、思考、“或独或合”讨论、交流、分析、概括、归纳等自学能力和独立解决问题的自信素养。

在新课的学习中，教师注意设计关联学生已学、新学知识与技能的应用性问题，加强与学生日常生活的联系，锻炼学生相应能力；进一步巩固学生旧知、及时巩固新知；增进学科学习的兴趣和价值认识，促进学生的可持续发展。

参考文献

[1] 中华人民共和国教育部. 义务教育初中科学课程标准(2011 年版)[M]. 北京：北京师范大学出版社，2012.
[2] 弗雷德里克森. 积极情绪的力量[M]. 王珺，译. 北京：中国人民大学出版社，2010.
[3] 彼得森. 积极心理学：构建快乐幸福的人生[M]. 徐红，译. 北京：群言出版社，2010.
[4] 任俊. 积极心理学[M]. 上海：上海教育出版社，2006.
[5] 乾润梅. 积极心理学及其在教育实践中的运用[D]. 武汉：华中师范大学，2006.
[6] 周军. 教学策略[M]. 北京：教育科学出版社，2003.
[7] 赵春芳. 教学策略与学习效能[M]. 北京：现代出版社，2014.

附录

区级课题学科渗透教育主题式案例撰写模版

——以上海市凌桥中学2019年区级课题为例

上海市浦东教育发展研究院 曹 明

学生“三自”________素养，是这样得以逐步提升的/在“________举措”中逐步提升

［注：正标题前半部分为研究指向（即预设目标），后半部分为落实举措。］

——以________年级“________内容”学科渗透教育实践与分析为例

（注：副标题标明学段的年级、教学内容名称和成果类型。）

单位全称 署名

（注：单位全称与署名之间空1个汉字距；署名若是单名，姓和名之间空1个汉字距。）

一、背景/缘起/起因/问题

（注：选一进行撰写，也可以用具象化地表达类似意思的名称，如“一件小事”。）

首先，概括与研究主题（正标题显现的）有关联的大（国内外）、中（省市区）、小（学校与师生）的政治背景（如党和国家领导人相关讲话精神）、时代要求（如中国学生核心素养发展的要求）、政策背景（如“双减”文件的要求）、理论背景（如积极心理学相关原理）、学科背景（如课改方案与课标精神与要求）。

其次，概括教育对象所在区域、具体单位、教师和学生的具体情况（如新区偏远农村地区、单位生源特征和正在开展的区级课题的精神与要求、以上学科渗透教育研究课任教班级学生与研究主题有关联的学情、自己以前的教情与影响等）。

最后，点出学校正在开展的区级课题名称。实践教师的拟做与指向：①与研究主题有关联的学科渗透教育研究课的具体时间（具体到______年______月______日的上/下午第______节）。②课的“内容名称”。③涉及的“程”（课前、课中、课后及延后的若干时段，涉及“几程”可选）。④拟用的积极心理学相关“原理”（备注原理名称）。⑤落实举措和指向。举措方面，包括涉及的课之类型＋具体名称，可为学科教学的相关原则、实施途径、基本步骤、策略、形式/方式/模式（“三式”取其一，因为一般不同时研究），以及方法与评价等，自主选择一到若干方面；说明学生是独立/小组合作完成涉及“程”的各自多少项或哪些任

务。指向方面，定位清楚与研究主题关联的学科本体与学生“三自”________素养的一级要素即可。

二、过程/实践/举措(名称)

［注：可用属于实践过程做法的具象化名称(如“N个故事”)。］

实践过程的具体呈现，可以有以下形式。

(一) 表格式

表格式呈现学科渗透教学实践过程的具体格式，见表1。表格式写法的具体要求，参阅“学科渗透教育”研究课设计与课例撰写模版的相应要求。表格式，一般适合呈现1节完整的学科渗透研究课的实践过程。

表1　区级课题学科渗透教育研究课(填写课的内容名称)实践过程

时间分配(分)	教育环节	主持人(含教师)活动	学生活动	课题研究
课前 ________	一、拟做，指向	按序表述若干任务的要求	对应活动	直接概述相对应的教育目标定位
课中 ________	二、教学环节名称：拟做，指向	同上	同上	同上
________	三、教育环节名称：拟做，指向	同上	同上	同上
________	……	同上	同上	同上
________	________、课尾如何集中小结环节：拟做，指向	同上	同上	同上
课后 ________	________、课结束时布置作业环节：拟做，指向	(1) 如何布置和布置哪些作业与说明要求。 (2) 下次课始，怎样组织交流、评价和跟进举措	(1) 现场同步行为；课后如何作业。 (2) 下次课始的参与全班交流、评价和听取教师反馈的行为	同上

(二) 文段式

文段式呈现学科渗透教学实践过程的具体形式，有以下三种。

1. 环节＋片段＋实效式

“环节”，是指学科渗透教育研究课的相应教学实践过程按先后程序呈现的名称。写法要求：前半部分是概括相应环节的拟做，后半部分是定位指向(即覆盖学科与课题研究主题之“两个本体”的预设目标，教学实践过程环节中指向的意思相同）。

“片段”，是指学科渗透教育研究课的相应教学实践过程的实录式的过程呈现，应包含师生教与学的主体，行为[包括相关拟用原理（显性或隐性呈现均可）类行为、所定举措类行为]，师生行为的呈现，并注意对应性。由于主题式案例的实录式片段，一般有数个，所以，建议按先后呈现的片段进行编号：名称（拟做与指向）。

实例 1：教师怎样？ 组织学生小组代表交流课前所做？准备导入，锻炼学生交流_____的能力，促进良好课前小组合作预学习惯的养成和激发后续探索________的兴趣。

师：说明课前学生预习？新课内容的要求，抽取若干学生小组代表，借助填写的课前预习单和实物投影仪，到讲台处进行交流。

举手被叫学生小组代表：按要求进行交流；其余生：集中注意力进行观察，核对自己的作业，纠错。

师：注意观察和倾听；作随机激励与引导。

全体生：独立观、听、思，内化。

“实效”，是指学科渗透教育研究课的相应教学实践环节实施后，针对整个环节，或是针对相应环节中某个局部小环节之指向的达成度。对于实效的表述，一是注意分类（如意、知、能、行/趣）。二是概述为主，可辅以描述。三是注意简练（一般 3～6 行即可）。四是若有简析更好（带有归因式实效简析的，字数可略多些）。

2. 举措 + 片段 + 实效式

“举措”，是指实践教师在进行相关学科渗透教育研究课设计时，所选定的落实预设指向之相关实施措施[教学原则、实施途径、基本步骤、策略、形式/方式/模式（“三式”取一）、方法与评价等]，需要写清名称，概述其拟做与指向。

“片段”，是指符合所定各自举措之拟做和指向的教学实践过程的交代，可有两种呈现形式。一是实录式，写法同上“文段式”下的“片段”所示。二是概述式，写法是由教师直接概要地交代相应举措的师生行为。

文段式过程的“实效”，第一式的写法，同上“表格式”的实效写法提示。第二式的写法，一是针对所写某项举措做法结束后，概述完整的该举措实效（简称完整概述举措实效式）。二是针对该举措的若干本基本做法（一般以“若干要素”加以呈现），分别概述指向的达成度（简称分别概述举措实效式）。三是既概述举措的若干要素之实效，也有相应举措末尾的实效整体概述（简称混合概述举措实效式）。

3. 具象举措名称 + 片段过程 + 实效式

首先，呈现具象实践举措的名称（如故事 1：……）。其次，概述（含描述）具象实践举措（如故事）的过程。最后，概述具象实践举措的实效（即故事过程实践的成效）。

三、实效/成效/效果/变化/具象化名称（如“意想不到……”）

这是指课题研究之学科渗透教育主题式案例的整体效果。学科渗透教育主题式的整体实效的表述，一是需要分类（用大、中、小逐步细化的标题加以呈现，具体见下实例 1 的分类）。二是呈现事实（在实效维度的最小分类后，再分若干视角，以概述为主，结合一定的数据、例子和过程与情状描述，呈现对应视角之效果变化的证据）。三是注意交代来源（作者是如何知道有相应实效的：可在分类实效呈现前，先作来源的总体交代；结合在分类实效中，作嵌入式来源的交代；也可作既有总体来源的交代，也有必要的嵌入式来源的交代）。

实例1：学科渗透教育之主题式案例实效的分类。

1. 学生方面/用研究主题中所定位的总体指向，直接加以表述（如，学生“三自”________素养方面）

1）意识/兴趣方面

（1）课前：……。

（2）课中：……。

（3）课后：……。

（注：含21天改进行动的结果，下同。）

2）能力方面

（1）课前：……。

（2）课中：……。

（3）课后：……。

3）良好行为习惯/价值观方面

（1）课前：……。

（2）课中：……。

（3）课后：……。

4）其他方面

（注：若有，可自定。）

2. 教师方面

一是教师学科渗透教育主题式案例研究素养方面的变化。注意围绕学科渗透教育主题式案例研究的“经历”（例如，设计、同行探讨和与专家互动、改进设计、上课、说课、听评课、自主反思、撰写主题式案例、同行和专家互动探讨、自主反思、再互动、逐步完善、定稿、一定范围内的交流分享、正式发表或出版等），撰写实践教师学科渗透教育主题式案例的研究意识知识、能力、兴趣、行为等方面的变化。

二是教师其他专业素养方面的变化。实践教师注意概述自身由此及彼迁移运用学科渗透教育研究素养提升，对日常教学、管理所带来的变化。尤其是借助主题式案例研究素养于日常学科教学探索中的研究主题确定、设计、实施、总结、成果发表等方面素养的变化。

3. 学校方面

可从对本校相应的学科教学之促进、学校区级课题对应成果类型研究的贡献、学校正在实施的重大实验事项（如初中强校工程实验校建设）的促进等方面，按序进行分类概述（一般标题式定位变化，概括促进作用即可）。

四、反思

注意围绕学科渗透教育主题式案例之研究主题的设计、实施、上课、听评、总结、分享和期间的多次自主反思和改进完善的过程，以及“遗憾”之处、可研之处，选择反思的类型。可在“五型”（经验型、教训型、弥补型、发展型和辩证型）中，自选相关类型，写出有针对性的、“干货”型的、真正具有启示价值的反思。

五、意义揭示

注意围绕区级课题学科渗透教育主题式案例所依据的“上位”想法（如，积极心理学相关原理）、学生相关素养（如“三自”________素养）发展的定位和落实举措的类型，按“9字基本写法”，概述主题式案例的价值、启示所在。

（一）意义揭示的“9字基本写法”内涵

一是“亮观点”。作者用标题，自我定位本主题式案例带有一定普适意义之“干货”型的价值、启示所在。

二是“概事实”。作者对主题式案例所涉及的“程”（课前、课中与课后“三程”，以及课后一定阶段，如21天改进行动结束后，甚至更长阶段结束后，合起来，简称“三程”+），符合相应意义观点的所做，和由此带来的实效，进行概述。

三是“作解释”。作者用外国内外相关名家所公开发表的论著或演讲中的理论、国家相关教育政策与文件的精神，或作者自己符合常识或独创的知识与理论，对这样做为何能够带来如此的实效，进行合理的阐释与说明。

（二）意义揭示撰写的具体格式

（一）符合积极心理学原理

（注：必选项；概述符合所用原理的所做和实效，阐释与原理的符合度。表态说明原理的价值。）

（二）发挥了基于积极心理学原理整合实施“________举措”在提升学生“三自”________素养方面的独特价值——“X性”（即若干特性）

（注：可选写。）

关于独特价值的特性可写方面，参考如下：

1. 教师“三程”学习任务设计的明确性。

概括符合本特性的事实（做和效）：________。

定位价值（表态段）：可见，________。下同。

（注：不再一一列出）。

2. 学生“三程”+活动参与的主体性

3. 教学活动内容和实施过程的趣味性

4. 学生“三程”+学习活动反馈的及时性

5. 教学内容和落实的________举措的创意性

6. “三程”+教学结果的实效性

参考文献

[注:格式与文献顺序与分类。本主题式案例的主要文献的顺序与分类,参阅如下:①所选积极心理学原理方面的文献;②所作背景简析方面的引用类文献;③与落实举措(如与所用的相关学科渗透教育相关的教学原则、策略、形式/方式/模式、方法和评价类举措)有关的文献;④整体或局部参考或受到过启发的学科渗透教育研究课设计、课例、主题式案例等参考实例方面的文献。]

本指导模版的参考文献如下。

[1] 安桂清.课例研究[M].上海:华东师范大学出版社,2018.
[2] 彼得森.积极心理学:构建快乐幸福的人生[M].徐红,译.北京:群言出版社,2010.
[3] 塞利格曼.真实的幸福[M].沈阳:万卷出版公司,2010.
[4] 塞利格曼,等.教出乐观的孩子:让孩子受用一生的幸福经典[M].洪莉,译.北京:北京联合出版公司,2017.
[5] 弗雷德里克森.积极情绪的力量[M].王珺,译.北京:中国人民大学出版社,2010.
[6] 苗元江,余嘉元.积极心理学:理念与行动[J].南京师大学报(社会科学版),2003(3):81-87.
[7] 刘翔平.给自己注入积极基因[M].北京:中国经济出版社,2005.
[8] 任俊.积极心理学[M].上海:上海教育出版社,2006.
[9] 彭凯平.吾心可鉴:澎湃的福流[M].北京:清华大学出版社,2016.
[10] 刘翔平.积极心理学[M].北京:中国人民大学出版社,2018.
[11] 赵春芳.教学策略与学习效能[M].北京:现代出版社,2014.
[12] 吴骏德,曹明.实施“双自”教育　促进自主发展[M].上海:同济大学出版社,2017.
[13] 金丽萍,曹明.初中生良好行为习惯养成教育[M].上海:同济大学出版社,2017.
[14] 王玮航,曹明,等.学生良好学习方式养成教育社会实践课程建设的研究[C]//陈英.浦东新区第八届教育科研成果选集(上册).上海:上海科学普及出版社,2017:211-231.
[15] 金卫东,曹明.“独二代”家庭教育指导新方略(案例选)[M].上海:上海教育出版社,2017.
[16] 包卫达,曹明.基于积极心理学原理的有效教育实证研究(课例选)[M].上海:同济大学出版社,2021.
[17] 柴建荣,曹明.自主学习 主动发展:微课支持下的校本探索[M].上海:上海科技普及出版社,2021.
[18] 杨龙,曹明,杨蕾.基于独立学习与合作学习相结合的教与学方式研究案例选[M].上海:同济大学出版社,2022.
[19] 刘生金,曹明,周丹妮.完善探究型校本课程图谱　提升初中学生核心素养[M].上海:上海社会科学院出版社,2023.
[20] 柴建荣,曹明,祝青,等.中学生主动发展的实践研究(课例选)[M].上海:上海教育出版社,2023.
[21] 黄晓峰,曹明.基于核心素养理念下初中生课堂学习活动设计与实施的实践研究[M].上海:同济大学出版社,2024.
[22] 柴建荣,曹明,黄毅菁,等.中学生主动发展的实践研究(论文选)[M].上海:上海教育出版社,2024.

(注:文章中需在底部居中插入页码。)

本模板为区级课题学科渗透教育主题式案例的撰写模版,以上海市凌桥中学2019年区级课题为例。实际出版过程中对体例进行了一定调整,仅作撰写指导用,具体实例可参考书中内容。